朝鮮の歴史

先史から現代

田中俊明 編

昭和堂

は何もないが、朝鮮民族または韓民族という場合、上でいう朝鮮地域における唯一で、かつ古来より悠久な民族という意味であって、それ以外ではない。

　しかし歴史的にみれば、「朝鮮地域」をすべて包摂する「朝鮮民族」は、朝鮮王朝の成立以後に誕生する、といわなければならない。今日よぶ朝鮮という「地域」も、朝鮮という「民族名」も、またそれが一体であるとする「民族意識」も、それ以後に初めて成立したものと考えられる。ただし「朝鮮地域」の大部分を占める王朝としては、それ以前に新羅・高麗があり、地域・民族の祖型を、そこに見いだすことは可能である。ここでも、朝鮮半島を主たる舞台として歴史世界に登場した諸国を中心として、叙述をすすめることになる。

　朝鮮半島は、現在、平壌を首都とする朝鮮民主主義人民共和国（北朝鮮）と、ソウルを首都とする大韓民国（韓国）の二国に分断されている。面積は、北朝鮮が120,540km^2、韓国が98,480km^{2}であり、あわせて219,020km^{2}は、日本の約6割である。人口は、北朝鮮が2,270万、韓国が4,860万で、あわせて7,130万である。これも日本の約6割であり、人口密度は似たようなものである。

　行政区分は、北朝鮮では、平壌が直轄市で、新義州特別行政区・開城工業地区があり、それ以外が咸鏡北道・咸鏡南道・両江道・慈江道・平安北道・平安南道・江原道・黄海北道・黄海南道に分かれる。道の下は、市・郡に分かれ、その下に洞・里がある。韓国では、ソウルが特別市、釜山・大邱・大田・仁川・光州・蔚山が広域市、それ以外が江原道・京畿道・忠清北道・忠清南道・慶尚北道・慶尚南道・全羅北道・全羅南道・済州道に分かれる。道の下は、やはり市・郡に分かれ、郡の下には邑・面がある。市・邑・面の下に洞・里がある。

　日本と韓国とは、「近くて遠い国」と言われることが多い。しかし、最近では、韓国ドラマが日本で流行し、韓国人俳優の熱狂的ファンが増えて、韓流ブームというように呼ばれている。そうしたブームは、一過性のものかと思っていたが、なかなかどうして、韓国語を学び、韓国へ行って、ドラマに

関連する「名所」を訪ねたりすることがつづいており、またドラマはつぎつぎと登場し、そのたびに人気スターも変わって、簡単に終わりそうにない。いっぽう日本と北朝鮮とは、よりいっそう「遠い国」である。両国間に解決されていないいくつかの問題が残されており、2002年9月17日の「日朝平壌宣言」により、国交正常化が合意されたものの、正常化交渉は難航している。地理的には、最も近い国といえる、韓国・北朝鮮に対する理解を高め、将来的にも友好な関係を築く、あるいは保つためには、まず相手のことを知ることが肝要である。本書がその一助となればさいわいである。

　なお、本書の特徴として、各時代ごとの章立てをし、それぞれを完結したかたちでとらえることができるようにしている。例えば「高麗」の章では、それのみで、高麗王朝史が理解できるようにしている。朝鮮王朝は、かつては古朝鮮と区別する意味もあって李朝（李氏朝鮮）というように表記するのが一般であったが、現在は、単に朝鮮王朝とよぶことが多く、ここでは「朝鮮」とした。また、先史部分を多くとって考古学のまとまった叙述を提供している。

2008年1月

田中俊明

【朝鮮の歴史◎目次】

はじめに　　　　田中俊明

先史　　　　平郡達哉
概観、年表
1　旧石器時代 ──────────── 004
　　1）旧石器文化の発見………004
　　2）旧石器時代の時期区分………004
　　3）前期旧石器文化………006
　　4）後期旧石器文化………008
　　5）旧石器時代人の住処………009
　　6）旧石器時代人の姿………011
2　櫛目文土器時代（新石器時代）──────── 012
　　1）櫛目文土器時代のはじまり………012
　　2）旧石器時代から櫛目文土器時代へ、櫛目文土器の登場………013
　　3）櫛目文土器時代の人々の生業………019
　　4）定住生活のはじまり………024
　　5）櫛目文土器時代の埋葬風習………024
　　6）櫛目文土器時代の地域間交流………026
3　無文土器時代（青銅器・初期鉄器時代）──── 026
　　1）無文土器時代のはじまり………026
　　2）無文土器の登場………028
　　3）稲作農耕の開始………030
　　4）農耕社会の形成－集落と住居………032
　　5）新たな墓制の登場………034
　　6）青銅器文化の展開………037
　　7）無文土器時代の石器の特徴………040
　　8）鉄器文化の流入………041

古朝鮮から楽浪へ　　　　田中俊明
概観、年表
1　古朝鮮 ───────────────── 048
　　1）檀君朝鮮………048
　　2）箕子朝鮮………048
　　3）衛氏朝鮮………051
2　楽浪4郡 ──────────────── 053

iv

三国の興亡と加耶　　　田中俊明
　概観、年表
　　1　高句麗 ─────────────── 062
　　　1）建国の伝説………062
　　　2）玄菟郡との抗争………063
　　　3）広開土王の領土拡大………066
　　　4）平壌遷都………069
　　　5）長安城の造営………071
　　2　百済 ─────────────── 073
　　　1）百済の建国伝説………073
　　　2）百済の成長………074
　　　3）熊津での再興………076
　　　4）泗沘時代………080
　　3　新羅 ─────────────── 082
　　　1）新羅の建国………082
　　4　加耶諸国 ───────────── 087
　　　1）金官の時代………088
　　　2）大加耶の時代………089

新羅の三国統一と渤海　　　田中俊明
　概観、年表
　　1　統一新羅 ───────────── 098
　　　1）高句麗・百済の歴史的連係………098
　　　2）新羅の三国統一………100
　　　3）統一政策………106
　　2　渤海 ─────────────── 112
　　　1）大祚栄の建国………112
　　　2）大欽茂の時代………114
　　　3）「盛国」から衰亡へ………116

高麗　　　森平雅彦
　概観、年表
　　1　高麗王朝の成立と発展 ───────── 122
　　　1）高麗の建国………122
　　　2）初期の政治動向と国際情勢………123
　　　3）支配体制の確立………131
　　　4）文治政治の光と影………138

5）高麗盛時の文化………141
    2　高麗社会の変容と内外の情勢 ──── 145
        1）武臣政権の登場………145
        2）国内社会の動揺………147
        3）モンゴルの侵略………149
        4）モンゴルの傘の下で………151
        5）高麗の滅亡と国際情勢………157
        6）高麗後期の文化………160

朝鮮　　　桑野栄治
    概観、年表
    1　朝鮮王朝の建国と両班官僚体制 ──── 168
        1）朝鮮王国の建国………168
        2）朝鮮初期の政治構造………172
        3）朝鮮初期の王権強化………174
        4）朝鮮王朝の身分制度とその矛盾………177
        5）王権と士太夫の相互牽制………180
        6）両班官僚体制の動揺………181
    2　朝鮮王朝前期の国際関係 ──── 182
        1）明との関係………182
        2）倭寇対策………184
        3）対馬との関係………185
        4）琉球・女真との関係………186
    3　朝鮮王朝前期の文化　187
        1）編纂事業の推進………187
        2）科学技術と文学………189
    4　小中華意識の形成と展開 ──── 189
        1）豊臣政権の対外認識………189
        2）壬辰・丁酉倭乱………191
        3）丁卯・丙子胡乱………192
        4）慕明思想の高揚………194
    5　朝鮮王朝後期の社会変動 ──── 195
        1）政治機構の改革………195
        2）頻繁な政権交代………197
        3）収取体制の改編………198
        4）統治規範の改編………199
        5）両班官僚体制の破綻………200
        6）民衆の反乱と東学の創始………202

6　朝鮮王国の産業と社会 ────── 204
　　1）農業技術の発達……… 204
　　2）商業の発展……… 205
　　3）手工業と工業……… 206
7　朝鮮王朝後期の文化 ────── 208
　　1）西洋との出会い……… 208
　　2）実学の発達……… 209
　　3）庶民の文化……… 211

近代　　　　河かおる
概観、年表
1　開国と開化をめぐる葛藤 ────── 216
　　1）内外の危機と大院君政権……… 216
　　2）閔氏政権による開国……… 219
　　3）甲申政変と清の宗主権強化……… 224
2　近代国家樹立の模索 ────── 227
　　1）甲午農民戦争と日清戦争……… 227
　　2）甲午改革と明成皇后暗殺……… 231
　　3）大韓帝国の成立と独立協会……… 233
3　植民地化の危機の中で ────── 236
　　1）日露戦争と韓国保護国化……… 236
　　2）韓国統監府による保護政治……… 237
　　3）国権回復運動の展開……… 239
　　4）韓国併合へ……… 242
4　武断政治と三一運動 ────── 243
　　1）朝鮮総督府による支配の開始……… 243
　　2）独立運動の展開……… 248
　　3）三一運動……… 250
5　「文化政治」と民族運動の展開 ────── 252
　　1）「文化政治」への転換……… 252
　　2）民族運動の展開……… 258
　　3）朝鮮人の海外流出と民族独立運動……… 262
6　「満州事変」と朝鮮 ────── 264
　　1）1930年代の統治政策と朝鮮社会……… 264
　　2）在外朝鮮人の増加と独立運動……… 267
7　総力戦と朝鮮 ────── 270
　　1）総動員される朝鮮……… 271
　　2）「皇民化」政策……… 273

3）抵抗と「協力」………276

現代　　　　　太田修
　概観、年表
　1　「解放」から分断へ ──────── 284
　　1）植民地からの「解放」………284
　　2）大韓民国の成立………288
　　3）朝鮮民主主義人民共和国の成立………294
　　4）朝鮮戦争………297
　2　南北の国家建設 ──────── 302
　　1）韓国−戦後復興………302
　　2）韓国−民主化への熱望………309
　　3）北朝鮮−戦後復興から独特な社会体制へ………317
　3　民主化、混迷、和解 ──────── 321
　　1）韓国−民主化への道………321
　　2）韓国−民主化の進展………327
　　3）北朝鮮−混迷………340
　　4）在日朝鮮人の法的地位と権利………346

索引 ──────── 353

先史

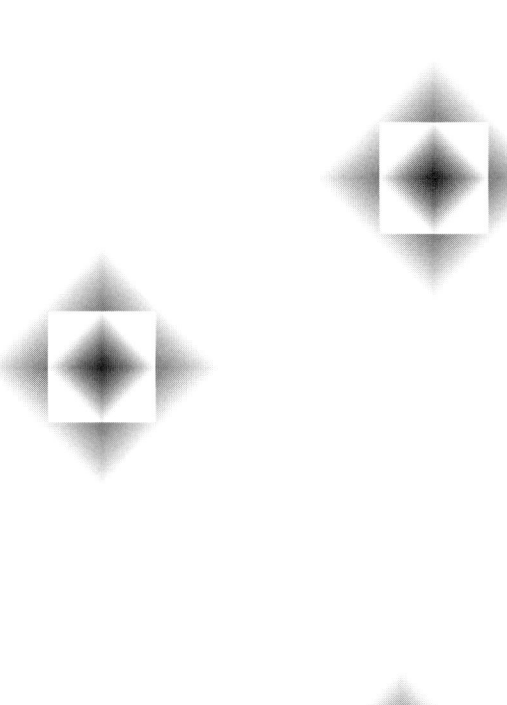

平郡達哉

先史

概観

　朝鮮半島の地に初めて人類が生活の痕跡を残したのは、旧石器時代からである。朝鮮半島の旧石器時代は前期と後期に分けられる。前期は、全谷里遺跡出土品に代表される握斧などの石英製石器が主に出土する。前期の年代については未だ確定されてはいないが、全谷里では様々な年代測定法を用いて約30万年前から4万5000年前という数値が提示され、他の遺跡では10万年前から6万年前という年代が示されている。旧石器時代後期は「晩達人」などの新人が活動した3万5000年前から1万年前の時期に該当し、石刃技法の登場によって特徴づけられる。

　1万5000年前に氷期が終わり、地球の気候はしだいに温かくなっていった。自然環境の変化は人々の生活様式の変化をもたらし、新たな文化を創造していく契機となった。つまり、土器の使用、狩猟・漁労・採集、原始農耕および定住生活の開始などによって特徴づけられる櫛目文土器時代が始まったのである。この時代の上限は、済州高山里遺跡から出土した有機物混入土器の存在によって紀元前1万～6000年頃に遡る可能性がある。中期には南京遺跡や東三洞貝塚で見られるようにアワを中心に畑作つまり原始農耕が始まった。彼らは竪穴住居や敷石住居を構え、洞窟や岩陰にも住まいを求めた。

　紀元前1000年頃に中国東北地域をはじめとした北方文化の影響を受けて、無文土器を中心とする無文土器時代が始まる。この時代は、稲作農耕の開始、定着集落の形成、支石墓を含む多様な墓制の登場、磨製石器の盛行、無文土器の使用、青銅器の製作・使用などによって特徴づけられる。農耕が発展して生産力が増加し、これを基に定住性大規模集落が形成され、社会内部に個人と個人、集団と集団間に身分的な違いが発生した。

　紀元前3世紀初め頃、まず、朝鮮半島の北部に戦国燕の鉄器文化が流入し、その後、南部地域にも波及していった。それによって既存の青銅器文化は衰退して姿を消し、本格的に鉄器を生産・使用する時代に入っていく。のちの百済・新羅・加耶を形成する母体となった原三国時代の開始は目前に迫っていた。

年表

～3万5000年前	旧石器時代前期　握斧・打割器・横刃斧、ピック、掻器、多角面円球などの石英製石器製作・使用。「力浦人」・「徳川人」・「勝利山人」などの旧人が活動。屈浦里下層・龍谷洞窟・コムンモル・全谷里・龍湖洞・竹内里遺跡
30～4万5000年前	全谷里遺跡。アシューリアン型握斧出土
10万年前	龍湖洞遺跡第4文化層
6万年前	竹内里遺跡第1文化層
3万5000～1万年前	後期　石刃技法の登場「晩達人」などの新人が活動。垂陽介・クムグル・石壮里・ジングヌル・月坪・竹内里・古礼里遺跡
1万5000年前	ヴェルム氷期終了。気候の温暖化によって海進現象が起こり、現在の朝鮮半島を形成
前1万～6000	櫛目文土器（新石器）時代草創期　高山里遺跡
前6000～5000	早期　櫛目文土器（新石器）時代が本格的に開始。土器の使用、狩猟・漁労・採集、原始農耕および定住生活の開始。隆起文土器製作。文岩里・鰲山里遺跡・東三洞貝塚
前5000～3500	前期　櫛目文土器登場。智塔里・岩寺洞・渼沙里遺跡
前3500～2000	中期　櫛目文土器全国に普及・拡散。アワを中心に原始農耕開始。耕作用石斧出土。南京遺跡・東三洞貝塚
前2000～1000	後期　南部地方で二重口縁土器・短斜線文土器製作
前1000年頃	無文土器（青銅器・初期鉄器）時代開始。稲作農耕の開始、定着集落の形成、支石墓を含む多様な墓制の登場、磨製石器の盛行、無文土器の使用、青銅器製作・使用
前10～9世紀	前期　美松里型土器・公貴里型土器・刻目突帯文土器・孔列文土器・二重口縁短斜線文土器使用。大型竪穴住居で数世帯が共同居住。新岩里・金灘里・草島・休岩里遺跡
前8～4世紀	中期　松菊里型土器使用。琵琶形銅剣出土・水田農耕開始・環濠集落の形成。南部地域に松菊里型住居拡散。掘立柱建物出現。農耕の発展とともに生産力が増加し、定住性大規模集落が形成。松菊里・麻田里・無去洞・検丹里遺跡
前4～1世紀	後期　粘土帯土器・黒色磨研土器使用。細形銅剣文化形成。異形青銅器・多鈕細文鏡などの儀器用青銅器製作。積石木棺墓造営。槐亭洞・大谷里・勒島遺跡
前4世紀末～3世紀	初期鉄器時代開始。朝鮮半島の北部に戦国燕の鉄器文化（鋳造鉄斧・鉄鑿）が流入。明刀銭出土。青銅器と鉄器が共伴。龍淵洞・梨花洞・合松里・素素里・南陽里遺跡
前195年頃	衛氏朝鮮成立
前108年	漢、楽浪郡設置 各種鉄製武器登場し、武器形青銅器は儀器化。茶戸里遺跡

1 … 旧石器時代

1) 旧石器文化の発見

　木や石で作った道具を使用し、狩猟や採集などを行った最古の人類史とその文化が登場した時代を考古学では旧石器時代と呼ぶ。旧石器時代は、古生物の進化や地殻変動に基づいた地質学による年代区分、つまり地質年代上、第三紀鮮新世から第四紀更新世に該当する。その年代は今から約200万年前から約1万年前までの時期に当たり、人類史の99％以上を占める。

　朝鮮半島における旧石器文化の存在については、1939年、日本人学者の徳永重康と森為三が潼関鎮遺跡（咸鏡北道鐘城郡）で後期更新世に属する動物骨とともに黒曜石製剥片2点を発見、報告したものが嚆矢となる。翌1940年、それらの遺物が直良信夫によって後期旧石器時代に属することが主張された。しかし、その主張に対しては、新石器時代の遺物の混入であるという意見が出され、否定されることとなった。その後、先史時代文化に対する調査研究が活発になされなかったせいもあってか、旧石器文化の存在についてはほとんど言及されなかった。

　1945年の解放以後、一部研究者が朝鮮半島の旧石器文化の存在について言及していたが、本格的な旧石器時代遺跡の確認・調査研究は1960年以降、屈浦里遺跡（咸鏡北道雄基郡）、石壮里遺跡（忠清南道公州市）の調査を契機に本格的に始まった。これまで確認されている遺跡は100余カ所に達し、大同江流域と南漢江流域など主に石灰岩地帯や漢灘江辺の玄武岩地帯、そして栄山江と蟾津江・洛東江流域の河岸段丘からも確認されている。

2) 旧石器時代の時期区分

　旧石器時代は、石器の種類、製作技法の特徴によって前期・中期・後期の3期に分けられる。各時期の特徴を大きく示すと以下の通りである。

　前期旧石器時代は人類の始まりの段階で、猿人（アウストラロピテクス）

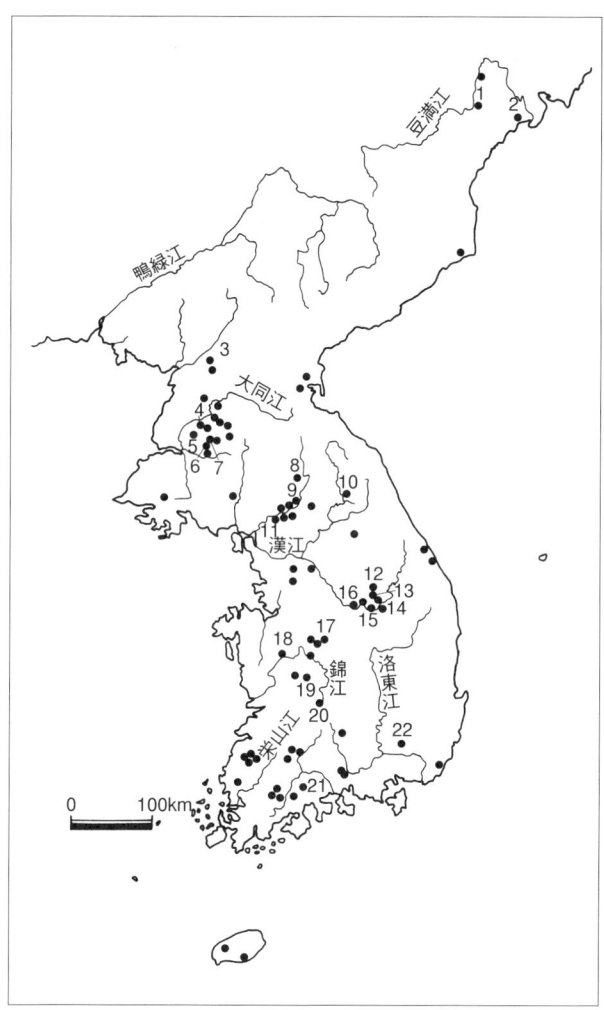

旧石器時代主要遺跡分布図（番号は本稿関連遺跡）
1：潼関鎮遺跡　2：屈浦里遺跡　3：勝利山　4：大峴洞　5：晩達里
6：龍谷洞窟　7：コムンモル　8：長興里　9：全谷里　10：上舞龍里
11：金坡里　12：チョムマル洞窟　13：上詩里岩陰　14：クムグル
15：垂陽介　16：鳴梧里　17：トゥルボン興洙洞窟　18：石壮里
19：龍湖洞　20：ジングヌル　21：竹内里　22：古礼里

が活動した鮮新世から更新世前期つまり300～175万年前と原人（ホモ・エレクトゥス）が活動した中期つまり170～20万年前に該当する。この時期には礫器やハンドアックスを使用した。

　中期旧石器時代は旧人（ホモ・サピエンス・ネアンデルターレンシス）が活動した時代で、更新世後期終末つまり前期旧石器時代以降から3万5000年前に該当する。この時期には調整石核を用意して、定められた打面に打撃を加え、剥片を1枚あるいは数枚剥離するルヴァロア技法と呼ばれる石器製作技術が成立する。

　後期旧石器時代は新人（ホモ・サピエンス・サピエンス）が活動し、更新世後期終末の短期間、約1万2000年前までに該当する。この時代は石刃技法の成立・展開によって特徴づけられ、より精巧な小型石器が普遍的に使用された。

　朝鮮半島の場合、石刃技法の出現をもって後期旧石器時代の始まりとする点については異論がないが、それ以前の時期つまり前期・中期に関しては、中期旧石器時代の特徴であるルヴァロア技法によって作られた石器が発見されておらず、石英製石器が前期と同様に製作され、石器の構成および製作技法も前期と大きな違いがない。そのため、中期の設定が難しく、前期・後期の2時期に分けている。後期以前の時期を前期と中期に分けようとする見解があるが、それを説明するには資料が量・質ともに不十分であるため、現時点では石刃技法の出現以前・以後をそれぞれ前期・後期とすることが妥当であろう。

3）前期旧石器文化

　前期旧石器時代に該当する遺跡として屈浦里下層（咸鏡北道雄基郡）、龍谷洞窟遺跡（平壌市）、コムンモル（平壌市祥原郡）、全谷里（京畿道漣川郡）、金坡里（京畿道坡州郡）、上舞龍里下層（江原道楊口郡）、トゥルボン（忠清北道清原郡）、クムグル（忠清北道丹陽郡）、鳴梧里（忠清北道堤川市）、龍湖洞（大田市）、竹内里遺跡（全羅南道順天市）などを

あげることができる。この時期には握斧、打割器、横刃斧、ピック、掻器、多角面円球などの打製石器が主流をなす。主に石英と珪岩を使用して石器が作られている。また、石器が定型化していない点が特徴としてあげられる。握斧は忠清道以北で多

握斧（張龍俊氏提供）

く出土するが、南部にいくほどその数量は減り、定型性を失って対称性が優れた握斧は少なくなる。また、小型剥片を利用して削器を作って使用したが、石刃技法は確認されておらず、尖頭器といった狩猟道具も発見されていない。このような石英製石器文化は後期旧石器時代まで続く。

　これら数ある前期遺跡の中で現在のところ、最も古い時期にさかのぼる遺跡と考えられているのが全谷里遺跡である。この遺跡は漢灘江辺の玄武岩台地に形成された段丘上に立地している。ここからはアジアで最初に前期旧石器時代の典型的な握斧が発見された。従来、前期旧石器文化は握斧文化圏と打割器文化圏に分けられ、東アジアは打割器文化圏に属すると考えられていたが、全谷里遺跡から握斧が発見されたことで、そのような見解が修正されることとなった。出土した石器は、一般的に2次加工したものや定型化した様式を見せるものが少ない。アシューリアン型とよばれる形態の握斧は典型的なヨーロッパ・アフリカのものと比べると、比較的単純で粗く大きな剥片で製作されたものが多い。

　全谷里遺跡の形成年代については、科学的な年代測定法のひとつであるポタシウム－アルゴン法と、熱発光測定法そして火山灰の分析を通して、約4万5000年前から30万年前というかなり幅広い数値が測定されている。

　その他の前期遺跡の年代については、龍湖洞遺跡第4文化層が約10万年前、竹内里遺跡第1文化層が約6万年前とされている。

4）後期旧石器文化

　後期旧石器時代は、現生人類つまりホモ・サピエンス・サピエンスが出現し、石刃技法を利用したいわゆる石刃文化の時期で、3万5000年前から1万年前までの時期に該当する。この期間中、氷河が発達し2万年前から1万8000年前の間に海水面が最大120～130m下降した。

　ヨーロッパや中近東ではネアンデルタール人が現生人類と交代し、ルヴァロア技法と石刃技法の自然な技術変化が起こったが、朝鮮半島ではルヴァロア技法が確認されておらず、後期になって石刃技法が突然出現するという独特な現象が見られる。

　後期旧石器時代は石刃文化と細石刃文化とに細分される。石刃とは剥片石器の一種で、長さと幅の比が2：1以上のものを言う。このような石刃は、規格性を持って1つの石から大量に作れることが特徴である。細石刃とは長さと幅の比が2：1以上で幅は0.5cm前後、長さ5cm以下で、おおよそ2センチ前後の小さい石刃のことを指す。非常に細かい石刃であるため単体では道具として使用することができず、数個の細石刃を木製や骨製の柄や軸に装着し1つの道具にしたと考えられる。これらは2万年前頃に東北アジアで出現して1万年前まで使用された。また、石刃を作りやすい石材つまり頁岩、泥岩、黒曜石を選んで使用している。これら石刃・細石刃を利用して作られた様々な道具を活用し、狩猟によって生計を立てたものと見られる。朝鮮半島の石刃技法は既存の石英製石器から発展したものではなく、シベリアの石刃石器群に由来する可能性が提起されている。

　このような石刃を伴う石器群は、朝鮮半島のほぼ全域で確認されており、代表的な例として垂陽介（忠清北道丹陽郡）、クムグル、石壮里（忠清南道公州市）、ジングヌル（全羅北道鎮安郡）、月坪（全羅南道順天市）、竹内里、古礼里（慶尚南道密陽市）があげられる。この内、垂陽、古礼里、ジングヌル遺跡では剥片尖頭器が出土している。次に、代表的な遺跡をいくつか見てみよう。

　垂陽介遺跡は南漢江上流沿いの河岸段丘に立地する開地遺跡である。ここ

の後期旧石器時代の層から珪質頁岩、黒曜石などを利用した石刃石核と多量の石刃が出土した。石英製石材はほとんど使われていない。石器の種類にはチョッパー、両面調整石器、剥片尖頭器、掻器、削器、彫器、石刃、石刃核、クサビ形細石刃核、細石刃、スキー状削片などあり、剥片尖頭器は48点出土した。また、日本列島北半部で見られる湧別技法と呼ばれる技法で製作され

細石核（張龍俊氏提供）

た細石刃が発見された。これら後期旧石器時代の遺物が出土した層の年代は16400 B.P.つまり、約1万4000年前と測定されている。

　古礼里遺跡は内陸深くの谷に位置し、海抜400～700mの山に囲まれた高さ約20mの丘陵上に立地している。遺跡の前を洛東江中流に該当する密陽江の一支流であるタンジャン川が流れる。ここからは石刃技法を主体とする石器群が出土した。この他に尖頭器、石錐、彫器、抉入石器、掻器なども出土した。これら出土遺物の中で注目されるのは剥片尖頭器である。剥片尖頭器は日本列島では九州で集中して発見されているが、製作技術の比較検討から、それらは朝鮮半島から伝わった「海を渡った旧石器」であると推定されている。当時は既に朝鮮半島と日本列島の間に海峡が存在していたため、海を挟んだ両岸の人々の交流があったものと考えられる。遺跡の年代に関しては姶良丹沢火山灰（AT）がこれら剥片尖頭器などの遺物が出土した層の最下部で検出されることから、2～1万7000年前頃と推定される。

5）旧石器時代人の住処

　旧石器時代の遺跡は川沿いに位置する開地遺跡と洞窟遺跡に分けられる。開地遺跡は主に大きな川や海岸の河岸段丘上に形成された洪積土から発見され、一般的に大きな川とその支流が合流する地点の周辺に位置する。そこは石器

Column

旧石器時代の日韓交流：剥片尖頭器

　旧石器時代には様々な形の石器が使用されたが、後期旧石器時代になると、剥片尖頭器とよばれる石器が登場する。その形態は一方の先端が細長く尖った木の葉のような形をなし、もう一方には突出した茎部がある。木製の柄の先にくくりつけ、狩猟用の槍として使用したと推定されている。このような剥片尖頭器は中期旧石器時代から後期旧石器時代終末期までユーラシア大陸に広く分布する。おおよそ3万年前を前後する時期に石刃技法とともに出現し、2万5000年前頃に盛行した。

　朝鮮半島で最初に剥片尖頭器が出土したのは、後期旧石器時代の代表的な遺跡である垂陽介遺跡（忠清北道丹陽郡）である。垂陽介遺跡からは40点ほどの剥片尖頭器が出土し、注目を集めた。その後、長興里（江原道鉄原郡）、石壮里（忠清南道公州市）、龍湖洞（大田市）、ジングヌル（全羅北道鎮安郡）、竹山里・月坪（全羅南道順天市）、古礼里（慶尚南道密陽市）遺跡から10点ほどの剥片尖頭器が発見されている。大きさは5〜10cmのものが大部分で、長さ10cm以上のものは確認されていない。特に、古礼里遺跡の剥片尖頭器は、2万5000年前に噴出した姶良丹沢火山灰（AT）層の下から出土しており、朝鮮半島の中でも最古に位置づけられる。

密陽古礼里遺跡出土剥片尖頭器（釜山大学校博物館提供）

> 　垂陽介遺跡での剥片尖頭器出土が注目を浴びたのは、その製作技術の精巧さや大きさが類似することなどから、日本出土の剥片尖頭器の祖型となる可能性があったからである。また、日本の場合、剥片尖頭器は姶良丹沢火山灰層の上からのみ出土するが、朝鮮半島では古礼里遺跡のように火山灰層の下からも出土することがわかり、そのような可能性を裏付ける証拠となった。
> 　2万5000年前頃に、朝鮮半島から剥片尖頭器の製作技術を持った集団が九州地方と本州西端へ来て、在地集団と接触・交流を行った結果、剥片尖頭器が伝来したものと考えられている。

の材料となる良質の岩石を確保しやすく、動植物が豊富で狩りや採集活動に便利な場所であった。
　一方、石灰岩地帯の洞窟と岩陰は旧石器時代の人々にとって、自然が作り出した絶好の住居環境であった。平壌と忠清北道一帯に主に分布している洞窟遺跡からは、人類化石・石器などの道具と動物化石などが発見され、当時の自然環境を復元する重要な資料となっている。

6) 旧石器時代人の姿

　朝鮮半島では、現在のところ、猿人や原人の化石人骨は発見されていない。朝鮮半島の旧石器時代人の姿を知ることができるのは、旧人が活動していた時期からであり、これまで10カ所あまりの洞窟遺跡から旧石器時代の化石人骨が出土している。そのうち、現時点で最も古い時期の化石人骨は、大峴洞遺跡（平壌市力浦区域）で発見された力浦人である。1977年に発掘調査が行われ、頭蓋骨の破片4点が出土した。7～8歳の子供の骨と推定されている。この人骨を出土した地名にちなんで「力浦人」と呼んでいる。
　力浦人に続く段階の化石人骨は、勝利山遺跡（平安南道徳川市）から発

見されている。化石人骨の詳細な出土状況は明らかでないが、下層から「徳川人」、上層から「勝利山人」と呼ばれる化石人骨が出土したとされている。このうち旧人の年代を20万年前頃と推定している。「徳川人」と名付けられた旧人の化石人骨は歯と肩甲骨が出土し、洞窟ハイエナの下顎骨も共伴している。肩甲骨に旧人の特徴が見られるという。一方、「勝利山人」と呼ばれる現世人類の人骨は、ほぼ完全な形態の下顎骨1点である。

　晩達里遺跡（平壌市勝湖区域）は、後期旧石器時代に属する石灰岩洞窟遺跡である。ここからは頭蓋骨1点（25－30歳と推定）、下顎骨2点（2個体分）、骨盤骨2点、大腿骨1点が出土し、「晩達人」と名付けられた。晩達人の頭蓋骨の発達形態と眼窩の縮小形態は、新人の特徴をあらわしている。この個体は新人であるホモ・サピエンス・サピエンスであり、勝利山人と比較して大きな違いが見られない。

　また、勝利山人と同様な特徴を持つ人骨が、龍谷1号洞窟（平壌市祥原郡）からも出土している。

　このほかにも上詩岩陰遺跡（忠清北道丹陽郡）、チョムマル洞窟（忠清北道堤川市）などで旧石器時代の化石人骨が出土している。

　以上のように、朝鮮半島北部・中西部を中心にいくつかの遺跡で化石人骨が発見されているが、ほとんどの人骨は、頭蓋骨、歯、顎骨、足の骨など人骨の一部が発見されているだけである。そのため、当時朝鮮半島に住んでいた人々のより詳しい起源などについては、今後の資料の増加と詳細な人骨データの蓄積を待つほかない。

2…櫛目文土器時代（新石器時代）

1）櫛目文土器時代のはじまり

　旧石器時代最後の氷期であるヴェルム氷期が1万5000年前に終わりをむかえると、地球の気候は次第に暖かくなっていった。気候の温暖化によって海

水面が100m以上上昇する海進現象が起こり、それまで陸地・陸橋であった所が海や海峡になり、現在の朝鮮半島とほぼ同じ形となった。このような自然環境の変化によって動植物の生態にも変化が生じた。旧石器時代に当時の人々の食料となっていた大型動物の中には、気候の変化に適応できず絶滅していったものもいた。その結果、気候の変化とともに食糧の種類・獲得方法にも変化が生じた。このような新しい自然環境の下、櫛目文土器時代の人々は漁労と狩猟・採集に生業基盤を置いた定着生活を始めるようになった。

　これまで遺跡、遺物散布地、遺物包含層を含め400カ所が発見され、そのうち150カ所以上の遺跡が発掘されている。その中でも貝塚が約130カ所と発掘遺跡の大部分を占める。これらの遺跡は主に川沿いや海沿いから集中して発見される。その中でも豆満江中流域、鴨緑江、大同江中・下流域、漢江中・上流域、錦江上流域、洛東江下流域とその支流である南江流域、西海島嶼地域・南海島嶼地域、東海岸北部地域に密集分布している。また、忠清道と南部内陸の河川沿いでも遺跡が発見されており、櫛目文土器時代の遺跡が海岸・島嶼地域に限らず、内陸まで広がっていたことがわかっている。

2）旧石器時代から櫛目文土器時代へ、櫛目文土器の登場

　櫛目文土器時代を特徴づける要素の1つとして、土器の製作・使用をあげることができる。土器の使用によって、食糧を長期間安全に保管できるようになり、生では食べることのできなかった野生植物を調理するなど、より多くの種類の食べ物が食べられるようになった。

a）土器の編年と地域性

　櫛目文土器時代の土器は地域ごとに違いが見られるが、おおよそ草創期、早期、前期、中期、後期の5期に分けられ、各時期の年代は放射性炭素年代測定法によって以下のとおりに示される。

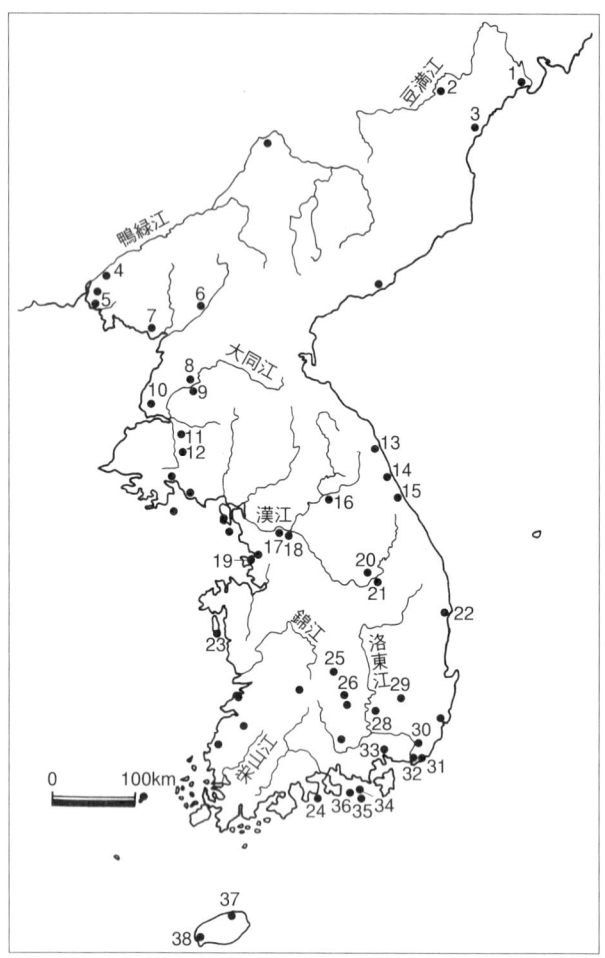

櫛目文土器時代主要遺跡分布図（番号は本稿関連遺跡）
1：西浦項　2：虎谷　3：農圃洞　4：美松里　5：新岩里　6：細竹里
7：堂山　8：南京　9：金灘里　10：弓山　11：智塔里　12：馬山里
13：文岩里　14：鰲山里　15：地境里　16：校洞　17：岩寺洞　18：渼沙里
19：烏耳島　20：上詩里　21：クムグル　22：厚浦里　23：古南里
24：松島　25：松竹里　26：鳳渓里　27：上村里A　28：飛鳳里
29：梧津里　30：金谷洞粟里　31：東三洞　32：凡方　33：水佳里
34：煙台島　35：欲知島　36：上老大島　37：北村里　38：高山里

櫛目文土器時代のはじまり：済州高山里遺跡

　朝鮮半島の最南端からさらに90km南に位置する島、済州島。この済州島の西海岸沿いに高山里遺跡がある。1987年、地元の住民が土取り作業の最中に打製石槍と削器を発見したことから遺跡の存在が知られることとなった。その後、1997年、済州大学校博物館によって本格的な発掘が実施され、数万点におよぶ石器、土器類が出土した。特に土器は、胎土に植物の茎などの有機物を多量に入れた痕跡を持つことが特徴である。このような胎土に有機物が混入し、ジグザグ形の刺突点列文が施された土器を、出土した遺跡の名前を取って高山里式土器と呼ぶ。東北アジアにおける新石器時代草創期の土器に、植物性繊維物を混入させた胎土が用いられる点、そして、ジグザグ形の点列文が施文されている点は、紀元前１万年頃つまり、新石器時代草創期に該当するシベリアのウスチカレンカ遺跡の土器と多くの類似点を持っている。

　このように高山里式土器が周辺地域の新石器時代草創期の土器と類似点が多いことや、後期旧石器時代終末期の特徴を持った石器と共伴している点から、高山里遺跡・高山里式土器は朝鮮半島における新石器文化の始まりを告げる遺跡・土器であると考えられている。

　高山里式土器がどれくらい古いものなのかについては、遺物が約6000

済州高山里遺跡発掘風景（左）と出土遺物（済州大学校博物館提供）

年前に噴火したアカホヤ火山灰層の下から出土した点と朝鮮半島周辺地域の新石器草創期の遺物と類似することを根拠に1万2000～8000年前のものと考えられている。また、熱ルミネッセンス年代測定法によって、1万180±65B.P.つまり紀元前8000年頃という測定値も提示されている。

　高山里遺跡の発掘によって櫛目文土器時代草創期の存在が提起されることとなったが、その詳しい文化内容を知るには、土器をはじめとした各種遺物が住居跡など明確な遺構から出土するなど、遺構と遺物の関係をはっきりさせる必要があるだろう。

草創期（紀元前10000～6000年）
旧石器時代から櫛目文土器時代への転換期に当たる。この時期を特徴づける遺物には高山里遺跡（済州道北済州郡）から出土した高山里式土器がある。

早期（紀元前6000～5000年）
紀元前6000年頃になると、土器の表面に細い粘土帯をくっつけて様々な文様を施した隆起文土器が登場する。

前期（紀元前5000～3500年）
櫛目文土器が出現する時期である。

中期（紀元前3500～2000年）
中西部地域の沈線文土器文化が全国に普及・拡散する段階である。

後期（紀元前2000～1000年）
南部地方で二重口縁土器と短斜線文土器が製作された時期である。

b)地域性

　これら櫛目文土器は、地域ごとに土器の形態・文様の違いを見せる。まず、土器の底が丸底か平底かによって分けられる。丸底と平底土器が共伴する遺跡として堂山貝塚(平安北道定州郡)、細竹里(平安北道寧辺郡)、鰲山里遺跡(江原道襄陽郡)があるが、これらの遺跡を結ぶラインを基準に、北側は平底、南側は丸底土器分布圏をなすとみることができる。これを基にさらに4つの地域つまり、東北地域(東海岸)、西北地域、中西部地域(大同江と漢江・西海岸)、南部地域(南海岸)に分けることが可能である。

　東北地域は咸鏡道地域と江原道地域に該当し、底部が平底であることが特徴であり、深鉢が主流をなす。中期以後には渦文、後期には雷文が登場し朱塗り土器も見られる。

　西北地域は清川江以北の内陸地方と鴨緑江流域に該当する。古い時期には中国東北で出土する之字文土器が一部発見され、後期には雷文土器が見られる。また、中国遼東半島地域と朝鮮半島東北地域で見られる長頸壺と高坏も出土する。資料がまだ充分でないが中国遼寧省の土器と関連づけることが可能である。

　中西部地域は口縁が直立した半卵形の尖・丸底土器が特徴である。時間の経過と共に底部・胴部・口縁の順に文様が省略される。平安南道・京畿道の西海岸地域と河川流域で発見されている。

　南部地域は西・南海岸の沿岸島嶼地域と内陸の河川流域に該当す

ソウル岩寺洞出土櫛目文土器
(国立中央博物館提供)

先史　017

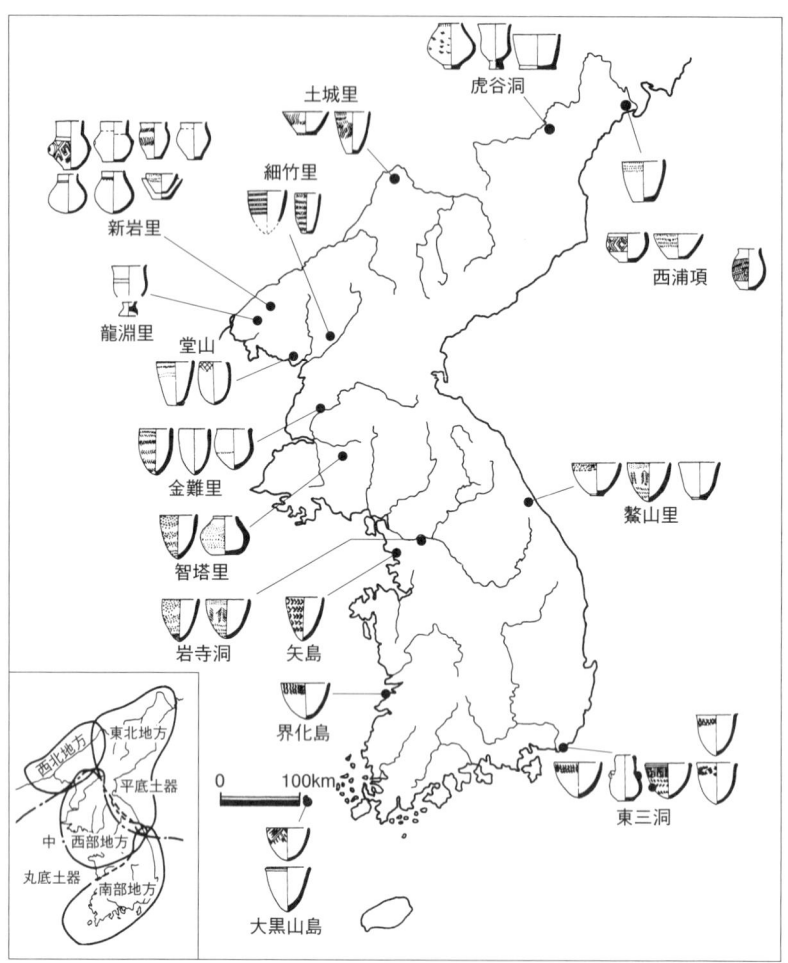

櫛目文土器の地域性（国立中央博物館1993『韓国の先・原史土器』）

る。早期には隆起文土器が盛行した後、丸底の半卵形土器が主流をなし、後期には二重口縁土器が流行する。その他に底部が丸い形態をなす長頸壺、注口土器、朱塗り土器も見られる。

3）櫛目文土器時代の人々の生業
a）貝塚

　貝塚とは、櫛目文土器時代の人々が食料とした貝の殻や動物や魚の骨、壊れてしまった土器や石器、骨角器などが捨てられ、それらが堆積して形成された遺構のことである。南海岸地域と西海中部以南地域・咸鏡北道の東海岸は海岸線が複雑で島が多く、また、干満の差が大きいため、川の水と海水が混ざり合う地域が自然に形成されている。そのため、これらの地域は海洋資源が豊富で貝の生息に適した環境にあり、貝塚が集中的に分布している。貝塚から出土した各種遺物を通して、変化した環境へ適応しながら新たな生活様式を生み出していった人々の生活の様子をうかがい知ることができる。

b）生業
狩猟

　石製の鏃の存在やイノシシの脚の骨に打製石鏃が突き刺さっていた事例があることから弓矢を使って狩りを行ったと推定されるが、弓自体はまだ発見されていない。狩りの主な対象物はシカとイノシシであった。共にほぼ全国的に見られ、弓山遺跡（平安南道温泉郡）ではシカの顎骨が100点あまり、虎谷遺跡（咸鏡北道茂山郡）ではイノシシが出土獣骨の多くを占めている。この他に東三洞貝塚（釜山市影島区）ではキジ・クロガモ・ウ・カイツブリをはじめとして14種類の鳥類の骨が出土している。

　石鏃は長さ3～10cmほどのものが製作された。東北地方と南海岸では角頁岩と黒曜石を利用した打製石鏃とシカの骨を利用した骨鏃が、西海岸では磨製石鏃が多く出土している。また、三角形石鏃は南部の海岸地帯の遺跡からのみ出土する。

木製の柄などにくくりつけた打製石槍は智塔里(チタムニ)(黄海北道鳳山郡(ファンヘブクトポンサン))・地境里(チギョンリ)(江原道襄陽郡(サンチョンニ))・上村里A(慶尚南道晋州市(チンジュ))遺跡などで出土している。上村里遺跡では複数の未完成打製石槍が埋納された状態で発見された。

漁労

朝鮮半島は三方を海に囲まれ、リアス式海岸が発達しているという地理的特徴と、近海で寒流と暖流が交差するという海洋上の特徴を持っている。そのため、魚類の生息と産卵場に適した生態環境にあり、様々な魚介類が生息していた。出土遺物から見ると、採集漁法、網漁業、刺突(具)漁業、釣り漁業などの方法で豊富な魚介類を採っていたことが推定できる。

採集漁法は干潟まで出て泥や砂の中から貝類を掘り出し、あるいは潜水して貝類を採取する方法である。西海岸の烏耳島貝塚(オイド)(京畿道始興市(シフン))や古南里貝塚(コナムリ)(忠清南道泰安郡(テアン))や、南海岸地域の東三洞貝塚や水佳里貝塚(スガリ)(慶尚南道金海市(キメ))などから大量の貝類が出土している。その種類を見るとカキが主流をなしているが、シジミ、アサリ、アワビ、イガイなども出土する。

網を用いる網漁業は単独または共同作業で行われ、多くの漁獲をあげることができる。網そのものは有機質であるため残っていないが、網の端につけた石あるいは土製のおもりである漁網錘は豆満江流域の東北地方と大同江、載寧江(リョンガン)、漢江流域の西部地方で主に出土しており、南海岸での出土例は少ない。前期に弓山、智塔里、西浦項(ソポハン)(咸興北道先鋒郡(ソンボン))、岩寺洞(アムサドン)(ソウル市江西区(カンソ))遺跡などで発見されはじめ、中期には全国的に出土している。後期になると出土量が減少する傾向を見せるが、大同江流域の遺跡(金灘里遺跡(クムタンニ)(平壌市寺洞区域(サドン))800点余り、南京遺跡31号住居跡(平壌市三石区域(サムソク))3000点余り)では集中して大量に出土する。

刺突具漁業は銛などで魚を1匹ずつ突き刺して捕獲する方法である。刺突具としては石製の銛が東北部と南海岸地域の貝塚から出土している。そこからはイルカ・クジラ・アザラシ・オットセイ・トドなど海獣の骨も発見されているため、石銛はそれら海獣を対象とする漁具であったと考えられる。石

銛は大きく3つに分けられる。まずは、獲物に突き刺した時、柄と銛が分離する回転式離頭銛である。この石銛は東北地方の西浦項、南海岸地域の上老大島（慶尚南道統営市）、欲知島（同）貝塚で出土している。次に、銛を柄に固定したままで捕獲物に命中しても銛が柄から外れない固定式銛がある。西浦項、農圃洞（咸鏡北道清津市）、東三洞貝塚で出土している。最後は、木や骨で作った柄に3個の刃を取り付けた結合式石銛であり、文岩里遺跡（江原道高城郡）で出土している。

　釣り漁業は文字通り釣り針を用いた漁法である。前期から東海岸と南海岸を中心に行われた。中期になると西海岸の一部地域まで拡散し、後期になると次第に減少する。釣り針には釣り針と軸がひとつになった単式釣り針と、両者が分離した結合式釣り針の2種類がある。結合式釣り針は東海岸の鰲山里・文岩里遺跡、東北地方の西浦項遺跡、南海岸の東三洞、上老大島、煙台島（慶尚南道統営市）、松島貝塚（全羅南道順天市）などで出土しており、タラ、マグロなど比較的大型の魚を捕獲するのに使われた。

採集

　当時は野生植物の採集も行われており、鰲山里、岩寺洞、渼沙里（京畿道河南市）、鳳渓里（慶尚南道陜川郡）、細竹里、飛鳳里（慶尚南道昌寧郡）、南京遺跡などでドングリが出土している。特に細竹里・飛鳳里遺跡ではドングリを貯蔵した穴が発見された。これらドングリは水にさらした後、殻を取って石皿とすりいしで実をすりつぶして粉食としたものと考えられる。この他に土掘り具と呼ばれる打製石斧が出土しており、根茎・球根類も採取していたと推定される。

石皿・すりいし

Column

海峡を挟んだ漁労文化交流：結合式釣り針

　結合式釣り針は軸部と針部を別々に作り、この2つを糸などで結びつける漁具であるが、これまで20カ所ちかい遺跡から170点ほど発見されている。軸と針の結合方法によりいくつかの型式に分けられるが、代表的なものをあげると、軸部と針部の端部を面取りして結合させる鰲山里型と、軸の一部と針の一部を重ねて結合させる西北九州型（上老大島型）に大別できる。

　①鰲山里型：針部と軸部の接する面を研磨し、針部の一方には3〜4本の小さい溝が掘られている。また、軸部の頂部には釣り糸をまきつけるための溝が1〜2本巡る。軸は砂岩製、針部は鹿角と猪の牙製が大部分である。分布の北限は東海岸ではソンヒョン洞（咸鏡北道）、西海岸ではノレ島貝塚（全羅北道群山市）にあり、南海岸地域に集中分布する。櫛目文土器時代の全期間にわたって使用されており、九州では熊本県天草から出土している。

　②西北九州型：軸部の下面に針部を差し込む溝をもつもので、西北九州に分布の中心があり、縄文時代前期から弥生時代前期にかけて出土する。朝鮮半島南部では上老大島貝塚から発見されている。軸部は鹿の角、針部はイノシシの牙を用いる。ここでは鰲山里型も出土しており、朝鮮半島南

結合式釣り針（国立大邱博物館提供）

東岸部と西北九州地域の漁労民・漁労文化が上老大島で交わったことが分かる。そして、佐賀貝塚（長崎県対馬市）でキバノロの牙やサルアワビ、ユキノカサなど朝鮮半島にしか生息しないものが出土する一方、朝鮮半島南部沿岸地域には佐賀県腰岳産の黒曜石が広く分布していることから、物々交換を行っていたと考えられる。また、弥生時代早期になると、朝鮮半島から支石墓という墓制が日本列島に伝わるが、初期段階の支石墓の分布地域が西北九州型結合式釣り針の分布とほぼ一致する点は興味深い。既存の漁労民たちの相互交流があったからこそ、新たな墓制がいち早く流入し、受け入れられたものと考えられる。

原始農耕の始まり

中期に該当する南京31号住居跡、馬山里7号住居跡（黄海北道鳳山郡）からアワが出土しており、この時期にアワ中心の畑作、原始農耕が始まったものと考えられる。また、これらとほぼ同じ時期に該当する東三洞1号住居跡でもアワとキビが出土しており、中期段階には朝鮮半島の広い範囲で畑作が行われていたと推定される。後期に該当する智塔里2号住居跡ではアワもしくはヒエと推定される炭化穀物が出土している。以上のような栽培穀物資料の他に、農耕に用いたと考えられる遺物も発見されている。中期櫛目文土器段階になると、定型化した鞍形石皿とすりいしが多用され、土を耕すのに使用したと考えられる扁平な打製石斧の出土が増える。

櫛目文土器時代を特徴づける要素の1つに磨製石器の製作がある。それら磨製石器は上で述べた生業に用いられた。早期に該当する文岩里では結合式釣り針などに磨研技術が用いられており、石斧の刃部のみを磨く部分磨製石器も見られるようになる。中期には磨製石器の種類が多様化し、朝鮮半島独特の両翼磨製石鏃が製作される。後期には細長く薄い磨製石鏃が見られる。

4) 定住生活のはじまり

　櫛目文土器時代になると一般的に川や海のそばの丘陵傾斜面に住居を構えるようになる。当時の住居は竪穴住居が大部分を占めるが、住居の床面に石を敷いた敷石住居や、美松里(ミソンリ)（平安北道義州郡(ギシュウグン)）、校洞(キョドン)（江原道春川市(チュンチョンシ)）、上詩里(トダムリ)（忠清北道丹陽郡）、嶋潭里クムグル（忠清北道丹陽郡）遺跡のように洞窟を利用したものもある。また、金谷洞粟里(クムゴクドンユルリ)（釜山市北区）、梧津里(オジンニ)（慶尚北道清道郡(チョンドグン)）、北村里(ブクチョンニ)遺跡（済州道北済州郡(ブクチェジュ)）のように岩陰を利用することもあった。

　一般的に竪穴住居は、平面形態が円形、楕円形、方形、長方形を呈する。住居の規模は、直径や1辺が6m前後、深さは60cm前後のものが多いが、中には150cmになるものもあり、平面積は20～30m²前後となる。

　このような竪穴住居は、西浦項、新岩里(シナムリ)（平安北道龍川郡(ヨンチョン)）、弓山里、南京、智塔里、岩寺洞、渼沙里、鰲山里、地境里、鳳渓里、松竹里(ソンジュンニ)（慶尚北道金泉市(キムチョンシ)）など朝鮮半島全域で発見されている。

ソウル岩寺洞遺跡住居跡
（国立中央博物館提供）

　これら櫛目文土器時代の住居は、地域によって違いがあるものの、一般的に平面形態が円形→方形→長方形の順に変化していったと考えられている。

5) 櫛目文土器時代の埋葬風習

　櫛目文土器時代になると、人を葬る習慣・方法にいくつかの型式が見られるようになる。これまで南海岸地域を中心に櫛目文土器時代の人々を葬った各種遺構が発見されている。

壺形や深鉢形土器を棺として用いる土器棺墓は東三洞や上村里で発見されており、早期から中期まで造営される。

　土壙墓は煙台島や欲知島貝塚で見られるように、不定形の土壙を浅く掘った後、遺体の顔を上に向けるようにして伸展葬で安置し、土器、石器、装身具などの副葬品を納め、最後に石で覆う型式である。このような積石あるいは敷石の形態を持った墓は前期から晩期まで築造される。厚浦里(フポリ)（慶尚北道(キョンサンプクト)蔚珍郡(ウルチン)）では直径約4m前後の不規則な円形土壙内から40体以上の人骨が発見された。遺体から骨の一部を選んで土壙内に埋葬し、その上を大型の磨製石斧で覆っていた。ここからは180点の磨製石斧と管玉、しゃもじ形石板、石錐が出土した。櫛目文土器時代の終わり頃に該当すると考えられる。

統営煙台島遺跡　土壙墓
（国立中央博物館提供）

　洞窟墓は校洞で発見されたものが唯一である。洞窟の中から放射状に3体の人骨が仰向けに、それぞれ脚を中央に向けた状態で出土した。これも櫛目文土器時代の終わり頃につくられたものと考えられる。

　以上のように、櫛目文土器時代には多様な埋葬方法・風習が見られるようになる。また、数基～十数基からなる集団の墓が形成されることが特徴といえよう。

先史

6）櫛目文土器時代の地域間交流

　朝鮮半島内部での各集団間の交流を示すものとして上詩遺跡とクムグル遺跡、梧津里遺跡から出土したベンケイガイ製の腕輪がある。これは東海岸と南海岸地域で生産された製品が、交易ネットワークを通して交易品として移動したものと推定される。

　また、文化的基盤が異なる地域との交流つまり対外交流の存在を示す遺物としては、東三洞、凡方(ポムバン)（釜山市江西区）、煙台島、上老大島、欲知島貝塚などから出土する前期から後期の縄文土器と黒曜石製石鏃、石銛などがある。これら縄文土器は、胎土・焼成・文様構成・器形などの特徴から見て九州地域から搬入されたものと考えられる。また、黒曜石の大部分は佐賀県の腰岳産と淀姫産である。交易品と考えられる九州産黒曜石の交換品としては東三洞貝塚から出土した1500点にのぼる貝輪が想定されている。

　このような交流は海をはさんだ両地域の住民たちによって行われた。彼らは共通した生業環境の中で漁労活動を通して持続的に接触し、生業技術と情報を交換していきながら、自然に交流関係を形成していったものと推定される。

3… 無文土器時代（青銅器・初期鉄器時代）

1）無文土器時代のはじまり

　紀元前1000年頃に、櫛目文土器を中心とする新石器時代が終わり、中国東北地域をはじめとした北方文化の影響を受けて、無文土器とよばれる土器を中心とする新たな文化・時代が始まる。この時代を無文土器時代と呼ぶ。この時代は、無文土器の使用、稲作農耕の開始、定着集落の形成、支石墓を含む多様な墓制の登場、磨製石器の盛行、青銅器製作・使用などによって特徴づけられる。また、前期・中期には青銅器文化が流入・展開したため青銅器時代に、後期は戦国時代燕(えん)の鉄器文化が流入したため初期鉄器時代に該当する。

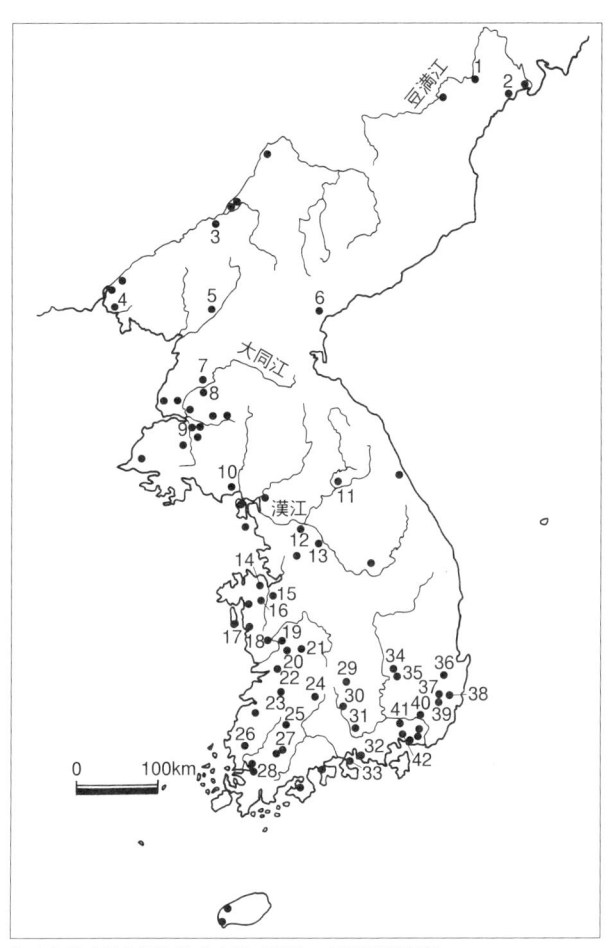

無文土器時代主要遺跡分布図（番号は本稿関連遺跡）
1：五洞　2：草島　3：龍淵洞　4：新岩里　5：細竹里　6：梨花洞
7：南京　8：金灘里　9：松山里　10：大雅里　11：泉田里　12：渼沙里
13：欣岩里　14：素素里　15：南城里　16：東西里　17：古南里
18：合松里　19：松菊里　20：麻田里　21：槐亭洞　22：石泉里
23：盤橋里　24：南陽里　25：蓮花里　26：草浦里　27：大谷里
28：長川里　29：大也里　30：默谷里　31：大坪里　32：梨谷洞
33：勒島　34：東川洞　35：東湖洞　36：九政洞　37：川上里
38：無去洞玉峴　39：検丹里　40：琴川里　41：茶戸里　42：徳川里

先史　027

朝鮮半島の無文土器文化・青銅器文化の起源地としては、地理的・文化内容的にも類似性を見せる中国東北地方をあげることができる。これらの地域と朝鮮半島の青銅器文化は、琵琶形銅剣と呼ばれる青銅剣が共通して出土しているため、密接な関係を持っていたことがわかる。

無文土器時代は、各時期に主に使用された土器によって、刻目突帯文土器、孔列文土器、二重口縁短斜線文土器が出土する前期、松菊里型土器が出土する中期、粘土帯土器が出土する後期の3時期に区分できる。

2) 無文土器の登場

無文土器時代には無文土器と呼ばれる文様のない黄褐色または赤褐色を呈する土器が製作・使用された。広義で口縁部に孔列文、短斜線文などの単純な文様がある土器と赤色・黒色の磨研土器など当時使用されたすべての土器を包括して無文土器と呼ぶ。その形態は壺・鉢・碗・蓋・高坏形を呈し、底部は平底を基本とする。

無文土器は特徴的な製作技法・形態あるいは出土した遺跡の名前を取って様々な型式に分類され、地域・時期ごとに特徴を持って現れる。

以下の各地域の土器は、前期に該当する。

鴨緑江中上流地域（慈江道〈チャガンド〉）群…公貴里〈コンギィリ〉型土器を特徴とし、鉢形・孔列文土器と共伴する。

豆満江流域、咸鏡道（東北）地域群…五洞〈オドン〉（咸鏡北道会寧〈フェニョン〉郡）、虎谷、草島〈チョド〉遺跡（咸興北道羅津〈ナジン〉市）、咸鏡南道〈ハムギョンナムド〉元山〈ウォンサン〉、永興〈ヨンフン〉などを含む地域で、孔列文土器・口唇刻目土器・赤色磨研土器が特徴である。

平安北道（西北）地域群…中国の遼寧地方の一部と鴨緑江下流域、平安南道の一部を含む地域で、美松里〈ミソンリ〉型土器が特徴である。

平安南道・黄海道〈ファンヘド〉（中西部）地域群…大同江流域と黄海道鳳山・黄州〈ファンジュ〉、

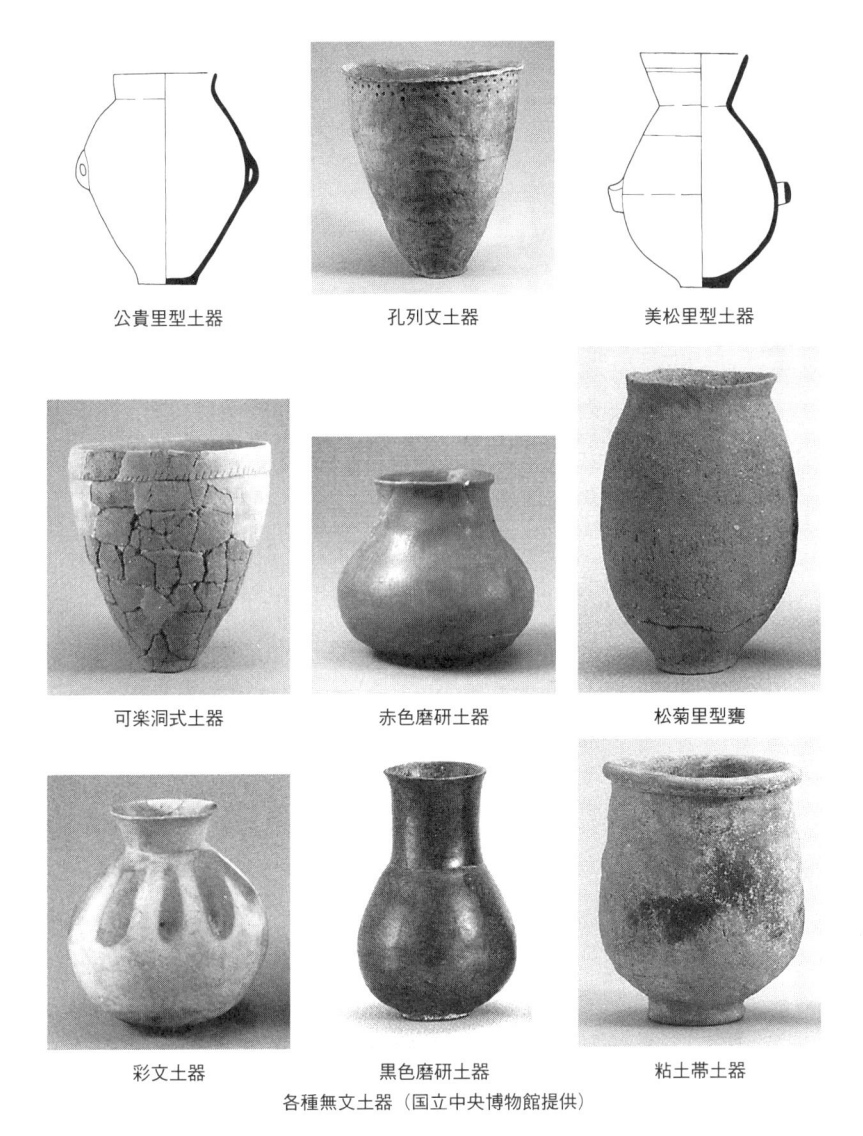

公貴里型土器　　　　　孔列文土器　　　　　美松里型土器

可楽洞式土器　　　　　赤色磨研土器　　　　　松菊里型甕

彩文土器　　　　　　　黒色磨研土器　　　　　粘土帯土器

各種無文土器（国立中央博物館提供）

京畿道江華(カンファ)まで含む。口縁を二重に重ねて厚くし、二重口縁部に簡単な刻み目を入れたコマ形土器が特徴である。

南部地方…前期には二重口縁短斜線文を指標とする可楽洞(カラクトン)式、孔列文を指標とする駅三洞(ヨクサムドン)式、孔列短斜線文を指標とする欣岩里(フナムリ)式などが見られる。京畿道坡州(パジュ)・驪州(ヨジュ)などと漢江流域以南の南部地域に該当する。この地域は東北地域と西北地域の土器の影響を受けて、それらが複合した様相を見せる。

中期は口縁部が外反する松菊里型甕によって特徴づけられ、前半の先松菊里(ソングンニ)式ないし休岩里(ヒュアムニ)式と、後半の松菊里式に大別される。ただ、中期の設定は朝鮮半島全域に適用することは難しく、現時点では南部地域のみで分期が可能である。

後期には口縁部に粘土の帯を付けた甕形の粘土帯土器が現れる。粘土帯の断面の形態によって円形と三角形に分けられ、前者から後者へと変化する。また、墓の副葬用に表面に黒鉛などの鉱物を塗って磨研し光沢を出した黒色磨研長頸壺が製作された。黒色磨研土器と粘土帯土器は、朝鮮半島中南部地域で細形銅剣文化期と初期鉄器時代を代表する無文土器である。時期が新しくなると、牛角形把手付土器、黒色土器、豆形土器、瓿が製作される。

以上の無文土器以外にも、墓の副葬用に製作された赤色磨研土器、彩文土器がある。

3) 稲作農耕の開始

稲作農耕は無文土器時代を特徴づける要素の１つであるが、無文土器時代の開始時期から行われていたのではなく、当初は新石器時代以降の伝統を引き継いで、畑作が行われていた。畑遺構は東川洞(トンチョンドン)(大邱(テグ)市)、東湖洞(トンホドン)(大邱市)、大坪里(テピョンリ)(慶尚南道晋州市)などで発見されており、当時の主な栽培穀物はムギ、コムギ、アワ、ヒエグサ、キビ、トウキビ、ダイズ、アズキであったことがわかっている。

朝鮮半島で稲作農耕が始まったのは、中期以降であると考えられている。炭

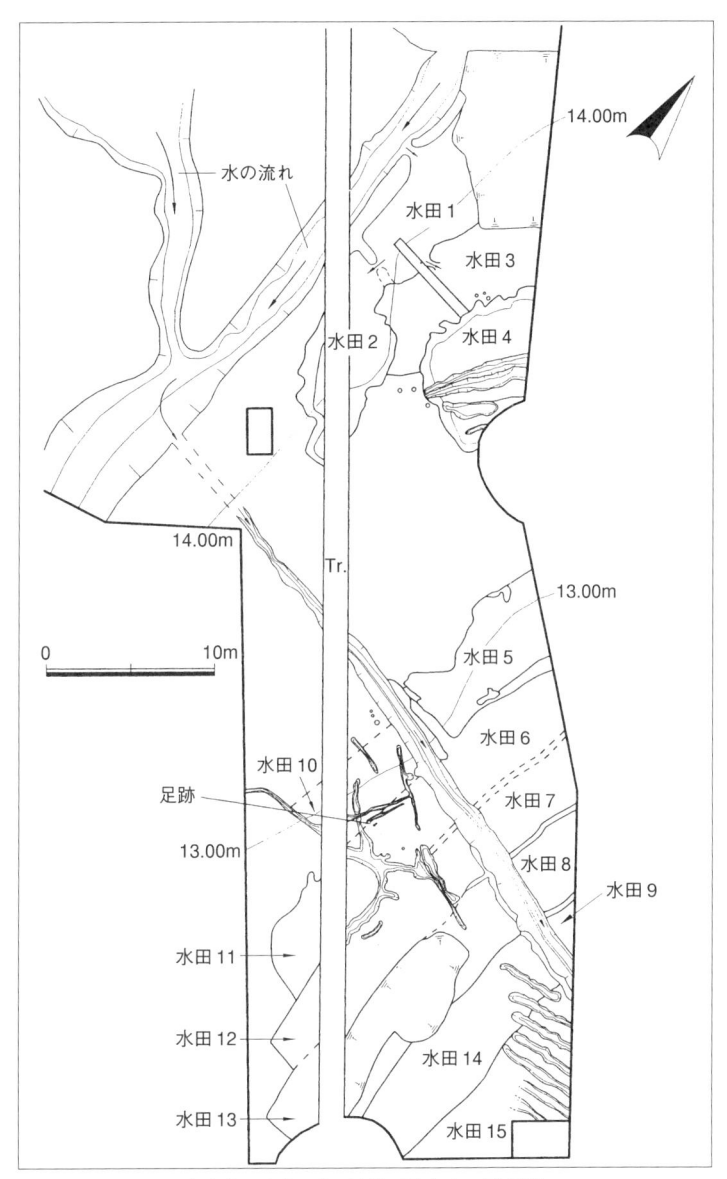

無文土器時代の水田遺構（論山麻田里遺跡）

化米が、南京遺跡、欣岩里遺跡（京畿道驪州郡）、松菊里遺跡（忠清南道扶余郡）などの住居跡から出土している。水田遺構は麻田里（忠清南道論山市）、無去洞玉峴（蔚山市南区）、琴川里（慶尚南道密陽市）などで発見されている。水田は低丘陵の渓谷に形成された沖積地に位置し、3坪前後の小水田で平面が長方形・方形を呈する。麻田里では水の流入と排水のための水路、畦、井戸、灌漑施設が見つかっている。

　朝鮮半島の稲作農耕は中国大陸から伝わったが、その伝播ルートについては稲を収穫する道具である半月形石包丁の分布などを勘案すると、遼東半島を経由した可能性が高い。

　稲作農耕が本格化して以降も漁労・狩猟は引き続き行われていた。古南里貝塚では、カキを中心にアサリ・アワビ・サザエなどの貝類、マダイ・スズキ・サメなどの魚類の骨が出土している。新石器時代と同様の方法で漁労を行ったものと考えられる。

4）農耕社会の形成　―集落と住居―

　無文土器時代の人々が最初に生活する場所として選んだのは、丘陵頂上部と河川の自然堤防であった。生業に占める農業の比重が高まるにつれて、田畑の経営に便利な低丘陵の斜面と扇状地に集落が拡大していく。集落は一般的に川岸の低い丘に10余棟から30余棟ほどの竪穴住居から構成される。

蔚山検丹里遺跡　環濠集落（釜山大学校博物館提供）

中期には10棟前後の住居跡が1つの集落を形成し、東川洞と大坪里遺跡のように居住・埋葬・耕作空間が区分されるようになる。また、中期以降、渼沙里、泉田里（江原道春川市）、長川里（全羅南道霊岩郡）、默谷里（慶尚南道山清郡）、大坪里玉房（慶尚南道晋州市）、梨琴洞（慶尚南道泗川市）などで掘立柱建物が発見されている。これらは食料生産量が増加した結果、生じた余剰食糧を保管した倉庫と考えられている。

　また、集落の周囲に平面が楕円形あるいは円形・方形をなし、断面U字あるいはV字形の溝を巡らせた環濠集落が前期後半に登場し、中期には環濠の規模が拡大する。代表的な遺跡として、検丹里（蔚山市蔚州郡）（環濠全長298m、長径118m、短径70m、内部面積5,974m²）、川上里（蔚山市）、松菊里遺跡、東川洞、大坪里玉房1地区などが挙げられる。また、大坪里玉房1地区のように環濠の内側に木柵を巡らすものもある。これら環濠は、敵からの攻撃を防ぐ防御施設、環濠の外と内を区分する象徴的な区画としての機能があったと考えられている。

　無文土器時代の竪穴住居は、平面形態が大型細長方形、長方形から小型の円・楕円形、（長）方形に変化する。各時期の特徴は以下の通りである。

　前期には平面形態が細長方形と長方形のものが主流をなす。規模は細長方形の場合、50m²以上、長方形の場合、20〜30m²前後と後の時期に比べ大型である。細長方形竪穴住居は30m前後の間隔を置いて1棟ずつ分布し、内部の様々な施設と空間分割からみて、血縁関係にある数世帯が一緒に生活したと考えられる。

　中期には平面形態が円形と方形のものが主流をなす。規模は前期に比べ小さくなる。内部施設として中央に楕円形竪穴と両側に柱穴を持ついわゆる松菊里型住居が作られる。この住居跡は忠清道、全羅道、慶南地域に主に分布している。住居はそれぞれ5〜10mほど離れて群をなしており、さらにこれら住居群は約20〜30mほど離れて分布している。

　後期になると、平面形態が円形・楕円形と（長）方形が主流となる。規模は中期のものと同様である。後期でも新しい段階の断面三角形粘土帯の時期

に勒島遺跡（慶尚南道泗川市）など一
　　ヌクト
部地域でオンドル施設が確認されてい
る。住居跡の数が減少し、互いに重複
することが特徴である。

　無文土器時代の住居は、時間の経過
と共に面積が次第に小さくなっていく。
これは1棟の住居に住む構成員の数の
減少や、前期の住居に見られる貯蔵穴
が次第に外部へ移動し、その分、住居
の面積が縮小したためと考えられる。
つまり、前期の大型竪穴住居では数世
帯が共同で生産と消費を行って居住す
るが、中期になると、1つの世帯が1
つの住居を構えるようになり、それら
個々の住居が集まって小規模の生産単
位と消費単位を構成するようになった。
これらは共同体の組織変化を示すもの
と考えられる。

5）新たな墓制の登場

　無文土器時代になると、以前の時代
に比べ、一定した構造で内部施設と外
観を備えた墳墓が築造され、墓制の定
型化および多様化が見られるようにな
る。墓の種類としては、支石墓、石棺
　　　　　　　　　　　　しせきぼ
墓、土壙墓、甕棺墓、積石木棺墓があ
　　　　　　　　　つみいし
げられる。

　当時、最も一般的に築造された墓は

各種支石墓（上：卓子式支石墓、中：碁盤式
支石墓、下：蓋石式支石墓）

支石墓である。支石墓とは、地下に埋葬施設を構築した後、地上に巨石を置いた墓である。支石墓は、外形によって卓子式、碁盤式、蓋石式、囲石式の大きく4つに分類される。普通、数基から十数基、多い場合60基近くの支石墓が列状に配置され、1つの群をなしている。一部の支石墓から磨製石剣、石鏃、赤色磨研土器、彩文土器、管玉・勾玉などの玉類が副葬遺物として出土する。錦江流域や南海岸地域の支石墓を中心にごくまれに琵琶形銅剣・銅矛が副葬される。また、徳川里1号支石墓（慶尚南道昌原市）のように南北56m×東西18mの範囲に石を積んだL字形の巨大な区画が発見された例もある。以上のような特殊遺物の保有ないしは巨大な区画施設の築造は、他の集団・個人との差別化を目指した階級社会の存在を意味するという見解がある。

　石棺墓は朝鮮半島のほぼ全域で発見されており、無文土器時代前期から後期まで長期間にわたって築造された。支石墓とともに共存する例が多く、副葬遺物も支石墓のものと共通点を見せている。大雅里（黄海北道白川郡）で

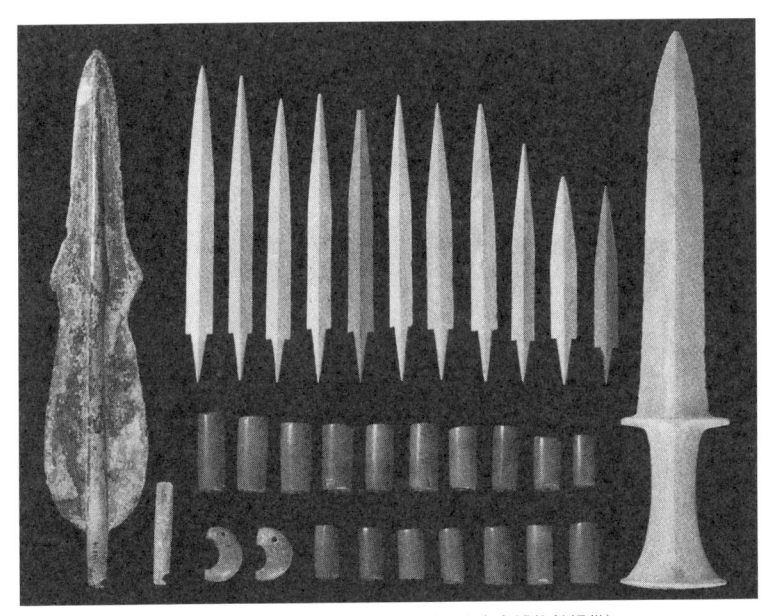

扶余松菊里遺跡石棺墓出土遺物（国立中央博物館提供）

先史　035

は琵琶形銅剣・銅鏃、管玉が、松菊里遺跡では磨製石剣・石鏃と共に琵琶形銅剣が出土している。

　土壙墓は、松菊里、盤橋里(パンギョリ)（全羅北道完州郡(ワンジュ)）など錦江流域を中心に分布している。

　甕棺墓は中期以降に造営され、錦江流域で主に分布しているが、蓮花里(ヨナァリ)（全羅南道谷城郡(コクソン)）、石泉里(ソクチョンニ)（全羅北道益山市(イクサン)）、大也里(テヤリ)（慶尚南道居昌郡(コチャン)）でも発見されている。副葬遺物はほとんど発見されないが、まれに管玉が出土する。

　積石木棺墓は後期に流行した墓制で、深さ2mほどの土壙に木棺を置き、その周囲を石で補強したものである。東西里(トンソリ)（忠清南道礼山郡(イェサン)）、槐亭洞(クェジョンドン)（大田市西区）、南城里(ナムソンリ)（忠清南道牙山市(アサン)）、大谷里(テゴンニ)（全羅南道和順郡(ファスン)）、草浦里(チョッポリ)遺跡（全羅南道咸平郡(ハムピョン)）のように細形銅剣、青銅鏡・儀器などが出土する。

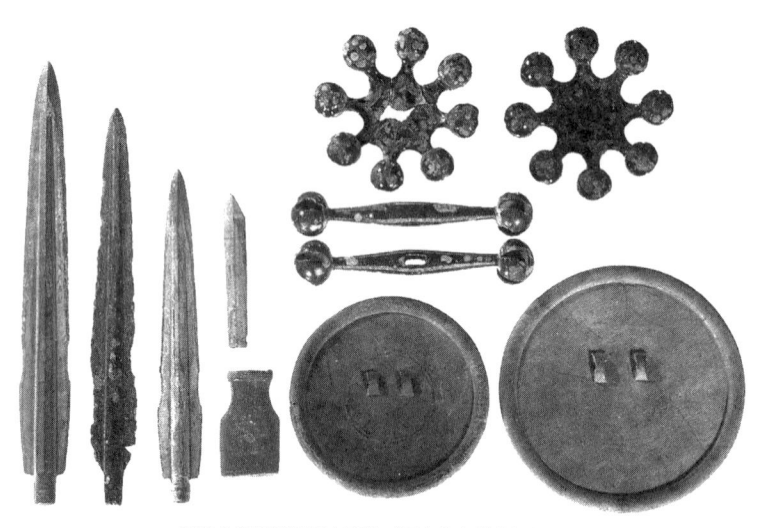

和順大谷里遺跡出土遺物（国立中央博物館提供）

6）青銅器文化の展開

朝鮮半島の青銅器文化は、各時期を代表する銅剣の種類によって、琵琶形銅剣文化と細形銅剣文化に分けられる。

琵琶形銅剣文化は中国遼寧省付近を起源とする青銅器文化で、紀元前1000年頃に形成された。この文化を特徴づける琵琶形銅剣は剣の両刃が曲線を呈する銅剣で、その形態が楽器の琵琶と似ていることから名付けられた。また、遼寧地域を中心に分布するため、遼寧式銅剣とも呼ばれる。

細形銅剣文化は、紀元前4世紀頃に北から新たな文化要素を取り入れながら、在地化した青銅器文化である。細形銅剣とは剣身が細長く直線的なことから名付けられており、朝鮮半島で独自に発生したため、韓国の学界では韓国式銅剣とも呼ばれる。琵琶形銅剣・細形銅剣ともに、剣身と柄そして柄の上につく装飾がそれぞれ別個に製作された後、結合させる組み立て式銅剣であるという点が共通する。

朝鮮半島の青銅器の発展過程は、大きく琵琶形銅剣以前の時期、琵琶形銅剣の時期、細形銅剣の時期に分けられる。各時期はそれぞれ無文土器時代の前・中・後期の区分に該当する。

琵琶形銅剣以前の時期は紀元前10～9世紀に該当する。銅剣などの武器形青銅器が見られず、装身具や刀子が主に製作された。代表例として新岩里3地点2文化層（平安北道龍川郡）出土の青銅刀子と青銅鈕、金灘里3文化層の銅鑿、草島遺跡出土の青銅鈕がある。

琵琶形銅剣の時期は紀元前8～4世紀頃に該当する。琵琶形銅剣と多鈕粗文鏡をはじめとして、琵琶形銅矛と扇形銅斧などの青銅器が作られた時期である。石剣、石鏃、石斧など無文土器文化に見られる石器と共に、支石墓や石棺墓から出土する。

細形銅剣の時期は紀元前4～1世紀頃に該当する。細形銅剣をはじめとして矛、戈、多鈕細文鏡が出土するが、忠清地域を中心とした地域では防牌形、喇叭形、円蓋形青銅器などの異形青銅器が共伴する。その後、精巧な文様の細文鏡が普及し、多様な儀器類も登場する。紀元前3世紀初頭に中国特に燕

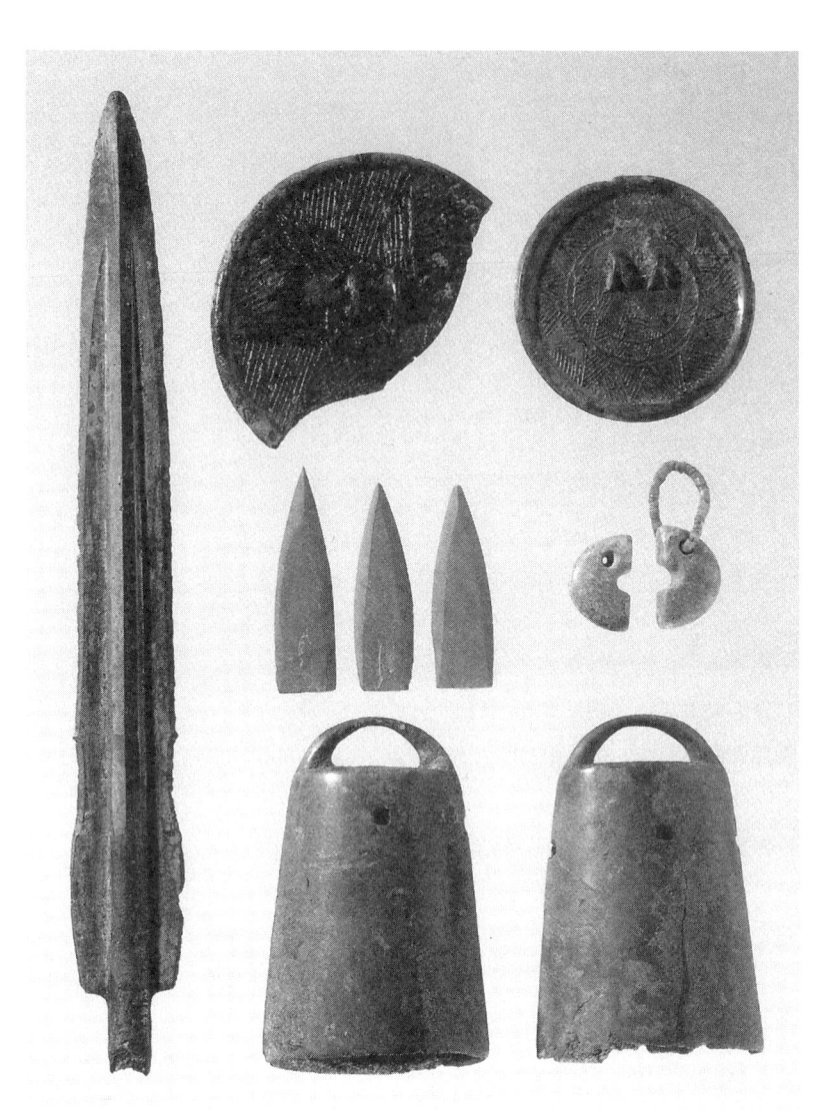

大田槐亭洞遺跡出土遺物（国立中央博物館提供）

Column

世界遺産：支石墓（コインドル）

　現在、朝鮮半島には4万基ほどの支石墓が分布していると言われ、大同江流域を中心とした平安南道と黄海道、全羅道に多く見られる。特に全羅道には2300カ所に約2万基が集中分布している。また、朝鮮語では支石墓のことを「コインドル」と呼ぶ。

　本文でも述べたように、支石墓は外形によって4つに分類される。①卓子式…地上に3〜4枚の板石を組み合わせて石室を構築し、その上に巨大な板石1枚を載せたもので、漢江以北の地域に分布の中心が見られる。②碁盤式…地下に板石を立てて石棺もしくは割石を積み上げて石室を築き、地上には4つ以上の支石を配置し、その上に上石を置いたもの。南半部に主に分布している。③蓋石式…碁盤式同様に地下に石室を構築するが、支石を用いず、石室の上に直接、上石を載せるものである。遼東半島・朝鮮半島・北部九州と幅広い分布を見せる。④囲石式…上石の下に自然石を円形や方形に配置したり、上石の縁に併せて数枚の板石を巡らせたものである。特に板石を立てて巡らせたものは済州島で見られる特徴的なものである。朝鮮半島の支石墓のうち、江華島（仁川市）・高敞郡（全羅北道）・和順郡（全羅南道）の支石墓はユネスコの世界遺産に指定されている。江華島富近里にある支石墓は典型的な卓子式であり、上石の大きさは650×520×120cmと非常に大きい。高敞竹林里一帯の支石墓は卓子式・碁盤式・蓋石式が混在しており、長さ2kmの間に450基以上の支石墓が群集し、朝鮮半島の中でも非常に密集した分布を見せることが特徴である。和順大薪里一帯の支石墓は多くが碁盤式である。中でもピンメパウィと呼ばれる支石墓は上石が長さ7m、推定重量200t以上と最大級の規模である。また、採石場とされる遺構も発見されている。特に全羅南道には碁盤式・蓋石式支石墓が密集しており、旅の途中で車窓から見える巨石のどれかは支石墓であるかも知れない。

の鉄器文化の影響を受け、鉄器が流入し、紀元前2世紀前半頃から青銅器と鉄器が共伴する。
　葛洞遺跡（全羅北道完州郡）、全羅南道霊岩・京畿道龍仁などでは細形銅剣の時期の石製鋳型が出土しており、青銅器を自ら製作していたことがわかる。
　これら青銅器の性格は、大部分、墓の副葬品として発見されるなど、出土遺構の性格、青銅器の形態からみて日常生活で用いた道具というよりは、支配者もしくは祭祀長が持った特殊な物、身分を象徴する遺物と推定される。

7) 無文土器時代の石器の特徴

　無文土器時代に青銅器が作られるようになったとはいえ、その製作には多くの手間がかかり、専門技術が必要であったため、青銅器自体が非常に特殊かつ貴重なものであった。したがって、実生活における主な利器には石器が用いられていた。
　無文土器時代の石器の特徴として、磨製石器・農耕関連の石器の普及が挙げられる。石器の機能の改良とともに、多様化・機能の専門化が起こり、目的にあわせて石斧や石鑿などが大きさと形態において細分される。また、新石器時代に現れた農耕関連道具つまり、石鎌、石皿、すりいし、半月形石包丁が本格的に製作・使用された。
　また、住居などの建築部材を製作するため、伐採用の蛤刃石斧で木を切り倒し、有溝石斧、扁平片刃石斧、柱状片刃石斧などを利用して、木製品を製作・加工したものと考えられる。これら蛤刃石斧・有溝石斧・扁平片刃石斧・柱状片刃石斧などは無文土器時代の基本的な石製道具のセットであった。
　収穫具である石鎌はそれまでほとんど見られなかった、無文土器時代の典型的な農耕具であり、半月形石包丁より短い時間に多くの穀物を収穫できる重要な石器であった。同じ収穫具である石包丁も型式が多様化し、半月形以外に長方形・櫛形のものがあり、中期以降には片刃の三角形のものが登場する。

この他に支石墓や石棺墓の副葬用に使用されたと考えられる磨製石剣がある。

8）鉄器文化の流入

紀元前3世紀初頃に中国の戦国時代、特に河北省北部にあった燕の鉄器文化の影響を受け、半島北部地域に鋳造鉄斧、鉄鑿が流入しはじめる。鉄器が一般的な利器として生産・利用される以前のこの時期を、鉄器時代の初期という意味で初期鉄器時代とも呼ぶ。

最も古い鉄器は清川江以北に主に集中しており、その一例として龍淵洞遺跡（慈江道渭原郡）があげられる。ここでは積石塚と推定されている遺構から、燕の銅製貨幣である明刀銭とともに槍、鎌、斧、鍬など中国製の鉄製武器・農具・工具が出土した。この他に細竹里遺跡（平安北道寧辺郡）でも明刀銭と鉄器が共伴している。また、梨花洞（咸鏡南道咸興郡）、松山里（黄海北道鳳山郡）、合松里遺跡（忠清南道扶余郡）では墳墓から戦国時代の鋳造鉄斧と同じ型式のものが、素素里（忠清南道唐津郡）、南陽里遺跡（全羅北道長水郡）では鉄斧と鑿ともに多鈕細文鏡が出土している。

一方、鉄器文化の流入によって初期鉄器時代に入ったが、従来の細形銅剣文化の要素はそのまま持続する。この時期は細形銅剣文化の全盛期に当たり、青銅器の生産が活発に行われ、細形銅剣をはじめヤリガンナ・鑿・斧・戈・矛・細文鏡などが製作された。

その後、紀元前108年に楽浪郡が設置された。この楽浪との交渉・交易を通して、朝鮮半島南部地域に新たな文物・技術が直・間接的に流入したものと考えられる。紀元前2世紀末から1世紀頃になると、各種鉄製武器が登場することで武器形青銅器は実用性を失っていった。武器形青銅器は儀器化の道を歩み始める一方、既存の青銅儀器は竿頭鈴・柄付き銅鈴のみが残る。

大同江流域では土壙木棺墓と土壙木槨墓から長剣、槍といった漢代の鉄製武器類が多量に出土する。南部地域では朝陽洞（慶尚北道慶州市）、茶戸里遺跡（慶尚南道昌原市）など慶尚道地方を中心に木棺墓から鉄器が大量に出

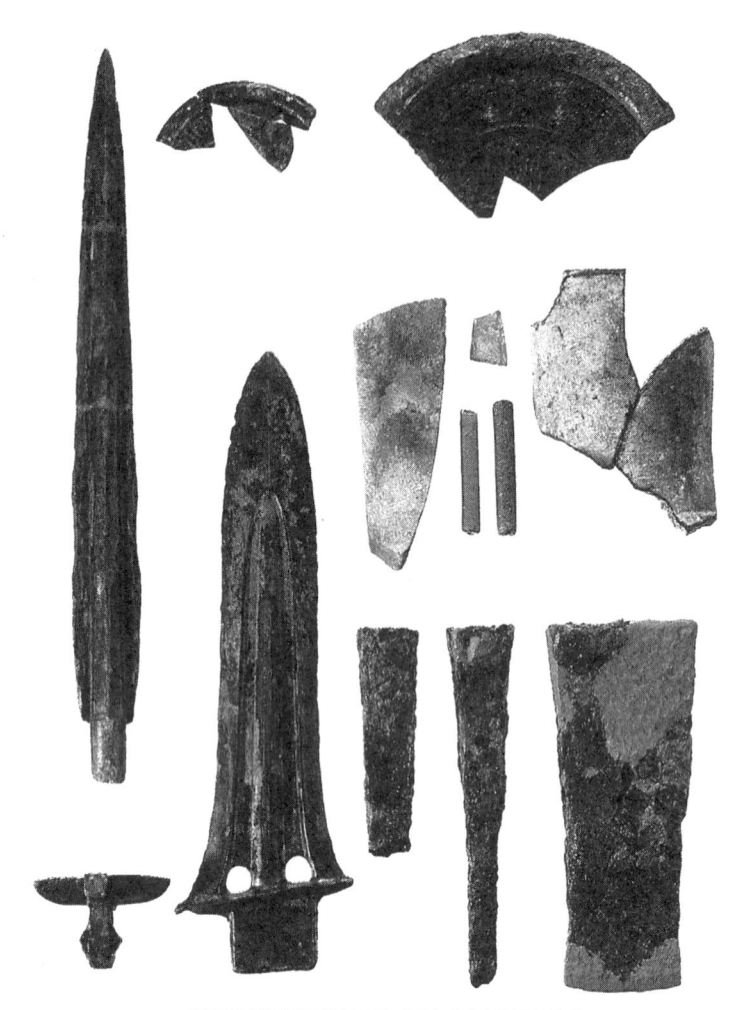

唐津柴柴里遺跡出土遺物（国立中央博物館提供）

土するが、ここでは青銅遺物も大量に出土することが特徴である。

　以上のように、朝鮮半島北部から流入した鉄器文化は、その後、南部地域にも波及していった。鉄器文化という新たな文化の流入・普及によって、既存の細形銅剣文化は衰退していった。

◎参考文献

延世大学校博物館『韓国の旧石器』延世大学校出版部、2001年（ハングル）
『はるかな進化の旅　人と石』国立大邱博物館、2005年（ハングル）
『韓国史』1　ハンギル社、1995年（ハングル）
『韓国史』2　国史編纂委員会、1997年（ハングル）
『韓国史』3　国史編纂委員会、1997年（ハングル）
『韓国の青銅器文化』国立中央博物館、1992年（ハングル）
李健茂『青銅器文化』テウォン社、2000年（ハングル）
『韓国の先・原史土器』国立中央博物館、1993年（ハングル）
金元龍（西谷正訳）『韓国考古学概説［増補改訂］』六興出版、1984年
金元龍監修『韓国の考古学』講談社、1989年
早乙女雅博『朝鮮半島の考古学』同成社、2000年
『韓国の学術研究　考古学（南韓先史時代）』大韓民国学術院、2002年（ハングル）
李健茂・趙現鐘『先史遺物と遺跡』ソル出版社、2003年（ハングル）
韓国考古学会『韓国考古学講義（改訂新版）』社会評論、2010年（ハングル）

古朝鮮から楽浪へ

田中俊明

古朝鮮から楽浪へ

概　観

　朝鮮史において、歴史が明確になるのは、古朝鮮からである。古朝鮮とは、14世紀以後の李氏の朝鮮王朝に対して呼ぶもので、檀君朝鮮・箕子朝鮮・衛氏朝鮮をまとめた呼称である。ただし、檀君朝鮮・箕子朝鮮は、神話伝説の時代であり、具体的な歴史事実は明らかではない。その点でいえば、衛氏朝鮮から、歴史が始まるということになる。

　ここで取り上げるのは、檀君朝鮮・箕子朝鮮の伝説と、衛氏朝鮮からあとの歴史過程である。衛氏朝鮮の成立は、紀元前195年ころで、漢帝国の外臣と位置づけられるが、漢と対立して、武帝の派遣した遠征軍によって滅亡することになる。漢は、その故地を中心に、楽浪・臨屯・真番・玄菟の4郡を設置し、直轄支配を始める。ちょうど、中国南部の広州からベトナム北部におよぶ一帯を占めていた南越国を武帝が滅ぼして、南海郡など9郡を設置したのと対比される。

　この郡県支配は、朝鮮半島全域にわたるものではなく、拠点として県城を造営し、県城どうしを結ぶ交通路を確保するといった、点と線による支配であった。楽浪郡などが、朝鮮半島には存在しなかったという意見もあるが、こうした郡県支配に対する抵抗を通して、高句麗や韓族が成長したのであり、デメリットばかりではなかったことに注意をする必要がある。

年　表

前2333	檀君が建国したとされている。いわゆる檀君紀元
前11世紀半ば	殷が滅ぶ。箕子が朝鮮国を建国したとされる時期
前3世紀はじめ	燕が遼東方面に進出
前195	衛満が朝鮮国を建国
前128	漢、蒼海郡を設置（前126に廃止）
前109	漢の武帝が朝鮮国を攻撃
前108	朝鮮国滅ぶ。漢が楽浪・臨屯・真番3郡を設置
前107	漢、玄菟郡を設置
前82	漢、臨屯・真番2郡を廃止し、一部の県を玄菟・楽浪郡に移管
前75	漢、玄菟郡を後退させる（第2玄菟郡）。先端を楽浪郡に移管
30	後漢、楽浪郡東部都尉を廃止。濊族邑落首長を県侯に
	楽浪郡で王調らが反乱
105	後漢、玄菟郡をさらに西方に移す（第3玄菟郡）
204	このころ、公孫氏、楽浪郡から帯方郡を分置す
238	魏、楽浪郡・帯方郡を獲得
246	韓の数十国、帯方郡に対して決起、太守を戦死させる
313	慕容氏、楽浪郡を遼東方面に僑置。もとの楽浪郡は機能を失う
314	このころ、帯方郡も機能を失う

古朝鮮から楽浪へ

1 … 古朝鮮

1）檀君朝鮮

　檀君(タングン)は、朝鮮民族の始祖であると信じられている。檀君の名を記す現存最古の記録は、高僧一然が1280年代に撰述した『三国遺事』と同じころに李承休が撰した『帝王韻記』である。前者によれば、天帝（帝釈天）の子桓雄が地上世界を治めたいと、太伯山の神檀樹のもとに降下し、人々を教化した。そのころ人間になりたいという熊と虎がいて、桓雄はその願いを聞いて物忌みさせたところ、虎は忌むことができず、熊だけが人間（女）になった。子をほしがったが相手がいなかったので、桓雄が仮に人間の姿になって結婚し、生まれたのが檀君であった。その檀君が平壌を都（王険城）として国を開き、朝鮮と称した。その後、都を白岳山の阿斯達に移し、1500年間治めたが、箕子が朝鮮に封建されたので、山神となった、という内容である。

　もとは平壌地方に伝わった固有の伝承とみられ、仏教・道教的要素も含まれ、また熊をトーテムとし、シャーマニズム的な面もうかがえる複合的な神話で、かなり整合的につくりあげられている。民族性をうかがうには、有効かも知れないが、それを通して、歴史的事実を追究するのは難しい。

　いっぽう、後者によれば、尸羅(しら)（新羅）・高礼（高句麗）・南北沃沮・東北扶餘・穢(わい)・貊(はく)を統治した君主であったと伝える。そのため檀君は、民族統合のシンボルとして尊崇されるようになった。

　檀君の開国は、計算上紀元前2333年とされ、そこから数えた紀年法が檀君紀元（檀紀）として、韓国の成立当初、1961年までは公式に用いられていた。いまでもこの檀紀を用いることがある。

2）箕子朝鮮

　箕子(きし)とは、中国の殷王朝の末年、最後の王となった紂王の親戚で、殷が滅亡したあと、周に仕えることをいさぎよしとしなかった賢人とされる。周の

Column

檀君陵

　平壌の東30kmほどの江東郡（北朝鮮）には、檀君の陵と称するものがある。李氏朝鮮時代から檀君陵だといわれていたところであるが、1993年に発掘され、高句麗的墓制にもとづく墓であることがわかり、なかから出土した人骨が、「電子スピン共鳴法」によって測定した結果、5011年±267年前のものであるとされた。そのためそれこそ檀君の遺骨で、檀君の実在が確かめられたとし、実際の檀君は檀紀よりもさかのぼる、というような理解がされるようになった。北朝鮮では、一辺50ｍの正方形の基壇に、高さ22ｍまで石を九段積み上げた、高句麗の将軍塚のような檀君陵を近くにあらたにつくり、古朝鮮のはじまりもそこまでさかのぼらせて考えるようになった。それとあわせて、古朝鮮に対する見直しも始まった。これまで北朝鮮の学界では、古朝鮮の中心は遼東地方にあったと考えていたが、平壌こそ檀君の時代から古朝鮮の中心で、朝鮮民族の発祥地である、というようにかわり、檀君時代の土城や墓とされるものが平壌付近でつぎつぎと「発見」されるようになった。

造られた檀君陵

高句麗の墓に葬られたのは、檀君を始祖の父とあおぐ高句麗人たちによって崇拝され、改築されたため、と理解するのである。『三国遺事』などでは、高句麗の始祖朱蒙が檀君の子であるとしているが、高句麗人が残した記録では、朱蒙は北夫余で河の神のむすめから生まれて南下してきたとは記すが、檀君の名を記すものはない。従って、高句麗人が檀君を崇拝したこと、まして改葬したなどということは、にわかには信じがたく、高句麗墓に葬られているのは高句麗人とみるのが自然であろう。

武王が教えを乞い、その教えが、『尚書』洪範に載せられている。その箕子が、朝鮮で国を開いたというのであるが、当時の記録にはみられず、漢代になってあらわれる。司馬遷の『史記』には、周の武王が箕子を朝鮮に封建したと記し、班固の『漢書』では、箕子が殷を去って朝鮮にいき、犯禁八条をもって民を教化したことを伝える。漢代までにはそうした伝説がかたちづくられていたということである。

　北京市順義県や河北省東部および遼西の大凌河地方で「其」や「箕侯」（箕侯）という銘をもつ青銅器がいくつも出土しており、それを箕子と関係づけてとらえる意見がある。青銅器には西周初というまさに箕子の時代に近いものもあり、確かに箕子の一族と関わりがあるとみることも可能であろうが、それが箕子朝鮮の広がりを示すものとみるのは無理であろう。ただ、そうした箕侯の動向が、箕子の東方移動伝説を生みだした背景といえるかもしれない。

　次の衛氏朝鮮の成立と関わって、その建国者衛満（ウイマン）が、箕子朝鮮の王（準）のもとに来てとりいり、あとでそれを乗っ取った、という伝承がある。そしてその王族が、海を渡って、南の韓に逃れた、とする。しかしそれも、楽浪郡で力を持つようになった韓氏が、みずからの家系を箕子に結びつけようとして造られたものではないかとみられる。

ところで、考古学上の成果をふまえ、この朝鮮と関連が見出せる点があるかどうかについて考えて見れば、地域的には琵琶形銅剣・美松里型土器・支石墓などの分布圏と重なるといえるが、それを政治勢力の広がりとしてとらえるには、規格性が弱く、また時間的なずれもある。広い文化圏とみるしかない。

3）衛氏朝鮮

建国者衛満は、漢の燕王国に仕えていた。漢は、その広大な領土のうち中央部を郡県として直轄支配すると同時に、その周辺部を皇帝一族や建国の功臣に封国として与え、その支配をゆだねた。功臣の一人盧綰が領有したのが燕であったが、高祖の皇后呂后の時代になると、功臣の王国とりつぶしがはじまり、危険を感じた盧綰は匈奴へ亡命した。前195年頃のことで、衛満はその時、徒党1000人余りを率いて朝鮮へ行き、そこに国を開いた。それが衛氏朝鮮である。『史記』『漢書』には衛という姓はみられず、満とのみあるが、後漢代の『潜夫論』からは、衛満として登場する。そのため、満はほんらい姓がなかったのではないか、という意見もあり、それはつまり漢人・燕人ではなく朝鮮人で、出身地を離れて燕に仕えていたものが、戻って国を開いた、という意見である。その点は不明であるが、在地勢力と無関係で成り立っていたわけではない。

朝鮮国内には、尼渓や歴谿といった小国が含まれ、小国の相・卿が、国政にも参画していた。おそらく出身の小国の首長層であろう。ほんらい衛満が率いてきた徒党を中心にしつつ、在地の小国と連合するかたちで、その首長層をとりこんだものとみられる。東の臨屯国、南の真番国も、服属させていた。朝鮮国は満の孫、右渠の時代までつづくが、その右渠の時、朝鮮相の地位にあった歴谿卿が、右渠を諌めていれられず、その民二千戸を率いて辰国に脱出したことがあった。ほんらいの基盤が維持されていたことをうかがわせる。

都を王険城といい、現在の平壌にあたる。領域としては、朝鮮半島西北部

を支配したものと考えられるが、それ以上、広く支配をおよぼしたとは考えにくい。

鉄器の導入と、衛氏朝鮮の成立をむすびつける見解があるが、時期的には異なり、鉄器が先行する。鉄製武器をもとに強大な軍事力を想定することも、現実の遺物の貧弱さからすれば難しいといえよう。

衛満は朝鮮に定着したあと、遼東太守とのあいだで漢の外臣となることを約した。外臣とは、帝国の外において、皇帝の臣下となるもので、漢と諸国とが君臣関係で結ばれることになる。その場合、外臣として守るべきこととして、周囲の諸国をよくおさえて、漢に侵入することがないようにし、また漢に入朝したいものがいれば、それを妨げてはならない、ということがあった。ところが満は、漢からの財物を得ると、すぐに周囲の小国に侵攻した。臨屯・真番も、そうした経緯を経て、服属したのである。孫の右渠の時代になると、漢からの亡命者を誘うことがいっそう多くなり、また真番のとなりにある国が朝貢したいというのを妨げた。皇帝が右渠に入朝をうながしても応じなかった。

前180年に文帝が即位した時、すでに征討が議論されたことがあった。その時の理由は、南越とともに外臣となりながら、兵を擁して逆党となっているというものであったが、文帝が応じなかった。

しかし対外積極策をとる武帝は、さきに南越国を滅ぼしており、朝鮮国に対しても強い姿勢でのぞんだ。前109年、武帝はまず使者を派遣し、右渠の違約を責めたが、交渉は失敗し、使者は自分を送ってきた朝鮮の裨王(ひおう)（副王）の長を殺して、逃げ戻った。その使者が遼東郡の東部都尉として近くに赴任すると、右渠はうらんで兵を発し、殺してしまった。そこで武帝は、水陸両軍を発して、都の王険城を攻撃させた。

朝鮮軍の抵抗は強かったが、翌年、最後は内紛などもあって漢に降り、武帝はその故地を中心にして4つの郡を設置した。衛氏の朝鮮国は、三代、およそ80年ほどで滅んだのであった。

2 … 楽浪4郡

　武帝が設置した4つの郡は、衛氏朝鮮国の故地を中心にした楽浪郡、衛氏朝鮮国に服属していた臨屯国・真番国の故地を中心にした臨屯郡・真番郡、それに、これを絶好の機会ととらえて、1年遅れながら、沃沮（濊族の一種）から高句麗にかけての地に置いた玄菟郡である。

　臨屯郡は、楽浪郡の東、朝鮮半島の東海岸に置かれた。真番郡は古くから位置をめぐる論争があったが、漢からは楽浪郡よりも遠方にあることは確かで、朝鮮半島の南部のどこか（西海岸説が有力）と考えられる。玄菟郡は、鴨緑江の中流域から、東海岸にまで達するものであった。郡の下には県が置かれ、郡の長官（太守）や県の長官（県令・県長）などは、中央から地方官として派遣された（県令は郡内の他県から任用されることもあったが）。こうして、漢の郡県支配が朝鮮半島にもおよんだということになる。ただしこれらは、それぞれが境を接するかたちで設置されたということではなく、そもそも一円的な支配は不可能であった。主要拠点とそれを結ぶ幹線をおさえるかたちの、点と線による支配であり、朝鮮半島北半の全域が、漢の直轄領となったわけではない。

　4郡の改編は、早くに起こった。まず前82年には、最も遠くに置かれた真番・臨屯の2郡が廃止され、それに属していた県のいくつかは楽浪・玄菟に

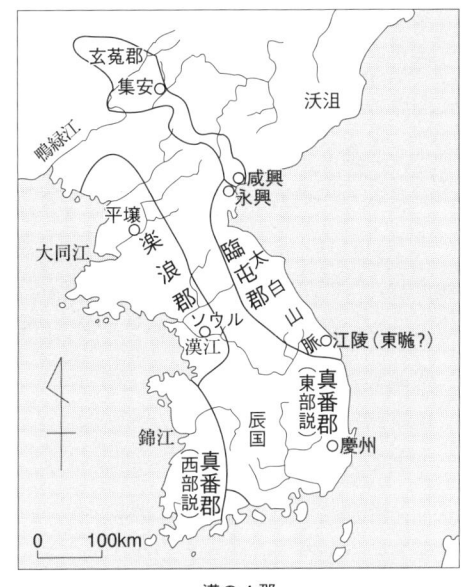

漢の4郡

古朝鮮から楽浪へ　053

転属された。領東の6県は玄菟に属した。この改編は、遠距離であるために、維持が困難であったことに原因があったものとみられる。

　さらに前75年には、玄菟郡に大きな変動があった。郡治夫租(沃沮)県と、旧臨屯郡に属していた領東の6県(これらをあわせて領東7県とよぶ)を切り離して、楽浪郡に転属させ、その中心部分は放棄し、郡治を西北に移動させたのである(現在の遼寧省新賓県永陵)。新たな郡治には、それまでにもあって放棄した高句麗県の名を横滑りさせた。このたびの改編は、高句麗が、みずからの本拠地に設置されていた県城を奪取し、県支配を不可能にしたのが原因である。高句麗は、玄菟郡設置以後、30年ほどで大きく成長したのであった。

　この改編によって、楽浪郡は、25の県を擁する大きな郡となった。それを大楽浪郡と称する。ただし、領東七県は、東部都尉を置いてそれにゆだね、また南部都尉も置いて、南方の県をそれにゆだねた。

　前漢末の統計によれば、戸数が6万2812、口数が40万6748となっており、漢全体の郡のなかでも有数の規模であった。

　楽浪郡は前後400年余り継続するのであるが、その間の支配には、中国王朝の盛衰も関わって、強弱があった。王莽時代のあと、土着の王調が、太守を殺して、楽浪太守を自称した事件があった。後漢が成立して、光武帝が新たな太守を派遣すると(後30年)、郡のなかで名士となっていた王閎らが、それに呼応して、王調を殺し、収束した。この年、東部都尉を廃して領東7県を放棄し、諸県は侯国にして、濊族の首長を侯に任じた。

　2世紀のはじめには、玄菟郡が高句麗の圧迫を受けて、さらに後退している。郡治は移動したが、名称は今度もそのまま高句麗県を用いた(現在の遼寧省撫順)。玄菟郡はこのようにしばしば移動したが、それは高句麗に圧迫されてのことであり、高句麗の発展をうかがうことにもなるが、ただ高句麗へ向かう蘇子河・渾河に沿って後退しており、高句麗に対する統轄の意欲は失っていなかった。高句麗は、このあとも、玄菟郡および遼東郡(郡治は遼寧省遼陽)と抗争をつづけ、しだいに遼河方面に進出していくのである。

Column

帯方郡の位置

　『漢書』地理志の楽浪郡に帯方県の記述がある。その原注に「帯水が西に流れ、帯方に至って海に入る」とあり、帯方県が、西流する帯水という河川の下流、河口にあることを伝えている。楽浪郡治のある平壌を流れる大同江よりも南で、西に流れる主要な河川としては臨津江や漢江などがあり、帯のような川、という意味ととらえれば、朝鮮半島を帯のように流れる漢江がふさわしい。とすれば、帯方県の位置として漢江下流にあるソウルが有力な候補となる。しかしソウル付近では、漢・魏代の遺物がほとんど知られず、そのいっぽうで、やはり平壌よりも南にあたる、黄海道地方で、多くの漢・魏の遺物が出土している。特に、黄海北道鳳山郡文井面で「使君帯方太守張撫夷塼」という銘の塼が用いられた墓（張撫夷墓。撫夷は職名とみられるが、名は不明）が発見され、その近くの智塔里に土城があることによって、そこが帯方郡治であったという見方が有力になっている。ただしこちらでは、西流する大きな河川はなく、またここが河口でもない、という問題点を残す。しかも、張撫夷墓

智塔里土城（黄海北道鳳山）

は、塼にみえる干支年号「戊辰」が帯方郡消滅後の348年ではないかとされるようになり、帯方太守の号も、現実のものではなく、勝手に称したに過ぎない、という意見が出されている。これについて、当初の帯方県は、やはりソウル付近とみるのがよく、しかしそれは4郡改編の時期、例えば前82年には放棄され、黄海道地方に移された、とみるのがよいのではなかろうか。当初の帯方県は真番郡の一県であった可能性もあろう。当然、帯方郡の設置時は、移転したのちであり、帯方郡としては、黄海道方面で問題ない。その場合は、帯水の位置とは無関係であり、智塔里土城も十分に郡治の可能性があるといえる。

　後漢末の混乱期には、群雄割拠のなかで、遼東地方に勢力をもった公孫度(こうそんたく)が、遼東・玄菟のほか、楽浪郡をも支配するようになった。朝鮮半島では、韓や濊が強盛となって、郡県民が流出することが多かった。そこで度のあとをついだ公孫康が、204年ころに、楽浪郡の中の屯有県よりも南側を分けて、別の郡としたのが帯方郡である。新たな領土獲得ではなく、楽浪郡の維持が困難になってきた状況のもとで、目配りが利くように二つに分けたということである。新たな帯方郡が管轄の対象としたのは、韓と倭であった。
　魏が公孫氏を討滅した時、海路から直接に楽浪・帯方両郡を確保した。それだけ意欲をみせたということであり、韓・濊も両郡に属するようになった。帯方郡はここで、中国王朝の正式に認知するところとなったのであり、魏の韓や倭に対する統轄への意欲も明らかである。邪馬台国の女王卑弥呼がすぐに対応して、帯方郡に使者を送ったことはよく知られる通りである。魏から簒奪した晋も、それを引き継ぐことになるが、その時点で楽浪郡は6県、3700戸、帯方郡は7県、4900戸であった。晋が内乱で衰えると、高句麗や韓の攻撃によって、両郡も衰弱していき、ついに313年ころには、朝鮮半島から撤

退した。いわゆる楽浪・帯方郡の滅亡であるが、遼西地方において、同名の郡が5世紀を通して維持されていく。また朝鮮半島の楽浪・帯方郡故地の大半は、高句麗が領有するようになったが、ひきつづきその地にとどまった土着漢人や、中国の混乱を避けて新たに移住してくる漢人たちが住み続ける、特殊な地域となり、5世紀の初めまでそうした状態がつづいた。

◎参考文献

今西龍『朝鮮古史の研究』国書刊行会、1970年復刻
三上次男『古代東北アジア史研究』吉川弘文館、1966年
駒井和愛『楽浪』中公新書、1972年
田村晃一『楽浪と高句麗の考古学』同成社、2001年
池内宏『満鮮史研究』上世篇、吉川弘文館、1960再刊
李丙燾『韓国古代史研究』学生社、1980年

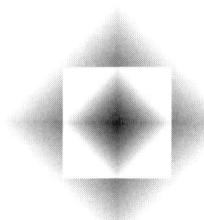

三国の興亡と加耶

田中俊明

三国の興亡と加耶

概観

　三国とは、高句麗・百済・新羅を指す。このうち最も早くに成長をとげたのは高句麗であり、紀元前1世紀はじめに、楽浪・玄菟など漢の郡県支配に抵抗するかたちで興起し、陸続きの中国王朝からのたびかさなる侵攻にも耐え、668年まで存続した。その領域は、当初の中国遼寧省東南・吉林省西南から、朝鮮半島北部へと広がり、三国でも最も大きな勢力を保った。

　それに対して百済・新羅は、朝鮮半島南部の韓族が成長したもので、時期は3〜4世紀と、かなり遅れる。百済はもともと馬韓50余国のうちの一国であった伯済国が成長したものであるが、馬韓諸国を統合して成立したわけではない。時期とともに領域の変遷はあるが、およそ朝鮮半島南部のうちの西半を占めた。先進の高句麗と敵対することで基盤を固め、660年まで存続した。

　新羅はもともと辰韓12国のうちの一国であった斯盧国が成長したもので、百済同様に、辰韓諸国を統合して成立したわけではない。新羅は、百済とは違って、先進の高句麗に従属する姿勢をとり、そうした関係のもとで勢力を伸ばしていった。

　427年、高句麗が鴨緑江を大きく越えて、平壌に遷都し、朝鮮半島の統合に意欲を示すようになると、三国の攻防が激しさを増すようになる。このころ中国は南北に分裂しており、その均衡のもとで、三国は独自の外交をつづけ、国力を維持した。また、百済・新羅の中間南側に、これらとは別に同じく韓族の加耶諸国も存在した。しかし加耶諸国は、なかに有力な国も存在したが、いくつかの国々が連合したのみで、大きくまとまることなく、やや先進の百済・新羅によって分割されてしまった。最終的には562年に、その時点まで残っていた諸国が新羅の攻撃によって滅ぼされてしまった。

　従って名実ともに三国時代とよべるのは、562年以降のことである。そのころには新羅が大きく成長し、高句麗も第一の敵として認めざるを得なくなっていた。三国三つどもえの戦いがつづくようになる。そして隋の成立によって国際的な均衡がくずれると、三国間の関係も変化する。

　ここで扱うのは、新羅が三国統一に向けて大きく変動していく直前の時期までである。

年表

前1世紀初	高句麗興起す
前57	新羅、伝説上の建国
前37	高句麗、伝説上の建国
前18	百済、伝説上の建国
12	王莽、高句麗王騶を殺し、国号を下句麗と改める
105	このころ、高句麗、沃沮・濊を支配下に置く
209	このころ、高句麗、国内へ遷都す
244	魏、高句麗王都へ侵攻
343	慕容氏、高句麗王都へ侵攻
360年代	百済、加耶南部と通交
369	百済、倭へ遣使。七支刀を贈る
371	高句麗故国原王、百済との戦いで死す
372	高句麗に仏教が伝わる。百済、東晋に遣使する
377	新羅、高句麗とともに前秦に遣使する
384	百済に仏教が伝わる
391	高句麗、広開土王が即位する
396	高句麗、百済領に大きく侵攻
400	高句麗、金官国まで侵攻
410	高句麗、東夫餘を攻撃。まもなく領土化
414	高句麗、広開土王碑を建てる
427	高句麗、平壌へ遷都する
475	高句麗、百済の漢城を攻め落とし、蓋鹵王を殺す。百済、熊津で再興する
479	大加耶、南斉に遣使する
514	新羅、法興王が即位する
520	新羅、律令を定め、官位制を整える
522	大加耶、新羅と婚姻同盟を結ぶ
527	新羅、仏教を公認する
532	金官国王、新羅に降る
538	百済、泗沘城に遷都する
541	百済、いわゆる「任那復興会議」を開く
551	新羅・百済、高句麗から漢城を奪取
552	新羅、漢城を単独占領。西海岸を獲得
554	新羅、百済の聖王を管山城で敗死させる
562	新羅、大加耶を滅ぼす
586	高句麗、長安城に遷都する
598	隋の文帝、高句麗に侵攻
612	隋の煬帝、高句麗に侵攻。乙支文徳の活躍で撃退

1…高句麗

1）建国の伝説

　高句麗は、鴨緑江の中流域およびその支流である渾江の流域の谷部や山地に興った。建国の地は、伝説にもみえる卒本（忽本）であり、現在の遼寧省桓仁にあたる。次の都となった国内（吉林省集安）とともに、当初からの二大拠点であった。

　貊族が主体で、百済・新羅などが韓族主体であるのとは異なる。建国の伝説によれば、始祖は朱蒙（鄒牟）といい、北夫餘において、河神の娘が天帝の子と結ばれたうえで、日光に照らされて妊娠し、卵で生んだ子であった。神話の類型としては、東北アジア的な日光感精型と東南アジアを中心とする南方的な卵生型の複合型であり、その文化圏的位置を示唆している。

　朱蒙が、北夫餘で生まれ育ち、成長してそこから脱出し、南下して卒本に至って建国したという。この北夫餘との関係であるが、高句麗人自身も、自分たちが夫餘の出自であると述べてもいる。そのため、夫餘と同一種族であるとする理解もあるが、実際にそうであったかどうか、かならずしも断定で

高句麗王系図（1）

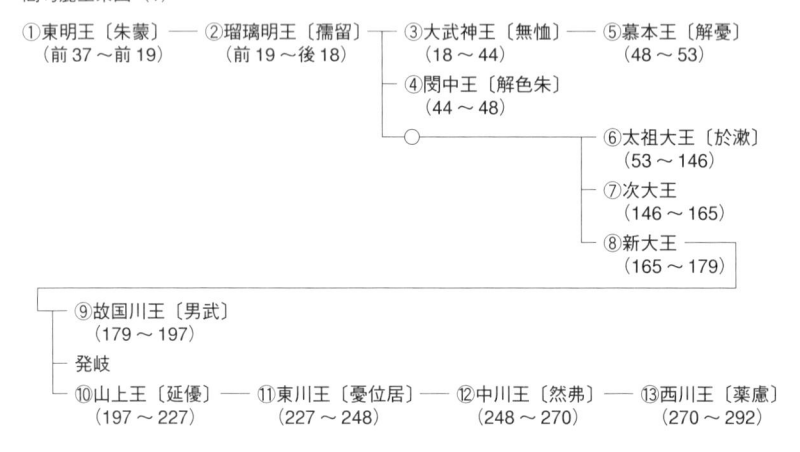

```
①東明王〔朱蒙〕── ②瑠璃明王〔孺留〕─┬─ ③大武神王〔無恤〕── ⑤慕本王〔解憂〕
（前37～前19）    （前19～後18）    │  （18～44）          （48～53）
                                  ├─ ④閔中王〔解色朱〕
                                  │  （44～48）
                                  └○
                                     ├─ ⑥太祖大王〔於漱〕
                                     │  （53～146）
                                     ├─ ⑦次大王
                                     │  （146～165）
                                     └─ ⑧新大王
                                        （165～179）
┌─ ⑨故国川王〔男武〕
│  （179～197）
├─ 発岐
└─ ⑩山上王〔延優〕── ⑪東川王〔憂位居〕── ⑫中川王〔然弗〕── ⑬西川王〔薬慮〕
   （197～227）    （227～248）      （248～270）      （270～292）
```

きるわけではない。建国伝説も、似ている面はあるが、類型としては全く異なっている。また高句麗には積石塚とよばれる独特な墓制があったが、夫餘は土壙墓が主であり、異なっている。

　高句麗の名が最初に現れるのは、紀元前2世紀の末であり、前107年に漢が玄菟郡を置いたとき、高句麗族を対象とするいくつかの県を設置した。高句麗県はおそらく、集安に置かれた。その県支配との抗争によって成長していった。

　いくつもの部族に分かれていたが、それらは―那（奴）とよばれる邑落共同体（那集団とよぶ）を構成した。それぞれの那集団は、首長層としての大加・諸加（加は北アジアの首長号カーンと同じ）と被支配民としての下戸に分かれていた。こうした那集団は、紀元前後のころまでには、政治的に連合体を形成していたものとみられる。有力な那集団のうち五つを五族（五部）とよぶ。消奴部・絶奴部・順奴部・灌奴部・桂婁部である。当初は、消奴部から盟主（王）が出ていたが、のちに桂婁部から出るようになった。絶奴部からは王妃を出した。

2）玄菟郡との抗争

　高句麗族の首長の名が国際的にはじめて確認されるのは中国の王莽時代の高句麗侯騶であったが、中国郡県との接触はそのごもつづき、105年には、遼東郡（遼陽）を攻撃して失敗した。圧迫を受けた玄菟郡は、さらに後退して郡治を現在の撫順（第三玄菟郡）へ移した。玄菟郡の後退はそのまま高句麗の成長を反映している。

　2世紀末、中国が混乱におちいると、遼東方面には公孫氏が勢力をもつようになった。3世紀の初め、王の伯固が死ぬと、その子の間で王位継承をめぐって対立がおこった。弟の伊夷模（山上王）が民意を受けて即位したが、兄の抜奇は公孫氏をたよって抵抗し、伊夷模は、根拠地のひとつである国内城（集安）に移って、そこに新国を建てた。国内城が王都になったのは、この時からである。王の支持基盤も、それまでの消奴部から桂婁部に変わった。

もとの玄菟郡の県城を平地の居城として利用しつつ、背後に緊急避難用の大規模な山城（山城子山城）を築いた。高句麗発展の第二段階が、こうして始まった。ただしそのごの発展は、平坦なみちのりではなかった。

後漢をついだ魏は南方の戦線が安定すると公孫氏を討滅し、同時に楽浪郡および公孫氏が設置していた帯方郡を確保した。魏と直接境を接することになった高句麗は、領内に侵入し、魏を刺激した。魏は公孫氏討滅に活躍した将軍毌丘倹を派遣し、高句麗侵攻をくわだてた。毌丘倹は、夫餘に侵攻を伝え、兵糧提供を要求したあと、244年から本格的に侵攻し、王都に侵入して陥落させた。王の位宮（東川王）は妻子を連れて脱出し、難をのがれた。毌丘倹はいったん凱旋したが、さらに翌年、再び侵入し、部将を派遣して、東海岸の沃沮に逃れた王を追わせた。高句麗は、王都が陥落し滅亡の危機に瀕したにも拘らず、王は逃げ延びて、再興を期した。

このころ高句麗王は、主簿・優台・丞とよぶ直属の官僚層を擁したほか、使者・皀衣・先人とよぶ下層の官僚をもっていた。ただし、使者・皀衣・先人は、王だけではなく、那集団の首長諸加たちももっており、ほんらいその家産官僚であったとみられる。そして王が、同名の使者・皀衣・先人をもっているということは、王もまた諸加としての性格を残しているといえる。王は、桂婁部を基盤とし、他の有力な那集団の大加は相加・対盧・沛者・古雛加などの号を称し、支配層を構成した。王の権力はなお絶対的なものではなかった。

3世紀の北東アジア

魏の侵攻による衰勢もしだいに復興し、美川王の時代、中国の戦乱を好機に勢力をたくわえ、南の楽浪郡や帯方郡を攻撃するようになった。それに耐えられなくなった郡民の多くは、遼河方面に勢力をもっていた鮮卑族の慕容氏のもとに移住した（313年）。この結果、両郡は実質的に機能を失い、その故地は高句麗が支配することになった。高句麗のそのごの南進政策にとって、重要な一歩をしるしたのである。ただし、故地にはなおしばらくそのままとどまる漢人も多く、また戦乱の中国を避けて新たに移住するものもあらわれ、漢人の集住する特殊な地域を形成した。彼らは漢人の正統王朝として東晋のみを認め、東晋の年号を用い、回帰の願望をもっていた。高句麗は平壌を南進の拠点として確保するいっぽう、それら漢人に対してはゆるやかな支配でのぞみ、おもに対慕容氏戦線に力をそそいだ。

　慕容氏が319年に遼東を確保すると、高句麗と直接対峙することになり、しばしば衝突が起こった。高句麗は玄菟郡を駆逐し、郡治に隣接して新城（撫順）を築いて西方進出の拠点としたが、その方面をめぐる攻防戦はなおつづいた。また慕容氏の対抗勢力からの亡命者をたびたび受け入れ、慕容氏を刺激した。燕王を称するようになった慕容皝は、ついに342年、五万の大軍を派遣した。燕軍は、高句麗への一般的な通路である玄菟郡からのルート（北

高句麗王系図（2）

⑬西川王 ── ⑭烽上王〔相天〕
　　　　　　　　（292～300）
　　　　　└ 咄固 ── ⑮美川王〔乙弗〕── ⑯故国原王〔斯由〕── ⑰小獣林王〔丘夫〕
　　　　　　　　　　　（300～331）　　　　　（331～371）　　　　　（371～384）
　　　　　　　　　　　　　　　　　　　　　　　　　　　　　　　└ ⑱故国壌王〔伊連〕
　　　　　　　　　　　　　　　　　　　　　　　　　　　　　　　　（384～391）

┌ ⑲広開土王〔談徳〕── ⑳長寿王〔巨連〕── 助多 ── ㉑文咨明王〔羅雲〕
│　（391～412）　　　　　（413～491）　　　　　　　　（492～519）

┌ ㉒安蔵王〔興安〕── ㉔陽原王〔平成〕── ㉕平原王〔陽成〕── ㉖嬰陽王〔元〕
│　（519～531）　　　　（545～559）　　　　（559～590）　　　　（590～618）
└ ㉓安原王〔宝延〕　　　　　　　　　　　　　　　　　　　　└ ㉗栄留王〔建武〕
　　（531～545）　　　　　　　　　　　　　　　　　　　　　　（618～642）
　　　　　　　　　　　　　　　　　　　　　　　　　　　　　└ 太陽王 ── ㉘宝蔵王
　　　　　　　　　　　　　　　　　　　　　　　　　　　　　　　　　　　（642～668）

道）を避けて、狭い遼東郡からのルート（南道）をとる、裏をかく作戦をとり、それが功を奏して高句麗王都まで一気に侵入し、前王美川王の墓をあばき、王母や妃を捕らえ、宮殿を焼き払った。ここにふたたび王都が壊滅した。故国原王(コグォン)は翌年やむなく臣と称して朝貢し、父の屍をとりもどしたが、交戦状態が終結したわけではなかった。355年になって、人質を入れて王母をとりもどし、征東大将軍・営州刺史の称号を受けた。こののち燕の勢力が弱まったこともあって、しばらく戦闘はみられなくなった。

それに対して南方では、韓族の百済が成長し、楽浪・帯方の故地をおびやかすようになった。そこで高句麗は百済を攻撃するようになるが、故国原王はかえって、平壌城に侵入した百済軍の流れ矢にあたって戦死し（371年）、混乱におちいった。あとをついだ小獣林王(ソスリム)は、そのため内政の立て直しに力をそそぐことになった。

370年に前秦(ぜんしん)が北中国を統一すると、慕容氏に対する敵対意識の根強さとは対照的に、前秦に使者を送り、新羅使を同行させた。前秦からは、護国的な仏教が伝わり、平壌には省門寺・伊弗蘭寺(いふつらん)などの寺院も建てられた。仏教はそれ以前からも流伝していたが、高句麗が公的に受容したのはこの時である。また内容は伝わらないが「律令」を施行し、儒学教育のためとみられる大学を設けた。つぎの故国壌王(コグヤン)は国社・宗廟を建てるなど礼制を整えた。

3）広開土王の領土拡大

このあとをついで即位したのが、18歳の広開土王(クァンゲト)（好太王）であった。広く領土を開いた王という諡号をもつこの王の一代は、その名の通り、対外的に大きく発展した時代であった。また永楽大王と称し、永楽という年号を使用した。王の死後にその功績を顕彰すべく建てられた『広開土王碑』（414年）には、そうした領土拡大に関わる戦績が述べられている。

それによれば、百済に対して最も盛んに侵攻し、戦果も多かったが、百済は祖父故国原王が戦死した遺恨のみではなく、任那加羅（金官）・安羅などの加耶南部や倭と同盟して、ことさらに高句麗に対抗していたためであった。

そのほか西北の稗麗(契丹の一部族)や、東北の粛慎、東の東夫餘(北沃沮)などに侵攻し、また海路侵入してきた倭を撃退するなど、いずれも勝利をえている。
　このようにたびかさなる外征によって、とくに百済領を大きく獲得し、それと結ぶ倭・加耶南部をうちやぶり、新羅を高句麗の勢力圏にひきもどした。遠征先の地域にとって、こうした高句麗の席巻は、そのごの軍事的・政治的成長に大きな刺激となった。
　碑文には記されていないが、この間に、対中国関係にも変化がみられた。前秦が崩壊すると、仇敵の慕容氏は、燕を復興した(後燕)。そこで高句麗は、遼東・玄菟二郡を攻陥したが、これはすぐに復された。396年に、広開土王が平州牧・遼東帯方二国王に封ぜられたが、高句麗はそのごまもなく遼東郡を奪取するなど、燕との攻防はつづき、それを通して、遼河以東は、高句麗の領有するところとなった。そうした抗争が変わったのは、高句麗族出身の高雲が燕王に即位してからである。広開土王はすぐに使者をおくり、雲を宗族待遇にすると、雲も使者を高句麗におくり、それにこたえた。こうして西方戦線は、平和的な外交に変化していった。
　広開土王は、みずからの墓守として、旧来の部族民よりも、みずからが遠征して獲得した地域の韓・濊の新民に期待した。旧民支配に対する危機意識があり、それを打破しようとした結果であるが、現実に新民からの徴発は3分の2にとどめられた。王の陵は、国内城の東崗の、現在、将軍塚とよばれる大きな切り石を積み上げた積石塚が有力な候補である(太王陵とみる説もある)。

広開土王碑(吉林省集安)

三国の興亡と加耶　067

高句麗山城

　高句麗の住地は山谷の間である。居住地は平地にあるが、その背後に、逃げ城としての山城を築く。現代に至るまで、改築されつつずっと使用されており、朝鮮史を理解する上でも重要な鍵になるのが山城である。高句麗の山城は、その版図に従って、遼東地方・延辺地区から韓国の北半にまで及んでいる。これまで、中国遼寧省において、撫順の高爾山山城、瀋陽の石台子山城、桓仁の五女山城が、北朝鮮では平壌の大城山城が、韓国ではソウルの峨嵯山保塁や清原の山城谷山城などが発掘されている。その地方の条件によって石築・土築に分かれる。周長2kmを越すものが大型山城である。王都も、平地の王城と背後の山城とのセットのかたちで推移した。前期卒本時代には、五女山城と東にある蝲哈城、中期国内時代には、山城子山城と通溝城、後期平壌時代前半には、大城山城と清岩里土城、というぐあいである。門は、左右の城壁を内側に大きく窪ませて、そこに造るものが多い。甕城とよぶ。城壁には、時々外に突出した部分を造っている。雉城とよぶ。敵の、城壁攻撃に際して横から矢を射かけるためである。隋唐の侵略に際して、城の攻防に関する記録が多く残っていて、攻城戦を再現できるが、攻め落とされる場合は、内応者がいることが多く、そうでなければ容易に陥落するものではない。

五女山城（遼寧省桓仁）

4）平壌遷都

　こうした領土拡大をへて、全盛期を現出したのが、その子長寿王(チャンス)であった。長寿という名のとおり、その治世は79年間におよび、在位中には延寿などの年号も使用した。百済領の獲得は、高句麗によりいっそう朝鮮半島の国家としての意識を強めさせた。西北の国境線が安定したこともあり、427年、高句麗はすでにそれ以前から南方の拠点であった平壌(ピョンヤン)に遷都し、本格的に南方経営にのりだしていった。国内城も、重要な拠点のひとつとして、そののごも維持され、多くの壁画古墳も造営された。

　遷都時の平壌は、現在の平壌市街ではなく、そこから東北に数km離れた大城山城一帯である。いくつもの峰を連らねた大城山城を逃げ城とし、その西南麓の土城（清岩里土城(チョンアムニ)）を居城とした。平壌は、大同江に面して海にも近く、江南に広い平野を擁した豊かな地であり、農業生産力の増大に対応し、南方経営にもかっこうの王都であった。

　5世紀の中国は南北朝時代で、北朝（北魏）と南朝（宋・斉）とが対立する形勢にあった。高句麗は、その対立をたくみに利用しつつ、南北両国に使者を送った。とくに境界を接した北魏との関係は密接で、遣使が1年に3・4回におよぶこともあった。両国も、東北アジアにおける高句麗の存在意義を高く評価した。両国ともに、歴代の高句麗王に使持節・都督諸軍事・将軍号など中国の称号を与え、冊封下においたが、その地位は、百済よりも、また倭よりもはるかに高かった。

　新羅は、広開土王時代には、高句麗に従属する姿勢をみせていた。高句麗はその王都に軍隊を駐留させ、王の廃立にも関わった。新羅に対する影響力は、5世紀を通して維持されたが、新羅は徐々に、百済に接近して、その圧力下から抜け出そうとした。。

　広開土王代に、最終的に勢力圏に入らなかった百済に対しては、455年以後、くりかえし侵攻し、ついに475年、3万の兵を率いて親征し、その都漢城（ソウル江南(カンナム)）を陥落させた。さらに南下して、現在の忠清南道の北部にまで、東では小白山脈を越えて、慶尚北道の北部まで領域を広げ、ここに高句麗は、

最大版図を実現するにいたったのである。

　こうして形成された広大な領域は、伸長した王権のもと、地方官が派遣されて統治された。地方は、自然村落がいくつか集まった邑落を基本単位とし、評あるいは城とよばれた。中央からは、軍官的性格の強い地方官が派遣された。邑落の大きさ、重要度によって格差があり、最も重要な城（諸大城）には長官の褥薩と副官の可邏達が派遣された。その次の諸城（備とよぶ）には処閭近支と可邏達が派遣された。褥薩は軍主、処閭近支は道使ともいう。さらに小さい城には、婁肖のみが派遣された。

　支配層は、王権の伸長に対応して、5世紀初までには、王を中心とした一元的な官位制にくみこまれていった。官位は、太対盧以下、13等にわかれ、上位五等までが特権層を形成した。もはや、かつての族制的な身分制から脱し、王権を強化する秩序だった身分制に発展していたのである。また王の近侍官僚として、中裏官が設けられ、王権を支えた。国子博士・大学博士なども置かれ、儒学教育がなされた。

　支配の中心としての王都は内部および東（左）西（右）南（前）北（後）各部の五部にわけられた。かつての五族の後身ではあるが、遷都を機に王都の行政区分として改編されたもので、総体として支配層を形成した。五部には長官として褥薩が置かれた。

　しかし6世紀になると、しだいに王権に影がさしはじめた。531年には安蔵王が殺され、弟の安原王があとを継いだが、その安原王が病気になると、545～546年には、世子を生んだ中夫人の一族と小夫人の一族との間で、王位継承をめぐる内乱がおこり、やぶれた小夫人の側には二千余人の死者が出た。あとを継いだ世子の陽原王の時代、557年には、丸都城主の朱理が反乱をおこして誅殺されている。こうした混乱をへて、王権は弱体化していった。

　また国際的には、新羅が成長し、百済とともに中国南朝に使者を派遣するなど、かつての威光もふるわなくなっていった。百済との間には、あいかわらず戦闘がつづいたが、538年には百済も、より積極的に高句麗に対抗すべく、遷都を敢行し、551年には、新羅と百済が連合して、漢城を奪取した。新

羅はその翌年、百済を排除して漢城を占有し、西海岸進出を達成した。高句麗は、あらたにやや後退した黄海南道新院に都市を造営し、漢城の名を用い、南方の拠点として、国内城とならぶ三京のひとつとした。

5）長安城の造営

国内的な不安定に加え、新羅のこうした急速な成長に対し、危機感をいだいた陽原王は、552年、王都をわずかではあるが南の、現在の平壌市街に移し、不退転の決意を示そうとした。それまでの高句麗の伝統的な王都のありかたを変えて、中国的な条坊制を敷いた計画的な王都づくりを進めた。じっさいの工事は、つぎの平原王の時代、566年から始められた。まず王宮の周囲を城壁（内城）でとりかこむ工事を進め、586年に遷都した。工事は、遷都後もつづけられ、一般居住区域にも、城壁（外城・羅城）を築いた。最後には離宮として北城も築き、計画から42年かかった造営工事を終えた。平壌城の名はそのまま残し、また長安城とも称した。

またそのいっぽうで、新羅と対抗すべく、570年以降、それまで友好関係のなかった倭に対して使者を送っている。

王都には、広開土王代に創建された九つの寺がすでにあったが、長寿王につづく文咨明王（ムンチャミョン）の時代、498年には、王城のなかに金剛寺が造営され、また王都の東南には、始祖の陵を守る定陵寺などが造営された。高句麗の寺院の多くは、八角形の塔とその左右およびうしろに金堂を配した、一塔三金堂式の独特な伽藍配置をもち、新羅や倭に影響を与えた。学問僧も輩出し、なかでも三論宗の僧朗（スンナン）、天台を学んだ波若（パヤク）、地論宗の義淵（ウイヨン）などは、中国に留学し中国僧とならび称された。日本の三論宗の開祖とされる慧灌（ヘゴン）も、隋に留学したのち、倭に渡った。

王都の周囲には、王の陵が造営された。位置は一定ではなく、王都の東・東南・西とかなり広い範囲に散在するかたちで、横穴式石室の封土墳が造営された。その多くは壁画が描かれ、画題もしだいに生活図から四神図に変化していった。江西三墓（カンソ）や湖南里古墳群（ホナムニ）などは、王陵の有力な候補である。

581年に隋が成立すると、百済がいちはやく遣使し、高句麗もやや遅れて遣使した。ともに南朝の陳へも遣使しており、たくみな外交をつづけた。しかし隋が589年に陳を滅ぼし、統一をとりもどすと、東アジア情勢は一変した。そのご新羅も遣使し、朝鮮三国はみなその冊封下に入った。それまでの二極的な国際構造が、隋を中心に一元化したのであり、そのもとで三国抗争が激化していく。

　そのころ高句麗は靺鞨に侵攻して制圧したが、西端の粟末靺鞨のみはしたがわず、首長の突地稽を中心にして遼西に移動し、隋に服属しつつ、高句麗領内に侵入した。それに対抗して高句麗も突地稽を攻撃した。また突厥におされて高句麗に寄居していた契丹の人たちも、隋が成立すると、高句麗にそむいて隋に服属しようとしたが、高句麗はそれを阻止した。陳を滅ぼした隋は、それらのことを問罪しようと、590年に高句麗に璽書を送ったが、平原王の死でさたやみになった。

　しかし突地稽らとの抗争はそのごもつづき、ついに高句麗は、598年、その本拠の営州（朝陽）に侵入した。隋の文帝は、それを契機として、高句麗に遠征軍を派遣した。30万の軍勢で水陸から攻撃したが、陸軍は遼河の洪水のため兵糧がつづかず、水軍は風で沈没する船が続出した。おそれた嬰陽王が謝罪し、いったん収束したが、隋ではそのごも高句麗征討論がねづよかった。

　嬰陽王は、倭との連係をいっそうすすめ、慧慈らの僧侶を多く派遣している。

　隋では文帝のあとをついだ煬帝が、607年、突厥の啓民可汗のもとを訪れたが、そこに高句麗からの使者がいるのをみて、高句麗と突厥の連係を恐れた。さきの失敗にかんがみて、周到に準備し、612年に、百万をこえる大軍を率い、みずから親征した。陸軍は、遼東城を攻撃し、別動隊が烏骨城をへて鴨緑江を越え、薩水（清川江）まで達したが、高句麗は乙支文徳の活躍によって、それを打ち破った。また山東半島から出発した水軍も、大同江をさかのぼって平壌城まで達したが、伏兵にあって大敗した。煬帝は翌613年、再征したが、楊玄感の乱にあって、退却した。さらにその翌年にも再征し、水

軍は卑沙城を破ったものの、嬰陽王が遼東城まででむいて謝罪したため、引き返した。煬帝はこうして3回、親征したが、内乱をひきおこし、けっきょく隋そのものが滅びるに至った。

2…百済

1）百済の建国伝説

百済は、韓族の国で、朝鮮半島西南部を領土とし、日本とは友好な関係をつづけた。

百済の建国伝説のひとつは、高句麗の始祖朱蒙が、建国の地（卒本）で王女を娶り、ふたりの子もできたが、別の地にいた子（ふたりにとっては腹違いの兄）が訪ねてきたため、それを後継ぎに定めた。そこでふたりは高句麗を逃げ出して南下し、弟の温祚（オンジョ）が、漢城（ソウル江南）に国を開いた、というものである。つまり、百済の建国者は、高句麗の建国者の子であったということになる。

この伝説をそのまま事実と考えることはないが、百済が高句麗系の国であるということは、一般に認められている。少なくとも、支配層は高句麗からやって来た、というように。高句麗は、夫余から起こったとされており、百済王をはじめとする百済人が、みずから、高句麗と同じ夫余の出であると述べているし、国号を南扶餘と称したりしていることが、それを裏付けるとされる。さらに、漢城の地には、高句麗に独特な墓制である積石塚の大型のものがあり、王陵ではないかとみられている（石村洞古墳群（ソクチョンドン）。特に3号墳）。しかしそうした事情にもかかわらず、事実として高句麗と百済とは、そうした系統関係にはなかったとみる見方も存在する。後進の百済が、先進の高句麗と対抗していく上で、対等性を主張した、という理解である。また、対内的にも、支配者が被支配民に対して、みずからの優位性の根拠を、そこに求めるということも、よくあるからである。

百済王系図〔漢城時代〕

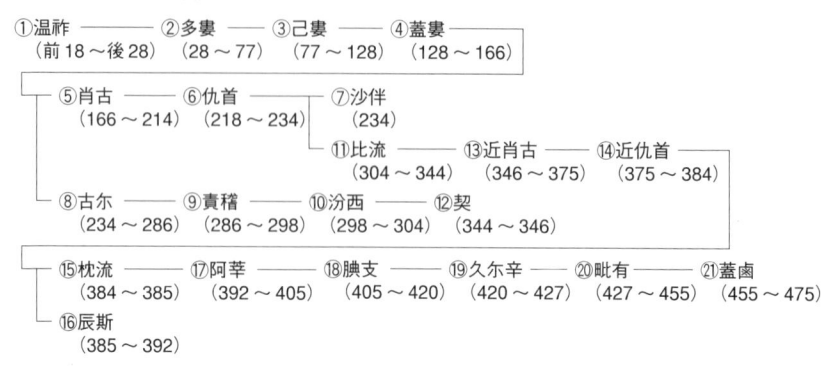

①温祚 ──── ②多婁 ──── ③己婁 ──── ④蓋婁 ────
（前18〜後28）（28〜77）（77〜128）（128〜166）

┌ ⑤肖古 ──── ⑥仇首 ──┬─ ⑦沙伴
│ （166〜214）（218〜234）│　（234）
│　　　　　　　　　　　　└─ ⑪比流 ──── ⑬近肖古 ──── ⑭近仇首 ────
│　　　　　　　　　　　　　　（304〜344）（346〜375）（375〜384）
└ ⑧古尔 ──── ⑨責稽 ──── ⑩汾西 ──── ⑫契
　（234〜286）（286〜298）（298〜304）（344〜346）

┌ ⑮枕流 ──── ⑰阿莘 ──── ⑱腆支 ──── ⑲久尔辛 ──── ⑳毗有 ──── ㉑蓋鹵
│ （384〜385）（392〜405）（405〜420）（420〜427）（427〜455）（455〜475）
└ ⑯辰斯
　（385〜392）

伝説の上では、紀元前18年に建国したとされる。3世紀には、馬韓50余国のひとつとして伯済国（ペクチュ）がみえるが、それが成長したのが百済である。伯済国は、現在のソウルの漢江より南側の一帯に興った。風納土城（プンナプトソン）とよぶ土城は、3世紀後半からの拠点と考えられ、その土木工事の規模・完成度からみれば、支配層は相当の権力をもっていたとみられる。

2）百済の成長

4世紀後半になると、加耶南部と通交し、それを介して倭国とも通交関係に入り（360年代後半）、さらに東晋王朝へも使者を送るようになる（372年）。それは近肖古王（クンチョゴ）の時代で、大きな画期であった。その子で次王となる近仇首王（クングス）がそれを支えた。

そのころまでに、周囲の馬韓の一部や濊族の小国をあわせた連合体に成長しており、また北にあった帯方郡が実質的な支配力を失い、そこに土着化していた、あるいは新たに中国の混乱を避けて流入してきた漢人たちが、南下して、百済王権のもとに入ってきたことが考えられる。しかし北には先進の高句麗があり、後進の百済にとって、高句麗との対立は不可避であった。そこで連係する勢力をさらに南に求め、沿岸航路をとって加耶地域へ進出し、安羅（咸安、ハマン）・卓淳（昌原、チャンウォン）・金官（金海、キメ）をはじめとする南海岸沿いの加

耶南部諸国と親好を結んだ。またそれらを介して、倭とも接近し、友好関係を結んだ。『七支刀』（奈良県・石上神宮所蔵）は、369年に、百済が作製して倭王に贈ったもので、こうした百済と倭との関係樹立を記念したものである。ここに百済・加耶南部・倭の軍事的な同盟関係が成立したことになる。

371年には、高句麗故国原王を戦死に追い込んでいる。その年にはまた、王城を移しているが、おそらくそれまでの風納土城から夢村土城への移居で、同じく漢城地域のなかでのわずかな遷都であった。384年には、東晋から胡僧摩羅難陁によって仏教が伝えられ、王室で信奉されるようになり、また都に寺も創られ、僧も得度された。

その後も高句麗との戦闘はつづき、396年には広開土王みずから率いる高句麗の大軍の侵攻を受け58城を奪われる大打撃を受けた。そのため阿莘王（阿花王）は広開土王に降り、いったんはその「奴客」となることを誓ったものの、すぐにまた倭と和通し、けっきょく百済は、新羅とは違って高句麗の伸長期である広開土王代にその勢力下から離れた状態を維持したのである。倭に対しては、王子腆支を質子として送っていたが、阿莘王の死後、倭の軍事力を背景に反対勢力をおさえて腆支王が即位した。新羅が以後も高句麗従属型外交をすすめるのに対し、百済は倭との友好関係を維持する。

6世紀なかばまで、中国に

5世紀後半の朝鮮半島（470年ころ）

三国の興亡と加耶　075

対しては一貫して南朝にのみ使節を送り、貢献する。宋・斉・梁とつづく南朝も、北朝との対抗上、ことに高句麗の動静に気を配って、百済を優遇する。南朝を中心とする国際社会のなかでは、高句麗につぐ高い地位が与えられ、倭よりも上位におかれた。南朝の戦略である。この時期の百済がただ一度、北魏に使者を送ったのが472年であり、高句麗の侵攻が激しくなってきたころである。しかし北魏は、百済の高句麗非難をまったく無視し、百済も悟って、以後二度と遣使はしなくなった。475年にはついに高句麗の攻撃を受けて王都漢城が陥落し、蓋鹵王が殺され、百済はいったん滅亡したのである。

3）熊津での再興

　まもなく、王族のひとりである文周（ムンジュ）（蓋鹵王の母弟か）が熊津（ウンジン）（公州（コンジュ））で即位し百済を再興した。熊津時代の始まりである。しかしそれまでの基盤を失った流移の政権であり、当初は王権も安定しておらず、また同時にそれまで勢力をもっていた解氏・真氏も、基盤を失っての移住であったから、支配勢力に変動が起こることになった。権臣解仇は文周王を暗殺し、13歳の三斤（サムグン）王を擁し国政の一切を掌握したが、解仇は王になる野心を捨てきれず大豆城（温陽（オニヤン））に拠って反乱をおこした。こののち解氏は権勢を失ってしまう。この反乱を鎮圧した真老はそのごも重臣でありつづけるが、その死後は真氏の重臣も現われていない。

　東城王（トンソン）（牟大）が即位し、ようやく南遷の混乱から立ち直り、王のもとで王権の専制化がすすんだ。このころ熊津地方に基盤があったとみられる新興貴族沙氏・苩氏（ベク）・燕氏が旧勢力にかわって台頭してくる。王は王都熊津の整備をすすめ、宮室を重修した。しかし急遽定めた王都熊津に永住しようとは考えず、計画的な王都造営をめざした選地をかねて、泗沘（サビ）地方へたびたび田猟にでかけた。

　501年、重用していた苩加を泗沘の南の加林城（林川（イムチョン））城主として派遣しようとしたが、それは苩加が東城王の王権伸長策に抵抗したためかと思われる。熊津に基盤をもつ苩加はそれを拒否し、強要する王を暗殺するに至っ

百済王系図〔熊津・泗沘時代〕

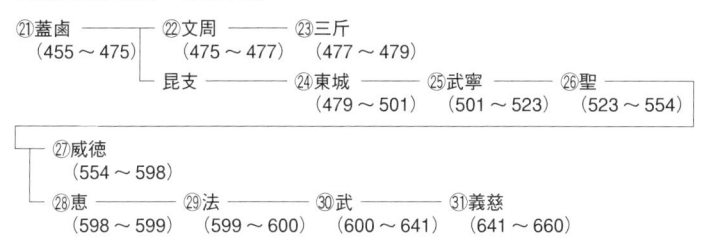

```
㉑蓋鹵 ─┬─ ㉒文周 ───── ㉓三斤
(455〜475) │  (475〜477)    (477〜479)
          └─ 昆支 ─── ㉔東城 ───── ㉕武寧 ───── ㉖聖
                     (479〜501)   (501〜523)   (523〜554)
┬─ ㉗威徳
│  (554〜598)
└─ ㉘恵 ───── ㉙法 ───── ㉚武 ───── ㉛義慈
   (598〜599) (599〜600) (600〜641) (641〜660)
```

た。王は無道で暴虐であったとされるが、専制化を急ぎすぎたのであろう。武寧(ムニョン)王があとをつぐと、苩加は加林城に拠って反乱をおこすが、すぐに鎮圧され、王は安定した王権をめざしてとくに積極的な外交を展開する。武寧王は百済中興の主となった。

　百済の南方への関心はすでに漢城時代にもみられたが、熊津に遷都し、中心が南に移ったことにより、いっそう高まった。490年と495年、中国南斉王朝に対して、地名「王・侯」号を下臣に与えるよう要求しているが、これは全羅道地域の領有権を主張したものであった。武寧王代にはその積極的な外交方針のもと、領土が大きく広がっていった。

　全羅南道の栄山江(ヨンサンガン)流域には、甕棺(かめかん)古墳を墓制とする独特な文化圏が広がっていた。馬韓の残存勢力と考えられ、とくに羅州(ナジュ)の潘南(パンナム)面一帯には有力な首長が存在し、副葬品にはすぐれた装飾品などがみられた。また前方後円型の封土墳も多く、倭との関係も認められる。この地域に対して、百済が本格的に侵攻したのは、5世紀末から6世紀初のことであった。そのごは、墓制も百済的な横穴式石室墳が主流になった。また済州島の耽羅(たんら)国も、百済に使者を送るようになった。

　これについで、513年からは、加耶地域に対して侵攻を進めていった。その手始めが、己汶(こもん)・帯沙(たさ)、つまり南原から蟾津江を越えてその下流、河東方面であった。南方に広がった領域には、主邑に中央から宗族の子弟を派遣した。

三国の興亡と加耶　077

Column

武寧王陵の誌石

　熊津王都のあった公州市の宋山里古墳群にある。前に5号墳・6号墳があり、その背後にあって古墳と認識されないまま、1971年に偶然に発見された。従って未盗掘で、南朝系の文物を中心に、多くの副葬品が確認された。武寧王の墓であるとわかったのは、羨道に置かれた2つの誌石の銘文によるもので、第1石の表面には「寧東大将軍・百済斯麻王。年六十二歳。癸卯年（523）五月丙戌朔七日壬辰崩じ、乙巳年（525）八月癸酉朔十二日甲申に到り安厝し、大墓に登冠す。志を立つること左の如し」とあり、「斯麻」という武寧

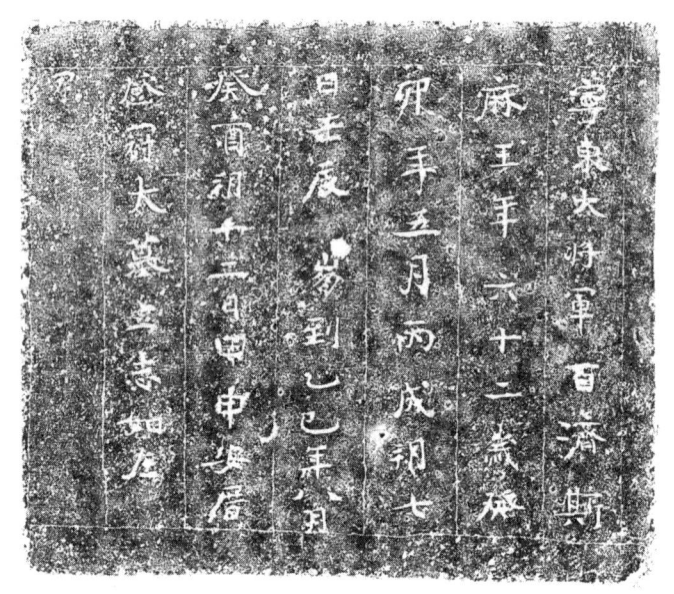

武寧王墓誌（国立公州博物館展示）

王の諱が明記されていた。「寧東大将軍」は、『梁書』本紀・百済伝にも普通2年（521）に餘隆がその号を受けたことを明記しており、隆は武寧王とみてまちがいない。それを冒頭に記したのは、梁を中心とする世界のなかに自らを積極的に位置づけようとする態度であり、百済の自信をうかがわせるものである。第2石には「銭一万文 右一件 乙巳年八月十二日、寧東大将軍・百済斯麻王、前件の銭を以て土王・土伯・土父母・上下衆官二千石に訟う。申の地を買いて墓となす。故に券を立てて明となす。律令に従わず」とあり、体裁にやや問題もあるが、ほぼ買地券であり、買地の相手が土中の王をはじめ冥界であるため冥券ともよび、道教的な思想にもとづく。その裏には、王妃が亡くなったあと「丙午年（526）十二月、百済国王大妃、寿終る。喪に居ること酉地に在り。己酉年（529）二月癸未朔十二日甲午、改葬して大墓に還す。志を立つること左の如し」という、王妃の墓誌を追刻している。墓として「申の地」（西。厳密には真西より30°南）を買ったとするが、王陵は、王城と考えられる公山城からおよそ西南西に位置する。王妃の殯の場所として「喪に居ること酉地に在り」とあり、やはり公山城から西にあたる艇止山（チョンジサン）遺跡が、想定されている。

かねてより高句麗に対抗するために連携を求めていた新羅とは、493年に婚姻同盟を結んでいたが、521年に梁に遣使する際に、新羅の使者をともなっていった。新羅にとって南朝外交ははじめてであり、百済の使者は梁に対し、加耶諸国とともに新羅をもみずからの附庸国として紹介し、また文字もない遅れた国で、じぶんが通訳しなければわからない、と伝えた。

梁と百済との関係はきわめて深く、熊津に残る武寧王陵および王陵とみられる他の古墳も、塼で築かれた、梁墓に近いものであった。武寧王陵から出土した墓誌にも、梁から与えられた寧東大将軍の号が筆頭に記され、東アジアにおける地位を標示している。

4）泗沘時代

　武寧王をついだ聖王（聖明王）は538年に泗沘（扶餘）に遷都する。伸長してきた新羅やあいかわらず南進姿勢をみせる高句麗に対抗し、対決するための意図的な遷都である。王宮の背後に山城（扶蘇山城）を築き、周囲に大きく羅城をめぐらし、そのなかの王都は地域区分として上・中・下・前・後の五部に分け、それぞれに兵五百人を配した。各部はさらに五巷に分けた。地方には旧都熊津を北方とし、中方・古沙城（古阜）、東方・得安城（恩津）、西方・刀先城（不詳）、南方・久知下城（不詳）の五方とよぶ五拠点に、方領・方佐を派遣した。方にはおよそ10郡が属し、郡には郡将（郡令）、それに属する主城には城主を派遣した。占領下の加耶諸国にも同じく郡令・城主を派遣して領有を主張した。

　中央には、前内部・穀部・肉部・内椋部・外椋部などの内官12部と、司軍部・司徒部・司空部などの外官10部、あわせて22部司を設置し、六佐平が統括した。その上位には大佐平がおかれた。また佐平以下、16等の官位制を整備した。とくに上位六位までは特権層である。これらは熊津時代に淵源をもつものとみられる。

　聖王は541年、新羅と和を結んだ上で、同年および544年と、のこる主要な加耶諸国の首長および倭が安羅に派遣していた吉備臣らを召集して、新羅に滅ぼされた金官などの復建を名目として会議を主宰したが、有効な策はうちだせなかった。

　551年、百済は新羅と大加耶と連合して、高句麗を攻撃し、漢城を回復した。しかしその翌年には急成長した新羅によって奪われてしまう。これに対して新羅を討とうと進撃した聖王は、554年、管山城（沃川）の戦いでぎゃくに新羅によって殺されてしまい、百済は滅亡の危機に瀕した。ぎゃくに新羅はその勢いでのこる加耶諸国を併合していった。

　聖王は日本へ仏教を伝えた王として著名であるが、この王代に沙門権益がインドから帰り、もちかえった『五分律』を翻訳した。ここに百済の律宗がはじまる。541年には梁に『涅槃経』を要請し、送られている。百済仏教の

隆盛期であり、寺院造営もすすめられたとみられる。百済の寺院には、山腹の洞穴を利用した穴寺もあり、平地の伽藍としては、塔と金堂が南北にならぶ、一塔一金堂式が主流であった。熊津時代には大通寺・水源寺などが、泗沘遷都以後では、寺名不詳の軍守里寺址・定林寺などが知られる。父聖王を失った王子餘昌(威徳王)は、はじめ即位しないで出家することも考えた。父の陵を造るとともに、陵寺を建立している。聖王はまた仏典以外に、毛詩博士などを招き、儒学も学ばれた。

定林寺址石塔(忠清南道扶餘)

　威徳王代には南北両朝(陳・北斉・北周)に遣使していたが、581年に隋が統一すると、いちはやく祝賀使をおくった。隋は王を上開府儀同三司・帯方郡公に册した。中国はしだいに安定に向かうが、朝鮮三国の角逐はいっそう激しさをます。武王は幼名を薯童といい、『三国遺事』に伝える伝説では、新羅・真平王の王女善花公主と結ばれて、連れ帰ったとする。弥勒寺(益山)を建てたのは、その夫人とともに龍華山(弥勒山)の師子寺に行幸した際の怪異によるが、弥勒寺造営に際しても真平王が工人を送って助けたという。逆に新羅の皇龍寺九層塔の造営には、百済の工匠が行っており、そのような交流は、戦争状態とは無関係であったかもしれない(このような時代背景から薯童を武王とみるのはおかしいという意見もある)。武王は、一時期、弥勒寺の近く(王宮里)に遷都している。そこには、長方形の城壁の中に段をつくり、南半に宮殿を配し、北半には庭園や工房を配した宮城を造営した。た

だし、まもなく泗沘に戻っている。

3 … 新羅

1）新羅の建国

　新羅の前身は、3世紀に辰韓一二国のひとつとして知られた、現在の慶尚北道 慶州(キョンジュ)の斯盧国(サロ・しろ)である。4世紀なかばに成長し、国際舞台に登場するようになった。377年には、高句麗使とともに前秦に使者をおくった。382年には、新羅王の楼寒が単独で、ふたたび前秦に遣使した。楼寒とは麻立干という称号を指し、奈勿麻立干(ヌハン)の時代にあたる。独自の派遣ではあっても、朝鮮半島東南の斯盧国が中国華北の前秦に使者を遣使できたのは、高句麗がそれを認めていたからで、新羅は、先進の高句麗に従属するかたちで、勢力をのばしていったのである。

　始祖神話によれば、閼川(あっせん)楊山村・突山高墟村・觜山珍支村(しざん)・茂山大樹村・金山加利村・明活山高耶村という6つの村があり、高墟村の村長蘇伐公が蘿井という井戸の傍らの林間で、馬が跪いていなないているのを見て、行ってみてみると、そこにはただ大きな卵だけがあった。それを割いたところ、中から嬰児が出てきたので持って帰って養った。13歳になると、6村の人々は、推尊して君主とした、という。それが、始祖 赫居世(ヒョクコセ)である。

　このように新羅の始祖は、卵生型であり、それは南方的な神話類型に属する。6村が赫居世を推戴したというが、6村とは慶州盆地に広がる6つの邑落で、斯盧国の基盤をなし、のち六部に転化する。

　この赫居世は朴氏とされるが、新羅の伝説時代は、およそ、朴氏の王から昔氏のむすめむこが王位をうけつぎ、さらに昔氏王から金氏のむすめむこが王位がつぐという三姓交代の形になっている。昔氏の初代王は、第4代脱解(ターレー)で、昔氏の始祖とされる。それに対し金氏は、王として初代は第13代の味鄒(ミチュ)であるが、始祖はその数代前の閼智(アルチ)とされる。この昔・金両氏の始祖にもそ

新羅上古王系図

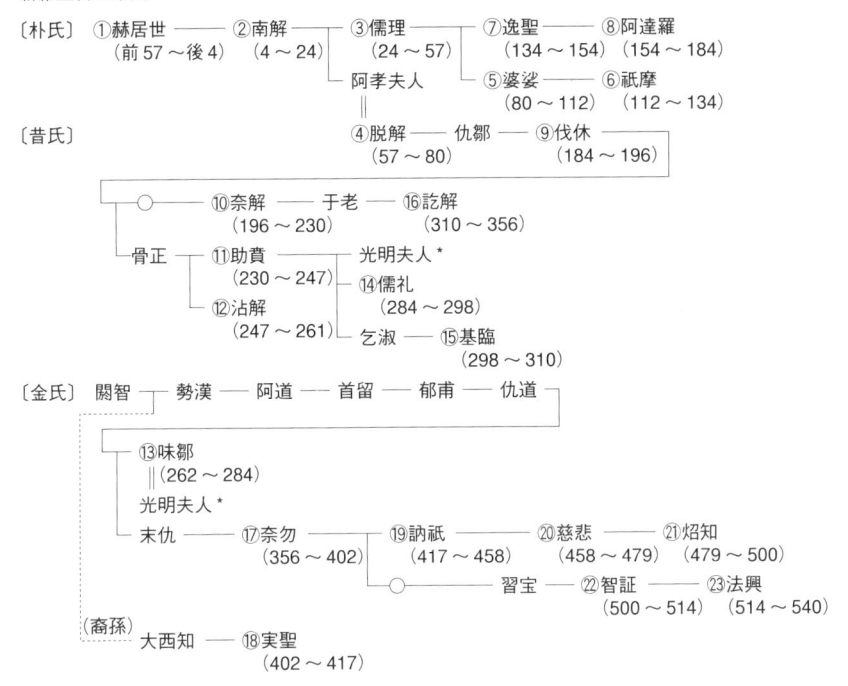

〔朴氏〕①赫居世 ── ②南解 ── ③儒理 ── ⑦逸聖 ── ⑧阿達羅
　　　　（前57〜後4）（4〜24）（24〜57）（134〜154）（154〜184）
　　　　　　　　　　　　　　阿孝夫人
　　　　　　　　　　　　　　　‖　　　　⑤婆娑 ── ⑥祇摩
　　　　　　　　　　　　　　　　　　　（80〜112）（112〜134）

〔昔氏〕　　　　　　　　　　　④脱解 ── 仇鄒 ── ⑨伐休
　　　　　　　　　　　　　　（57〜80）　　　　（184〜196）

　　　┌──○── ⑩奈解 ── 于老 ── ⑯訖解
　　　│　　　　（196〜230）　　　　（310〜356）
　　　├─骨正 ┬ ⑪助賁 ┬ 光明夫人*
　　　│　　　│（230〜247）├ ⑭儒礼
　　　│　　　└ ⑫沾解　　 │（284〜298）
　　　│　　　　（247〜261）└ 乞淑 ── ⑮基臨
　　　│　　　　　　　　　　　　　　　（298〜310）

〔金氏〕閼智 ── 勢漢 ── 阿道 ── 首留 ── 郁甫 ── 仇道
　　　　┌─ ⑬味鄒
　　　　│　 ‖（262〜284）
　　　　│ 光明夫人*
　　　　├─ 末仇 ── ⑰奈勿 ── ⑲訥祇 ── ⑳慈悲 ── ㉑炤知
　　　　│　　　　（356〜402）（417〜458）（458〜479）（479〜500）
　　　　│　　　　　　　　　○── 習宝 ── ㉒智証 ── ㉓法興
　　　　│　　　　　　　　　　　　　　　（500〜514）（514〜540）
　　　（裔孫）
　　　　└─ 大西知 ── ⑱実聖
　　　　　　　　　　（402〜417）

れぞれ神話があり、脱解は卵生で、閼智は金色の箱からあらわれた。箱の中からというのも、卵生の一変型である。

　4世紀後半には、西方で、同じく韓族のなかから百済がいち早く成長し、高句麗と対抗しつつ、東晋に遣使し、倭と通交していた。新羅は高句麗に依存しつつ、この百済と対抗していく必要があった。そして、高句麗の圧力を排除するのが、初期の大きな政治課題となった。

　4世紀末、5世紀初には、高句麗や倭に人質をおくった。高句麗の『広開土王碑』は、高句麗と倭の両勢力圏の間を揺れ動く、しかしたくみな新羅の外交をうきぼりにしている。400年には、高句麗の救援軍が、新羅領内にいた倭軍を破り、新羅はそれにこたえて高句麗に朝貢した。417年の訥祇王の即位に際しては高句麗兵が関与し、418年の人質帰還以後は、高句麗に従属

三国の興亡と加耶　　083

する姿勢がより鮮明になった。そのころ高句麗が建てた『中原高句麗碑』によれば、高句麗はみずからを兄とし、新羅を弟とするような、やや接近した関係を記すものの、高句麗の官位制に直結する衣服を与え、新羅領内に「新羅土内幢主」という軍司令官を派遣し、新羅人から兵を募集するなど、なお高句麗の抑圧的な態度がうかがえる。

　高句麗に対抗しようとする努力は、433年に百済と和をむすび、翌年に相互に交聘したことにみられる。450年に新羅の辺境で高句麗将を殺した時は、王が高句麗に謝罪したが、そのご、454年には高句麗が侵入したのに対抗し、翌年に高句麗が百済に侵入した際には百済側に救援軍を送るなど、百済と連係して、高句麗との抗争をつづけた。しかし、460年ころにもなお王都には高句麗軍が駐留した。5世紀を通して、およそ高句麗の制圧下にあったといってよく、同時にその圧力を排除する過程であったともいえる。

　5世紀には領土的にもまだそれほど拡大はしていなかった。東海岸には古くから濊族がおり、その住地であった悉直（三陟サムチョク）・何瑟羅（江陵カンヌン）は、奪ったり、奪い返されたり、長く係争の地となった。濊の背後には、高句麗がおり、共同で攻めてくることも多く、481年には、百済や新興の大加耶の援兵を得て、破っている。けっきょくその地を獲得・領有するようになったのは、505年であった。西北には、沙伐（尚州サンジュ）にまで達し、470年にはその西の報恩に三年山城ボウンを築いている。また南では、463年に、加耶南部と結んだ倭が歃良（梁山ヤンサン）に侵入したが、新羅が撃退している。しかし、慶州盆地周辺地域以外の多くの小国は、新羅に対する従属姿勢をみせたまま独立した状態がつづき、領土化したのは5世紀末以後のことであった。

　このころ新羅王は、寐錦みきんという王号をもち、慶州盆地の中心やや南よりの、南川に沿った独立丘陵に部分的に城壁を築いた月城に居住し、周囲を明活山城や南山城などの山城で防御していた。盆地は、喙部・沙喙部たく・牟梁部・本彼部・習比部・漢岐部かんぎの六部に区分され、とくに喙部・沙喙部が優勢であった。王や、王を補佐する葛文王かつぶんはこれら二部から出た。しかし王は、まだ超越的な存在ではなかった。領土が慶州盆地の外側に広がるにともなって、六

部の地とそれ以外が対比されて扱われるようになった。つまり六部の地は王京として意識され、他は地方として厳格に区別されたのである。

500年に智証(チジュン)麻立干が即位すると、王権の強化をはかり、国号を正式に「新羅」と定め、寐錦・麻立干などの称号に代えて「王」を称した。智証王から法興(ポップン)王にかけて、内政の整備を果たしてあらたな外交が推進され、521年には、百済を介してはじめて南朝梁に使者をおくった。ただし南朝よりに転じたということではなく、本格的な中国との外交は、新羅が西海岸を獲得する550年代をまたなければならない。その後は、564年には北斉へ、568年には梁へと、南北両朝に対して、自立的な外交を進めるようになるのである。

514年に即位した法興王は、国制の整備につとめた。兵部を設け、法幢軍団を創設した。王京六部には軍屯地として六喙評(たくひょう)を置き、また地方も52ある邑落を軍屯地として邑勒とよび、ともに法幢(ほうどう)軍団を配した。520年には、律令を頒布し、官位制を定めた。律令の具体的内容は十分にわからないが、独特の衣冠制など、固有法を明文化したものとみられる。衣冠制とつらなる官位制は、王京人に対する官位（京位(けいい)）と地方人に対する外位(げい)に分けられた。京位は伊伐湌(いばつさん)（角干）以下、17等からなり、外位は嶽干以下、11等からなるが、外位第1等の嶽干は京位第7等の一吉湌に相当するなど、大きな格差があった。王京人も、骨品(こっぴん)制という厳格な身分制に規制され、第5等大阿湌以上は、真骨(しんこつ)出身のものにのみ許され、特権層をなした。真骨の下は、六頭品(とうひん)・五頭品・四頭品・三頭品・二頭品・一頭品とつづくが、三頭品以下は、しだいに形骸化し、まとめて平民とよぶようになる。この時期の王京人は、王

新羅中古王系図

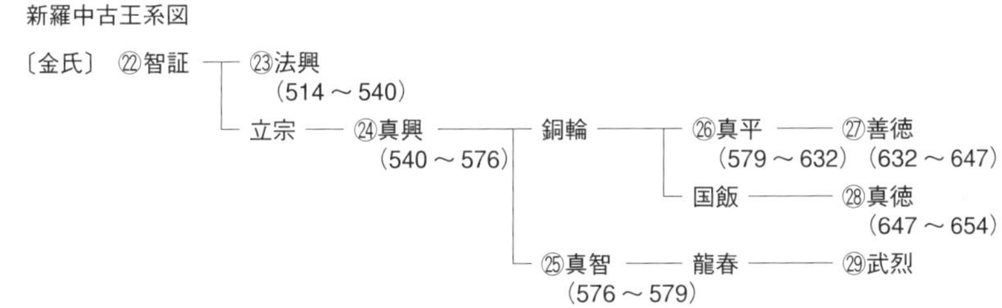
〔金氏〕
㉒智証
㉓法興
(514～540)
立宗
㉔真興
(540～576)
銅輪
㉖真平
(579～632)
㉗善徳
(632～647)
国飯
㉘真徳
(647～654)
㉕真智
(576～579)
龍春
㉙武烈

京六部に住み、骨品制に包摂され、京位を持ちえた特権層であり、地方人に対して総体として支配者共同体を形成したのであった。

また最高の官職として上大等を置き、独自の年号「建元」を始めた。上大等は一王代に一人が通例で、統一以前は貴族を代表して王を制肘する意味が強かった。独自年号はこののち、唐の年号を使用するまで断続的に用いている。

5世紀にはすでに仏教が伝わっており、王室などでも私的に信奉されたが、法興王は527年、反対する群臣をおさえ、仏教を正式に認めた。王は王宮近くに興輪寺を創し、王妃も永興寺を創した。以後、国家仏教として栄え、王京は寺院・仏塔であふれるようになっていく。

対外的には、522年、大加耶（高霊）に対して王女を嫁がせ、524年から本格的に加耶に進出した。529年に滅ぼした金官国（金海）の王仇亥（金庾信の曽祖）と一族は、532年になって慶州に移住したが、新羅では例外的な措置として、それを支配層にとりこみ沙喙部に属させ、真骨としている。

新羅の飛躍的な領土拡大は、つぎの真興王代にみられ、とくに540年代後半から竹嶺をこえて高句麗領に入り、百済と共同して漢江流域に進出した。竹嶺を越えた地に第一歩をしるしたのが、『丹陽赤城碑』である。552年には百済が先に占領した漢城を奪い取り、ついに西海岸に到達した。こうして高句麗・百済に匹敵する、あるいはそれをしのぐ勢力として、三国分立を決定づけた。554年には、反撃してきた百済の聖王を管山城の戦いで戦死させ百済を混乱におとしいれ、562年には大加耶を滅ぼして、それと連合していた諸国もとりこみ、加耶の分割を完了させた。

真興王は、拡大した領土を、高僧や高官とともに巡狩し、そ

真興王昌寧碑（561年）（慶尚南道昌寧）

の記念碑を残しているが、現在確認されているかぎりでも、北ははるか咸鏡南道の磨雲嶺・黄草嶺にまで及んでいる。また前線の拠点には、軍団の拠点としての州を設置し、軍主を派遣して統治した。領土の拡大にともない、州治も移っていった。また新たに獲得した国原（忠州(チュンジュ)）などには、小京を設置し、王京やあるいは加耶からの亡命者などを移住させた。

芬皇寺石塔（慶尚北道慶州）

こうした対外的発展において、活躍をしたのが花郎集団である。花郎集団とは花郎が率いる郎徒集団であり、貴族の子弟を複数の集団に分け互いに鍛錬しあうもので、その集団の中心になる人物を花郎という。そのご統一戦争においてもはなばなしい活躍をみせるが、金庾信はその一人である。

553年には月城の東北に皇龍寺を創建した。もともと宮殿を造営しようとして、途中で寺院に変えたもので、王室の私的な寺院として出発するが、のちに護国仏教の中心道場として、新羅で最も重要な寺院となった。

真平(チンピョン)王代には581年に位和府・船府署・調府・乗府・礼部・領客典などを設置し、中央官制を整備した。中国が隋によって再び統一されると、新羅は594年に隋に使者をおくり、冊封をうけた。

4…加耶諸国

1）金官の時代

加耶(かや)は、小国の汎称であり、加耶諸国というべきである。百済は馬韓の一

国から、新羅は辰韓の一国からそれぞれ成長したが、ともに、馬韓・辰韓の地域を早くに統合したわけではなかった。5世紀段階でも、それにとりこまれない馬韓（慕韓）・辰韓（秦韓）・弁韓がなお残っていた。加耶諸国は、これら残された諸小国を総称していうこともあり、また弁韓地方に限っていうこともある。けっきょく最後までひとつにまとまらないまま滅亡したが、いくつかの国が連合して、外圧にたちむかったことがあった。日本では、「任那（みまな）」諸国とよぶこともあるが、「任那」とはほんらい、加耶の一国（金官国）の別名にすぎない。諸国は、およそひとつの盆地を単位とし、平地の王宮と、周囲の山城とで、構成される。王宮に近い丘陵には古墳群も形成された。

　加耶諸国のなかで、まず早くに成長したのは、洛東江（ナクトンガン）河口の金官（金海）であった。神話を伝える国がふたつあるが、それはこの金官と、内陸部の大加耶（高霊）である。金官の場合は、天から六つの卵が降りてきて、それから生まれた童子のうち、最初にあらわれたのが（首露）金官の、残りが五つの加耶国の始祖となった、というもので、『駕洛国記（からくこっき）』に伝わる。新羅と同じく、卵生で、天孫降臨型である。大加耶の場合は、加耶山の山神と天神とが結ばれて生まれたのが、大加耶の始祖と、金官の始祖であったとするものである。こちらは金官の存在を意識した神話形成がうかがえる。これら二国に神話が残されているのは偶然ではなく、これらはともに大加耶とよばれた国であった。高霊の大加耶が一般的ではあるが、そもそも大加耶とは大なる加耶という美称であり、それとは別に固有の名をもっていた。伴跛（はへ）がそれである。いっぽう金官も大加耶（大駕洛）とよばれたことが確認される。

　金官は、3世紀の狗邪（くや）国の後身であり、鉄生産や海上交易などの利を得て、まず大加耶とよばれる勢力となった。政治的な

伝首露王陵（慶尚南道金海）

成長は、百済や新羅につぐ4世紀のこととみられるが、基本的には伯済や斯盧と同質の小国として出発する。海をへだてた倭とも関係が深く、それは南海岸の卓淳(昌原)・安羅(咸安)なども同様で、たがいに連係していた。倭は鉄をはじめ先進の文化をこれら加耶南部から入手した。364年、百済が高句麗との対抗上、背後をかためる必要から、古くからの交易ルートである沿岸航路をとってこれら加耶南部と通交するようになったが、南部諸国は倭との関係を仲介し、ここに百済―加耶南部―倭の同盟関係が成立した。400年の高句麗広開土王の侵入に対して、金官(任那加羅)と安羅が倭の側にたって戦っている。こうした関係が、ほぼそのまま6世紀初めまで維持された。

2) 大加耶の時代

　伴跛が大加耶として成長するのは、5世紀後半のことであるが、金官はそのころまでに勢力が衰えていた。内陸部の伴跛が、有力になるのは、やはり鉄生産の優位が考えられるが、明確ではない。442年に、倭が加耶南部との同盟関係を背景として、大加耶に侵攻するが、大加耶はかねて関係のある百済に救援を求め、百済は倭のそこまでの進出を認めず、倭を排除した。この時から、百済は大加耶に対して影響力をもつようになった。倭は、この失敗をうけて、翌年、南朝宋に都督加羅諸軍事の号を要求し、利害のない宋は451年にそれを認めるが、実質的に機能することはなかった。

　470年代に、百済が高句麗の侵攻をうけて衰勢におちいると、百済の圧力をはねのけることで利害の一致した加耶西部の諸国と連合し、大加耶王の嘉悉王(荷知)はその盟主と

高霊池山洞古墳群(慶尚北道高霊)

なった。そして連合に加わった帯沙（河東）の港から船出して、479年に南朝の南斉に使者を送った。加耶の唯一の中国への遣使であった。南斉は、輔国将軍・加羅国王の号を与えた。それほど高い地位ではないが、最初の冊封としては、順当なところであった。また連合の形成は、百済と対抗していこうとするものであったため、新羅に連係を求めて接近していった。

　嘉悉王は、南斉の箏にならって、独特の形状をもった十二絃の加耶琴をつくり、連合の一員である斯二岐（宜寧富林）出身の于勒に命じて曲をつくらせた。于勒は連合諸国の土俗的な歌謡を採集して作曲し、連合の集まりには、それが演奏され、一体感を高めた。于勒はそのご、540年代に、新羅に亡命し、加耶琴およびその楽曲を伝えた。

　復興した百済は、全羅南道まで進出すると、ほこさきを東にむけて加耶に進出していった。まずぶつかるのが大加耶を中心とする連合で、513年から、大加耶の抵抗を排して、己汶・帯沙を占領・確保していった。大加耶は、こうした百済の進出に対抗すべく新羅に婚姻を求めた。522年、新羅は王女を大加耶の異脳王に嫁がせたが、婚姻はわずか数年で破綻する。それは、新羅もまた侵略的な意図をもっており、王女につけた従者の服装を、大加耶のものから勝手に新羅の新たな衣冠制に基づくものに変えたので、大加耶王が従者たちを放還したためであった。

　新羅は、524年から、本格的に洛東江を越えた加耶南部への進出をはじめた。529年には金官が攻撃され、壊滅的な打撃を受けたが、532年にその王族が新羅に投降して最終的に滅亡した。金官につづいて、喙己呑（不詳）や卓淳が攻撃され、滅ぼされた。加耶南部として連係する安羅は、金官進出に際して、倭に救援を求め、倭もそれに応じて近江毛野臣を派遣したが、結局、何もできなかった。そこで金官が敗れたあと、安羅は、帯沙まで進出していた百済に救援を求め、百済は531年、安羅まで進駐し、前線の卓淳の久礼山を守備したが、新羅の攻撃をとどめることはできなかった。

　こうして加耶南部において百済と新羅がちょくせつ対峙する形勢となった。加耶諸国は百済か新羅か二者択一の道しか残されない状況になったのである。

Column

任那日本府について

　任那日本府とは、『日本書紀』の、しかも欽明紀にのみみえる用語である。『日本書紀』は「任那」を朝鮮半島南部にあった天皇の直轄地ミヤケの意味でも用いており、それを統治するための機関とみられたこともあった。古代の日本が朝鮮半島に軍事的に進出して、植民地支配を行った、という考えは、1970年代までは、日本の学界における通説とされてきた。そうした通説と結びつけた理解がされてきたのであった。しかし1963年に発表された、北朝鮮の金錫亨の「三韓三国の日本列島内の分国について」(『歴史科学』1963-1)を転機として、学界動向が大きく変わっていった。その考えは分国論とよばれ、『日本書紀』にみえる三韓や三国など朝鮮半島にあったとみられる地名は、実はすべて日本列島の中にあったもので、朝鮮半島にあった国を本国とする、同じ名の分国のことである、というもので、そのような分国は、本国にとっての植民地的なものであり、すなわち朝鮮半島の国々が、かつては日本列島に植民地を置いていた、という考え方である。それを支持する日本の研究者はほとんどいなかったが、それまで疑いなく認めてきた通説を、考え直す大きな機縁となった。広開土王碑文に対する理解も、それを機に大きく変わっていった。実態としては倭から派遣された使節団を意味する。4世紀以来、倭と深い関係にあった加耶南部諸国が、520年代に新羅に攻撃され危機的状況になったため、その一国安羅国が倭に救援を求めた。しかし派遣された近江毛野臣らは何もできず、金官国・卓淳国は新羅に降った。安羅はいっぽうの友好国百済にも救援を求め、百済は容易に安羅に進駐しえた。こうして加耶南部で新羅・百済が対峙する形勢になり、膠着状態になる。その時、百済の「下韓」に対する郡令・城主派遣をみた安羅が、新羅寄りの姿勢をとるようにな

> ると、百済は危機意識をもち、541年、新羅に和議をもちかけ、目を高句麗へむけさせた上で、加耶諸国に対して働きかけをする。それがいわゆる「任那復興会議」で、すでに新羅によって滅ぼされた金官国などの復興を議論するという名目で、百済王が諸国の旱支たちを召集し、新羅に通じることの危険を指摘し、百済側につくよう説得するものであった。実際に開かれたのは二回のみであるが、百済は継続して同じ意図でよびかけをしており、史料的にも一連のもの。そこに任那日本府が登場。単に日本府とする用例も、雄略紀八年条の日本府行軍元帥を除けばすべて欽明紀で、ほとんどこの会議に関わる。日本府はこのような特殊な事態になってはじめて登場する。倭国はそもそもすべての加耶の政治に関わることができたわけではなく、加耶南部との友好関係が中心であった。日本府は、卿・執事・臣などから構成される人的組織で、具体的に的臣・吉備臣・河内直らが含まれている。彼らは倭から派遣された人たちで、欽明紀一五年条にみえる在安羅諸倭臣が実態を伝えることばである。彼らを実際に動かしたのは、現地で採用した倭系人の阿賢移那斯・佐魯麻都の兄弟で、恐らく安羅の意向を受けて、新羅と通じていた。倭からの使臣たちは安羅を支持し、百済と対立したのであった。

　百済は新羅と和議を結んだ上で、加耶に対する野心をすてず、541年と544年、加耶諸国の旱岐（首長）層を召集するが、新羅と百済の対加耶策の落差を感じた安羅は、それまでの同盟関係を断って新羅よりの姿勢をみせる。倭は安羅を支持し、百済をおさえる立場をとった。こうして、4世紀後半以来つづいてきた南方のラインはくずれるにいたったのである。

　まもなく安羅は新羅にとりこまれ、百済よりの姿勢をとることを選んだ大加耶を中心とする諸国は、百済の聖王が新羅に敗死して（554年）まもなく、新羅によって滅ぼされ（562年）、加耶はすべて消滅した。そのごは、名実ともに三国の争いとなっていく。

◎参考文献

武田幸男『高句麗史と東アジア』岩波書店、1989年
三上次男『高句麗と渤海』吉川弘文館、1990年
東潮・田中俊明『高句麗の歴史と遺跡』中央公論社、1995年
東潮『高句麗考古学研究』吉川弘文館、1997年
李成市『古代東アジアの民族と国家』岩波書店、1998年
社会科学院考古学研究所『高句麗の文化』同朋舎出版、1982年
今西龍『百済史研究』『新羅史研究』国書刊行会、1970年復刻
池内宏『満鮮史研究』上世第二冊、吉川弘文館、1960再刊
東潮・田中俊明『韓国の古代遺跡』1 新羅篇、2 百済・伽耶篇、中央公論社、1988・1989年
坂元義種『古代東アジアの日本と朝鮮』吉川弘文館、1978年
坂元義種『百済史の研究』塙書房、1978年
末松保和『新羅史の諸問題』東洋文庫、1954年
三品彰英『新羅花郎の研究』三品彰英論文集6、平凡社、1974年
田中俊明『大加耶連盟の興亡と「任那」』吉川弘文館、1992年
東潮『倭と加耶の国際環境』吉川弘文館、2006年

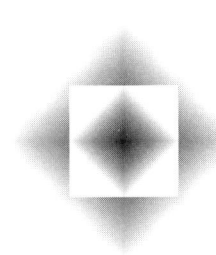

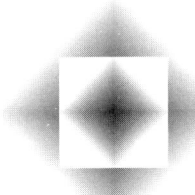

新羅の三国統一と渤海

田中俊明

新羅の三国統一と渤海

概観

　成立した当初、北の突厥などの対策に逐われていた唐が、その目を東に向けるようになるのが630年以後である。その後、三国は緊張が高まり、諸国において、大きな変動が生じるようになる。642年には、高句麗で蓋蘇文によるクーデタが起こり、百済と連合するという、それまでには考えられない革命的な外交が成立する。取り残された新羅は唐に頼るしかなくなったが、唐との対応をめぐって、毗曇（ひどん）の乱が起こる。ただしそれを鎮圧した金春秋・金庾（ゆ）信らが実権を掌握し、統一に向けて着実に歩み出すことになる。倭はかねてより百済と親密であり、百済側に立ち、東アジアが、唐・新羅と、高句麗・百済・倭との2つの枢軸に分かれて対立する図式を産むことになる。半島内においては、唐勢力を引き入れた新羅が、百済・高句麗をつぎつぎと打ち破るかたちで、対立関係は終焉を迎えることになる。その後新羅は、唐勢力を半島から駆逐して、三国統一を果たした。新羅はその後全盛期を迎え、王権も伸長したが、9世紀には王権内部の抗争も激化し、地方勢力も台頭するようになり、新興の高麗に降伏して滅亡する。

　渤海は、中国の吉林省東部を中心に、黒龍江省南部・遼寧省東部・ロシア沿海州、さらに朝鮮半島東北部にまで領域を広げた国である。高句麗の滅亡後に、高句麗の故地の一部から起こり、高句麗の旧領域の多くを領有するようになったため、高句麗の後継国家とみなされる。そのため、朝鮮半島の多くを領有した新羅と、北部までおよんだ渤海とを、南北国というかたちで対立していた時代ととらえることがある。

年表

618	唐の建国
624	高句麗・百済・新羅、唐の册封下に入る
636	新羅僧慈蔵、唐に行き求法する
641	百済、義慈王即位す
642	高句麗、蓋蘇文のクーデタ。百済、新羅領に大きく侵攻
644	唐の太宗、みずから高句麗に侵攻
647	新羅、毗曇の乱。金庾信らが鎮圧
648	新羅の金春秋、唐に入朝
651	新羅、執事部を設置
654	新羅、武烈王が即位する
655	唐の高宗、高句麗に侵攻
660	百済、滅ぶ。義慈王、唐へ連れ去られる。百済復興運動起こる
	百済復興運動、在倭の王子扶餘豊璋を呼び戻して擁立
663	白村江の戦いで倭の救援軍全滅
666	蓋蘇文死す。長子の男生と、弟の男建・男産とが対立
668	高句麗、滅ぶ
670	新羅、安勝を高句麗王に封ず。唐と交戦す
676	唐、安東都護府・熊津都督府を撤退。新羅の統一達成
687	新羅、9州郡県制が確立
698	大祚栄、振国（震国）を建国（渤海の前身）
713	大祚栄、唐から渤海郡王に封ぜらる
732	渤海、唐の登州に侵攻す
733	新羅、唐の要請をうけて渤海に対して出兵
735	新羅、唐から浿江以南の領有を認められる
748	新羅、浿江以南に大谷城など14の郡・県を設置
751	仏国寺・石仏寺（石窟庵）創建される
757	新羅、郡県名を唐風に変える
759	新羅、官司・官職名を唐風に変える
762	渤海の大欽茂、唐から渤海国王の号を受ける
780	新羅の金良相、恵恭王を殺して即位する
822	金憲昌の乱起こる
841	張保皐、乱を起こす
892	甄萱、武珍州で自立
900	甄萱、完山に後百済を建国する
901	弓裔、松岳で自立して王を称す

1…統一新羅

1）高句麗・百済の歴史的連係

　618年に唐が成立すると、三国ともに唐に遣使し、唐は624年に三国の王を冊封した。高句麗王は上柱国・遼東郡王・高麗王、百済王は帯方郡王・百済王（のちに柱国も）、新羅王は柱国・楽浪郡王・新羅王というように、高句麗をやや上に位置づけた。しかし、高句麗を敵視する政策は、隋代から引き継がれた。

　ただし唐の高祖は、突厥などの北方対策を優先したため、対高句麗積極策をとらず、むしろ修復につとめ、しばらくは平穏にすぎた。強硬策に転じるのは太宗代になってからで、631年に高句麗に使者をおくり、隋の戦死者を積みあげた京観(けいかん)を破壊して遺骨を返還するよう求めた。おそれた高句麗は、扶餘城から西南の渤海湾にいたるまで、境界をなす遼河よりも一歩しりぞいたところに千里の長城を築き、守りをかためた。それは16年の歳月をついやして、完成することになる。

　640年には、唐が西域の高昌を滅ぼしたことを知り、対応を考えるべく、高句麗は世子の桓権を唐に派遣した。唐は、その答礼使として陳大徳を高句麗に派遣し、動静をさぐらせた。国内をまわって情報を集めた陳大徳は、帰国後、復命書『奉使高麗記』を太宗に提出している。

　長城の築造監督として派遣されていた東部の大人蓋蘇文(ケソムン)(がいそぶん)は危機感をもって、642年、王および支配層の180余人を殺害し、権力を掌握するクーデタをおこし、王弟の子を擁立した（宝蔵(ポヂャン)王）。

　蓋蘇文は淵(ヨン)がほんらいの姓であるが、唐の高祖の名と同じ文字であるため唐側の記録では泉とされる。祖父の代から莫離支(ばくりし)で、父は大対盧(だいたいろ)であった。大対盧は最高の官職であった。族制的性格を残し、ときには王をもしのぐ権力をもった。蓋蘇文はクーデタを起こして、一段下の莫離支になったのであり、退いたかたちになるが、国の危難が迫る情勢下で、族制的伝統を断ち切

り、実質的な権力掌握をめざしたのであった。

　百済では、641年に武王(ムー)のあとをついで義慈王(ウィジャ)が即位した。即位に際して、内紛があった可能性もあるが、確かなことはわからない。

　百済と新羅との交戦はあいかわらずつづいた。義慈王は、即位の翌年、それまで敵対していた高句麗と連係した。これはずっと仇敵関係にあった両国にとって、歴史的な和解というべきで、それを背景にして百済は激しく新羅に進撃し、大耶城(だいや)(陜川(ハプチョン))をはじめとする旧加耶地方の大半を奪った。新羅はそれに対して、金春秋(キムチュンヂュ)(のちの武烈王)を高句麗に派遣して救援を要請したが、すでに百済と連係した高句麗が受け入れることはなく、金春秋を監禁した。その後逃げ帰った金春秋は唐に援助を求めた。この642年の百済の新羅侵攻が、新羅の三国統一に至る大きな転機であったということができる。高句麗─百済─倭の連係と、唐─新羅の連係が対立する構造が作られていくのである。

　唐は、高句麗に対して、使者を派遣して新羅との和解をすすめたが、高句麗は拒絶した。そこでついに645年、太宗がみずから10余万の軍を率いて親征した。激しい攻防のすえ、唐は、蓋牟城(がいぼう)・遼東城・白巌城(はくがん)など10城を破り、蓋州・遼州・巌州などを設置したが、3ヵ月にわたって攻撃した安市城(あんし)は、ついに陥落させることができなかった。太宗は647年にも、遠征軍を派遣し、さらにその翌年にも水軍を派遣して、泊灼城(はくしゃく)を破ったものの、けっきょくは退却した。太宗の3回にわたる遠征も、高句麗はしのいだのであった。

　新羅では、632年に、初めての女王として善徳王(ソンドク)が即位した。唐は、救援要請をしてくる新羅に対して、4つの案を提示したが、その一つは、女王に変えて唐から王を送るというものであった。それに対する対応をめぐり、上大等の毗曇が女王廃位を主張して乱をおこした。しかし、親唐を維持しつつも自立をめざす金春秋や金庾信(キムユシン)らが、乱を鎮圧し、さらに、乱中になくなった善徳王のあとに、同じく女王の真徳王(チンドク)を擁立し、つぎの金春秋政権を準備することになる。

　真徳王代649年には唐の衣冠制・年号を導入し、唐への従属度を高め、両

陣営対立の構造がより明確になった。ただし唐は、高句麗対策が優先課題であり、新羅が求める百済への出兵に応じる考えはなかった。その間新羅は、651年には執事部を設置したほか、中央官司の整備を進めた。執事部は国家の機密を掌り、行政の最高機関となった。その長官の中侍は、ほんらい租穀を倉稟に収蔵する稟主が改められたものであるが、上大等に対して王権に近い立場の最高官僚といえる。これから中央集権的な官僚機構が成立していく。

2）新羅の三国統一

　唐では太宗が死に、高宗があとをついだ。三国間のかけひきはつづき、そのいっぽうで高句麗は、654年に契丹を攻撃したが敗れた。655年には百済と連合して新羅を攻撃し、33城を奪取した。新羅はまた唐に救援をもとめ、唐はそれをうけて同年および658年・659年と高句麗の新城など遼東北部を攻撃し情勢をうかがったが、深入りはしなかった。ところが、新羅が重ねて百済攻撃を要請すると、660年、唐は一転して蘇定方を総司令官とする13万の大軍を百済に派遣した。

　百済の義慈王は即位当初、「海東の曾子」と号し、忠孝を旨とする政治をめざしたようであるが、連年の戦闘に疲れてか、しだいに淫荒し酒におぼれ、良臣を失っていった。唐軍に呼応する新羅軍の進軍に対して、堦伯将軍が率いる決死の部隊の抵抗を試みたが、黄山の原の戦いで敗れ、新羅軍は唐軍と合流して百済王都泗沘をめざした。攻撃を受けた義慈王はすぐに熊津に脱出し、のこされた宮人たちは城北の絶壁から白馬江に身を投げるものが多かった。王はまもなく熊津から戻り、唐・新羅連合軍に降伏する。降伏時には37郡・200城・76万戸であったという。王および王子

金庾信墓（慶尚北道慶州）

渤海と新羅（8世紀中葉）

隆ら王族13人と、大佐平沙吒千福・国弁成以下700人は、唐の都長安に送られた。ここに百済王国は滅亡した。

唐は熊津都督府をはじめ馬韓・東明・金漣・徳安のあわせて五都督府を置き、州県制をしき、百済人有力者を都督・刺史・県令に任じて、新羅を除外した羈縻支配をすすめようとした。しかしそのごも百済遺衆の抵抗がつづき、旧王都に留めた唐軍1万と新羅軍7千も危うくなるなど、都督府支配を実行することができなかった。百済復興運動の中心となった鬼室福信(クィシル　ボクシン)らは、日本に滞留していた王子豊璋(プンジャン、ほうしょう)をむかえ勢いをもち、一時は旧領域のほぼ全てをとりもどした。日本からも、支援のための軍を派遣した。ところが、福信はともに立ち上がった僧道琛(トチム、どうちん)を殺し、福信も豊璋に殺されるなど内紛があいついで弱体化し、663年に、日本からの救援軍が白村江(はくすきのえ)で全滅すると、拠点の周留城も落とされ、ほとんど鎮圧された。任存城などでなお抵抗はつづいたが、多くの百済王族・貴族は日本へ亡命していった。

そこで唐は、あらためて義慈王の子扶餘隆(ブヨルン、ふよりゅう)を熊津都督として派遣し、7州51県を統治させようとし、新羅の文武王(ムンムー)と盟約を結ばせた。しかし文武王にそれを認める考えはなく、立ち会った唐将劉仁軌らが帰国すると、新羅を恐れた隆は、すぐに唐に帰ってしまい、新羅も盟約を記して宗廟に納めた金書鉄券を破棄した。ただし、唐との対立は、高句麗を滅ぼしてからのことである。

唐は、百済を滅ぼしてのち、すぐに高句麗に対する侵攻を再開した。このときは平壌王都を囲み、新羅も呼応したが、高句麗はよく堪え、662年に囲みを解いて帰った。その後、百済の遺民の復興運動の対応におわれたが、高句麗で権力を握ってきた蓋蘇文が666年に死ぬと、あとをついだ男生と、その弟の男建・男産とが対立し、男生は逐われて唐に降伏を申し出た。唐はそれを好機として侵攻を再開し、667年には新城をやぶり、男生と合流し、668年、新羅と連合してふたたび平壌を攻撃した。内応もあって、ついに王都は陥落し、宝蔵王・男建らは降伏し、唐に連行された。こうして強盛をほこり、隋・唐のたびかさなる侵攻にも耐えてきた高句麗は、最後は内紛により、意

外とあっさりと滅亡したのである。確認された城176、戸69万7千であったという。

ここで唐は、その故地に安東都護府をおき、新羅をふくめた朝鮮半島支配を進めようとした。それはとうぜん新羅の思惑とは異なるもので、新羅はそれに対抗すべく、670年以後、高句麗遺民の反乱を救援し、また百済旧領に侵攻した。高句麗末王宝蔵王の孫かとみられる安勝が、高句麗の残存勢力とともに新羅に降ってきたときには、高句麗王に封じて、金馬渚（益山）に安置した。新羅王権のもとに、高句麗王が存在する、という形式をとったのである（ただし674年には報徳王と改め、682年には王を廃し、王都に移住させている）。

こうした新羅の動きに対し、唐も対抗し、交戦するに至ったが、その戦場はほぼ漢江と大同江の間であった。そして唐もついに676年、半島支配を断念せざるをえなくなった。安東都護府も遼東城（遼陽）に撤退した。こうして新羅は、礼成江あたりまでを領有する、初めての統一国家となったのである。

その後、高句麗の故地に渤海が成立する。そこで三国の地が、渤海・新羅の二国に変わっただけで、新羅が統一したわけではない、という主張があるが、新羅は、三国を統一しようという意識をもち、実際にも百済・高句麗を滅ぼして統一を達成したということができる。渤海が成立したあと、渤海の領域まで含んで一体でなければならないという意識が新羅にあったとは考えられない。それは渤海も同様であろう。

この統一にともなって、それまで百済・高句麗に仕えていた官人層をとりこむ必要が生じた。そこで、それまででは考えられない、新羅の官位を与えることにしたが、あわせて新羅人における京位・外位の区別も廃し、地方人に対しても京位を与えるようにした。官位体系の一本化である。

文武王がさらに強く押し進めたのは、王都の改造であった。王宮は5世紀以来、月城の中にあったが、月城のまわりには堀を築いていた。それを埋めて内外の区画性を弱め、宮殿を修築した。674年には月城の東北に池を造り、

Column

新羅の王陵

　新羅には56人の王がいた。伝説上の王も含んでいるため、すべてに王陵がなくてもいいのであるが、始祖陵からはじまって38王については、王陵の比定地がある。火葬して散骨した王のうち3王は王陵の記録がもともとない。比定地のある38王陵について、確実なのは、武烈王・興徳王、そして末王の敬順王くらいである。敬順王は、935年に一族を伴って、高麗国王の王建のもとに降伏し、開城の近くに葬られたため、慶州からは遠く離れている。この3王の墓は、いずれも、その名を記した碑が建っているか、建っていたため、その文字を通して、確定するのである。新羅の王は、伝説的に、朴氏・昔氏・金氏、さらに朴氏と交替した。その子孫が今もいて、先祖の墓として儀礼をつづけているため、発掘することができない。これまで、整備するためとか、陥没したりしたために発掘されたことがあるのが閔哀王陵・憲康王陵・神徳王陵とされているものであるが、

武烈王陵碑の亀趺

> 前二者は、発掘によって、それが正しくないことが明らかになっている。ほとんどは、王都のあった慶州に分布していたはずである。慶州はまさに古墳のなかに街があるといってよく、特に中心部の古墳公園とその周囲は、一大古墳群である。この一帯には、王陵にあてられている古墳がほとんどないため、発掘が可能であった。そしてその墓のいくつかは、積石木槨墳という、木槨の上に石を積み上げ、さらに土で覆った形式のために、盗掘がされないまま残った。古墳公園のなかでひときわ大きい、双子墳（瓢形墳とよぶ）の98号墳は、皇南大塚とよばれているが、周到な準備を経て1973年から75年にかけて発掘され、大量の遺物が出土した。正倉院のような施設の残っていない新羅の場合、当時の文化水準をよく伝えるのが、未盗掘の古墳から出土した多様な遺物である。皇南大塚がその代表であり、4万点を越える遺物が出土した。そのなかで、文化交流の点でまず注目されるのは、11点ものローマングラスである。他の古墳出土のものもあわせると20点を越える。それらは、地中海沿岸地方で造られたか、そこの技術を導入して造られたものであり、何らかのかたちで、新羅とその地方が関わりがあることをうかがわせるものである。それ以外にも、トンボ玉や角杯など、ローマ帝国と関わりがありそうなものが少なくない。

月池となづけ、679年にその横に東宮を築いた。太子宮である。月池に面する臨海殿も築き、宴会の場とした。さらに北宮・南宮も築いた。また宮殿の周囲に、碁盤目状に道路を築いて都市区画を設けた。坊里制とよぶ。ただし、その周囲を囲む城壁（羅郭）は築いていない。王都は当時、王京または金京と呼ばれたが、それまでの王京とは慶州盆地一帯に広がる、もとの斯盧国の地であり、このたびの王京はその内側を小さく限るものであった。それは、六部の人たちの王京から、王のための王京へと変わったということであり、王権の伸長にみあうものであった。

新羅の三国統一と渤海

3）統一政策

　文武王は681年に「護国の龍」になると遺言して死に、あとをついだ子の神文王は、父を火葬し、遺骨を東海に散骨した。また龍になった父のために東海近くに感恩寺を創った。

　神文王は即位当初、妃の父金欽突の反乱に際し、連座者を容赦なく誅殺したが、それも王権の専制化を示すステップといえる。統一の成果を背景に王権はしだいに専制化するようになる。

　官制機構の整備は、すでに真徳王代から進められていたが、神文王代に至るまでには、13の上級官庁とその下の中級・下級官庁からなる中央行政機構の整備・拡充が完了している。その上で、687年に官僚田が支給されるようになり、689年には禄邑が廃止され、租が支給されるようになった。また、682年には官吏の養成機関として国学が創設されている。

　統一によって飛躍的に拡大した領土は、685年に、旧来の新羅・加耶領を中心に沙伐州（のち尚州）・歃良州（良州）・菁州（康州）、旧百済領を中心に熊川州（熊州）・完山州（全州）・武珍州（武州）、旧高句麗領を中心に漢山州（漢州）・首若州（朔州）・河西州（溟州）の九つの州に分け、そのなかをそれぞれ州・郡・県に分けるという、郡県支配が進められた。中国的な郡県制とは異なり、州・郡・県いずれもかつての城邑国家ほどの規模で、それを格の上下にもとづいて累層的に編成したものである。そのなかは村・郷・所・部曲といった単位に区分されていた。それまでと同じく、中央から地方官が派遣され、在地の有力者である村主を媒介として、地方支配を推進した。また王都が東南に偏している関係もあり、北原京（原州）・中原京（忠州）・西原京（清州）・南原京（南原）・金官京（東原京。金海）という五つの小京が定められた。九州の州治や五小京の中には、王京と同じく、碁盤目状の都市区画を整備したところもあった。

　軍制の整備も、統一に対応してはかられた。王京には九誓幢を置いた。これは新羅人で3、高句麗人で3、百済人で2、靺鞨人で1の軍団を組織するもので、歩騎混成軍であった。地方には、九州各地（漢山州のみ2）に騎兵

新羅中代王系図

〔金氏〕㉙武烈 ──── ㉚文武 ──── ㉛神文 ┬── ㉜孝昭
　　　　（654〜661）　（661〜681）　（681〜　　（692〜702）
　　　　　　　　　　　　　　　　　　692）　└── ㉝聖徳 ┬── ㉞孝成
　　　　　　　　　　　　　　　　　　　　　　　（702〜　　（737〜742）
　　　　　　　　　　　　　　　　　　　　　　　　737）　└── ㉟景徳 ──── ㊱恵恭
　　　　　　　　　　　　　　　　　　　　　　　　　　　　　（742〜765）（765〜780）

からなる十停を置いた。

　唐との対立を承けて、7世紀の後半には、日本には低姿勢での外交を求め、日本も、百済の復興運動を支援した関係で、遣唐使を送ることができず、頻繁に使者のやりとりが行われた。日本は、もっぱら新羅から、先進文化を受け入れたのであり、ちょうど律令体制の整備期にあたっていたため、新羅の律令からも影響をうけたことは十分に想像できる。ただし新羅の律令が具体的にどうであったかについては、記録が残っておらず、明らかにすることができない。

　しかし唐との関係はしだいに安定化し、8世紀にはいると、日本に対して対等な姿勢をとるようになり、以前からの態度を変えない日本との間で摩擦が生じるようになった。722年には新羅が、日本の使者が王京に向かうルートに関門城を築くと、日本側は態度を硬化させた。特に、732年に渤海が唐の登州を攻撃した際に、唐が新羅に出兵を要請し、新羅がそれに応えたことから、唐との関係は完全に修復され、日本に対して一層、強い姿勢で臨むようになった。日本に対しては、政治的な目的がうすれ、しだいに交易主体に変わり、公的な外交が中断され、私的な商人の往来に変わっていく。

　唐は、渤海に対する出兵を評価して、浿江（大同江）以南に地の領有を認め、新羅はその地に進出し、特殊な軍事地帯として浿江鎮典を置き、北方経営の拠点とした。

　8世紀なかばの景徳王代には、郡県名や官名を唐風に改めるなど、唐化が意識された。しかし現実には、古い呼称がそのまま使われ、正式にも20年ほどで元に戻された。このころ、仏国寺や石仏寺（石窟庵）が造営されている。石造物や石仏は、現在まで残っており、新羅仏教文化の粋を示している。

新羅の三国統一と渤海

仏国寺も含めて、統一後の寺院は、双塔式の伽藍配置であった。王京の内外には、四天王寺・奉聖寺・奉徳寺などの寺院が国家寺院として建立されたほか、貴族や庶民の喜捨によって造営された寺院もあり、806年には、新たに創建することを禁じなければならないほどになった。王京は寺院が軒を連ね、仏教文化が大きく開花した。

　しかし、統一後、最盛期を迎えた新羅王権も、8世紀中葉になると、かげりをみせはじめる。恵恭王（ヘゴン）4年（768）に起こった大恭・大廉の乱がそのかわきりであり、地方にも大きく勢力を広げ、王宮を囲んで33日、王の軍に抵抗した。このような反乱はそのごもつづき、ついに780年、金志貞の反乱を鎮圧しようとたちあがった上大等の金良相と伊湌の金敬信が王や王后を弑し、良相が代わって王位についた。宣徳王（ソンドク）である。王は、奈勿王（ネームル）十世孫といい、それまでつづいた武烈（ムーヨル）王系、「中代」王権は終わりを告げ、以後を「下代」という。これは、最初の王位簒奪であり、新羅史の一つの画期をなす。この事件が象徴するように、以後、滅亡まで、不安定な時代がつづくことになる。

　宣徳王は子がなく、死後、王の族子金周元を擁立する動きがあったが、北川の氾濫で王宮に

仏国寺多宝塔

南山七仏庵

新羅下代王系図

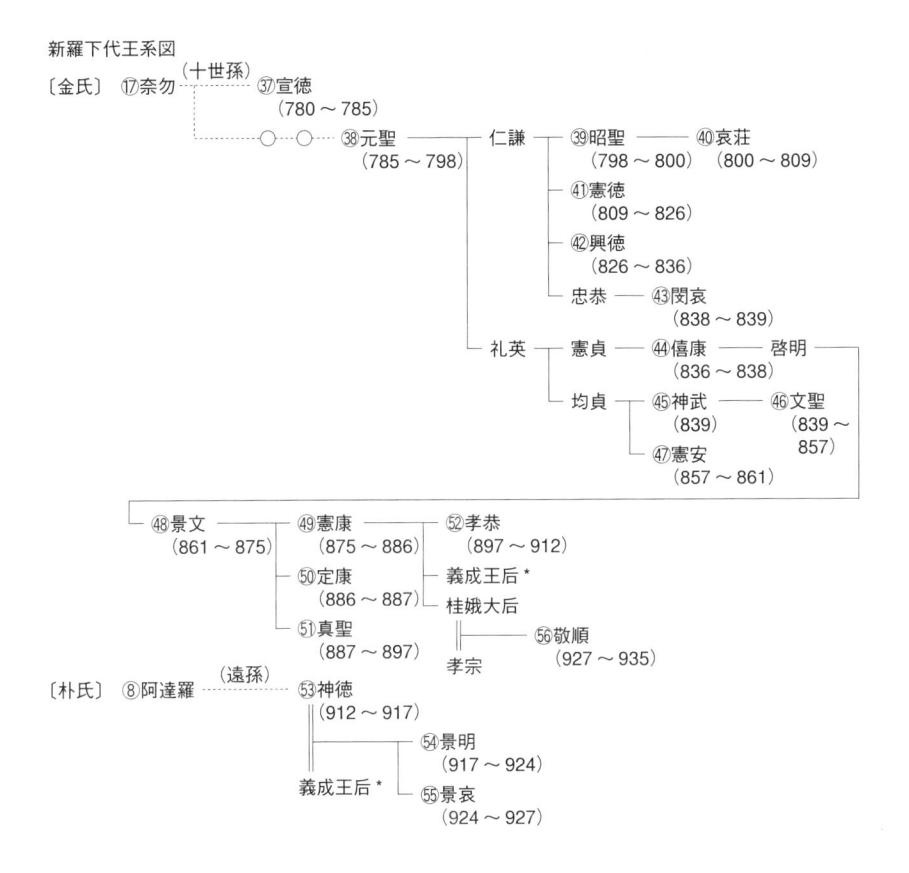

〔金氏〕 ⑰奈勿 ──(十世孫)── ㊲宣徳
                              (780〜785)
         └── ○ ── ○ ── ㊳元聖 ── 仁謙 ┬ ㊴昭聖 ── ㊵哀荘
                    (785〜798)   │ (798〜800) (800〜809)
                                      ├ ㊶憲徳
                                      │ (809〜826)
                                      ├ ㊷興徳
                                      │ (826〜836)
                                      └ 忠恭 ── ㊸閔哀
                                               (838〜839)
                              └ 礼英 ┬ 憲貞 ── ㊹僖康 ── 啓明
                                    │   (836〜838)
                                    └ 均貞 ┬ ㊺神武 ── ㊻文聖
                                          │ (839)   (839〜857)
                                          └ ㊼憲安
                                            (857〜861)

┌ ㊽景文 ┬ ㊾憲康 ── ㊿孝恭
│ (861〜875) │ (875〜886)   (897〜912)
│   │   ── 義成王后＊
│   │   ── 桂娥大后
│   ├ 50定康   ║
│   │ (886〜887)   ║
│   └ 51真聖   孝宗 ── 56敬順
│   (887〜897)   (927〜935)
│
〔朴氏〕 ⑧阿達羅 ──(遠孫)── 53神徳 ┬ 54景明
                              (912〜917) │ (917〜924)
                              ── 義成王后＊
                                        └ 55景哀
                                          (924〜927)

　入れないまま、上大等になっていた金敬信が王位についてしまった。これが元聖王で、王は奈勿王の十二世孫という。こののち9世紀半ばまで、ことに王族どうしによる王位争い・篡奪がつづく。

　その間にあって、822年、金周元の子で熊川州都督の金憲昌が、父の恨みもあって熊川州（公州）で自立し、長安国を建てた。全国に広がったがまもなく鎮圧され、多くの連坐者を生んだ。825年に憲昌の子梵文が北漢山で乱を起こした。また清海鎮（莞島）の張保皐は、唐・日本にまたがった海域で広く交易を行い、唐の藩鎮のような勢力となった。海上王国とよばれる。し

新羅の三国統一と渤海　　109

Column

張保皐の要塞

　張保皐は海島人であるというが、もともとの出身地は不詳である。ただ、本拠地を莞島(ワンド)に置いたという点からみると、そのあたりの出身と考えられる。莞島の東に、180m離れて将島という38000坪の小さい島があり、干潮時には莞島から歩いて渡ることができる。その将島は、1991年から2001年にわたる発掘を通して、全面的な要塞であったことがわかった。島の周りの海中を木柵がとりまき（現在もなお残っている）、島内は、総延長890mの2重の城壁がめぐっている。城内には、掘っ立て柱の建物跡も確認されている。出土遺物も、大量の土器・瓦のほか、中国越州窯とみられる青磁片など、中国との交流を示すものもみられる。

　ただし、清海鎮として、これで完結していたかというと疑問も残る。張保皐と関連するとみられる法華院が莞島側にあり、鎮の施設としても、莞島内にあったということも考えられる。将島が要塞であるのはいいとして、清海鎮の前面にあって、それを防御する機能をもっていたということでもいいのではないか。

将島全景（全羅南道）

> 　円仁の『入唐求法巡礼行記』によれば、唐には、山東半島を中心にして多くの新羅人が居住し、また往来し、多くは交易に従事していた。円仁はその助けによって、五台山・長安に求法することができたのであったが、山東半島東南に赤山法華院があり、張保皋が建てたお寺で、新羅僧が多く、また新羅人の精神的なよりどころともなっていたことが記されている。円仁は９ヵ月滞在しているが、帰国時立ち寄った時には、廃仏のためほとんど破壊されていた。最近、その推定地である、文登市石島鎮の山腹に、寺院が復元建立されている。

かし、神武王の擁立に関わり、外戚になろうとして、謀殺された。これらはともに失敗したが、根拠地を地方におき、大規模の抵抗となった点で特徴があり、また地方勢力がしだいに成長していることを象徴している。

　９世紀も後葉になると、各地で勢力をきずき、城主・将軍と称した土豪層が台頭する。そのなかでも、完山(全州)を中心に旧百済方面に勢力を伸ばし、後百済王と称した甄萱と、鉄円(鉄原)を中心に旧高句麗方面に勢力を伸ばし、摩震国、さらには泰封国を建てた弓裔が、とくに有力であった。しかし、弓裔のもとからでた松岳(開城)の王建がしだいに台頭し、弓裔を追放した諸将に擁立されて918年高麗を建てた。こうして後百済・高麗・新羅三国鼎立の形勢となり、後三国と称する。新羅は、とくに後百済に圧迫され、王都慶州も甄萱の侵攻をうけ、景哀王が殺され、敬順王が擁立されるなど、一小国に転落した。敬順王は、けっきょく935年に高麗に降伏し、新羅は歴史の幕を閉じたのである。

2…渤海

1）大祚栄の建国

　渤海は、中国東北から朝鮮半島東北部にかけて広大な領域をもち、唐文化を受容して「海東の盛国」とよばれた。

　高句麗滅亡後、高句麗人やそれに属していた人々の一部は、唐国内へ強制的に移住させられた。遼西地方には、粟末靺鞨族の乞乞仲象（きつきつちゅうしょう）や、その子の大祚栄（たいそえい）らもいた。696年に、契丹族の李尽忠が反乱を起こしたとき、乞乞仲象らは、仲間たちといっしょに長白山の東北に逃げ帰り、さらに東牟山（吉林省敦化（トンファ））という本拠地にもどって自立しようとした。武則天はそれを抑えようとしたが失敗し、乞乞仲象は病死したものの、大祚栄が勢力を固めて振国（震国）と称した（698年）。当初は唐と対抗し、突厥と通交した。

　その中心地は、かつての高句麗の領土としては辺境地帯であり、粟末靺鞨族の住地であったと考えられる。高句麗の旧領土や他の靺鞨族の住地に領土を広げていき、もとの住民の集団構造をかえることなく、その首長（首領とよんだ）を介して、間接的に統治した。

　唐はまもなく、大祚栄を懐柔しようとし、大祚栄は子の門芸（ムンイェ）を唐に送り、宿衛させた。その後、大祚栄を渤海郡王に冊立した（713年）。同時に、嫡子の武芸（ムイェ）を桂婁郡王（けいろう）とした。渤海郡とは、渤海湾にあった郡名で、振国の領域とはまったく関わりがない。しかしこれ以後、これにちなんで渤海国を称するようになる（唐は渤海靺鞨とよぶことが多い）。また桂婁郡は、実際には存在しないが、桂婁とは高句麗五部のひとつで王族であり、高句麗遺民に対する統治を意識したものといえる。

　718年に大祚栄が死ぬと、武芸が渤海郡王の地位を継いだ。亡父には高王の諡を贈り、年号を仁安とした。諡号と独自な年号はこのあと、9世紀前半までつづく。唐は、武芸を冊立し、その子の都利行も桂婁郡王とした。

　武芸もひきつづき周囲の靺鞨諸族を勢力内におさめて、領土の拡大をめざ

渤海王系図

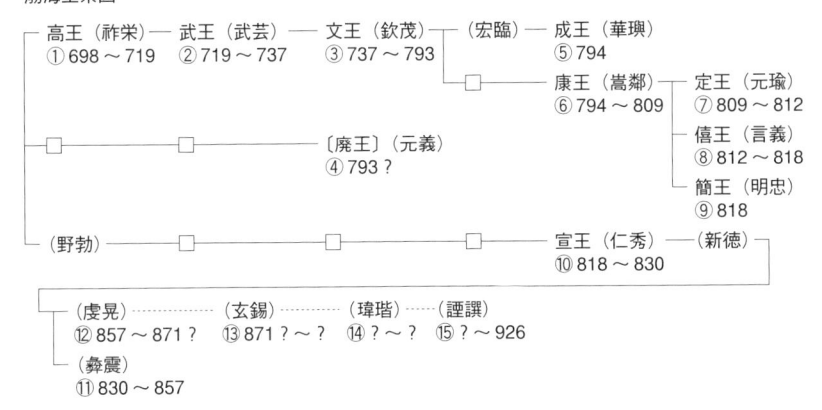

```
┌ 高王（祚栄）── 武王（武芸）── 文王（欽茂）──┬（宏臨）── 成王（華璵）
│ ①698〜719      ②719〜737      ③737〜793    │           ⑤794
│                                              │
│                                              ├ 康王（嵩鄰）──┬ 定王（元瑜）
│                                              │ ⑥794〜809    │ ⑦809〜812
│                                              │              │
├─□──────□──────〔廃王〕（元義）              │              ├ 僖王（言義）
│                  ④793？                     │              │ ⑧812〜818
│                                              │              │
│                                              │              └ 簡王（明忠）
│                                              │                ⑨818
│                                              │
├（野勃）──□──────□──────□──────宣王（仁秀）── （新徳）
│                                              ⑩818〜830
│
├（虔晃）……（玄錫）……（瑋瑎）……（諲譔）
│ ⑫857〜871？ ⑬871？〜？ ⑭？〜？ ⑮？〜926
└（彝震）
  ⑪830〜857
```

したが、諸族のなかでは特に北の黒水靺鞨が強大であり、それとの対立を生むことになった。722年に黒水靺鞨の首長倪属利稽が唐に入朝した。唐は、黒水靺鞨の地を勃利州とし、その首長を刺史として統治させた。そのため周囲の越喜靺鞨・鉄利靺鞨・払涅靺鞨などが唐に入朝するようになった。726年には、黒水靺鞨を黒水州として、そこに長史を派遣して羈縻支配を強めた。黒水靺鞨の使者が入唐するときは渤海領内を通ることになるが、その許可を求めることもなく、頭越しに唐と黒水靺鞨が通じていることを不安に思った武芸は、弟の門芸に黒水靺鞨を攻撃するように命じた。唐に滞在していたこともある門芸は、唐と敵対することになると反対したが、武芸はきかず、逆に門芸を殺そうとした。門芸はそのために唐に亡命し、唐は門芸を優遇した。武芸は、使者を送って殺害を要請したが、唐は門芸を逃がして、いつわりの連絡をした。その情報が漏れて、武芸は態度を硬化させ、唐の対応を非難してさらに殺害を求めた。しかしその返事がないまま、武芸は、山東半島の登州に襲撃させ、刺史を殺した（732年）。また契丹と連係して、馬都山（河北省）を攻撃した。唐は、新羅にも兵を出すように要請し、門芸に命じて出撃させた。

そのあと撤退した武芸は、735年に弟を唐に派遣し、関係修復をめざし、捕

虜も送還し、和解が成立した。

このような国際的緊張のなかで、孤立することを避けたい渤海は727年に日本に使者を送っている。北回りのルートをとり、蝦夷地で大使らが殺されたあと、出羽に到着し、平城京まで武芸の啓書をもたらした。その後、30回以上におよぶ渤海使の最初であった。

2）大欽茂の時代

737年に武芸が死ぬと、都利行はすでに死んでいたため、その弟の欽茂(フンム/きんも)が即位した。父には武王の諡を贈った。その在位は58年におよび、国家体制を整備し、国の基盤を造った。738年には、唐から、開元礼などを書写して帰り、唐にならった体制をめざした。

中央官制として、政堂省・宣詔省・中台省の3省を中心として、政堂省の下に忠・仁・義・智・礼・信の6部12司を配し、ほかに7寺・1院・1局・10衛を置いた。それは特に武則天時代の制度にならったものであった。

この王代に、三度の遷都がなされている。まず天宝年間（742～756）に、中京顕徳府（吉林省和龍県にある西古城に比定されている）へ移り、755年頃、上京龍泉府（黒龍江省寧安市にある東京城に比定されている）へ移り、さらに785年頃、東京龍原府（吉林省琿春(フンチョン)市にある八連城に比定されている）へ移った。ただしそこは10年ほどの都であり、欽茂の孫である華璵(ファヨ)の時代に上京に移り、滅亡まで移ることはなかった。

中京への遷都は、建国の地（「旧国」

上京の寺に残る石塔（黒龍江省寧安）

と呼ばれる）が狭くて防御に適していないことによる。上京に移ったあと、一時、東京へ移ったのは、日本との通交を盛んにし、また東北方面への領土拡大を視野にいれてのことと考えられる。上京に戻ってからも、それらは5京のひとつとして拠点でありつづけた。

上京龍泉府宮殿址

　最も長く王都でありつづけた上京は、内城と外城とに区分され、城内中央北部の内城に宮殿・禁苑がある。外城は、東西4.6km、南北3.4kmで、坊里に区画され、寺院も9カ所ほど確認されている。唐の長安にならったもので、現在も内外の城壁がよく残り、宮殿遺構も発掘されて様相が明らかになっている。

　地方制度は、5京15府62州からなる、府州制であった。5京は上記の3王京以外に、西京鴨緑府（吉林省白山市臨江(リンジャン)に比定される）・南京南海府（北朝鮮咸鏡南道北青(ブクチョン)市にある青海土城に比定されている）を指し、これらは5府を兼ねていた。それら地方支配の拠点は駅路で結ばれていたものと思われる。特に、上京から西京鴨緑府を経て鴨緑江をくだるのが朝貢道、東京龍原府に至るルートは日本道、さらに南京南海府を越えて行くのが新羅道とよばれ、主要な幹線となっていた。ほかに陸路で唐へ向かう営州道、契丹へ向かう契丹道もあった。

　欽茂は、長い治世において、唐へ多いときには年に5回、合わせて40回を越える遣使をしており、また日本へも11回使者を送っている。790年には、新羅の使者も迎えている。いっぽう靺鞨諸部に対しては、鉄利・払涅を領有化している。

　唐からは、762年に、渤海国王の称号をうけた。その冊封使として派遣されたのは、韓朝彩(かんちょうさい)である。その際に、日本の入唐学問僧の戒融(かいゆう)を伴った。戒

新羅の三国統一と渤海　115

融は、渤海使を送って渤海に到着していた日本船に乗って、無事帰国することができた。韓朝彩は、その到着の情報を求めて、渤海から陸路をとって、新羅の王都にまで向かった。新羅が日本に使者を派遣し、無事帰国したとの知らせをうけたのである。この韓朝彩の旅行は、唐と渤海・新羅を結ぶルートの情報を残すことになった。

　欽茂は793年に死に、文王と諡された。その在世中に嫡子の宏臨と、第2女貞恵公主、第4女貞孝公主らも死んでいる。渤海には、渤海人の残した記録は皆無であるが、この2人の公主にはほぼ同文の、漢文で記された墓誌が残されており、貴重である。

　あとをついだのは「族弟」とされる元義(ウォンウィ)であった。系譜的には、大祚栄の弟の子孫ということになるが、欽茂との関係は稀薄である。しかし猜虐であるとして一年で「国人」に殺され、宏臨の子の華璵が即位した(成王)。年号「中興」としたのは、まさにその意志を反映したものといえる。すぐに上京に遷都したが、在位一年もせずに死に、弟とみられる崇璘(スンリン)が即位した(康王)。

　崇璘は、唐に対しては欽茂の子と称し、冊封号の継続を求めたが、渤海国王は認められなかった。しかし王位継承の混乱もあって、そこに権威のよりどころを求めた崇璘は、再度、唐に要請し、認められた。その後も頻繁に遣唐使を送り、地位の向上をはかった。いっぽう日本へも頻繁に遣使し、交易を求めた。日本は、798年にいったん六年に一度という規制を設けることになるが、渤海からの要請により、実施はされなかった。

3)「盛国」から衰亡へ

　崇璘のあと、嫡子で副王となっていた元瑜があとをつぎ(定王)、在位4年で死んだあと、弟の言義(僖王)・明忠(簡王)がついだが、いずれも短い治世で終わり、そのあとに即位したのが仁秀であった(宣王)。仁秀(インス)は、大祚栄の弟野勃の4世の孫であり、祚栄の直系から、野勃の系統に変わったことを意味する。

仁秀は、北には靺鞨諸部を、南には新羅を圧迫した。靺鞨に対しては、黒水・越喜に征討軍を派遣し、服属させている。そのころ唐では各地で藩鎮の反乱が起こっており、周囲の問題に関わる余裕がなかった。仁秀は、越喜の旧地には懐遠府を設置したが、黒水は間接的な支配にとどめた。新羅は浿江に長城を築くなど、防御を強化した。日本へは在位13年にもかかわらず、5回も遣使している。そのため824年に「一紀一貢」つまり12年に1度に制限されるようになった。

霊光塔（吉林省長白県）

それでもすぐに派遣したため、負担増の日本としては「商旅」であるから受け入れる必要がないという議論もあらわれた。現実にも、使節団一行に交易商人が含まれ、交易が盛んに行われた。渤海商人も、新羅商人に劣らず、アジア海域における仲介貿易で活躍するのである。渤海の特産品としては、貂・虎・熊・あざらしの毛皮や人参・蜜などがあった。
　仁秀の死後、孫の彝震（イジン）がついだ。そのあとをついだ、弟の虔晃との二代は、律令制国家としての体制を整えて「海東の盛国」と称されるようになった時代である。彝震は唐に盛んに遣使し、多くの留学生を送っている。それは、唐をモデルとした官制の整備を意図したものであろう。官品制や服色制も導入し、先にあげた地方統治の府州制も、このころに完成したものとみられる。
　しかしそのころから、唐も黄巣の乱が起こって弱体化し、唐への通交も絶たざるを得なくなった。乱が平定されたあと、第14代の瑋瑎（イカイ）は897年に遣使を再開したが、唐廷において、新羅使の席次よりも上位につけるように要請した。国際的地位を高めようとの外交努力であったが、唐はそれを認めなかった。それからまもなく、907年に唐が滅んだが、渤海では、最後の王となる諲譔（インソン）が

即位している。

　916年に建国された契丹族の遼は、奚族を併合するなど領土拡大をめざした。渤海は918年に使者を送り和議を求めているが、遼の支配領域はじょじょに渤海に迫った。渤海は後唐へたびたび使者を送り連係を求めたが、後唐にはそれほどの力はなかった。

　このころ新羅に救援を求めたという記録もあるが、確かなことではない。いっぽう、成立してまもない高麗に多くの王族・貴族が亡命している。あるいは支配者層には、新羅と高麗にどちらに救援を求めるかで対立があったのかも知れない。

　924年に渤海は、遼の遼州を攻撃し、刺史を殺したが、遼の耶律阿保機はその報復と、後唐の幽州を攻撃する上で後顧の憂いを絶つために、渤海に侵攻した。925年末に扶余城を攻撃し、翌年正月それを落としたあと、上京に進んでそれを包囲し、諲譔は300余人の僚属とともに降伏した。

◎参考文献───

　木村誠『古代朝鮮の国家と社会』吉川弘文館、2004年
　鈴木靖民『古代対外関係史の研究』吉川弘文館、1985年
　李成市『東アジアの王権と交易』青木書店、1997年
　濱田耕策『新羅国史の研究』吉川弘文館、2002年
　石井正敏『日本渤海関係史の研究』吉川弘文館、2001年
　酒寄雅志『渤海と古代の日本』校倉書房、2001年
　上田雄『渤海使の研究』明石書店、2002年

高麗

森平雅彦

高麗

概　観

　高麗は、918年から1392年まで、あしかけ475年の長きにわたって存続した王朝である。分裂状態にあった旧新羅領の再統合を当面の課題として出発した高麗は、一方では、みずからが国号を継承した古代の高句麗の旧領にむかって拓境をすすめ、現在の咸鏡道地域をのぞく、朝鮮半島の大半を手中におさめた。そして、高麗の建国といれかわりに渤海が滅亡し、その故地が女真人の活動舞台となった結果、以後、朝鮮史上の国家領域は、朝鮮半島という地理的空間にかぎられることとなり、朝鮮時代の咸鏡道拓境をへて、かかる形勢が現在までつづいているのである。

　発足当初の高麗は、各地を自律的に支配する豪族たちを基盤として、そのうえになりたつ政権であったが、10世紀後半より徐々に王権強化をすすめ、集権的な官僚制国家として成長していった。契丹の侵攻という試練をのりこえ、11世紀後半までに完成されたその政治体制は、中国唐宋の制度を参酌しながら、官制の細部内容や運用方法、また地方統治や王権儀礼など、多くの点で独自性をおびていた。こうしたなかで、貴族的な門閥官僚を中心として文治主義がさかえ、仏教や高麗青磁に代表される文化がはなひらいたのである。また、宋・契丹・女真・西夏・日本など諸民族・諸国家が肩をならべる多極化した東アジア情勢のなかで、周辺国と現実路線の通交関係をむすびながら、一方では、みずからの君主を天子・皇帝になぞらえた格式をもちいるなど、独特な地歩を占めたことも注目にあたいする。

　このような歴史的前提のもと、12世紀後半には、朝鮮史上ほかに類をみない武臣執権期がはじまった。それは、伝統的な秩序への挑戦という新たな可能性をはらんだ社会変動であったが、13世紀前半に開始されたモンゴル帝国の侵略という外圧によって、軌道変更をよぎなくされる。復活をとげた王権は、王朝の存続をモンゴルとの緊密な関係構築に賭けた。それは一面で、国際色ゆたかな大陸の文化が朝鮮半島社会に新たな息吹をふきこむきっかけとなったが、一方では、高麗国内における王権の求心力低下をまねく諸刃の剣ともなった。

　14世紀後半にいたってモンゴルの傘の下からぬけだした高麗の前には、国家秩序の再定立という課題がよこたわっていたが、倭寇の侵奪、元明交替の動乱という流動化した国際情勢への対応におわれるなかで、そこから浮上してきた李成桂とその支持者たちによって、命脈をたたれたのである。

年表

900	甄萱、後百済を建国する
901	弓裔、王を称す。904年に摩震、911年に泰封と国号をさだめる（後三国時代）
918	王建（太祖）、弓裔を追放して高麗を建国。翌年、開京に定都する
933	太祖、後唐の冊封をうける（以後、歴代中国王朝と冊封関係をむすぶ）
935	新羅が高麗に帰服し、翌年、後百済が滅亡する（後三国の統一）
945	王規の謀反事件がおこる
958	光宗、雙冀の提案により科挙を導入する
960	百官の公服をさだめる
982	成宗、官制の改定に着手する
993	契丹軍が侵攻し、996年、成宗は契丹の冊封をうける
1010	契丹の大規模な侵攻が開始される（〜1019年）
1018	地方行政単位の編成が一段落する
1076	文宗、田柴科・禄俸の制度を改定、またこのころ官制がかたまる
1087	このころ初雕『高麗大蔵経』が完成する
1106	睿宗、流民防止のためにはじめて監務を派遣する
1107	女真との間に尹瓘九城の役がおこる（〜1109年）
1126	仁宗、金に対して朝貢を開始する。李資謙の乱がおこる
1135	妙清の乱がおこる（〜1036年）
1145	金富軾らが『三国史記』を撰進する
1170	李義方・鄭仲夫ら武臣による庚寅の乱が勃発、武臣執権期がはじまる
1176	鳴鶴所の亡伊・亡所伊が反乱をおこす。このころより民衆反乱が激化する
1196	崔忠献、政権を掌握する。崔氏武臣政権の誕生（〜1258年）
1218	高麗、モンゴル軍と共同して、侵入した契丹集団を攻略する
1231	モンゴル軍の本格的な侵攻が開始される（〜1259年）
1260	高麗、クビライ政権（元）と修交し、その藩属国となる
1270	武臣政権が崩壊し、三別抄が蜂起する（〜1273年）
1274	第一次日本侵攻（日本史上の文永の役）。元帝室との通婚がはじまる
1281	第二次日本侵攻（日本史上の弘安の役）。「駙馬高麗国王」号が成立する
1287	高麗に元の征東行省が常設化され、高麗王が丞相（長官）を兼任する
1350	この年より倭寇の侵奪活動が活発化する
1356	恭愍王、元からの離脱政策を推進する
1359	紅巾軍が高麗に侵入する（〜1362年）
1365	恭愍王、辛旽を抜擢し、改革政治にのりだす（〜1371年）
1369	明が建国を通告。恭愍王は明への朝貢を決定する
1374	禑王が即位し、元（北元）との交通を再開する
1388	李成桂、明の遼陽攻撃を命じられるも回軍し、禑王を追放する
1391	李成桂一派、科田法を制定、また三軍都総制府を設立して兵権を掌握する
1392	李成桂が即位し、高麗が滅亡する

高麗

1…高麗王朝の成立と発展

1）高麗の建国

　9世紀末になると、新羅政府はその統治能力を大きく減退させ、地方では収税拒否や反乱といった自立的なうごきがおこってきた。こうした動向を主導して各地に割拠した地方有力者たちのことを、史書では「将軍」「城主」「帥」などと書きしるす場合があるが、現在、学界では一般に豪族とよびならわしている。豪族の出自には、村主層や富裕農民、地方に土着化した新羅王京人やその子孫、軍鎮関係者、海上交易に関わる勢力など、さまざまなケースがかんがえられている。

　そのなかでも、農民階層の出身で軍人あがりの甄萱(キョノン)(？〜936年)は、しだいに頭角をあらわして朝鮮半島西南部の旧百済地域に勢力をひろげ、900年には完山(ワンサン)(現全羅北道全州)を都として後百済を建国した。また新羅王族の血をひくと伝えられる僧侶出身の弓裔(クンイェ)(？〜918年)は、半島中部地域において軍事活動を展開して、901年に王と称し(後高句麗)、その後、904年に摩震(マジン)、911年には泰封(テボン)と国号をさだめ、鉄円(チョルウォン)(現江原道鉄原)を都として独自の年号や官制を形成した。新羅はいまや一地方政権に転落し、朝鮮半島の地にはふたたび三国鼎立の形勢が出現した。いわゆる後三国時代の幕あけである。

　こうした状況のもと、松嶽(ソンアク)(松岳)地方(現開城(ケソン))の豪族である王建(ワンゴン)(877〜943年)は、弓裔麾下の武将となり、各地を転戦して功績をあげ、衆望をあつめていた。弓裔が弥勒仏と自称して神権的な専制政治をおこない、やがて人心をうしなうようになると、918年、諸将の推戴をうけ、弓裔を追放して即位し、国号を高麗(コリョ)とさだめた。すなわち高麗初代の太祖(テジョ)(在位918〜43年)である。太祖は年号を天授とさだめ、919年にはみずからの根拠地である松嶽に都をうつした(開京(ケギョン))。

　建国後、太祖はただちに一族の王式廉(ワンシンニョム)(？〜949年)を平壌につかわし、北

方経営の中核拠点として西
京を造営し、官衙を整備す
るとともに、民を移住させ
て人口を充実させるなどの措
置をとった。当時、朝鮮半
島北部の旧高句麗地域は女真
人の住地となっていたのだ
が、高麗は各地に城を築く
などして、支配領域を拡大

松嶽山と高麗王宮址（『北韓文化財図録』より）

していった。一方、南方に関しては、太祖は各地の豪族を糾合しつつ、新羅に対しては融和的姿勢でのぞみ、935年、これを帰服にみちびくことに成功した。また、はげしく軍事衝突をくりかえした後百済に対しては、王室の内紛によって甄萱が追放された機会をとらえ、936年の一利川の戦いで決定的な勝利をおさめて、これを制圧した。

かくして後三国は高麗のもとに統合されたのである。

2）初期の政治動向と国際情勢

しかし建国当初の高麗政府では、太祖の創業をたすけた有力官人が大きな存在感をしめす一方、王権はかならずしも安定していなかった。第2代恵宗（在位943〜45年）、第3代定宗（在位945〜49年）が、それぞれ朴述熙（?〜945年）、王式廉といった有力者の支援を背景に即位したことや、945年におきた太祖・恵宗の外戚である王規（?〜945年）の謀反事件などは、このことを象徴するものである。地方統治についても、中央権力はいまだ浸透せず、各地を実質的に支配する豪族に多くをゆだねざるをえない状況であった。

しかし高麗は、後三国を統合する過程以来、こうした豪族たちを積極的にみずからの政治秩序のもとにとりこんでいった。かれらに対する大匡・佐丞・元甫・元尹といった官階の授与は、その代表的な手段のひとつである。官階は泰封の制度を発展させた高麗独特な政治的身分標識であり、非豪族系の官

Column

開京のすがた

　松嶽山の南麓にひろがる開京の都市構造については、いまだ考古学的なデータが十分ではなく、おおよその輪郭がつかめているにすぎない。図Aでしめしたように、中国や古代日本にみられる東西南北に格子状に道路がはしる方形プランの都城とはかけはなれたすがたをしている。城壁は尾根筋など自然地形にしたがって不定形なラインを形成する。中核部である皇城や宮城は、松嶽山をせおうよう

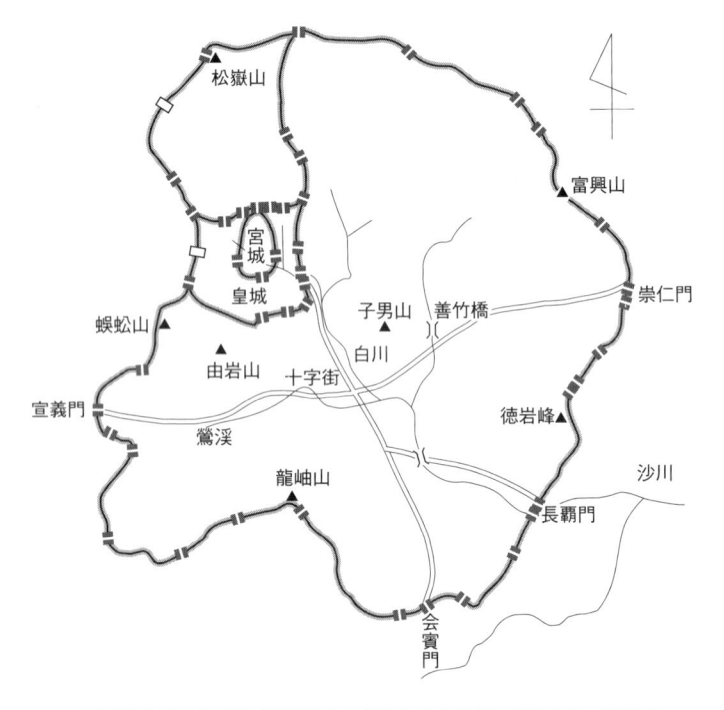

A　都城概念図（金昌賢『高麗開京の構造とその理念』所載図を一部改変）

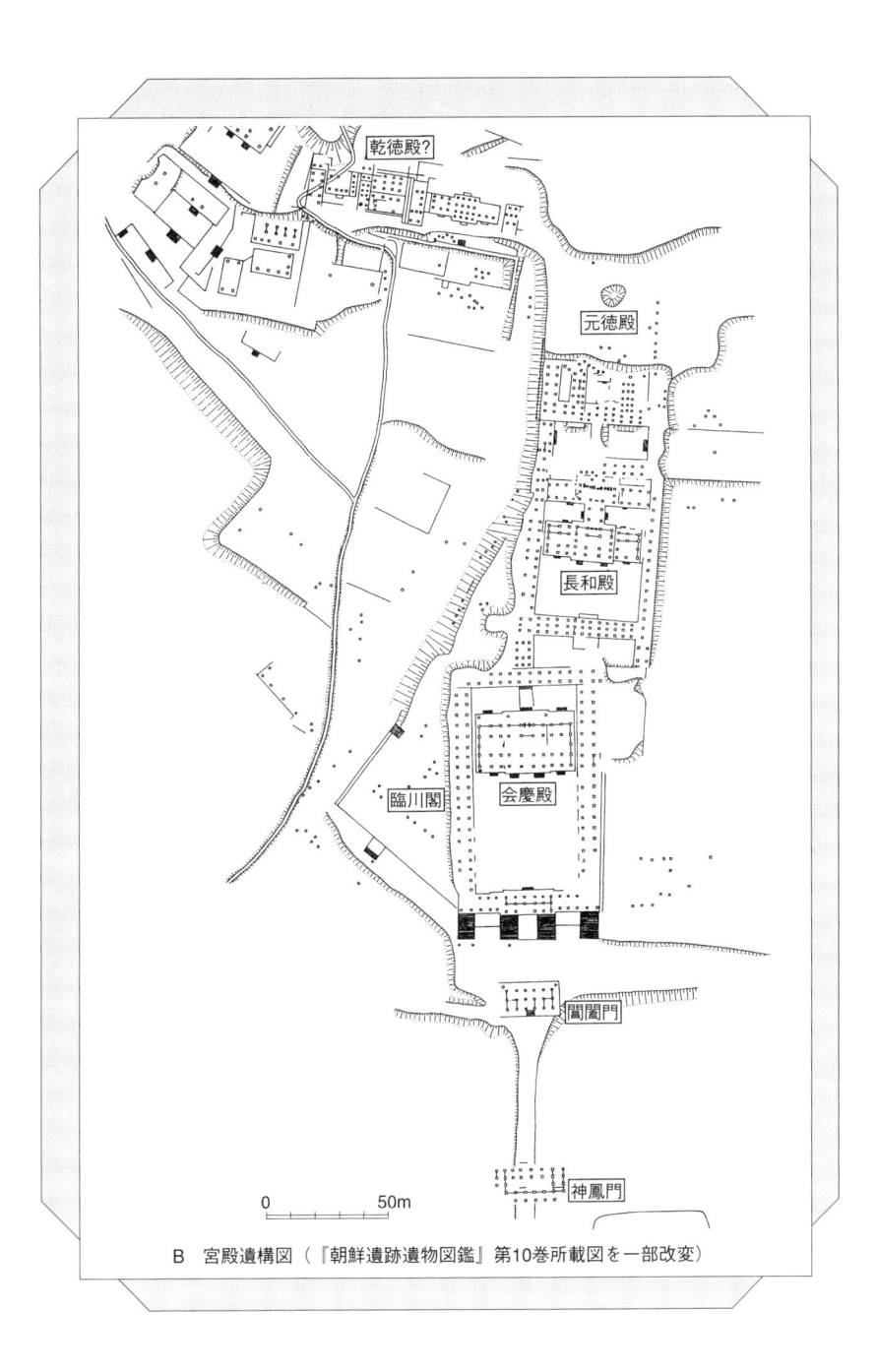

B 宮殿遺構図（『朝鮮遺跡遺物図鑑』第10巻所載図を一部改変）

に西北にかたよった位置にある。また主要な道路としては、西の宣義門から東の崇仁門へとぬける道路と、南の長覇門・会賓門からのびて合流し、皇城に北上する道路があり、それらが中央で十字に交差するが、かならずしも直線的な道路ではない。このような不定形・非直線的な都城プランは、朝鮮時代の王都漢城（現ソウル）とも相通じる部分である。

　つぎに宮城内の宮殿をみてみよう。朝鮮前期の正宮である景福宮の場合、中心軸にそって南から北へ、重要儀礼の場である勤政殿、日常の政務をおこなう思政殿、王のプライベート空間である康寧殿が段階的に配置された中国式のプランになっている。開京の宮城についても、いちおう図Bのごとき会慶殿とその背後の宮殿がそのようなプランにもとづく中心建築群であるかにみえ、確かに会慶殿を王宮の正殿とのべる史料もある。しかし一方では、その西方にあった乾徳殿、重光殿、宣政殿などでも、王の即位儀礼や、大陸王朝からの使者を迎える儀礼など、中国・朝鮮王朝式に発想すればいかにも会慶殿で挙行されそうな重要行事がおこなわれており、開京の宮殿機能は複線的ないし多元的にもみえる。そこには高麗独自の宮殿の理念や運用法がはたらいていたのであろう。

人や女真人などにもあたえられたが、これによって豪族たちは高麗国家の公的序列のなかに位置づけられたのである。そして豪族のあるものは中央官界に進出していったとみられるが、このように、かれらをふくめて官人社会のすそ野が大きくひろげられた点に、骨品貴族を中心として閉鎖的な支配者集団が形成されていた新羅時代からの脱却をみてとることができよう。

　やがて第4代光宗〔クァンジョン〕（在位949～75年）の世になると、王権の強化と、これをささえる官僚集団の新たな整備がめざされるようになる。勲旧〔くんきゅう〕勢力をおさえこもうとする王の強権的な政治運営によって、深刻な社会不安が醸成されたとも伝えられるが、そのなかで光宗は、州県の歳貢〔さいこう〕をさだめ、農地の把握

高麗王朝系図

- ①太祖（建） 918-43
  - ②恵宗（武） 943-45
  - ③定宗（尭） 945-49
  - ④光宗（昭） 949-75
    - ⑤景宗（伷） 975-81
      - ⑦穆宗（誦） 997-1009
    - ⑥成宗（治） 981-97
    - ⑧顕宗（詢） 1009-31
      - ⑨徳宗（欽） 1031-34
      - ⑩靖宗（亨） 1034-36
      - ⑪文宗（緒→徽） 1046-83
        - ⑫順宗（勲） 1083
        - ⑬宣宗（蒸・祁→運） 1083-94
          - ⑭献宗（昱） 1094-95
        - ⑮粛宗（熙→顒） 1095-1105
          - ⑯睿宗（俁） 1105-22
            - ⑰仁宗（構→楷） 1122-46
              - ⑱毅宗（徹→晛） 1146-70
              - ⑲明宗（昕→晧） 1170-97
                - ㉒康宗（祦） 1211-13
                  - ㉓高宗（瞋→晊→瞰） 1213-59
                    - ㉔元宗（倎→禃） 1260-74
                      - ㉕忠烈王（諶→賰→昛） 1274-98/1298-1308
                        - ㉖忠宣王（謜→璋） 1298/1308-13
                          - ㉗忠粛王（燾） 1313-30/1332-39
                            - ㉘忠恵王（禎） 1330-32/1339-44
                              - ㉙忠穆王（昕） 1344-48
                              - ㉚忠定王（胝） 1349-51
                            - ㉛恭愍王（祺→顓） 1351-74
                              - ⋮?
                              - ㉜禑王（禑） 1374-88
                                - ㉝昌王（昌） 1388-89
              - ⑳神宗（晫→晫） 1197-1204
                - ㉑熙宗（悳→韺） 1204-11
  - ㉞恭譲王（瑤） 1389-92

高麗 127

をすすめて墾耕を奨励し、また奴婢を点検するなど、国家の社会経済基盤の充実をはかった。そして後周からやってきた雙冀を抜擢し、その提案にもとづいて、958年、試験による官僚登用法として中国式の科挙を導入した。また960年には百官の公服をさだめて、中央官人の身分と序列の明確化をはかったが、このころ、その位階として中国式の文散階が導入され、従来の官階と併用されるようになっている。さらに光宗は、一時的ながら独自の年号をさだめたほか、都を皇都と改称し、同時代の金石文のなかで「皇帝」とも称されるなど、中国皇帝を頂点とする政治秩序に対して独自の姿勢をしめした点でも注目される。

　高麗は太祖以来、活発な外交活動を展開していた。中国では907年に唐がほろんで五代十国の分裂期にはいり、やがて北宋（960～1127年）によって収拾されるが、太祖はまず後梁（907～23年）と通交し、933年には後唐（923～36年）から冊封をうけ、独自の年号を放棄して、中国を中心とする国際秩序に参入した。その後も、太祖と恵宗は後晋（936～46年）の冊封をうけ、定宗のときには後漢（947～50年）の年号をもちいた。つづく光宗は、まず後周（951～60年）から冊封をうけ、北宋が建国されるとさっそく遣使して、963年にその冊封をうけた。

　この冊封関係は、高麗の君主が中国皇帝に対して臣と称して朝貢し、"王"としての地位を承認されるという、地位の上下をともなった外交関係であり、その後も中国を支配する歴代王朝との間でむすばれた。もっともこれは、儀礼的・形式的なレベルにとどまるのがふつうで、13～14世紀における元との関係をのぞけば、冊封宗主国が高麗国内の統治にまで直接介入してくることは、基本的になかった。ただ独自年号の使用問題にもみられるように、高麗がみずからの制度形式を選択するうえでは、一定の制約ともなった。しかし中国との上下関係を国内的にもより厳格に遵守した朝鮮時代にくらべると、高麗前期の国制には、君主を中国と同様な天子・皇帝に比擬する内容が多く、光宗代のようにそれが顕示されることもあった。このことは高麗の国家姿勢の特色として注目される。

また太祖は日本に対しても遣使したが、平安京の貴族たちは通交に応じなかった。以後、日本との関係においては、対馬・大宰府など主に北部九州地域との間で交渉がみられたものの、中央政府レベルで正式な国交がむすばれることはなかった。

　一方、高麗が建国された当時、中国北方の草原地帯では、遼河上流域に展開する遊牧民の契丹が、耶律阿保機（在位916～26年）のもとで統合されて、急速に国家成長をとげ（のちに遼という国号をたてる）、926年には渤海をほろぼすにいたった。その結果、高麗には世子大光顕をはじめとする渤海遺民が、集団をなして波状的に亡命・流入してくるようになる。契丹は922年に遣使してきて以来、高麗とも通交するようになっていたが、渤海滅亡後の942年、太祖は契丹との関係を拒絶し、その使者を島流しにするなど、敵愾心をしめすにいたった。

　その後しばらく、契丹の注意はもっぱら中国方面の経略や国内の政治混乱にむけられていた。しかし半世紀がすぎて、宋との対峙がふかまり、その一方で、遼東地方に対する経営がすすんでくると、993年、蕭恒徳（蕭遜寧）にひきいられたその軍勢が鴨緑江をこえて高麗側に侵入し、契丹への臣属と、宋との断交をもとめてきた。第6代成宗（在位981～97年）のもと、高麗は徐熙（942～98年）の交渉活動によって契丹軍を撤収させ、かえって、まだ経営がすすんでいなかった清川江以北、鴨緑江以南の朝鮮半島西北辺地域に進出することに成功した。しかしその代償として、契丹に朝貢し、996年よりその冊封をうけることになったのである。

　ところが、1009年に第8代顕宗（在位1009～31年）が即位すると、翌年、契丹の聖宗（在位982～1031年）は、その即位経緯に疑問があるという口実のもとに出兵し、一時は都開京をおとしいれるにいたった。その後も契丹の侵攻は4次にわたってくりかえされたが、高麗側もはげしく抵抗し、とりわけ1019年の亀州（現平安北道亀城）の戦いでは、姜邯賛（948～1031年）のひきいる高麗軍が大勝をおさめもした。しかし、やがて両国は講和修交の道をえらび、1022年より高麗はふたたび契丹の冊封をうけることになった。こ

高麗の君主は皇帝だった？

　ソウル東南郊の河南市に禅法寺という仏寺がある。境内の一隅に清水を湛えた泉があるが、その傍らの岩塊に、写真のような薬師如来の坐像がほられ、朝鮮語を漢字で表記した吏読による銘文が、「太平二年丁丑七月廿九日、古 石仏 在 如 賜 乙 重修為。今上皇帝 万歳 願」ときざまれている。「太平二年」は宋の太平興国2年（977）のことで、高麗の景宗2年にあたる。光宗の子である景宗もまた皇帝とよばれたわけだが、さらに後代でも、1044年に建立された普賢寺九層石塔の銘文に「皇帝陛下」とあることをはじめ類例がある。たしかに高麗前期は、中国様式の官制をととのえ、朕・陛下など各種の用語にも皇帝の格式をもちい、君主に対して「神聖帝王」といった称謂がおこなわれた。時期により温度差もあるが、高麗の君主がみずからを天子・皇帝に比擬したことは大筋でまちがいない。「海東天子」ともいうように、中国とは別個の地域限定の天子として君臨

禅法寺薬師如来摩崖坐像

> したとかんがえられる。
>   しかしこれをもって、高麗は純然たる"帝国"であったとわりきることはできない。一方では、祭天儀礼や年号使用など、皇帝に関わる核心的な制度において、皇帝より格下の一諸侯としての規制がはたらいていたのである。同時代史料をみても、君主の称号は一般的に"王"である。対外的に配慮するケースは当然として、多くの場合、国内的な面でも、名実ともに正面きって"皇帝"となることはさけているのである。高麗の歴史において、自尊意識の発露とその抑制という2つの指向性は、時期ごとに複雑にからみあいながら展開する。それこそが、きびしい国際環境のなかで独自の体制を堅持してきた高麗国家の知恵だったともいえるだろう。

れ以降、両国の関係はひとまず安定し、高麗の北方辺境地帯における権益をめぐって対立の火種をのこしつつも、おおむね平和裡に推移していくことになる。

　紀元1000年前後の緊迫した国際情勢は、高麗にとって大きな試練であり、災厄であった。しかし高麗の集権的な国家体制は、かかる危機的状況のなかで、かえって一段と強化され、確立していくのである。

3）支配体制の確立

　高麗最初期の官僚制度は、泰封の制度をひきつぎ、広評省、内議省、内奉省、徇軍部など、独特な名称をもつ体系であったが、光宗が先鞭をつけた中国の制度の導入による国家体制の整備は、10世紀末、成宗のときに大幅な進展をみせ、11世紀後半、第11代文宗(ムンジョン)（在位1046～83年）のときまでに基本的な完成をみた。

　高麗盛時の官僚制度は、中国唐宋の制度をモデルとして、これに独自性をまじえて編成、運用された。まず中央政府の中核機構として、宰相府である

中書門下（当初は内史門下）と、機密顧問と王命の出納にあたる枢密院（当初は中枢院）がある。これらは両府と総称され、その高官（宰臣と枢密＝宰枢）が最高会議を構成した。軍事関係の要務を処理して広範な権限を有した都兵馬使も、かれらを中心に構成されたが、高麗後期には、これが宰枢会議と一体化して、最高合議機関としての都評議使司に改編されてゆく。行政執行の統括機関としては尚書都省があり、そのしたに吏・戸・礼・兵・刑・工の尚書六部がおかれて、各分野の職務を分掌した。財務をつかさどる三司、政治の論評と監察をおこなう御史台なども重要な機関である。とくに後者は、郎舎と総称される中書省・門下省系列の中級官僚たちとあわせて台諫とよばれ、官僚の叙任やその他の政策案に対する承認権をもつなど（署経）、君主権力に対するチェック機能を発揮したという。

　官僚は文班（文臣・東班）と武班（武臣・西班）に大別された。その序列

高麗の文散階・武散階・郷職

文散階（文宗改定）	対応品階	武散階（成宗所定）	郷職
開府儀同三司	従一品	驃騎大将軍	三重大匡
特進	正二品	輔国大将軍	重大匡
金紫光禄大夫	従二品	鎮国大将軍	大匡
銀青光禄大夫	正三品	冠軍大将軍	正匡
光禄大夫	従三品	雲麾大将軍	大丞
正議大夫／通議大夫	正四品上／下	中武将軍／将武将軍	佐丞
大中大夫／中大夫	従四品上／下	宣威将軍／明威将軍	大相
中散大夫／朝議大夫	正五品上／下	定遠将軍／寧遠将軍	元甫
朝請大夫／朝散大夫	従五品上／下	遊騎将軍／遊撃将軍	正甫
朝議郎／承議郎	正六品上／下	耀武校尉／耀武副尉	元尹
奉議郎／通直郎	従六品上／下	振威校尉／振威副尉	佐尹
朝請郎／宣徳郎	正七品上／下	致果校尉／致果副尉	正朝
宣議郎／朝散郎	従七品上／下	翊威校尉／翊威副尉	正位
給事郎／徴事郎	正八品上／下	宣折校尉／宣折副尉	甫尹
承奉郎／承務郎	従八品上／下	禦侮校尉／禦侮副尉	軍尹
儒林郎／登仕郎	正九品上／下	仁勇校尉／仁勇副尉	中尹
文林郎／将仕郎	従九品上／下	陪戎校尉／陪戎副尉	

を標示する位階として、前述のごとく光宗代には、従来の官階と中国式の文散階が併用されたが、成宗代になると、これが九品からなる文散階に一本化される。また同じころ、中国式の武散階も導入されたが、文散階が文武のちがいを問わず官人のみに適用される位階であるのに対し、武散階は非官人に授与される位階として運用された点に、高麗の独自性があらわれている。一方、従来の官階は、女真人をふくむ官人・非官人のはばひろい階層に授与されて、郷職(きょうしょく)とよばれるようになり、中国由来の制度とは異なる、高麗固有の色彩をうちだした第三の位階として存続していった。

文班と武班は両班と総称されたが、政治の主役は、二品以上の最要職を独占する文班官僚であり、文治主義のもとで、科挙及第者がエリートとしておもんじられた。これに対して武班は、最高位でも三品にとどまるなど、一段ひくい地位にとどまった。中央軍としては、鷹揚軍・龍虎軍の二軍と、左右衛・興威衛・千牛衛・神虎衛・金吾衛・監門衛の六衛が組織された。また上将軍・大将軍などの高級武官による会議として重房(じゅうぼう)がもうけられていたが、戦時編制の大部隊の司令官には文官が任命されるなど、高度な軍事指揮権は文班官僚によってにぎられていた。なお五品以上の官僚については、一定範囲の子・孫等に官吏の資格をあたえる蔭叙(いんじょ)の制度があり、上級官僚層の貴族的な体質をしめすものとして理解されている。官僚となるには、文班の場合、科挙や蔭叙のほかにも、官僚のしたで行政の末端業務を担当する胥吏職(しょりしょく)から昇任する方法があった。一方、武班の場合は、もっぱら軍人からの昇任か、蔭叙によった。

官僚・胥吏・軍人などの公権力担当者には、国家による経済的給付がおこなわれた。そのひとつに土地支給がある。もともと太祖代にはじまった役分田(やくぶんでん)には、人の「性行の善悪」と「功労の大小」にもとづいて支給するという属人主義的な性格がみられた。しかしこれをひきつぎ、976年にはじめて登場した田柴科(でんさいか)は、数次の改定をへてかかる要素を払拭し、職位によって客観的に給付額が規定される制度となり、1076年に完成をみた。田柴科は、その名がしめすように、田地（耕作地）と柴地（燃料採取地）を支給する制度で

ある。さらに官僚には、官職に応じて穀物を支給する禄俸(ろくほう)の制度もあった。

高麗は後三国を統合したのち、各地の行政単位(邑(ゆう))に州・府・郡・県などの名号を設定した。前述のごとく、当初その統治は実質的に各邑の豪族にゆだねられていたが、成宗代になると、中国式の官僚制度の整備と並行して、983年には全国12ヶ所に牧をおき、ここにはじめて守令(しゅれい)(常設の地方行政官)を派遣した。また同時に、豪族のもとで形成されていた在地の支配機構を、全国一律的な邑吏(ゆうり)(長吏(ちょうり)・郷吏(きょうり))の組織(邑司(ゆうし))に改編して、豪族層を国家権力の末端担当者として、より強固にくみこんでいった。その後、高麗前期の地方編成は、顕宗代の1018年に修正がくわえられ、ひとまず完成をみる。このとき、全国の邑のうち、116ヶ所は守令が配置される邑(主邑(しゅゆう))となったが、なおも大半が守令をおかない邑(属邑(ぞくゆう))のままであり、これらは主邑の守令によってあわせて管轄された。また州・府・郡・県の下位には、これに附属する別個の行政単位として雑所(ざっしょ)が存在した。雑所には特定物品を生産・調達して貢納する所、水陸の交通・運輸の拠点である駅・津・館・江・倉、王室直属地である荘・処、その他に郷・部曲などの種別があった。国家や王室に対して特定の役務をうけおう雑所の住民は、科挙受験が制限されるなど、居住地と役務に緊縛された存在であり、一般の州・府・郡・県民よりも政治的・社会的に低劣な地位におかれていた。このような、主邑と属邑、および雑所からなる複雑かつ重層的な編成は、高麗地方制度の特色である。

そして、住民は、特定の邑やその内部区画である村(そん)、または雑所をその本貫(ほんがん)(本籍地)とさだめることで、把握された。また、これとあわせて、在地の上層部をおもな対象として、村落ごとに金・崔・朴といった中国風の姓氏(せいし)がさだめられた。このことは、のちに、全州李氏や安東権氏といった具合に、本貫と姓氏が一対にむすびついた血縁意識が形成される契機となる。

ところで、全国の主邑化がほぼ完了した朝鮮時代になると、邑吏は守令に対して隷属的な地位に転落し、官途につくことも厳しく制限されたばかりか、新勢力(士族)の登場によって在地有力者としての地位もうしなうことになる。これに対し、属邑が多かった高麗時代の邑吏層は、科挙などを通じて官

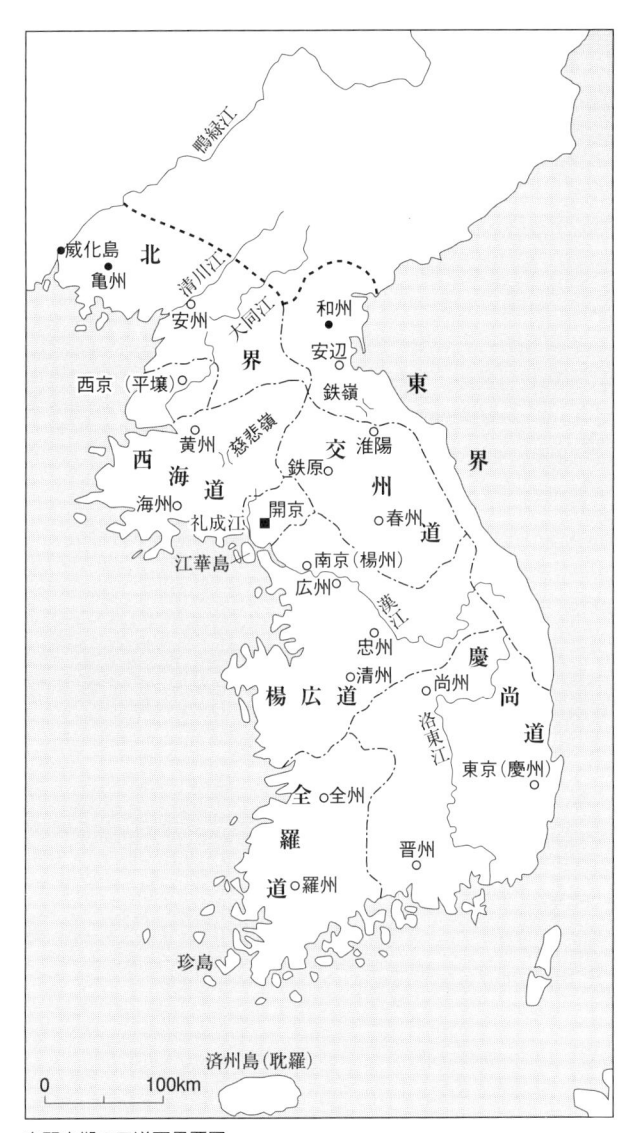

高麗末期の五道両界要図

Column

高麗の古文書

　高麗時代の古文書は朝鮮時代にくらべて伝存数がきわめてすくない。それでも、『高麗史』『高麗史節要』といった王朝正史ではうかがうことのできない制度の運用実態や、人々の生活相を知るうえで、今後さらなる研究の進展が期待される。

　一部写真を掲載している「浄兜寺五層石塔造成形止記」は、契丹の太平11年（1031／高麗顕宗22年）の紀年をもち、若木郡（現慶尚北道漆谷）において1019～31年に浄兜寺の五層石塔が建立された顛末を、吏読文によって詳細に記している。

　まず冒頭に「高麗国尚州界知京山府事任若木郡」とあって、当地方における行政体系がしめされている。すなわち若木郡は、京山府（現慶尚北道星州）の守令（知事）の管内（任）にある属邑であった。そして京山府の上位には、一帯の諸邑を代表する主邑（界首官）として尚州（現慶尚

浄兜寺五層石塔造成形止記（『朝鮮古蹟図譜』第6冊より）

> 北道尚州）が存在した。このとき若木郡では、国家の安泰と郡の繁栄をねがって石塔の建立が発議され、戸長の李元敏、副戸長の応律をはじめとする邑吏たちが合議して事業をすすめた。その過程では、邑吏の指揮下に1000余名の労働力を動員して石材をととのえ、邑司に保管されていた10世紀なかばの測地記録（導行）を参照して建立地をさだめ、風水僧の判定をうけて邑司より公文（牒）を発して完成にいたった。また圧巻はこの事業に参与した100名に達する施主者のリストであり、邑吏と寺院関係者を中心に、工匠、楽人、女性などもふくまれている。このように本文書からは、11世紀前半の一地方における邑司の職制と機能など、邑吏による在地支配の一端が具体的に知られるほか、住民の構成、在地社会における仏教のありかた、また本貫・姓氏制度の施行状況など、地方社会の様相について貴重なてがかりをえることができる。

僚を輩出する母体でもあり、在地を代表する有力者として威望もたかく、相当の自律性をもって地方行政の末端業務をとりしきっていた。しかし一方では、官僚が、本人や一定範囲の姻族の本貫邑の統治に関与する事審官（じしんかん）の制度があり、これが守令の欠をおぎなって邑吏を牽制する役割をはたしたとされる。

なお広域区画として、開京の周囲には京畿が設定された。また辺境防衛が課題となる北方地域は、北界（西北面）と東界（東北面）の両界に二分されて、それぞれ兵馬使が統轄した。そのもとでは、主として軍事的な州や鎮がおかれて、それぞれ防禦使や鎮使・鎮将の指揮下に駐屯軍が展開したほか、最北辺の境界地帯には長城が建設された。一方、一般の邑が所在する南道は、時期によって変動するが、いくつかの道に区画され、按察使が地方行政の監察にあたった。

そして、以上のような中央・地方の統治機構は、すでにのべた雑所民の負

担にくわえて、一般農民に賦課された田税・貢物（各種物納）・徭役（力役）、さらには、国家機関や支配層に隷属する奴婢たちの奉仕によって、ささえられていたのである。

4）文治政治の光と影

　国家体制の確立とともに、高麗は11世紀後半の文宗代を中心に全盛期をむかえる。するとその過程で、王室と複雑な姻戚関係をむすんだ門閥官僚の家門が成長し、高位高官を輩出するようになった。その代表的な存在として、まず安山金氏の金殷傅（キムウンブ）（？～1017年）は、3人の娘を顕宗にとつがせ、そのあいだにうまれた3人の子が、第9代徳宗（トクチョン）（在位1031～34年）・第10代靖宗（チョンジョン）（在位1034～46年）・第11代文宗（在位1046～83年）となった。慶源李氏の李子淵（イジャヨン）（1003～61年）もまた、3人の娘を文宗にとつがせ、そのあいだにうまれた3人の子が、第12代順宗（在位1083年）・第13代宣宗（ソンジョン）（在位1083～94年）・第15代粛宗（スクチョン）（在位1095～1105年）となった。こうした門閥官僚の一門は、有力家門どうしでも婚姻をすすめて、栄華をきわめた。そしてかれらを中心として、高麗の文治政治は、12世紀なかばにかけて、学問・芸術の隆盛を背景に、その爛熟期をむかえる。

　しかし高麗社会にははやくも動揺のきざしがあらわれていた。

　まず外憂となったのが、第16代睿宗（イェジョン）（在位1105～22年）のとき、1107年にはじまった尹瓘（ユングァン）九城の役である。高麗北辺に居住する女真人は、かねてより高麗に対し、ときには朝貢、ときには侵奪をくりかえしてきたが、高麗はかれらに交易の利や爵号をあたえて懐柔し、あるいは軍事力で威圧するなどして対処してきた。しかし、11世紀末に完顔部の主導下で現在の中国東北地方一帯に展開する女真諸部の統合がすすむと、高麗北辺の女真にもその影響がおよんでくる。これを警戒した高麗政府は、尹瓘（？～1111年）を司令官とする大規模な遠征軍を派遣することに決定した。当時、高麗東北辺の防衛ラインは定州（現咸鏡南道定平）一帯で、ここに長城が建設されていたが、遠征軍はこれをこえて咸興平野地域に北上し、9つの城を築いていったんは

李子淵一族の婚姻関係

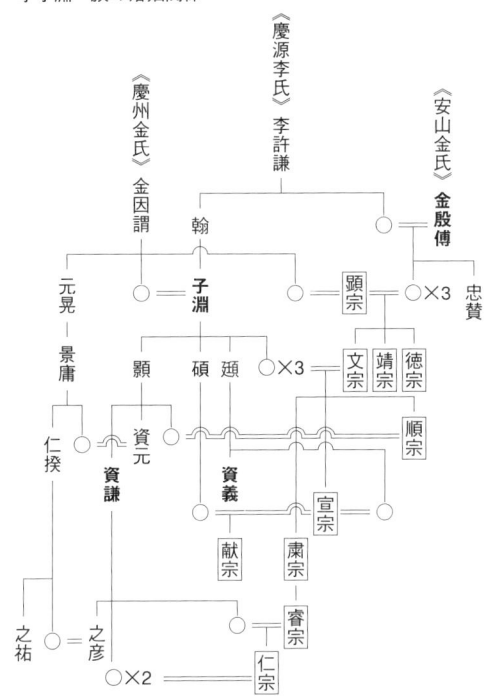

※その他、海州崔氏・光陽金氏・坡平尹氏・江陵金氏・平山朴氏とも密接な関係にある。
※○は女性、○×3とあるのは女性3人の意味。
※□内は高麗王。

拠点を確保した。ところが、まもなく女真側の反撃にあい、2年ほどで撤退をよぎなくされてしまう。その後、女真は1115年に金を建国して、1125年には遼をほろぼし、翌年には北宋の都開封をおとしいれるが（靖康の変）、その過程で、ついに高麗に対しても臣属をせまってきた。長年、女真を夷狄とみなしてきた高麗支配層としては、深刻な意思決定をせまられたわけだが、1126年、第17代仁宗（在位1122〜46年）は、いまや大国に成長した金に対して臣と称して朝貢を開始し、のちに正式にその冊封をうけるにいたった。

つぎに内憂であるが、まず1095年に李資義（？〜1095年）の乱がおこっ

高麗 139

た。前述した李子淵の孫である李資義は、宣宗の子である第14代献宗(在位1094～95年)が幼く病弱であったため、宣宗の妃であった妹の子(献宗の異母兄弟にあたる)を擁して、武力を背景に王位継承問題に影響力をおよぼそうとした。しかし王族の実力者、雞林公熙(のちの粛宗)によってはばまれ、逆に殺害されたのである。

つづいて1126年には李資謙の乱がおこった。李資謙(?～1126年)もまた慶源李氏の出身であり、睿宗と仁宗に娘をとつがせ、王室の外戚として高位の要職を歴任した当代きっての門閥官僚であった。しかしその権勢ゆえに、仁宗およびその側近たちと対立するにいたり、多くの宮殿が灰燼に帰すという争乱のすえ、いったんは王の身柄をおさえて優位にたったものの、最終的には王側の計略によって排除されたのである。

こうして内外の政情不安が醸成されてくると、風水・図讖思想の立場から開京の地徳の衰亡を説き、西京(平壌)への遷都による国運の打開を主張する妙清(?～1135年)の一派が仁宗の周囲に浮上してきた。かれらはまた王が「称帝建元」(皇帝と称して独自の年号をたてる)して金に対抗することを主張した。しかしこれに対し、金富軾(1075～1151年)をはじめとする多くの文臣たちが、現実路線と儒教的な正統思想をかかげて反対したため、妙清たちの運動は挫折においこまれてしまう。すると、妙清たちは一転して、1135年、西京を拠点に西北面の諸城をまきこんで開京政府に対する大規模な反乱をおこし、国号を大為とさだめた。開京からは金富軾の指揮する政府軍が北上し、1年あまりの戦闘のすえにこれを鎮圧したが、以上のような支配層内部の混乱は、門閥官僚政治のゆきづまりを予兆するものであったといえよう。

一方、かかる政局と並行して、国家の民衆支配と経済基盤に深刻な影響をおよぼす変化が、社会の奥ぶかいところで進行していた。すなわち地方住民の流亡である。これに対し、高麗政府は1106年より一部の属邑に監務という地方官を派遣するなどして、住民の流出防止につとめた。しかし流民現象はやまず、やがてこうした社会変動は、主邑、属邑、雑所、本貫・姓氏制度な

どからなる従来の地方統治のわくぐみに、根本的な変更をせまってゆくことになる。

5）高麗盛時の文化

　君主を頂点とする集権的な国家をめざした高麗では、儒教が尊重され、とりわけ、科挙や政治・外交の場で官僚に問われる規範・学識として重視された。その徳治主義的な政治理念がひろまるなかで、儒教経典の講論が活発におこなわれ、独自の儒学書も著述されるようになった。また教育機関として、中央の官立最高学府である国子監にくわえて、地方学校もととのえられたほか、海東孔子とよばれた崔冲（984〜1068年）の文憲公徒をはじめとする12の私設学校（私学十二徒）が、官学以上の充実ぶりをみせていた。そのような環境において育まれた高麗文人のなかには、金富佾（1071〜1132年）や朴寅亮（?〜1096年）・金覲のように、その文才が北宋で高く評価された者もあった。

　しかし高麗一代をつうじて、人々の精神生活のなかでとりわけ大きな位置を占めたのは、仏教であった。仏教は鎮護国家の宗教と観念されて、手厚く庇護され、僧侶の登庸試験として僧科が実施されて、国家から位階（僧階）があたえられたほか、国家・王室による仏教崇拝の象徴として、国師・王師が任じられた。こうしたなかで、燃灯会や八関会をはじめとする各種の仏教儀礼、仏寺の造営、仏典の収集刊行等の事業が、国をあげて推進された。11世紀初の顕宗代には、契丹の脅威をうけるなかで『高麗大蔵経』の雕板が

法泉寺智光国師玄妙塔碑（江原道原州）

はじまり、60年以上の歳月をかけて、1087年ころに完成した。その後も、文宗の子である大覚国師義天（1055〜1101年）が、宋・契丹・日本にまで捜書の手をのばして、『続蔵経』を集成、刊行している。また教理面では、この義天が、宋への留学をへて、天台宗をひらいたことが注目される。儒教（朱子学）を正統理念としてかかげる朝鮮朝になると、仏教は異端として排斥される傾向がつよまるが、一般に高麗時代の知識人は、儒教と仏教がたがいに相容れないものとはみていなかった。

このほか学問においては、金寛毅の『編年通録』をはじめとして、高麗人自身による歴史書の編纂がさかんにおこなわれたことも重要である。こうした歴史書のほとんどは、現在までにうしなわれてしまったが、金富軾らが1145年に撰進した『三国史記』は、朝鮮における現存最古の体系的な歴史書として、古代史研究の基本史料となっている。

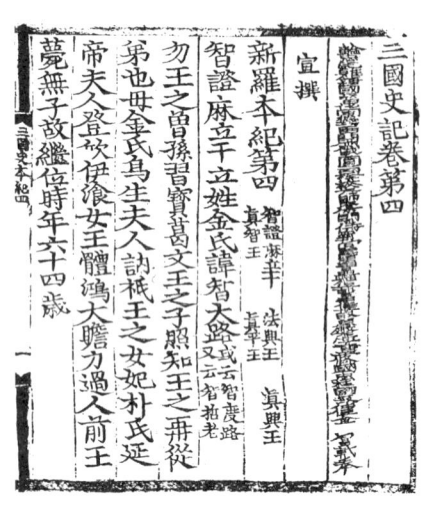

『三国史記』（学習院東洋文化研究所学東叢書より。2行目に撰者として金富軾の名が見える）

こうした文運のたかまりにおいて、重要な意味をもったのが、宋との活発な交流である。宋との間では、高麗が契丹の冊封をうけるようになってからも、商人の頻繁な往来が維持され、1071年には、ながらくとだえていた対宋遣使も再開された。開京の西郊をながれる礼成江河口の碧瀾渡は、その拠点港であり、宋の商人や使節などが来航した。こうしたなかで、様々な文物とともにもたらされた中国の書籍が、高麗における学問の発展をささえ、のちにはその蔵書が、逆に宋側の注目をひいたほどであった。

一方で、高麗時代には、マジカルな風水地理説・図讖思想や、山川神・城隍神等に対する信仰も活発であり、上下を問わず人々の心をとらえて離さな

Column

水中考古学の可能性

　考古学資料や図像資料がとぼしいうえ、文献情報も充分ではない高麗史の研究では、とりわけ人々の経済生活をささえる生産と流通の現場をうかがうことがむずかしい。そうしたなかで注目されるのが、かつて14世紀の日元貿易の物証である新安沈船の調査で名をあげた、韓国水中考古学の成果である。

　1980年代以来、全羅南道の助薬島（莞島）、達里島（木浦）、安佐島（新安）、道里浦（務安）、全羅北道の飛雁島（群山）、忠清南道の泰安半島沖などの海底から、高麗青磁をはじめとする陶磁器類や、それらを積載していたとみられる船舶、その他の遺物があいついで発見された。これら西海岸一帯における高麗時代の難船跡とみられる海底遺物は、船舶の構造や航海術といった海洋技術はもとより、陶磁器の生産と流通、なかんずく磁器所の経営や、製品の貢納システム、運搬作業の実態などを知るうえで、貴重な資料となるだろう。

　2003年にも全羅北道群山の十二東波島近海で遺物が確認されたが、おどろいたことに、大量の高麗青磁が船積みされていた当時の姿のままあらわれた。すなわち、積み重ねた陶磁器をヨシ・ワラ類で梱包し、それらを

十二東波島海底遺物（韓国国立海洋遺物展示館『陶磁の道、海の道』より）

並べ置いた列と列の間にマツ材でできた緩衝材をはさんで、揺れによる破損をふせいでいたのである。
　水運に関連しては、海底遺物以外でも、たとえば全羅南道羅州南郊の栄山江畔に、周囲の斜面が階段状に整形された丘陵がある。これは、倭寇から税穀積出港をまもるため、14世紀末の恭譲王代に建造された漕転倉のひとつ、栄山倉の遺址とされるものである。しかし本格的な調査はおこなわれていない。高麗人の生活臭を感じられるような資料はまだまだ不足しているが、多くの可能性が各地でねむっている。朝鮮半島の水中考古学、また中世考古学のさらなる発展を期待したい。

青磁象嵌菊花雲鶴文碗（高麗美術館所蔵）

かった。前述のごとく、風水・図讖に立脚した遷都論が政局をゆりうごかしたほか、国家的行事である八関会では、仏教的要素が相対的にうすまり、王室祖先や天霊・山川神などの信仰にもとづく固有色のつよい祭礼となった。この八関会のなかで、宋の商客・女真人・耽羅（タムナ）（済州島（チェジュド））人・日本からの通交者など、異域の人々が参列する国王朝賀儀礼がおこなわれ、王権の荘厳をたかめていたことは、高麗独特な国家姿勢と国際意識をあらわすものとして興味ぶかい。
　工芸品としては高麗青磁が名高い。翡翠（ひすい）色を発する釉薬（ゆうやく）、象嵌（ぞうがん）による紋様など独自の技術を発展させ、その品質は宋人も称賛するところであった。これらは地方行政の末端単位である雑所のうち、磁器所で生産されたものである。

2…高麗社会の変容と内外の情勢

1）武臣政権の登場

　第18代毅宗（在位1146〜70年）の1170年、李義方（？〜1174年）・鄭仲夫（1106〜1179年）・李高（？〜1171年）ら武臣を首謀者とする軍事クーデタ、いわゆる庚寅の乱が勃発した。李義方らは多くの文臣を殺害したうえ、毅宗を廃して弟の明宗（在位1170〜97年）を擁立し、政権の中枢に浮上した。この事件は、文治主義がなお栄華をほこるなか、宮廷内の複雑な勢力関係を背景として、国王とその側近文臣による奢侈生活の弊害を直接にこうむっていた近侍の武臣たちがおこしたものだったが、これによって、差別的待遇にあまんじてきた武臣の権益が拡大されるきっかけがつくられた。かれらは1173年にもふたたびクーデタをおこして反対勢力を殺害し、その地位をいっそう強固なものとした（癸巳の乱）。いわゆる武臣執権期のはじまりである。

　初期における執権武臣の権力基盤としては、高級武官の会議である重房が重要な役割をはたしたとみられ、この時期、その権限は大幅に強化された。しかし政局は安定せず、有力武臣間の奪権抗争がくりかえされた。最初に主導権をにぎった李義方は、はやくに李高を排除し、娘を太子妃にして王室に接近したが、やがて鄭仲夫の子に殺害された。その鄭仲夫も、慶大升（1154〜83年）によって殺害された。慶大升の死後には李義旼（？〜1196年）が実権をにぎったが、1196年、崔忠献（1149〜1219年）によって打倒された。

　しかし崔忠献のもと、執権武臣の権力はいちだんと組織化されて、武臣政権とよびうるだけの内実をそなえるにいたり、相対的な安定期をむかえた。この崔氏政権では、執権者のポストも崔怡（？〜1249年）、崔沆（？〜1257年）、崔竩（？〜1258年）と父子間で継承されていった。崔忠献は、政権をうらづける軍事基盤として、慶大升がその私兵集団を組織した都房の制度を採用して、これを大幅に拡充した。また一方では、人事行政を掌握しつつ、文人・儒者をちか

崔忠献墓誌銘（東京国立博物館所蔵）

づけて、その能力を政権運営に活用し、権力基盤の充実をはかった。くわえて注目されるのは、1209年に王朝政府の機関として教定都監を新設して、みずからがその長官（別監）に就任したことである。以後、教定都監は王朝政府における武臣政権の権力発動機関として庶政を執行した。このことは、武臣政権が権力機構として一定の独自性を獲得すると同時に、王朝政府内における制度的な位置づけを確保したことを意味する。

　崔怡が崔忠献のあとをつぐと、門客のなかの儒者を書房という宿衛に組織した。また、あらたな治安部隊として夜別抄が組織されたが、これはやがて、おりからの対モンゴル戦争の過程で、左・右夜別抄と神義軍からなる三別抄へと発展し、形骸化した旧来の国軍にかわって、抗戦の先頭にたつことになる。この三別抄は本来公的な軍隊であったとみられるが、事実上、武臣政権をささえる軍隊としての性格をつよくおびていた。さらに崔怡は、官僚人事の掌握方法をいっそう緻密化して、私邸に政房をおき、文士を政色承宣、政色尚書等の役職にあてて、人事業務をおこなわせた。この政房は、武臣政権が崩壊した後も王宮に接収されて、国政に大きな役割をはたし、その制度的な痕跡は朝鮮国初までのこってゆく。

崔氏政権はモンゴル帝国への抗戦をつらぬいたすえ、1258年に柳璥(1211〜89年)・金俊(?〜1268年)らのクーデタによって瓦解した。武臣政権そのものは金俊にひきつがれたが、モンゴル(元)との講和がなり、これを主導した国王が存在感を回復するなかで、かならずしもかつてのような勢威を発揮できなかった。その金俊もやがて林衍(?〜1270年)にとってかわられ、さらにその子の林惟茂(?〜1270年)があとをついだが、1270年、高麗王をあとおしする元が軍事的圧力をつよめるなか、武臣政権は終焉をむかえる。

　ところで、武臣政権においては、都房や政房といった私的機関が大きな役割をはたしたとはいえ、既存の王朝政府から独立した権力体となりえたわけではない。武臣政権が王朝政府にかわって広範な統治業務を遂行するだけの人的組織を独自にそなえていたわけではなく、基本的には、在来の官僚機構のしたざさえのうえになりたっていた。教定都監や三別抄なども、形としては王朝権力機構の一環として存在していた。また武臣政権は、しばしば国王の廃立をおこなったが、伝統的な王権そのものは否定していない。ただし、既存の王朝秩序における正統性の確保とは、高麗武臣政権としばしば対比される日本の中世武家政権についてもいえることであり、このことをもって、武臣政権の画期性を過小評価するのは、かならずしも適当ではない。すくなくとも、軍事クーデタをともなった武臣の政治進出は、文臣優位の伝統をゆるがし、実力本位の風潮をうんで、良賤の身分秩序をもゆりうごかすにいたった。李義旼は父が商人、母が寺婢であり、崔竩の母は私婢であった。金俊は父が私奴で、みずからも当初は奴隷身分であった。本来、こうした出自の者は、政治的な栄達の道をとざされた存在であったが、それが最高権力者の地位にまでのぼりつめたのである。

2）国内社会の動揺

　しかし、伝統的な秩序に対する武臣たちの挑戦は、一方では大きな反発をまねいた。また、かれらがひきおこした身分秩序動揺のうねりが、今度は、かれら自身に対しておしよせることにもなった。庚寅の乱が勃発して以降の

約30年間あまりは、大小さまざまな反乱にいろどられた時期でもある。
　庚寅の乱からほどない1173年には、東北面兵馬使の金甫当(キムボダン)(?～1173年)が、李義方・鄭仲夫らの打倒をめざして挙兵した。この事件は、執権武臣側のすばやい対応によってすみやかに鎮圧され、かえって癸巳の乱を誘発する結果となったが、翌年には西京留守の趙位寵(チョウィチョン)(?～1176年)が決起した。趙位寵の活動は、西北地方一帯で広範な支持をえて、首謀者が敗死したのちも、1179年まで継続された。また1174年には、開京の諸寺の僧が2000名余の規模で集結して、李義方らと衝突している。これらはもっぱら既存の支配階層に先導されたうごきであって、活動の中心は北方にあった。
　これに対して南方では、南賊と称される大小さまざまな反乱が勃発した。これらの多くは、一般民衆や奴婢・雑所民などの下層民によって主導された。その背景には、かれらの社会・経済的な上昇欲求や、地方官や邑吏など、地方の権力担当者に対する不満があった。まず1176年、公州(コンジュ)(現忠清南道公州)の鳴鶴所において亡伊(マンイ)・亡所伊(マンソイ)が反乱をおこした。反乱は1年半にわたってつづき、政府は一時的に同所を県に昇格させるなどの懐柔策をとらざるをえないほどであった。また1182年には、地方軍人の竹同(チュクトン)が全州(チョンジュ)(現全羅北道全州)で官奴らを糾合して反乱をおこし、地方官や邑吏を追放した。同様な動きは他の邑でもおこった。これに対して政府は、武力制圧にくわえて、問題のある地方官や邑吏を処分するといった懐柔策もとりまぜつつ、個別に鎮定してゆく方策をとった。
　1190年代にはいると、南賊がふたたび活発化したが、このたびはその活動が広範囲にわたり、反乱集団が相互に連携するなど、従来とはことなる様相をしめした。1193年には慶尚道に反乱がひろがり、なかでも雲門(ウンムン)(現慶尚北道清道)の金沙弥(キムサミ)(?～1194年)と草田(チョジョン)(現慶尚南道蔚山?)の孝心(ヒョシム)が大きな勢力をふるった。1198年には開京で私奴万積(マンジョク)(?～1198年)らの反乱計画が発覚した。このとき万積は、だれもが出自に関係なく栄達できると唱えたというが、当時の下克上的雰囲気がよくあらわれている。1199年には溟州(ミョンジュ)(現江原道江陵)と慶州(キョンジュ)(現慶尚北道慶州)でおこった反乱勢力が相互に活動範

囲をひろげ、ついには合流するにいたった。1200年には晋州(チンジュ)(現慶尚南道晋州)の公私奴隷が蜂起して邑吏をおそい、密城(ミルソン)(現慶尚南道密陽)でも官奴が官の銀器をうばって雲門の反乱勢力に合流した。また1202年には慶州の人々が新羅復興をさけんで蜂起し、雲門・草田・蔚珍(ウルチン)(現江原道蔚珍)の反乱集団を糾合して大きな勢力をふるった。

　以上のように熾烈をきわめた民衆反乱も、崔忠献の執政下でおさえこまれ、ひとまずは終息にむかった。しかしその後も、モンゴルの侵略がはじまるとともに、ふたたび散発するのであり、問題の根ぶかさがうかがわれよう。

3）モンゴルの侵略

　崔氏政権が安定期をむかえつつあったころ、モンゴル高原ではチンギス＝カン（在位1206〜27年）のもとでモンゴル帝国が発足し、その爆発的な勢力拡張がはじまった。1211年にチンギスが金に対する攻撃を開始すると、1215年には金の官人であった蒲鮮万奴(ほせんばんど)が遼東で自立し（東夏、東真）、その翌年にはモンゴルにおわれた契丹人の集団が高麗に逃入し、一時は開京をおびやかすなど、高麗の北方情勢はにわかに不穏になってきた。

　こうしたなか、1218年に契丹集団をおってモンゴル軍が高麗にはいってくると、高麗はこれと共同戦線をはり、江東城(カンドン)（現平壌市江東）にたてこもる契丹集団を殲滅した。これをきっかけに高麗とモンゴルの通交がはじまったが、くりかえされるモンゴルの貢物要求に対して高麗側が不満をつのらせるなか、1225年にモンゴルの使者が国境付近で何者かによって殺害されると、両国の交渉はいったん途絶する。やがてモンゴルで太宗オゴデイ＝カーン（在位1229〜41

サルタクが戦死した処仁城址（京畿道龍仁）

高麗

年）が即位すると、東方経略の一環として、1231年、サルタク゠コルチ（？〜1232年）のひきいる軍勢が、使者殺害の問罪を口実として、高麗に侵攻してきた。高麗はいったん和議をむすび、ダルガチ（監督官）の設置をうけいれたが、翌年にはふたたび抗戦に転じた。サルタクは高麗に再侵したものの戦傷死し、モンゴル軍はひとまず撤収した。

　モンゴルの本格的な侵略開始をうけ、高麗は執権武臣崔怡の主導下で江華島に都をうつした（江都）。開京南方の海上にうかぶ江華島はモンゴル軍の鋭鋒をかわすには好都合であり、水運によって生活物資を確保することができた。地方では住民を山城や海島にたてこもらせて抗戦の構えをとった。その後モンゴル軍の侵攻は、28年間にわたって断続的につづけられた。これに対して高麗では、交渉によって事態の打開をはかる一方、中央の三別抄や、地方ごとに諸階層をとりこんで編成された別抄部隊を中心に、抗戦をつづけた。しかしモンゴル軍の活動範囲は朝鮮半島の南部地域にまでおよび、多くの住民が命をおとし、あるいは捕虜となって連行された。こうしたなかから、西京の郎将であった洪福源（1206〜58年）のように、モンゴル側に協力する者もあらわれてくる。1258年には趙暉が東北面兵馬使を殺害してモンゴルに投じ、和州（現咸鏡南道金野）をはじめとする東北辺境の州・鎮がモンゴル側に編入されて、雙城総管府となった。物的被害も深刻であり、初雕『高麗大蔵経』の版木をはじめとする、貴重な文化財がうしなわれた。

　こうして戦争が長期化すると、江華島の政府内ではしだいに講和論が台頭してきた。その結果、1258年に抗戦路線を主導する崔氏政権がたおされ、高麗政府はモンゴルとの和議に転じ、翌年、かねてモンゴルが要求してきた太子の親朝を実行した。おりしもモンゴルでは憲宗モンケ゠カーン（在位1251〜59年）が急死し、弟のクビライ（世祖。在位1260〜94年）とアリクブケ（？〜1266年）の間に帝位継承紛争がもちあがっていた。こうした状況のなか、モンゴル宮廷にむかっていた太子倎は、クビライのもとに投じ、1260年に、父高宗（在位1213〜59年）の死去をうけて本国にもどった。そして相前後して発足したクビライ政権（1271年より元）の冊封のもと、第24代元宗

(在位1260～74年)として即位したのである。

　かくして高麗は元に臣属したが、依然として金俊のひきいる武臣政権が反モンゴル的姿勢をくずさず、元側が要求する江華島から開京への還都も履行されなかった。これに対して元宗は、1268年に武臣林衍を利用して金俊を除去したが、今度はあらたに執権武臣となった林衍と対立するにいたり、1269年、林衍によって廃位されてしまう。しかしこの事件は、高麗の離反を警戒してその政局を注視していた元側に介入の口実をあたえる結果となった。元側の圧力によって元宗は復位させられ、さらに王室支援の名目で進駐した元軍が圧迫をくわえるなか、1270年、病死した林衍をついで執権武臣となった林惟茂は、宮廷クーデタによって殺害される。かくして1世紀にわたってつづいた武臣執権期はおわりをつげ、対元関係を背景として王権が復活をとげるのである。

　なおこのとき、西北面兵馬使の営吏であった崔坦(チェタン)らが元に内附したことをきっかけに、慈悲嶺(チャビリョン)(現黄海北道中西部)以北の高麗西北地域が東寧府(とうねいふ)(のちに東寧府路)として元の直轄下に編入され、その状態が1290年までつづいている。

4）モンゴルの傘の下で

　その後、高麗政府は、国王を中心に対元関係の再構築をすすめていくが、その前提となる懸案事項があった。その第一は三別抄の抵抗である。林惟茂の殺害後、高麗政府は開京への還都を決定し、武臣政権をささえてきた三別抄には解散が命じられた。しかし三別抄はこれに反発し、江華島を脱出して半島南西端の

三別抄の拠点だった龍蔵城址（全羅南島珍島）

高麗　151

珍島にのがれ、裴仲孫を中心に王族の承化侯温（？〜1271年）を王におしたてて、元・開京政府に対する対決姿勢をしめしたのである。三別抄は、一時は半島南部の沿海地域を中心に勢力をひろげ、一部ではこれに呼応するうごきもおこったが、やがて開京政府と元の連合軍によっておいこまれ、1271年には珍島が陥落した。その後も、金通精（？〜1273年）にひきいられた残存勢力が済州島にうつって抵抗をつづけたが、1273年にいたって鎮圧された（これ以降、済州島は1294年まで元の直轄下におかれる）。

　懸案の第二は元の日本侵略である。1266年以来、元は対南宋戦をにらみつつ日本に対する経略をすすめていた。高麗は対日交渉の先導役を命じられたが、使節交渉が不調におわるなか、ついに1274年、1281年と二度にわたって攻撃が実行される（日本史上の文永・弘安の役）。このとき高麗も、金方慶（1212〜1300年）を戦闘指揮官として出兵し、元軍に協力したが、これにくわえて、船舶・兵器・食料や労働力の提供、高麗国内に進駐した元軍に対する応接などが、疲弊した高麗社会に重い負担となってのしかかった。攻撃が失敗におわったのちも、クビライの在世中は日本再攻の方針がかわらず、高麗はその負担をおいつづけ、その後も対日警戒の担い手としての役割をになうことになった。

　しかし、こうした犠牲をはらって元の政策に協調することで、高麗は対元関係を好転させることに成功した。高麗の「帰附」をうけた当初、クビライは旧来どおり王朝体制を存続させることを承認した。そして高麗王の地位はカーン（皇帝）によって冊封され、伝統的な中国皇帝との宗属関係のごとき形式が再現された。しかも高麗王は、これにとどまらず、元の国家体制の内部にふみこんで地歩をかためていった。1271年、元宗は、元側のかねてからの要求に応じて、王子の諶（のちの第25代忠烈王。在位1274〜98・1298〜1308年）を禿魯花（質子）としてカーンのケシク（親衛隊兼家政組織）におくりこみ、1274年には諶とクビライの公主の婚姻が実現した。その後、高麗の王子が禿魯花としてカーンのケシクにはいり、モンゴルの公主をめとって帝室の駙馬（娘婿）として本国の王位につくことは慣例となり、1281年に

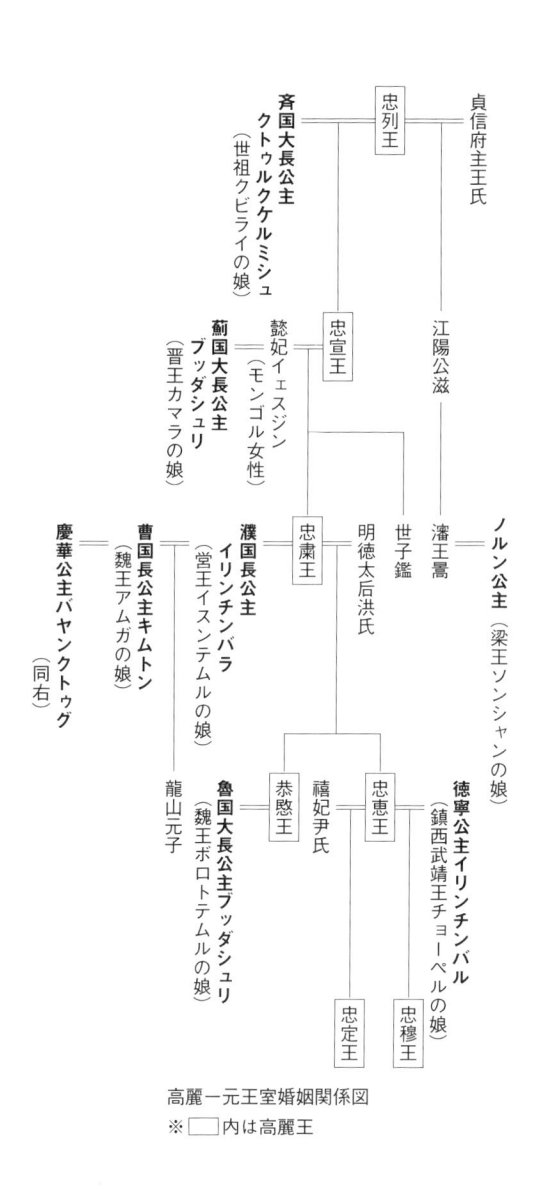

```
                                          貞信府主王氏
                                               │
斉国大長公主          ┌─忠烈王─┤
クトゥルクケルミシュ─┤        │
(世祖クビライの娘)    │        江陽公滋
                     │
      薊国大長公主    │
      ブッダシュリ──┤
      (晋王カマラの娘)│
                     │── 懿妃イェスジン
                     │   (モンゴル女性)
                     └─忠宣王─┤
                               │
                               ├── 世子鑑
                               │
                               ├── 瀋王暠
                               │
                               │                       ノルン公主 (梁王ソンシャンの娘)
                               │                            │
                               │   明徳太后洪氏             │
                               │        │                   │
                               └─忠粛王─┤                   │
                                         │                   │
      濮国長公主                         │                   │
      イリンチンパラ ──────────────────┤                   │
      (営王イスンテムルの娘)             │                   │
                                         │                   │
      曹国長公主キムトン                 │                   │
      (魏王アムガの娘) ──────────────┤                   │
                                         │                   │
      慶華公主バヤンクトゥグ             │                   │
      (同右) ────────────────────────┘                   │
                                                             │
                               ┌─────────────────────────────┤
                               │                             │
                               龍山元子                       │
                                                             │
                         ┌─恭愍王                            │
                         │                                   │
      魯国大長公主       │   禧妃尹氏                        │
      ブッダシュリ ─────┤       │                           │
      (魏王ボロトテムルの娘)   ├─忠恵王─┬── 忠定王          │
                                 │         │                  │
      徳寧公主イリンチンパル     │         └── 忠穆王          │
      (鎮西武靖王チョーペルの娘)─┘                             │
```

高麗一元王室婚姻関係図
※ ▢ 内は高麗王

は 馬高麗国王というあらたな称号がうまれた。こうして高麗王は、モンゴル帝国の最上層部を構成する王侯貴族集団の一員となり（高麗王位下）、しかるべき厚遇をうけるようになった。また1287年からは、もともと日本攻略のための臨設司令部であった征東行省（せいとうこうしょう）が、あらたに高麗の地を管轄する最高地方統治機関として常置されるようになり、高麗の版図は形式上、元の一地方単位としても位置づけられた。しかし、高麗王がその長官職（丞相）を代々兼務し、僚属の推薦権をもつなど、事実上、高麗側に運営権限がゆだねられていた。やがて、高麗国の首長にして征東行省の長官である高麗王は、国王丞相と通称されるようになる。かくして高麗王は、元とは一定に区別される王国の君主として独自の位置をたもちつつ、元帝国内部の一勢力としての基盤を確保したのである。

しかし元の国家体制に参入することは、高麗国内の体制に大きな変化をもたらした。もともと高麗の国制は君主を天子・皇帝に比擬する内容が多かったわけだが、これを一諸侯としての名分にあわせて大幅に改編したことは、とくに重要である。これによって官制が一新されたが、たとえば中書門下は尚書省とあわせて僉議府（せんぎふ）、枢密院は密直司、御史台は監察司などとかわった。朕・聖旨・奏・赦・太子といった皇帝にかかわる用語も、それぞれ孤・王旨・呈・宥（ゆう）・世子などとあらためられた。仁宗・明宗といった廟号を独自に王に贈ることも廃止され、王は元の皇帝からさずけられた忠烈・忠粛などの諡（おくりな）によって称されることとなった。しかし一方では、高麗王にまつわる"僭擬"（せんぎ）が、なかなかあらたまらなかった形跡もあり、実態はひとすじなわではいかない。また征東行省以外にも、各種の万戸府（ばんこふ）など元制に由来する軍事機構がおかれたが、モンゴル式の国王近侍組織も注目される。それらには、忽赤（コルチ）（箭筒士）、鷹坊（ようほう）（鷹匠）、必闍赤（ビチクチ）（書記）をはじめとする、モンゴルのケシクと同名の職種があり、モンゴルでの一般的機能にとどまらない、独自の政治的役割をはたした。

こうしたなか、両国の間では、官制など一部の例外をのぞけば、クビライの決定（世祖旧制）を遵守して、高麗在来の制度・慣習を維持することが基

Column

多言語世界に生きる

　1998年、慶尚北道の大邱で重要な発見があった。朝鮮時代に通訳官たちが使用した漢語会話学習書に『老乞大』というものがある。もともと高麗末期の作であるが、従来知られた伝本は、朝鮮王朝のもとで同時代の中国の言語・社会状況にあわせて語句が改訂された内容であった。それが、高麗時代の原型をとどめる古本が発見されたのである。高麗商人が元を旅して交易する姿をえがいたその内容は、高麗・元関係史や元代社会経済史の史料としても貴重だが、なにより元代漢語会話の資料として注目された。ところが近年、本書の言語は元代の日常漢語ではなく、当時の公文書などでみられる、モンゴル語を口語風の漢語で直訳調に訳した特殊文体であるとの問題提起もなされ、研究のゆくえがますますおもしろくなってきた。

　一方、全羅南道順天の名刹松広寺には1通のチベット語文書がつたえられている。元朝帝室の崇拝をうけ帝国仏教界の頂点にすえられたチベット高僧の帝師が発給した、法旨という命令文書であり、寺院・僧侶に対する保護をうたう内容であったと推定される。また平昌李氏の族譜（家系記録）には、李達漢なる人物が元朝皇帝よりあたえられた軍官叙任状が移録されているが、それは元の公用文字であるパクパ字を用いた漢文で書かれている。

　多民族国家である元では、モンゴル語を中心として漢語・ペルシア語その他さまざまな言語と文字がもちいられた。元との相互往来が活発になるなかで、漢語会話やモンゴル語をマスターした高麗人も数多く誕生した。高麗人の足跡は、朝鮮側の文献で判明するかぎりでも、中央アジアのアルタイ地方やチベット、あるいは中国西南の雲南地方にまでおよんでいる。元にやってきた南インドのマーバル国の王子に娘がとついだ高麗官人もいる。現在韓国にのこる上記

の諸言語文献は、当時の高麗人が、モンゴルのもとで展開した国際色ゆたかな多言語世界に生きた証なのである。

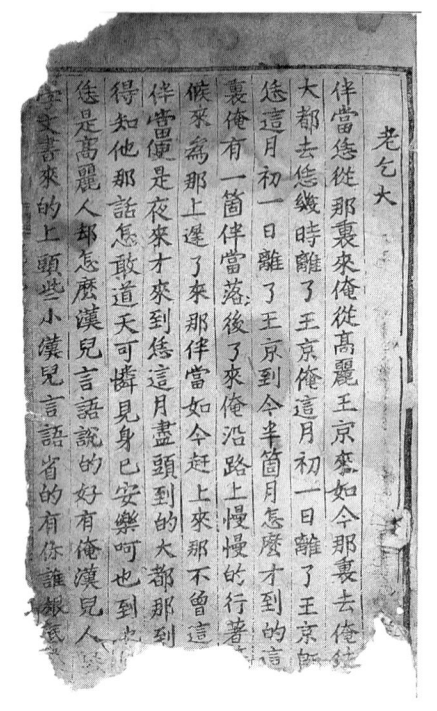

旧本『老乞大』(『元代漢語本《老乞大》』より)

本方針とされたが、一方では、元の制度を高麗でも貫徹させ、相互の一体化をはかろうとするうごきも、たびたびおこった。なかでも、征東行省を改編して高麗を元側で直接統治しようといううごき（立省問題）や、経済と身分秩序の根幹をなす奴婢制度の改革論議は、大きな波紋をうみ、高麗支配層の反発をまねいて、いずれも失敗におわった。

　また制度の変更にいたらぬまでも、高麗の内政に対する元の干渉はしばし

ばくりかえされた。とりわけ王位継承への介入が顕著であり、これによって、当時の多くの国王が、いったん退位した後に復位するという重祚(ちょうそ)をよぎなくされている。ただしこの現象は、高麗に対する元の一方的な統制という単純な図式で理解できるものではない。高麗王室が元の政界とつながりをふかめた結果、王や王族が個々の立場において、頻発する元の内紛にまきこまれ、地位を浮沈させるようになったこと。またかかる状況のなかで、高麗内部からも元側にはたらきかけて自国の政権交替をめざすうごきが生じたことなどに、構造的な要因がある。また傍系の高麗王族が元において藩王(しんおう)に封じられ、かれが本国の王位継承にしばしば意欲をみせたことも、混乱要素のひとつであった。

元の国家権力が高麗国内に実質的なレベルでおよんだことは、高麗の君臣関係に深刻な影響をおよぼした。高麗官人のなかには元の有力者とむすんでみずからの政治的目的をはたそうとする者があらわれ、またカーンの直接の臣下となる者もふえたが、元の権威をうしろだてにしたかれらの行動は、ときとして高麗王の尊厳と権益を大きくそこなうことがあった。一方、国王側においても、王の信任をえた少数の側近が国政におおきな影響力をふるう傾向がつよまり、王権の求心力低下に拍車をかけていた。

5）高麗の滅亡と国際情勢

元の傘下における高麗王権の動揺は、14世紀なかば、高麗の中堅官僚にすぎなかった奇子敖(キジャオ)の娘が元の順帝トゴンテムル(在位1333～70年)の皇后となり、その所生が皇太子となるにいたってピークに達する。皇后の兄弟である奇轍(キチョル)(?～1356年)とその一族が、いまや元帝室の外戚として、王にも匹敵しようという権勢を手にいれたのである。しかし中国江南でおこった紅巾軍の反乱が拡大し、元の中国支配がゆらぎだしたころ、1356年、第31代恭愍王(コンミンワン)(在位1351～74年)は、奇氏一党をはじめとする国内の元帝室の外戚勢力を排除し、元から事実上の離脱をはかるにいたった。王は、元が高麗に干渉する際に拠点となることが多くなっていた征東行省の理問所(司法局)

恭愍王と王妃魯国大長公主の陵墓（『北韓文化財図録』より）

を廃止し、元の年号の使用を停止し、また元の兵権を象徴する万戸以下の牌（身分証）を回収した。そして鴨緑江以北の元の駅伝（ジャムチ）を攻撃し、さらには東北辺に出兵して雙城総管府地域をおよそ1世紀ぶりに奪回した。

しかし国内外の情勢は多難であった。1359年には紅巾軍の一団が高麗にせめこみ、1361年には開京が蹂躙され、恭愍王は一時南方へ退避をよぎなくされた。また1350年をさかいにいわゆる倭寇の侵奪活動が活発化して、国家財政をささえる税貢の水上輸送システム（漕運）が打撃をうけた。恭愍王に敵対するうごきもあり、1363年には開京郊外の興王寺で王の暗殺未遂事件がおこり、翌年には、元に在住する高麗人の崔濡（?〜1364年）が、忠宣王（在位1298・1308〜13年）の庶子である徳興君の擁立を標榜して、元軍をひきいて襲来し、高麗軍によって撃退された。一方で恭愍王自身も、元との関係を完全にたちきったわけではなく、1356年以降も通交をつづけており、一度は高麗前期の旧制に復された官制も、再変更をくりかえすなど、現実のなかで複雑な展開をみせた。

こうしたなかで王は、国政全般にわたる弊害の改革をかかげて、1365年に僧侶あがりの辛旽（?〜1371年）を抜擢した。12世紀ころからめだちつつあった権勢家による土地集積・大土地支配の傾向は、元に臣属して以降、さらなる拡大をみせ、田土や良民・奴婢に対する占奪行為が政治問題化していた。辛旽は田民弁正都監をもうけ、占奪された土地や奴婢の返還や解放を断行したが、強引な政治手法が反発をかい、1371年に失脚してしまう。しかしこの時期に、成均館（旧国子監）の教育体制があらたまるなどして、13世紀末に元からもたらされた朱子学（性理学）がいっそうのひろまりをみせるように

なった。そしてこのなかから、朱子学を理念として執権層を批判し、集権的な国家体制と王道政治を主張する官僚群が成長してくるのである。

1368年に朱元璋(洪武帝。在位1368〜98年)が明を建国すると、翌年さっそくこれを高麗に通告してきた。恭愍王は明の冊封をうけることを決定し、中国をおわれて北方草原地帯にしりぞいた元(北元)との関係をたった。しかし1374年に、王は突然側近に暗殺され、第32代禑王(在位1374〜88年)が即位した。禑王は恭愍王の庶子とも辛旽の子ともいい、さだかでないが、後見役の李仁任の執政下で、北元との通交が再開され、一方では明との関係も維持して両面外交が展開された。

恭愍王・禑王代には、流動化した国際情勢のなかで、元、紅巾軍、倭寇、また東北辺の女真に対する防衛に多くの武将が活躍したが、なかでも名声を博したのが、宰相の子孫である崔瑩(1319〜88年)と、雙城総管府の土豪の子である李成桂(1335〜1408年)であった。かれらは戦功によって頭角をあらわし、やがて政府のなかで重きをなすようになり、1388年、崔瑩は李仁任の勢力を排除して、実権をにぎるにいたった。ところがこの年、明が鉄嶺(現咸鏡道と江原道の境)に衛を設置し、以北の地を直轄する意向であることが伝えられると、危機感をつのらせた高麗政府は、崔瑩を中心に明の東北経営の拠点である遼陽(現遼寧省遼陽)の攻略を企画した。しかし遠征軍の指揮をまかされた李成桂は、鴨緑江の威化島にいたって回軍し、開京を制圧して崔瑩を排除し、禑王を廃して親明路線を表明した。あらたな王にはいったん禑王の子の昌王(在位1388〜89年)をたてたが、翌年には傍系の王族より恭譲王(在位1389〜92年)をむかえた。

李成桂の周囲には、鄭道伝(?〜1398年)や趙浚(1346〜1405年)ら、朱子学の理念をかかげる急進的な改革派官僚があつまり、数次の疑獄事件をへて競争相手を排除しつつ、勢力を拡大していった。1390年には反対をおしきって旧来の田籍を廃棄して田制改革を強行し、翌年、科田法を制定した。かれらは権勢家による土地集積・大土地支配を批判し、崩壊した田柴科や禄科田(13世紀後半制定)にかわる官僚へのあらたな土地支給(実際には収租

高麗　159

権の支給）をもとめたのである。また1391年には、三軍都総制府が設立されて、李成桂一派が兵権を掌握した。かくして権力基盤をかためた李成桂の周囲からは、かれを王に推すうごきがたかまってくる。そして1392年、成桂の五男李芳遠（イ バンウォン）（のちの朝鮮太宗（テジョン）。1367～1444年）が、反対派の巨頭である鄭夢周（モンジュ）（1337～92年）を暗殺すると、李成桂は群臣の推戴により禅譲をうけるという形で王位についた。すなわち朝鮮朝の太祖であり、高麗はあしかけ475年で滅亡するにいたったのである。

6）高麗後期の文化

　高麗後期の文化は、内外の情勢変動をうけつつ、さらなる展開をみせた。

　仏教では、武臣執権期に実践的な修養をめざす結社運動がおこり、禅宗では知訥（チヌル）（1158～1210年）が修禅社（松広寺）をひらき、天台宗では了世（ヨセ）（1163～1245年）が白蓮社をひらいた。またモンゴルの兵禍によって初雕『高麗大蔵経』の版木がうしなわれると、崔氏政権は攘兵祈願をこめてその再雕に着手し、8万張をこえる雕板を完成させた。世界的な文化遺産として知られる再雕『高麗大蔵経』（俗に『八万大蔵経』という）の版木は、現在も慶尚北道陜川の海印寺に保管されている。13～14世紀には元との密接な関係のなかで仏教界の交流もさかんにおこなわれた。元朝帝室が崇拝するチベット仏教が高麗にはいって王室と関係をむすんだり、逆に高麗僧が元におもむくこともあったが、普愚（ポウ）（1301～82年）や恵勤（ヘグン）（1320～76年）によって臨済禅（りんざいぜん）が導入されたことは、朝鮮仏教にあらたな展開をもたらした。

　高麗後期には説話文学の作品がうみだされ、李仁老（イ インノ）

海印寺の高麗大蔵経板

(1152〜1220年) の『破閑集』、崔滋 (1188〜1260年) の『補閑集』、李斉賢 (1287〜1367年) の『櫟翁稗説』などが知られる。一方、あいつぐ内憂外患のなかで自国の伝統に対する意識がつよまり、歴史叙述においても注目すべきうごきがあらわれる。李奎報 (1168〜1241年) は、朝鮮固有の伝承に対する認識をふかめて、高句麗の始祖伝説にまつわる「東明王篇」をあらわした。また僧侶の一然 (1206〜89年) が編纂した『三国遺事』は、『三国史記』にみられない情報を伝える古代史研究の基本史料として重要だが、ここには現在朝鮮民族の始祖神として知られる檀君に関する伝承があらわれる。そして中国と朝鮮の帝王の系譜をうたいあげた李承休 (1224〜1300年) の歴史叙事詩『帝王韻紀』では、檀君を「東国」(朝鮮) の始祖として明確に位置づけ、その歴史伝統の固有性をとなえた。その後もさまざまな史書がつくられたが、歴代国王の『実録』や、閔漬 (1248〜1326年) の『本朝編年綱目』、鄭可臣の原著を李仁復 (1308〜74年) と李穡 (1328〜96年) が増修したとみられる『金鏡録』、また李斉賢の『史略』などは、朝鮮初期に高麗朝の正史が編纂される際、その基礎資料となった。

南宋の朱熹 (1130〜1200年) によって大成された朱子学が元から本格的にもたらされたのは、13世紀末〜14世紀初、安珦 (1243〜1306年) や白頤正 (1247〜1323年) らによってであるといわれる。その後、その学脈は、元で中国文人と交流した李斉賢や、李穀 (1298〜1351年)・李穡父子などにうけつがれ、また権溥 (1262〜1346年)

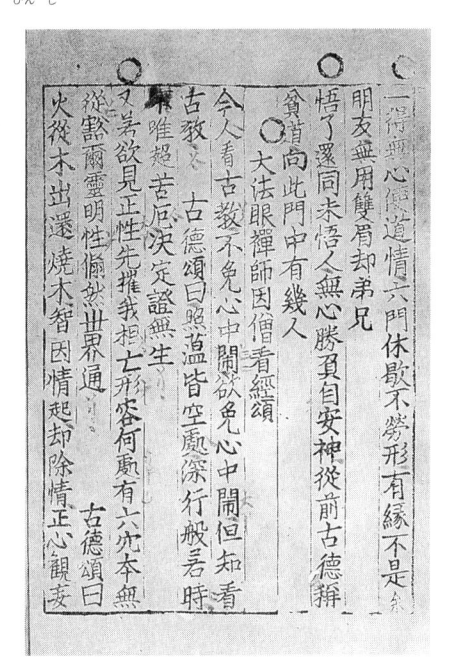

1377年刊『白雲和尚抄録仏祖直指心体要節』(『大高麗国宝展図録』より)

Column

朱子学書の東伝

　学術文化の広域伝播を可能とする条件のひとつに、情報媒体としての書物の流布をあげることができる。高麗末期の知識人たちは、中国発の学問である朱子学にどのような形でふれたのであろうか。その具体的な様相を多少なりともうかがわせてくれる物証として、韓国に現存する中国版複製の『近思録（きんしろく）』と『中庸朱子或問（ちゅうようしゅしわくもん）』がある。

　前者は、宋代の朱子と呂祖謙による共編著を1370年に慶尚道の晋州で複製したもので、その底本と同版とみられる元版『近思録』が、台湾の故宮博物院に蔵されている。この高麗版『近思録』の跋文によると、この年、星山李氏の魯叔（ノスク）（李仁敏（イインミン））が晋州に赴任する際、朱子学者としてなだかい朴尚衷が、金広遠の旧蔵本を託して刊行を委嘱してきたのだという。かねて本書を欲していた魯叔は大いによろこび、早速刊行におよんだ。『近思録』のような朱子学の基本書も、それまで高麗にもたらされた絶対数がすくなかったのか、あるいは戦災などでうしなわれたのか、当時は入手しがたかったのである。

　後者は、元の倪士毅（げいしき）が編纂した朱子の『四書集註』の注釈集成書『四書輯釈』の一篇を、同じ晋州で1371年に複製したものである。その底本となった元版『四書輯釈』は、1342年に出版業でなだかい福建の建安の書肆で刊行された。当地の学問の担い手たちは、中国の書物が高麗や日本にまで流布することを自負したことで知られるが、すでに宋代において、建安本が商品として高麗にもたらされていたともいう（『諸蕃志』）。

　前に紹介した『老乞大』の一節に、高麗商人が元からもちかえる商品として書籍を列挙する場面があり、そこに「四書一部、みな晦庵（かいあん）（朱子）の集註」があらわれる。朱子学東伝の契機としては、おもに国家の蒐書事業や知識人間の交流が知られているが、国際交易ルートにのった商品としての書籍の流通にも注意する必要があるだろう。

は朱子の『四書集註(ししょしっちゅう)』を刊行した。14世紀初に開始された元の科挙では、朱子学が準拠とされたが、高麗人もこれを受験して、多くの合格者をだした。やがて高麗の科挙や公教育にも朱子学が本格的にくみこまれ、恭愍王代の成均館では、李穡を筆頭に鄭夢周・金九容(キムグヨン)(1338～84年)・朴尚衷(パクサンチュン)・朴宜中(パクウィジュン)・李崇仁(イスンイン)(1349～92年)といった人材がスタッフをつとめた。

その他の技術文化においても、重要な展開があった。出版において注目されるのは、金属活字の使用である。李奎報の文集『東国李相国集』に、13世紀前半に崔允儀(チェユニ)(1102～62年)の『詳定礼文(詳定古今礼)』を金属活字で印刷したと記されていることは、世界でもっとも古い事例として知られる。また1377年に清州(チョンジュ)(現忠清北道清州)の興徳寺で刊行された『仏祖直指心体要節』は、現存する世界最古の金属活字本とされる。医学では、1236年に現存最古の朝鮮医学書『郷薬救急方』が刊行された。農業技術では、中国の農書『農桑輯要』が刊行されたほか、文益漸(ムンイクチョム)が元より綿花の種子をもちかえり、綿花栽培の道がひらかれたことが注目される。また1377年には、倭寇対策として中国から導入された火薬技術をもって火器が製造された。芸術面では、種々の『楊柳観音図』をはじめとする仏画の優品が、現在にのこされている。

楊柳観音半跏像(1323年、泉屋博古館所蔵)

◎参考文献

青山公亮『日麗交渉史の研究』明治大学、1955年
池内宏『元寇の新研究』東洋文庫、1931年
池内宏『満鮮史研究』中世第一～三冊、吉川弘文館、1979年（復刻版）
今西龍『高麗及李朝史研究』国書刊行会、1974年
末松保和『高麗朝史と朝鮮朝史』吉川弘文館、1996年
周藤吉之『高麗朝官僚制の研究』法政大学出版局、1980年
周藤吉之『宋・高麗制度史研究』汲古書院、1992年
内藤雋輔『朝鮮史研究』東洋史研究会、1961年
旗田巍『朝鮮中世社会史の研究』法政大学出版局、1972年
濱中昇『朝鮮古代の経済と社会』法政大学出版局、1986年
藤田亮策『朝鮮学論考』藤田先生記念事業会、1963年
森平雅彦『モンゴル帝国の覇権と朝鮮半島』山川出版社、2011年
矢木毅『高麗官僚制度研究』京都大学学術出版会、2008年
森平雅彦編『中近世の朝鮮半島と海域交流』汲古書院、2013年
森平雅彦『モンゴル覇権下の高麗──帝国秩序と王国の対応』名古屋大学出版会、2013年

朝鮮

桑野栄治

朝鮮

概 観

　14世紀末に朝鮮半島では高麗から朝鮮王朝（1392〜1897年）へと王朝が交替した。玉座についた太祖李成桂は、高麗末期に倭寇や紅巾軍の撃退などで頭角をあらわし、1388年の威化島回軍で全権を掌握した武人である。本貫の全羅道全州には李成桂の肖像を奉安する慶基殿（1410年創建）が現存し、その敷地内にはかつて正史の『朝鮮王朝実録』を保管していた全州史庫も再建されている。

　太祖は1394年に都を開城から漢陽（漢城）へと遷した。こんにち大韓民国の首都ソウル（語源は固有語の「みやこ」）であり、まさに「みやこ」として600年以上つづく悠久の歴史をもつ。王朝国家の行政機構を支えたのは儒教的素養を身につけた儒者官僚であり、徹底した文人優位の時代が500余年の長期にわたってつづくことになる。15世紀半ばの世宗代には『訓民正音』（ハングル）を制定、15世紀後半の成宗代には永世遵守の基本法典である『経国大典』も施行され、朝鮮王朝は安定期を迎えた。高度な印刷技術、朱子性理学の体系化など、朝鮮王朝時代の前半期は文化面でも爛熟していた。

　しかし、16世紀末に壬辰・丁酉倭乱（文禄・慶長の役）、戦後の復興もままならない17世紀前半には丁卯・丙子胡乱（清軍の侵入）が起こり、朝鮮王朝は苦境に立たされた。朝鮮時代史における「北虜南倭」の時代といえようか。以後、朝鮮王朝は「倭人（＝日本）」と「野人（＝清）」による相次ぐ戦乱を糧に、政治機構と収取体制の見直しをはかり、18世紀になると英祖・正祖による黄金時代を迎えることになる。「まぼろしの都」水原（華城）はその象徴といってよい。水原はソウルにつぐ第2の都となる可能性を秘めていた。

　朝鮮王朝最後の国王は高宗を継いだ第27代の純宗であるが、学界ではおおむね1876年以降を「近代」と把握しているため、便宜上、ここでは1875年までを取り扱うことにする。なお、朝鮮王室の唯一の直系子孫であり、全州李氏の末裔としてながく宗廟祭を主宰しておられた李玖氏が2005年7月に逝去された。これも朝鮮時代史の一齣であろう。ここに謹んで記しておきたい。

年　表

1392	太祖李成桂即位。朝鮮王朝の建国
1393	国号を「朝鮮」と定める
1394	漢陽に都を定め、景福宮の造営に着手
1400	私兵を廃止。都評議使司を議政府にあらためる
1401	明より「朝鮮国王」の冊封を受ける
1419	対馬を征討（己亥東征。応永の外寇）
1420	集賢殿の設置
1443	『訓民正音』を制定（46年頒布）
1453	首陽大君（世祖）のクーデタ
1466	職田法の制定
1467	李施愛、咸吉道で反乱を起こす（李施愛の乱）
1481	『東国輿地勝覧』完成
1485	『経国大典』を施行
1498	戊午士禍起こる。士林派と勲旧派の対立
1510	三浦（釜山浦・乃而浦・塩浦）の日本人、反乱を起こす（三浦の乱）
1543	白雲洞書院（最初の賜額書院）の竣工
1575	東人・西人の分党
1592	日本軍の侵入（壬辰倭乱。文禄の役）
1597	日本軍、再び侵入（丁酉再乱。慶長の役）
1607	回答兼刷還使を日本に派遣
1608	宣恵庁の設置。京畿に大同法を施行
1609	己酉約条を締結。日本との国交再開
1627	後金軍の侵入（丁卯胡乱）
1636	清軍、再び侵入（丙子胡乱）。仁祖、南漢山城に逃れる
1678	常平通宝の発行
1704	昌徳宮後苑に大報壇を築造。粛宗、明の万暦帝を祀る
1729	蕩平政策始まる
1746	『続大典』完成
1750	均役法の実施
1765	『輿地図書』完成
1770	『東国文献備考』完成
1776	昌徳宮後苑に奎章閣を設置
1794	水原に華城を築造（〜1796）
1801	キリスト教の大弾圧（辛酉邪獄）
1804	安東金氏の勢道政治始まる
1811	洪景来、平安道で反乱を起こす（洪景来の乱）
1860	この頃、崔済愚が東学を創始
1862	晋州で民乱起こる（壬戌民乱）
1865	備辺司を議政府に統合。景福宮の再建始まる

1…朝鮮王朝の建国と両班官僚体制

1）朝鮮王朝の建国

　高麗最後の国王恭譲王は鄭道伝（1342～98年）・権近（1352～1409年）・趙浚（1346～1405年）らの李成桂一派によって追放され、李成桂が高麗政府を代表する最高の議政・行政機関であった都評議使司の議決をへて1392年7月に王位に即いた。恭譲王の廟号には、李成桂に玉座を「恭しく譲る」という意味が込められている。太祖李成桂（在位1392～98年）は王権の後ろ盾を確保するため、明に使者を派遣して即位の承認と国号の選定を要請した。翌年、明の太祖洪武帝は国号を「朝鮮」と定めたが、即位を認める金印と誥命（中国の皇帝が諸侯国の国王を承認する文書）を送らなかったため、李成桂は対外的に「朝鮮国王」を自称することができず、しばらく「権知高麗国事」（仮に高麗の国事をつかさどる、の意）という称号を使用した。

　太祖は1394年に高麗の旧勢力の地盤であった開城から漢陽（漢城。現、ソウル）へ遷都し、諸宮殿・官庁街などの建造と、城壁・城門（南大門・東大門など）の造営に着手した。総責任者の鄭道伝は「王朝の設計者」と評される。儒教の古典である『周礼』の都市プランにならい、都城内には王宮景福宮の右手に宗廟（国王と王妃の位牌を祀る祠堂）が、左手には社稷壇（五土五穀の神々を祀る壇）が築造された。

　新王朝の創建事業は朱子性理学を政治理念とする新興儒臣によって推進され、王権の伸張は政治の実権をもつ彼らに制約をうけた。

全州の慶基殿

Column

南大門

　王都漢城の正門はその正式名称を崇礼門(すうれいもん)という。朝鮮王朝初期の代表的な城門で、国宝第1号に指定されている。都城内の四大門と四小門のうち南側の大門であることから、俗に南大門とよばれる。1396年（太祖5）に都城の築造という一大工事が始まり、南大門は1398年に竣工した（2008年2月に木造楼閣の大部分が焼失した）。

　南大門の基壇は花崗岩で築かれ、中央にはアーチ型の迫持門(せりもちもん)がある。その上に建つ重層の楼閣は、ソウルに現存する木造建築としては最古のものであった。この重層構造は南大門と東大門および西大門（現存せず）のみにみられ、その他の城門とは一線を画す。崇礼門の扁額は第3代朝鮮国王太宗の長男譲寧大君(ヤンニョンデグン)の筆跡と伝わる。礼の文字は五行説では火徳に属し、火は五方に配置すれば南にあたる。都城のはるか南にある冠岳山(クァナクサン)（629m）は尖っていることから、これも火徳に属するという。そこで南大門の扁額を縦書きにして火の炎上を象らせ、景福宮と向かいあう冠岳山の火気に対抗させたといわれる。

　本来は南大門の両側には城壁がつづき、城門の下を人馬が通っていたが、日本統治下にあった1907年、新しい道路網の開通にともなって城壁の撤去が決定した。翌年には東大門両側の城壁につづき、南大門付近の城壁も取り除かれた。その後、朝鮮戦争の際に破壊された部分については1952年に補修工事が行

崇礼門（南大門）

われ、さらに1962年制定の文化財保護法により南大門が国宝第1号に指定されると、政府は全面的に改修工事を実施した。その解体修理中に南大門の棟上げの日時を墨書した大梁(おおばり)が発見され、500年前の1497年(成宗10)にも改修工事があったことがわかった。この大梁は南大門に関する『朝鮮王朝実録』の諸記録を裏づけるだけでなく、実録から漏れた改修工事記録を伝える貴重な史料である。

慶基殿に奉安された太祖李成桂の肖像

宗廟正殿

2度にわたる骨肉の王位継承争い(1398年の第1次王子の乱と1400年の第2次王子の乱)のすえ、太祖の五男李芳遠(イバンウォン)(のちの太宗(テジョン))がみずからの兄弟と開国功臣の鄭道伝らを排除して即位した。太宗(在位1400～18年)は王権の強化をはかるため、従来は王族や官僚に許可されていた私兵を廃止して兵権を集中し、中央官制を改革した。都評議使司を廃止して議政府(ぎせいふ)を置き、その下の六曹(りくそう)に行政実務を分担させた。六曹とは文臣の人事を担当する吏曹以下、戸曹(戸籍、土地、財政)、礼曹(儀礼、外交、学校、科挙)、兵曹(武臣の人事、軍事)、刑曹(刑罰、訴訟、奴婢)、工曹(土木、営繕、工匠)である。議政府の政務分割はその権限の縮小であり、王と六曹の直結は相対的に王権の伸張を意味した。

Column

宗廟

　国宝第227号の宗廟は朝鮮王朝歴代の国王とその王妃、そして死後に国王の称号を贈られた追尊王の位牌を奉安して祀る祠堂である。1995年にはユネスコの世界文化遺産に登録された。

　1395年（太祖4）に竣工した宗廟は南向きで、正殿の正面は7間、内部は5つの小さな祠堂で仕切られていた。建国当初は「天子七廟、諸侯五廟」という古代中国の儀礼制度にならい、太祖とその四代祖（高祖父の穆祖(モクチョ)、曾祖父の翼祖(イクチョ)、祖父の度祖(タクチョ)、父の桓祖(ファンジョ)）のあわせて5世代5人を祀った。ところが、第2代国王の定宗が死去すると五廟制を守ることができなくなった。そこで中国宋代の別廟(そう)制度を取り入れ、四祖殿を新設して四代祖の位牌を順次ここに移すことにした。これが宗廟正殿の北側にある永寧殿(えいねいでん)であり、1421年（世宗3）に落成した。

　それでも歳月の流れとともに宗廟の祠堂不足は深刻な問題として残った。そのため、1547年（明宗2）に宗廟の正殿を左右に2間ずつ増築して11間としたが、1592年（宣祖25）に勃発した壬辰倭乱の際にすべて焼け落ちた。宗廟と永寧殿が再建されたのは1608年（光海君即位）のことである。以後、宗廟も永寧殿もいくどかの増築を重ね、1836年（憲宗2）に宗廟の正殿はついに19間となった。これがいまの宗廟である。

　宗廟正殿の全長は約100ｍで、儀礼制度の本家である中国にもこれほど巨大な単一の木造建築物はない。27人の朝鮮歴代国王のうち、宗廟に祀られているのは功績の高い18人の国王と追尊された翼宗(イクチョン)（第24代国王憲宗の父）のあわせて19人であり、7人の国王が四代祖とともに永寧殿に眠る。こんにち、毎年5月の第1日曜日には王室の末裔である全州李氏によって伝統的な宗廟大祭が厳かに行われている。

2) 朝鮮初期の政治構造

 朝鮮王朝の政治体制は、基本的には前朝高麗の文武両班（文班と武班）体制を踏襲した。両班とは本来、文字通り現職の文武官僚を指したが、のち官僚を輩出しうる社会階層を指すようになった。父祖の功績で官職をえる蔭叙制も存続したが、官僚になるには科挙（3年ごとに実施）を受験しなければならず、実際の応試は学習環境と経済的条件が必要とされた。受験資格は広く良人の男子に認められたとはいえ、実際には制限があったも同然である。

 中央政治機構としてはまず、領議政・左議政・右議政の3人の宰相を頂点とする議政府が百官と政務全般を統轄し、六曹はその政務を分掌した。王命を取り次ぐのは承政院であり、国王の秘書機関として重要な役割をはたした。承政院が記録した日記は実録編纂の際の根本史料となり、現存する写本の『承政院日記』は1623年（仁祖元）以降のものである。官吏の不正を糾察する司憲府と、王を諌める司諫院をあわせて台諫といい、経籍の収集・研究と国王文書の作成に従事した弘文館を加えて三司という。これらの機構には官僚の専横と王の専制を牽制する機能があり、その機能が王権と両班官僚の臣権のあいだに対立を生み出すなど、いちじるしく政治に作用した。その他、司法機関としては義禁府、王都の治安を維持する漢城府、外交文書を作成する承文院、文官を養成する最高学府の成均館、通訳を養成する司訳院などがある。

 地方政治機構は、全国を京畿・慶尚・全羅・忠清・江原・黄海・平安・咸鏡の八道にわけ、その下に邑（郡県の総称）として府・牧・郡・県を置いた。各道には地方長官の観察使（監司ともいう）が、地方の邑には守令（府尹・牧使・郡守・県令または県監）が中央から派遣された。とくに観察使は

文廟大成殿

朝鮮王朝実録

　朝鮮王朝時代の太祖から哲宗に至るまで（1392年7月～1863年12月）の各王代の事績を政府が編纂した編年体の記録で、国宝第151号に指定されている。朝鮮王朝の政治・経済・外交・軍事・文化などあらゆる分野を詳細に記録した正史であり、1997年には『訓民正音』（国宝第70号）とともに世界記録遺産に登録された。原文はもちろん漢文であり、1,893巻888冊の原本はソウル大学校奎章閣（けいしょうかく）に保存されている。同じく奎章閣は2001年に世界記録遺産に登録された『承政院日記』（国宝第303号）を収蔵する。

　実録の編纂は国王の死後に始められ、基本的には国王に近侍する史官があらゆる会議に出席して記録した「史草」という日記と、この「史草」のほか各官庁の重要書類をあわせて春秋館（のちに実録庁が担当）が編纂した「時政記」の2種類を根本資料とした。第一級の機密資料であって、たとえ国王といえども閲覧することはできなかった。

　実録は4部が印刷され、春秋館の内史庫のほか有事に備えて忠州・全州・星州の各史庫に保管した。はたして有事は現実のものとなった。1592年に勃発した豊臣秀吉の朝鮮侵略により3史庫本が焼失したからである。戦乱後、朝鮮政府はかろうじて難を免れた全州史庫本をもとに実録を活字で復元し、春秋館のほか要害の地である江華島の摩尼山（マニサン）（のち同じく江華島の鼎足山（チョンジョクサン））・平安道の妙香山（ミョヒャンサン）（のち全羅道の赤裳山（チョクサンサン））・慶尚道の太白山（テベクサン）・江原道の五台山（オデサン）の4史庫で保管した。いま、私たちが朝鮮時代史を学ぶことができるのは、当時の朝鮮知識人の英知と高度な印刷技術のたまものである。

　韓国では1955年から国史編纂委員会が太白山本（一部は鼎足山本）の影印縮刷版を全48冊にまとめて刊行し、日本では1953年か

> ら学習院大学東洋文化研究所が『李朝実録』全56冊として刊行した。とくにIT先進国の韓国では史料のデジタル化が急速に進み、1996年に全文韓国語訳の『朝鮮王朝実録CD-ROM』が刊行され、ごく最近では国史編纂委員会が全文漢字テキスト版とあわせて電子データを公開した。

兵権を兼任し、守令を監察した。これらの地方官には行政・司法の権限があたえられたが、不正防止のため自己の出身地には派遣されず、任期にも制限があった。観察使の任期は360日、守令の場合は1,800日である。地方官庁の事務機構も中央の六曹にならって吏・戸・礼・兵・刑・工の六房からなり、その実務担当者を郷吏という。守令は任務遂行のために地方士族と郷吏の協力をえる必要があり、高麗末期から存続した留郷所（在地士族による自治団体）を郷庁とあらためて地方統治機構に吸収した。郷庁は守令に対する諮問機関として守令の任務を補佐した。

定宗（在位1398〜1400年）代末から太宗代初めに私兵が廃止されたのち、軍事機構もしだいに整備された。世祖（在位1455〜68年）代には五衛制が確立し、その指揮権は五衛都総府が掌握した。五衛とは義興（中衛）・竜驤（左衛）・虎賁（右衛）・忠佐（前衛）・忠武（後衛）をいい、この5つの部隊で中央軍を構成した。その指揮権は文官にあった。地方の各道には兵営と水営を置き、陸軍司令部の兵営は兵馬節度使が、海軍司令部の水営は水軍節度使が指揮し、地方の要衝には鎮が置かれた。

3）朝鮮初期の王権強化

新王朝の政治・経済的基盤が確立したのち、太宗を継いだ世宗（在位1418〜50年）は、1420年に儒教的な王道政治を支えるために集賢殿を設置した。

Column

成均館

　さきごろ建学600周年を迎えた成均館大学校の前身であり、1398年（太祖7）に完成した儒教教育の最高学府である。その伝統を継承すべく、いまも儒学科を擁するところにその学風があらわれている。1999年に完成した成均館大学校600周年紀念館の地下1階には同校附設の博物館があり、必見である。

　成均館の敷地内には教育施設として儒学を講義する明倫堂をはじめ、儒生の寄宿舎である東斎・西斎、科挙試験場の丕闡堂、書庫の尊経閣などがある。しかし、成均館は教育施設であると同時に、孔子以下の四聖・十哲など儒教の先賢を祀る文廟（文宣王廟）を設置したところにも注目すべきである。文廟の祠堂を大成殿といい、その両側にならぶ東廡・西廡には中国・朝鮮の名儒を従祀した。大成殿では毎年春と秋に国家祭祀が執り行われ、国王の親祭が原則であった。孔廟（中国山東省曲阜市）にある大成殿の規模にはおよぶべくもないが、儒教を統治理念とする朝鮮王朝にとって、孔子を祀る文廟祭（釈奠という）は王朝の理念を可視化する儀礼空間であったといってもよい。

　朝鮮王朝時代には漢城の文廟だけでなく、地方の郷校でも儒教の先賢を祀った。郷校とは邑ごとに1校ずつ設置された国立の学校施設であり、在地士族の子弟は郷校内に設けられた明倫堂で儒学を学んだ。もちろん、郷校は成均館の構造にならって大成殿を設けている。朝鮮王朝では明の儀礼制度を参考に郡県の単位にまで社稷壇と文廟を設置しており、文廟祭もまた漢城だけではなく地方のすべての邑で行われた祭祀儀礼であった。各邑で文廟祭を主宰するのは中央から派遣された守令であり、王朝の国家権力が地方の隅々にまで張りめぐらされていたことを窺わせる。

朝鮮王朝系図

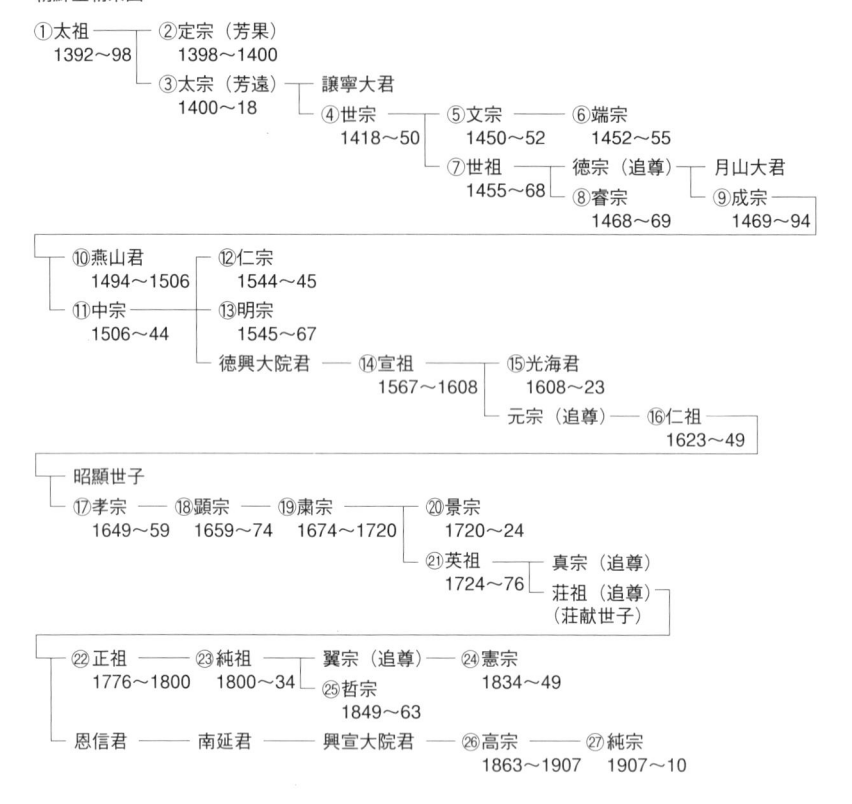

```
①太祖 ── ②定宗（芳果）
1392～98    1398～1400
       └ ③太宗（芳遠）── 譲寧大君
          1400～18    ├ ④世宗 ── ⑤文宗 ── ⑥端宗
                      1418～50   1450～52   1452～55
                              └ ⑦世祖 ── 徳宗（追尊）── 月山大君
                                1455～68  ├ ⑧睿宗   └ ⑨成宗
                                          1468～69    1469～94
┌ ⑩燕山君      ⑫仁宗
│ 1494～1506   1544～45
├ ⑪中宗 ── ⑬明宗
  1506～44    1545～67
          └ 徳興大院君 ── ⑭宣祖 ── ⑮光海君
                        1567～1608  1608～23
                                 └ 元宗（追尊）── ⑯仁祖
                                                1623～49
┌ 昭顯世子
├ ⑰孝宗 ── ⑱顕宗 ── ⑲粛宗 ── ⑳景宗
  1649～59   1659～74   1674～1720  1720～24
                              └ ㉑英祖 ── 真宗（追尊）
                                1724～76  └ 荘祖（追尊）
                                          （荘献世子）
┌ ㉒正祖 ── ㉓純祖 ── 翼宗（追尊）── ㉔憲宗
  1776～1800  1800～34            1834～49
                    └ ㉕哲宗
                      1849～63
└ 恩信君 ── 南延君 ── 興宣大院君 ── ㉖高宗 ── ㉗純宗
                                  1863～1907  1907～10
```

世宗は優秀な人材を集賢殿学士として選抜し、王朝国家の政治システムを整備するために、古代中国の制度や古典に関する研究のほか、儒教関係書籍の編纂事業を命じた。彼らにはまた経筵（けいえん）（国王と学者が学問と政策を論じる場）のほか書筵（しょえん）を担当させ、王世子（王位継承権者）を指導させて王位の安定を期した。文宗（ムンジョン）（在位1450～52年）の死後、幼い端宗（タンジョン）（在位1452～55年）を議政府の重臣が補佐する（院相という）ようになると、六曹直啓の制度が廃止されて政権は議政府に移り、これに参画した集賢殿の学士が儒者官僚層として台頭した。彼らと対立した首陽大君（スヤンデグン）（端宗の叔父。のちの世祖）は1453年（端宗元）にクーデタを起こして議政府の重臣 皇 甫仁（ファンボイン）（?～1453年）・金宗（キムジョン）

瑞(1390〜1453年)らを殺害し(癸酉靖難)、政府の要職を兼任して政権と兵権を掌握したのち即位した。世祖は議政府中心の政治体制をあらため、六曹直啓制を復活させることによって王権の強化をはかった。

世祖の王位簒奪を助けた鄭麟趾(チョンインジ)(1396〜1478年)・申叔舟(シンスクチュ)(1417〜75年)らは、靖難功臣の勲号を授かって世祖の治世に大きな功績を残している。その反面、集賢殿出身の儒臣は反発した。端宗復位計画をはかった成三問(ソンサムムン)(1418〜56年)・河緯地(ハウィジ)(1387〜1456年)らは処刑・殺害されて「死六臣」とよばれ、野に下った金時習(キムシスプ)(1435〜93年)・南孝温(ナムヒョオン)(1454〜92年)らは「生六臣」とよばれた。この年1456年には集賢殿と経筵も廃止された。東北面でも1453年に咸吉道(のち咸鏡道)都節制使(とせっせいし)(各道の軍事を統轄した司令官)の李澄玉(イジンオク)(?〜1453年)が女真と結託し、「大金皇帝」と名のって新王権に反旗をひるがえした。中央集権体制が整備され、咸吉道にも守令が派遣されて国家権力が地方にもおよぶと、1467年には豪族出身の会寧府使(フェリョン)李施愛(イシエ)(?〜1467年)が留郷所の勢力をえて反乱を起こした。いずれも鎮圧されたが、李施愛の乱後、世祖は地方勢力の拠点となっていた留郷所を撤廃した。

財政改革の面でも大きな成果があった。従来はすべての官位保持者に対して田地の収租権(税の徴収権)を認める科田法(かでんほう)が実施されていたが、1466年(世祖12)にはこれを廃棄して職田法(しょくでんほう)が制定され、実職者に限って収租権が給付された。やがてこの職田法も16世紀半ばの明宗(ミョンジョン)(在位1545〜67年)代には廃止され、現職官僚には禄俸だけが支給されることになった。

太宗・世宗をへて確立した王権と中央集権体制の整備は世祖代に強化され、統治規範となる法典の編纂も世祖代に始まった。戸典・刑典につづけて全6典がそろうと1471年(成宗2)に「辛卯大典」が施行され、1474年の改訂版「甲午大典」をへて、最終定着本の『経国大典』(けいこくたいてん)が1485年(成宗16)に施行された。これは朝鮮王朝500年を通じて遵守された総合基本法典である。

4) 朝鮮王朝の身分制度とその矛盾

朝鮮王朝の身分制度は法制的には良賤制をとる。人々は良人と賤人に区分

全羅南道の士族の祠堂（潭陽眉巌祠堂）

され、その地位は世襲された。16歳～60歳の良人の男子は軍役などの良役を負担する義務があり、科挙を受験する資格（権利）があった。一方の賤人は、公的機関に所属する公賤と、私的に所有される私賤にわかれる。つまり、賤人以外はすべて良人、その分類基準は権利と義務である。ところが、社会通念上の身分は、法制的用語としての身分と連動してやや複雑である。先の良賤制論に対して、朝鮮社会の身分制は両班・中人・常民（一般の良人）・賤民の4つの階層があったと理解する立場もある。

　まず、両班とは本来、東班(とうはん)（文班）と西班(せいはん)（武班）からなる文武官僚の総称であって、この用語の起源は高麗王朝にさかのぼる。王朝国家の儀礼である朝会の際に文官が殿庭の東側の班列に、武官が西側の班列に、ともに国王に北面して整列することによる。しかし、14世紀の初め頃から朱子性理学が高麗知識人のあいだで受容されると、彼らは士大夫・士族などの称号を多用するようになった。のち、実学者の朴趾源(パクチウォン)（1737～1805年）が著した『両班伝』によれば、士は読書人、大夫は官僚を意味する。官制上の用語であった両班は現職の文武官僚のみならず、のちに官僚を輩出しうる母体となる社会階層を指すようになる。官制上の用語が身分層を指す用語に転化したのである。そして18世紀末には、彼らは士大夫の族、つまり士族と「自称」し、一般の人々はこの士族を両班と「尊称」するようになった。士族は科挙を通じて官僚になることを生活手段とし、父系親族を記録した族譜(ぞくふ)を編纂して社会的地位を確認した。

　中人は、狭義には漢城の中央部に暮らす訳官（通訳）・医官（医師）などの技術官を総称し、広義には郷吏・庶孽(しょげつ)（妾の子供とその子孫）・駅吏(えきり)（宿

駅に所属する下級官吏）などの行政実務者を総称する。特殊技術に関する学問を雑学といい、技術官の登用試験は雑科とよばれた。訳官は中国に派遣される各種使節に随行し、中国での貿易活動とそこでえた富を背景に身分を上昇させた者もいた。郷吏に対しては禄俸に関する法的規定がなかったため、不正と腐敗を必然化させ、朝鮮後期になると経済的に恵まれた郷吏が郷村社会の実力者として権勢を振るうようになる。

　人口の圧倒的多数を占めたのが常民と賤民である。常民の大部分は農業に従事し、手工業と商業に従事する者もいた。彼らこそが生産と役を負担する国家の経済的基盤であった。賤民には奴婢のほか、広大（芸能者）・巫覡（ふげき）・白丁（屠畜業者）なども含まれる。奴婢のうち、公賤は官庁などで労働力を提供する立役奴婢と、経済的に独立して身貢（米や布）だけを国家に納める身貢奴婢にわかれ、私賤も完全な隷属状態にあって労働力を提供する率居奴婢と、所有主から独立して土地を耕作する外居奴婢にわかれる。

　このように朝鮮王朝の両班官僚体制が確立し固定化したことは、官職の需要が限定されたことを意味する。ところが、その一方で両班の数は増加し、科挙合格者数がその必要人員をはるかに上回るという矛盾が生じた。しかも、封建的な身分体制を基盤にした官僚層は儒教的な農本思想にもとづいて商工業を抑圧し、地方の農荘（のうしょう）（私有地）を拡大して地主化すると、官吏に支給する職田が不足し、国家収入は減少した。身分構造と経済構造からくる矛盾は既成・新進官僚間に対立と分裂をもたらし、地方では農荘に基盤を置いた書院（しょいん）が次々と設立されるようになる。

楽安邑城内の民家（全羅南道）

朝鮮　179

5）王権と士大夫の相互牽制

　世祖を継いだ睿宗(在位1468～69年)はわずか1年余で死去したが、次の成宗(在位1469～94年)は好学の王であった。成宗は弘文館(集賢殿の実質的な後身)を設置して各種の書籍を編纂し、儒教政治の振興のために嶺南(慶尚道)地方の学者を抜擢、登用した。彼らは高麗に対する節義を守って朝鮮王朝には仕えず、慶尚道に隠居して後輩の教育に専念した吉再(1353～1419年)の学問的伝統を受け継ぎ、嶺南学派を形成していた。成宗が言論をつかさどる言官(司憲府・司諫院・弘文館)として彼らを中央政界に進出させたのは、世祖以来、政治・経済的に基盤を固めていた勲旧派を牽制する意図があった。既得権勢力の勲旧派と新進勢力である士林派との対立が表面化したのが次の燕山君(在位1494～1506年)代である。金宗直(1431～92年)門下の金馹孫(1464～98年)が世祖の王位簒奪を比喩で非難した文章を『成宗実録』編纂の際に挿入しようとしたことから、士林派は勲旧派の弾圧をうけて政権から排除された(1498年、戊午士禍)。王権が勲旧派と結んで士林派を弾圧した事件であるが、その6年後には燕山君の暴政に反対する勲旧派を政権から追放した(1504年、甲子士禍)。生母である尹氏の廃妃と賜死(1482年)という幼少期の環境が、燕山君の行動に大きな影を落としたといわれる。

　やがて燕山君は勲旧派により廃位され、王位に即いた中宗(在位1506～44年)は儒教政治の回復のために少壮学者趙光祖(1482～1519年)らの士林をふたたび登用して勲旧派を牽制した。しかし、趙光祖一派は賢良科という推薦制度を設けて人事制度を刷新し、言官職に就いて言論活動を活発化させる急進的な政治改革を断行したため、既成の官僚・功臣の反発をかい、ついに勲旧派によって排除された(1519年、己卯士禍)。短命の仁宗(在位1544～45年)を継いで異母兄弟の明宗が即位すると、こんどは王位継承問題をめぐって外戚間に紛争が起きた(1545年、乙巳士禍)。明宗の外戚(尹元衡一派)が仁宗の外戚(尹任一派)を政権から追放したこの士禍は官僚もまきこみ、官僚間の対立は政権掌握のための闘争に転換していった。

6）両班官僚体制の動揺

　士林派は士禍で弾圧をうけながらも、儒学を学ぶ以外に立身出世の道がなかったため、有力な士族はみずからの勢力基盤である農荘を中心に私立の教育機関である書院を設立し、在郷の子弟を教育した。その嚆矢は、朱子が復興した

李退渓を祀る陶山書院（慶尚北道安東）

白鹿洞書院（中国江西省廬山）をモデルとして1543年（中宗38）に慶尚道豊基（現、慶尚北道栄豊郡）郡守周世鵬（1495～1554年）が創建した白雲洞書院である。ここで子弟を教育し、祠堂には高麗末の儒学者安珦（安裕。1243～1306年）が祀られた。のち1550年（明宗5）に豊基郡守として赴任した李滉（号は退渓。1501～70年）の建議により、国王から「紹修書院」という親筆の扁額が下賜され、最初の賜額書院となった。賜額書院には国家から土地・奴婢・書籍が支給され、さらに免税・免役など経済的な特権があたえられたため、慶尚・忠清・全羅道の三南地方を中心に士族はこぞって書院を設立した。士族は書院を介して党派別に連帯関係を強化し、彼らの指導のもとに相互扶助的な郷約が施行され、郷村社会が維持された。一方、すべての邑に設置された官学の郷校はしだいに私学の書院の勢力に押され、教育的機能を低下させていくことになる。

　在地士族はこの郷村を基盤として宣祖（在位1567～1608年）代にふたたび政界に進出した。士林派は勲旧派にかわって政権を独占したが、1575年（宣祖8）には士林派のなかで自己分裂が起きた。金宗直の系譜をひく金孝元（1532～90年）と、明宗の外戚である沈義謙（1535～87年）とのあいだに吏曹のなかで人事権を握る銓郎職（正5品の正郎と正6品の佐郎）をめぐって軋轢が生じ、士林派は2つの党派にわかれた。金孝元の家は漢城の東部にあり、沈義謙の家は西部にあったことから、それぞれの支持派を東人、西人と

朝鮮　181

よぶ。東人には李滉の門人が多く、西人には李珥（号は栗谷。1536〜84年）の門人が多かったために、学問上の見解と子弟関係も複雑にからみあった。李滉は現実より原則を重視する形而上学的な主理論を唱えて「東方の小朱子」とよばれ、のちに徳川政権下の日本にも多大な学問的影響をあたえた。一方の李珥は「東方の聖人」と称され、むしろ形而下の現実を重視する主気論を展開して制度改革を主張した。この李滉と李珥こそ朝鮮儒学界の双璧である。さらに1591年に東人は李滉系の南人と曺植（1501〜72年）系の北人にわかれ、17世紀後半の1683年（粛宗9）に西人も李珥系の老論と成渾（1535〜98年）系の少論にわかれて党争はますます激化した。勢力が大きかった南人・北人・老論・少論を四色党派という。南人派は李滉を祖とする嶺南学派と、老論派は李珥を祖とする畿湖（京畿と忠清道）学派とそれぞれ一体化した。

　政権掌握をめぐって15世紀末から繰り返された政争は両班官僚体制を揺るがせ、土地制度・収取体制・兵制など王朝本来の体制は極度に乱れた。

2…朝鮮王朝前期の国際関係

1）明との関係

　朝鮮王朝は高麗以来の旧例にならい、中国に対して事大の礼をとって儀礼的関係を結び、琉球・日本など近隣諸国とは交隣関係を築いた。

　王朝開創当時は女真からの流移民の送還問題と歳貢問題をめぐって明と意見が対立し、対明関係は決して順調ではなかった。明との正式な冊封関係が成立したのは1401年（太宗元）のことである。「朝鮮国王」と刻まれた金印は宗主国とその藩属国との身分関係を意味する冊封体制の象徴であり、朝鮮にとっては高麗末以来の反対勢力を抑えて国内を統治する王権の証しであった。以後、朝鮮の歴代国王は明の皇帝から即位の承認をうけ、明の暦（大統暦）を下賜された。ここに朝鮮は明を中心とする東アジア国際秩序のなかに参入した。

朝鮮は毎年、正朝（元旦）・聖節（皇帝の誕生日）・千秋節（皇太子の誕生日）に明へ使節を派遣した。のち16世紀前半の1531年（中宗26）に正朝使を廃止して冬至使が追加され、臨時の使節としては謝恩使・奏請使・進賀使・進香使などもある。これらの使節の頻繁な往来は官貿易の機会でもあり、典籍をはじめ明のすぐれた文物が朝鮮に輸入された。明は私貿易を認めず、朝鮮が朝貢品を明帝に送って回賜・賞賜物をうける朝貢形式の官貿易のみを許可した。同様の形式を明は日本・占婆（チャンパ）・爪哇（ジャワ）などの諸国に対しても要求した。この朝貢貿易関係に参入した朝鮮も国内の貿易を統制したため、明からの絹織物・薬材・陶磁器などの奢侈品は王室に経済的実利をもたらした。しかし、明は歳貢（毎年の朝貢品）として金銀・馬匹を要求し、これらを調達する朝鮮の経済的負担は莫大であった。そのうえ明は処女（未婚の女性）と宦官の進献を強要することもあった。この要求に応じるために朝鮮では処女の婚嫁を禁じ、その結果、早婚の風潮を生んだという。また、入明した宦官はやがて明使として朝鮮に派遣され、朝鮮初期の対明関係とその交渉が彼らによって支配されることが少なくなく、朝鮮の処女が明の永楽帝（えいらくてい）の后妃として冊立された例もある。そうなると彼らの近親同族の叙官、出生地である府牧郡県の昇格が問題となり、郡県制を弛緩させる恐れがでてくるなど、明の処女・宦官の強要は政治・社会的にも弊害を生んだ。

　朝鮮前期で最大の懸案であった対明外交問題が宗系弁誣（そうけいべんぶ）問題である。明の国制総覧ともいうべき『正徳大明会典』に太祖が政敵李仁任（イイニム）（？〜1388年）の子であると記録されていたことが1518年（中宗13）に発覚し、以後、朝鮮政府はその修正を要求すべく奏請使をたびたび明に派遣した。その記録が洪武帝の家訓書（『皇明祖訓』）からの引用であったことから朝中間の交渉は難航したが、最終的には交渉経緯を増補修正版の『万暦大明会典』に註記することで決着した。その『大明会典』全巻は1589年（宣祖22）に明帝より下賜され、宣祖は宗廟に眠る歴代国王に報告して全国に恩赦令を下した。

2）倭寇対策

　一方、朝鮮は南方の倭寇侵略と北方の女真侵入とに対して巧みな外交政策をとった。朝鮮にとって外交・通商の問題以前に倭寇の禁圧が最重要課題であったため、太祖は即位の年に日本の室町幕府へ通交と禁賊を要請した。明との国交樹立以前の室町政権は五山僧の返書を授けて禁賊を約束したが、いまだ外交権が行使できない状況にあった。しかし、1402年に明帝と足利義満とのあいだに冊封関係が成立すると、朝鮮では義満を日本国王として処遇し、日朝関係に大きな変革をもたらした。朝鮮では日本国王を朝鮮国王とともに明の皇帝を中心に形成される東アジアの国際秩序に編入された隣国として認識したのである。室町政権に対する外交文書には国王の信書を用いて形式上対等の交隣関係を結び、のち江戸幕府を開く徳川政権とも基本的にこの伝統を受け継いで通信使を派遣した。日本国王使の渡航に対し、朝鮮政府は回礼使・通信官・通信使を派遣してこれにこたえた。

　倭寇対策に腐心していた朝鮮は1419年（世宗元）、退位後も兵権を掌握していた太宗の命により李従茂（イジョンム）（1360～1425年）を指揮官とする1万7千人余の水軍を派遣し、倭寇の本拠地とみなされていた対馬を襲撃した。日本では応永の外寇、朝鮮では己亥東征（きがいとうせい）とよばれる。室町幕府は朝鮮政府の真意を探るため、『大蔵経』（だいぞうきょう）の求請を名目に日本国王使として無涯亮倪（むがいりょうげい）らを朝鮮に派遣した。翌年、彼らの帰国に同行した回礼使宋希璟（ソンヒギョン）（号は老松堂。1376～1446年）は、復命後に紀行詩文集『老松堂日本行録』を残した。世宗が倭寇問題解決のために日本の国情を視察させたものであるが、この回礼使の復命報告は朝鮮側の日本認識を拡大させた。中央集権制の強い朝鮮側からの観察ではあるが、室町幕府の権威が微弱であり、禁賊のためには今川氏や大内氏との通交が有効であると述べた。朝鮮と日本との通交が「多元的」外交関係であった原因はこのような認識によるものであり、この「多元的」通交が功を奏して倭寇を終息へと向かわせた。

3）対馬との関係

　朝鮮は日本国王と並行して諸大名・商人とも通交があった。日本との国交成立後、帰化する者には五衛の武官職をあたえる（受職倭人という）など、朝鮮の倭寇懐柔政策が一定の成果をあげた。その反面、朝鮮に投降・帰化する者が激増し、とくに西日本の諸大名は修交を名目に朝鮮貿易の利益を求めて頻繁に使節を派遣するようになった。これにより朝鮮側の経済的・軍事的負担が増大したため、15世紀前半には図書（通交者の名義を刻した銅製の私印）・書契（外交文書）などを制度化して統制が加えられた。とくに対馬島主宗氏に対しては文引（渡航証明書）の発行権をあたえ、開港場も1426年（世宗8）に富山（釜山）浦（現、釜山市内）・乃而浦（薺浦ともいう。現、慶尚南道鎮海市内）・塩浦（現、慶尚南道蔚山市内）の3港に制限した。これが三浦とよばれ、ここに倭館を置いて使節の接待と貿易に便宜をはかった。ところが、逆に日本船の来航は激増し、大量の米穀と綿布が流出すると、朝

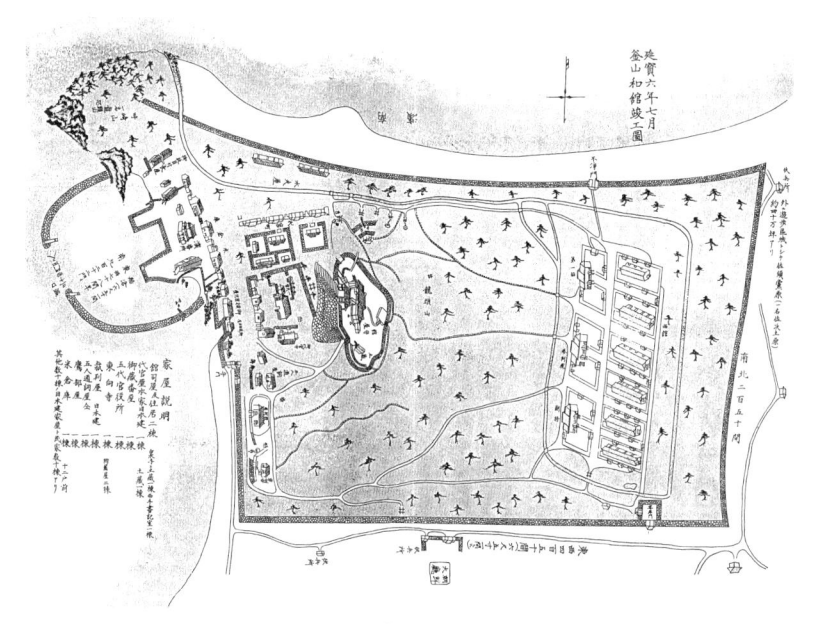

1678年竣工の釜山倭館（高橋章之助『宗家と朝鮮』龍渓書舎、1996年復刻より）

鮮政府は1443年（世宗25）に宗氏とのあいだに癸亥約条を結んで歳遣船の制度を定め、対馬から渡航する年間の船の総数を50隻に、歳賜米を米豆200石に制限した。日本では嘉吉条約とよばれるこの通交貿易条件は、浦所だけでなく通交者そのものにも制限を加えるものであった。しかし、これらの統制策は対馬にとってみれば朝鮮関係の特殊権益であり、これを利用して島内支配を有利に展開することができた。対馬をはじめ日本との通交の大原則は、日本通の高官申叔舟が著した『海東諸国紀』（1471年）に集成されている。この日本・琉球見聞録には日朝間の「多元的」通交を示すべく、さまざまな通交者が記録されているが、その大半は対馬宗氏が仕立てた偽の使節（偽使という）であったといわれている。

15世紀末には三浦に長期定住する恒居倭人が3千人を越えるほど急増し、朝鮮政府が彼らに統制を加えるようになると、1510年（中宗5）に恒居倭人が対馬からの援軍をえて衝突する事件が起きた（三浦の乱）。そのため、朝鮮政府はいったん三浦を閉鎖したが、宗氏の懇請により1512年（中宗7）に壬申約条を結んで交易が再開された。これにより日本人の三浦居住が禁じられ、倭館は薺浦のみとなった。そのうえ開港場も薺浦1港に限られ、歳遣船と歳賜米は半減されて25隻、100石となるなど、通交は大幅に制限された。しかし、宗氏は朝鮮政府に通交権拡大を要求し、朝鮮側も1557年（明宗12）に釜山浦1港・30隻とする丁巳約条を取り決めて制限方針を緩和した。以後、日本からの使船の来航はさして衰退することなく壬辰・丁酉倭乱（文禄・慶長の役）の勃発まで継続したが、これに対して朝鮮からの使船は15世紀半ば以降は派遣されなかった。

4）琉球・女真との関係

女真族は明と朝鮮に対して両属的な立場をとっていた。朝鮮の女真族に対する懐柔政策は高麗末以来の国策であり、一方、朝鮮は北方の安全を期すため女真酋長に朝貢貿易を許可し、彼らに武官職をあたえて懐柔した（受職女真人という）。受職女真人は元旦・冬至などの名節を祝う朝賀礼と宴会にしば

しば参列を許され、受職倭人とともに「朝貢分子」の役割を演じさせられた。1504年（燕山君10）には『海東諸国紀』の姉妹版として「西国諸蕃記」が印刷されたが、現存していない。

15世紀に尚氏によって統一された琉球王朝は東南アジアに進出し、香料などの南海の特産物と、明の陶磁器・絹織物、日本の刀剣・硫黄などとを交換する中継貿易を行っていた。琉球商人は博多に来航して貿易し、それがさらに朝鮮へ輸出されたのである。もともと琉球とは高麗末から使節の往来があり、琉球は国王使を派遣するとともに倭寇で捕らえられた捕虜人を送還してきた。漢城滞在の時期が名節と重なれば、景福宮の正殿勤政殿で催された宮中儀礼に朝鮮の文武官僚とならんで参列したこともある。朝鮮から琉球へは『大蔵経』をはじめ経典・梵鐘・仏像などが東シナ海を渡り、のち15世紀後半頃からは博多商人と結託した偽の琉球使節が『大蔵経』を求めて出没するようになった。

景福宮の勤政殿

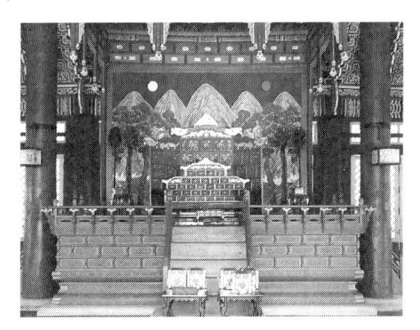

勤政殿の玉座

3…朝鮮王朝前期の文化

1）編纂事業の推進

この時期の文化史上最大の成果は、集賢殿が中心となって朝鮮文字のハングルを考案し、1446年（世宗28）に『訓民正音』の名で正式に公布したこと

である。これにより、従来は漢文で表現してきた王朝政府の理念・思想は、朝鮮語で表記することが可能となった。王朝の建国叙事詩である『龍飛御天歌』(1447年)にハングルが使用されたほか、仏教書籍の朝鮮語訳本として『釈譜詳節』(1447年)『月印千江之曲』(1448年。のちにあわせて『月印釈譜』)などが刊行された。ただ、漢字を重視する知識人層はこの文字を諺文(卑俗な文字の意)としてさげすみ、一般庶民や婦女子のあいだで普及していった。

『太祖実録』(『奎章閣名品図録』ソウル大学校奎章閣韓国学研究院、2006年)

　美麗な甲寅字(こういんじ)(1434年)に代表される金属活字の鋳造など、印刷技術の発達とあいまって各種の編纂事業が盛んに行われた。歴史書では各王代の事績を編年体で記録した実録(こんにちの『朝鮮王朝実録』)をはじめ、前朝高麗の歴史を紀伝体で編纂した『高麗史』(1451年)と編年体の『高麗史節要』(1452年)、檀君(タングン)朝鮮から高麗までの歴史を編んだ通史として『東国通鑑』(1484年)が編纂された。地理書としては世宗代に『新撰八道地理志』が編纂されたが現存せず、このうち『慶尚道地理誌』のみが伝存する。その後も人文地理に関する調査は進み、1481年(成宗12)には『東国輿地勝覧』が編纂され、その増補版である『新増東国輿地勝覧』(1530年)がこんにちに伝わる。

　儀礼書としては五礼(ごれい)の式次第と施行細則を網羅した『国朝五礼儀』が1474年(成宗5)に完成した。五礼とは吉礼(祭祀儀礼)・嘉礼(朝会、婚礼)・賓礼(外交儀礼)・軍礼(軍事儀礼)・凶礼(喪葬礼)のことであり、儒教を国是とする王朝政府にとって重要な規範となった。儒教的な倫理規範は広く民

衆にまで浸透させる必要があり、その教化教育の書として君臣・父子・夫婦間の倫理を絵入りで解説した『三綱行実図』(1434年) も編纂された。

2) 科学技術と文学

　科学技術も大いに進展した。世宗代には渾天儀(こんてんぎ)(地球儀)・日晷(にっき)(日時計)・自撃漏(じげきろう)(水時計)など天文・気象に関する各種の機器が制作され、全国各地に測雨器も設置された。暦書として『七政算』が編纂されたほか、書雲観(しょうんかん)(国立中央天文気象台)を中心に天体観測も進められた。地の災いは天の譴責とする天譴思想の影響もあるが、基幹産業である農業と密接な関係があるからである。王朝政府は『農事直説』(1429年)など農業・養蚕に関する書物を刊行して農業を奨励し、農業技術を普及するとともに水利施設を拡張した。医学・薬学では、医薬に関する『郷薬集成方』(1433年)がやはり世宗代に刊行された。のち、宣祖の命をうけた許浚(ホジュン)(?〜1615年)は中国・朝鮮の医学書を集成した『東医宝鑑』を1611年(光海君3)に完成し、漢方医学の発展に大きな影響をあたえた。

　朝鮮前期には多くの文章家が輩出した。文学の主流は漢文学であり、成宗代に徐居正(ソゴジョン)(1420〜88年)らによって編纂された『東文選』はその代表的な成果である。明の説話文学を模倣した金時習の『金鰲新話』は朝鮮小説史を語るうえで特筆すべきであり、高級官僚にして朝鮮文壇をリードした成俔(ソンヒョン)(1439〜1504年)の『慵斎叢話』も史料的価値が高い。その他、庶孽を差別する朝鮮社会を諷刺した小説『洪吉童伝』、壬辰倭乱を詳細に記録した柳成龍(ユソンニョン)(1542〜1607年)の『懲毖録』も朝鮮前期の代表的な作品としてあげられる。

4 小中華意識の形成と展開

1) 豊臣政権の対外認識

　1590年に国内統一をはたした豊臣秀吉は、東アジア諸国の征服を設定して

いた。秀吉は九州平定後には朝鮮に出兵し、日本のみならず明を手中に治めて諸大名に所領をあたえるという構想を対馬宗氏に伝え、朝鮮国王を服属させるよう命じた。東アジア征服の目的はみずからの佳名(かめい)を日本・明・朝鮮の3国に残すことにあり、東アジア征服は天命であるとして朝鮮国王に明征服のための先導(「征明嚮導(せいみんきょうどう)」という)を命じたのである。秀吉は、朝鮮が対馬宗氏に従属するものと認識していた。しかし、朝鮮側の対馬・朝鮮関係の認識と秀吉の認識とでは大きなギャップがあった。朝鮮側では対馬を慶尚道の属島とみなし、宗氏の立場も政治的・経済的に朝鮮と密接な関係にあり、秀吉の要求する交渉には応じることができなかった。そこで宗氏はやむなく、秀吉の日本統一を祝賀する通信使派遣要請にすり替え、1589年(宣祖22)に外交僧として著名な博多聖福寺の景轍玄蘇(しょうふくじ けいてつげんそ)を正使、島主の宗義智(そうよしとし)みずからは副使となって朝鮮に渡った。朝鮮側は日本に対して天子の教化のおよばない野蛮な国、君主の位を簒奪する国、とみる認識があったが、朝議のすえ、国王宣祖は正使を黄允吉(ファンユンギル)(1536〜?)、副使を金誠一(キムソンイル)(1538〜93年)、書状官を許筬(ホソン)(きょせい)(1548〜1612年)とする朝鮮通信使を日本へ派遣し、翌90年に京都の聚楽第で秀吉に謁した。もちろん秀吉はこの通信使一行を、朝鮮国王が服属入朝したものとみなしていた。

　通信使一行は帰国して秀吉との謁見の顛末を宣祖に復命したが、黄允吉はかならず兵禍があるであろうと警戒を主張したのに対し、金誠一はその意見を否定した。当時、左議政として政権を握っていた東人の柳成龍は同じく東人に属する金誠一の意見を採用し、西人である黄允吉の意見を退けてしまった。ところが柳成龍の判断は誤りであった。通信使の帰国に同行した景轍玄蘇が、明へ入るのに朝鮮の道を借りたい(「仮途入明(かとにゅうみん)」という)と要請したからである。朝鮮側の拒絶にもかかわらず、その後も宗氏は秀吉が要求した「征明嚮導」を「仮途入明」にすり替えて交渉をつづけた。秀吉は出兵の本拠地となる肥前名護屋城(なごやじょう)の築城を命じ、諸大名を名護屋に集結させて朝鮮出兵の準備を着々と進めていた。

2）壬辰・丁酉倭乱

　1592年（宣祖25）4月、秀吉は16万の軍隊を派遣して釜山に侵攻した（壬辰倭乱、文禄の役）。文治政治を尊ぶ当時の朝鮮では兵制が事実上弛緩していたうえ、鳥銃（火縄銃）が実戦で使用されたことはなく、辺境の防衛体制も十分ではなかった。そのため、釜山から3路にわかれて北上する日本軍を阻止できず、宣祖と官僚は漢城を放棄して平安北道の義州まで避難した。同年5月に漢城に入城した日本軍はさらに北上して6月には平壌を陥落させ、咸鏡道を席巻した。日本軍は緒戦には勝利したものの、海上では全羅左水使（全羅左道の海軍司令官）として赴任していた李舜臣（1545～1598年）の率いる水軍が亀甲船を登場させて制海権を握り、物資の補給路を断たれた日本軍は形勢不利となった。7月には朝鮮政府の要請に応じて明の神宗万暦帝が朝鮮系中国人の李如松を指揮官とする5万の援軍を派遣し、朝鮮の各地でも士族・僧侶の指揮をうけた義兵が蜂起して日本軍を駆逐した。なかでも閑山島近海・幸州山城・晋州城での防禦戦は壬辰倭乱の3大戦勝に数えられる。

　日本軍と明・朝鮮連合軍の対峙状態がつづくなか、翌93年5月に日本軍は明軍の和議に応じ、明将沈惟敬と小西行長が講和交渉にあたった。ところが、双方の主張した条件が合致せずに交渉は決裂し、1597年（宣祖30）1月に秀吉は再度14万の軍隊を派遣して朝鮮に侵攻した（丁酉再乱、慶長の役）。しかし、すでに朝鮮政府は1594年（宣祖27）に訓錬都監を設置して陸軍を再編成しており、慶尚・全羅・忠清道の三道水軍統制使（海軍総司令官）に任命された李舜臣も水軍を増強していたため、日本軍に脅威をあたえた。戦線が膠着するうちに翌年8月、秀吉が病死すると日本軍は半島南部から大挙して撤収しはじめ、前後6年余にわたる日本の侵略戦争がようやく終息した。

　日本軍の殺戮と略奪によって朝鮮の農村社会はいちじるしく変動した。倭乱後、全国の耕作地面積は戦前の3分の1以下となり、とくに日本軍が長期間駐屯した慶尚道の田野の被害が大きかった。人口の減少と田野の荒廃は国家財政を窮乏させ、土地台帳と戸籍の大部分が焼失したため、租税や徭役の徴発が困難となった。戦乱の際に奴婢は身分解放のために掌隷院と刑曹に火

朝鮮　191

全州史庫（1991年に再建）

を放って戸籍を焼き払い、財政難と飢饉の解決のために政府も米を納付した者に官爵をあたえる売官（納粟）さえ行い、社会身分体制を混乱させた。景福宮をはじめ離宮・諸官庁は焼失し、歴代国王の実録を保管した4ヶ所の史庫（漢城の春秋館と忠州・星州・全州）も全州史庫以外は灰燼に帰した。日本へは多くの捕虜が連行され、略奪された儒教関係書籍や銅活字は朱子学をはじめとする学問・文化の発展をうながした。日本に連行された李参平（?〜1653年）は肥前有田焼の陶祖としていまも佐賀県西松浦郡有田町に祀られており、李滉の門人姜沆（1567〜1618年）は京都相国寺の藤原惺窩らと交遊し、帰国後に日本見聞録の『看羊録』を著した（刊行は1656年）。

その日本とは1607年（宣祖40）に徳川家康の要請にこたえて捕虜の送還を目的とする回答兼刷還使を派遣し、1609年（光海君元）には己酉約条を結んで国交を再開した。1636年（仁祖14）以降、通信使とよばれたこの外交使節団は1811年（純祖11）まで12回派遣され、日本では通信使一行を描いた屏風や版画が描かれるなど、一種の朝鮮ブームが起きた。

3）丁卯・丙子胡乱

16世紀末に勃発した壬辰・丁酉倭乱は、東アジアの国際秩序に変革をもたらす契機となった。明末に皇帝独裁の権力機構が崩れ、壬辰倭乱と内乱によって明の国力が衰えた頃、鴨緑江の北方では明の勢力圏を脱した建州女真のヌルハチが1616年（光海君8）に後金を建国した。

倭乱後、朝鮮では1608年に宣祖の後を継いで世子の光海君（在位1608〜23年）が即位した。土地と戸籍の調査事業を実施し、明と後金に対しては中

立的な対外政策をとるなど、内治と国防を強化した有能な国王であった。明は後金領となった遼東を奪還すべく鴨緑江河口の椵島（皮島の俗名。現、平安北道鉄山郡の南方）に将軍毛文龍の部隊を駐屯させていたが、朝鮮側は彼らを支援する一方、後金とも親善をはかった。

　しかし、西人が光海君を廃位して仁祖（在位1623〜49年）を擁立し、親明排金政策を打ちだしたため、後金の神経を刺激する結果となった。1624年（仁祖2）に仁祖反正後の論功行賞に不満をもった李适（1587〜1624年）が平安北道で反乱を起こし、一時は漢城まで占領された。反乱は鎮圧されたが、反乱軍の残党が後金に逃亡して仁祖即位の不当を訴えたことから、1627年（仁祖5）、後金の太宗ホンタイジは光海君のための報復を口実に3万の軍隊を送って朝鮮へ侵入した（丁卯胡乱）。毛文龍の部隊も敗れ、仁祖らは江華島に避難した。後金は征明の意図から朝鮮と兄弟の盟約を結び、朝貢と官貿易を条件に講和が成立した。ところが、1636年（仁祖14）に後金は国号を清とあらため、みずから皇帝と称したホンタイジが朝鮮に君臣関係を強要してこれを拒否されると、清はふたたび12万の軍隊で朝鮮に侵攻してきた（丙子胡乱）。王族らが避難した江華島は陥落し、仁祖が逃げ込んだ南漢山城も包囲された。そして翌年、仁祖は漢江ほとりの三田渡（現、ソウル市松坡区）にある清軍の陣営にあらわれ、ホンタイジに対して「三跪九叩頭」という臣従の礼をとって降伏した。その際には王子の昭顕世子と次男の鳳林大君（のちの孝宗）のほか、強硬な主戦論を展開した重臣らを人質として盛京瀋陽（清初の都）に連行することが取り決められた。

　かつて朝鮮は元・明交替期に主体的に宗主国を選択したが、今回は侵略戦争によって強制的に変換させられるという、いわば屈辱的な選択であった。その後、1644年（仁祖22）に李自成の内乱で明が滅亡すると、降将呉三桂の先導で清軍は北京に入城し、1662年（顕宗3）には南明を滅ぼして女真族による中国統一が成し遂げられた。

4）慕明思想の高揚

　壬辰倭乱後、朝鮮では1598年（宣祖31）に漢城内に宣武祠を創建して明の将軍を祀り、宣祖親筆の「再造藩邦」（明の援軍が朝鮮を救ったという恩義を意味する）という扁額を掲げた。同年には南大門外に南関王廟を、1602年（宣祖35）には東大門外に東関王廟を建立して軍神の関羽を祀った。これらは朝鮮王朝の国家祭祀として制度化されただけでなく、関羽崇拝は民間信仰と融合して朝鮮各地には関王廟が建てられた。壬辰倭乱と明・清交替を通じて、朝鮮では慕明思想が高揚しはじめたのである。

　ことに清の人質となった経験をもつ孝宗（在位1649～59年）の治世年間には、李珥の学統を継承する西人の宋時烈（1607～1689年）を中心に尊明排清の北伐論（清国征伐論）が台頭し、王権の護持と国運の回復をはかる重臣の支持をえた。朝鮮開国以来の対明事大関係の大義名分を根幹とする慕明思想は、当時の官民の感情と一致して広まった。たとえば、1637年（仁祖15）に公式文書から明の年号を廃止して清の正朔（暦）を奉じたにもかかわらず、祭儀の際に読みあげる祭文のほか書簡や墓誌には最後の明帝である毅宗崇禎帝の年号が好んで使われた。とくに明最後の年となった「崇禎甲申」（1644年・仁祖22年）が重要な意義をもち、この年号「崇禎」を用いた崇禎紀年法は、中華の明に仮託して「小中華」を自認する小中華意識の象徴である。

　1703年（粛宗29）には宋時烈の弟子権尚夏（1641～1721年）らが明の万暦帝と崇禎帝を祀る万東廟を宋時烈の郷里である忠清道槐山（現、忠清北道槐山郡）に建て、燕京（北京）からもたらされた崇禎帝の遺墨をここに奉安した。宋時烈の意志は国家的な慕明の施設として結実し、壬辰倭乱時に戦死した人々を顕彰する動きも広まる。翌年の1704年は明滅亡の年から暦がちょうどひと回りする60年目の甲申の年にあたり、粛宗は再造の恩義と復讐の大義から王宮昌徳宮の後苑（禁苑）に大報壇（皇壇ともいう）を建造して万暦帝を祀った。大報壇は朝鮮の慕明思想を表明する国家機関となり、英祖（在位1724～76年）代には明の洪武帝と崇禎帝をあわせ祀った。かつて洪武帝からは国号「朝鮮」を賜り、また崇禎帝は丁卯・丙子胡乱の際に援軍を朝鮮

に派遣したからである。3回目の甲申年の1764年（英祖40）3月19日には英祖みずからが大報壇で祭祀を行い、国家規模の儀礼を通して尊明排清を宣揚した。3月19日は崇禎帝が紫禁城の裏山（いまの景山公園）で自害した日である。英祖代には朝鮮国王が3人の明帝それぞれの忌辰（命日）・即位日にあわせて望拝礼（遠望して拝し祀る儀礼）を実施することも定着し、正祖（在位1776〜1800年）代には『尊周彙編』を編纂してこうした尊明排清運動を総括した。

昌徳宮の仁政殿

　たしかに清を通じて西洋の文物が朝鮮に流入し、学問・思想面においては多大な貢献をしたが、朝鮮知識人のなかには清に対して事大の礼をとりながらも夷狄視してさげすむ風潮があった。その底流には「小中華」を自認する朝鮮自尊の意識があり、朝鮮の自律性を根拠としていた。小中華意識は清との冊封関係を前提にして形成された、朝鮮の対清自尊の意識であった。

5…朝鮮王朝後期の社会変動

1）政治機構の改革

　士禍と党争により弱体化した両班官僚は、壬辰・丁酉倭乱を契機に政治機構の改革に迫られた。王の六曹直接支配は世祖の死後に破綻しはじめ、議政府の権限は中宗の反正後に復活した。ところが、倭寇と女真族の侵入に備えるために16世紀初めに設置された備辺司が、1554年（明宗9）に辺境防備策を審議する臨時機構から兵制を総轄する常設機関へとその機能を強化した。さ

朝鮮　195

Column

昌徳宮

　朝鮮第3代国王太宗が1405年（太宗5）に建てた離宮である。壬辰倭乱の際に景福宮ともども焼失したが、乱後、1615年（光海君7）に王宮として再建され、以来、1865年（高宗2）に景福宮が大院君によって再建されるまでの約250年間、歴代の朝鮮国王はこの昌徳宮で政務をとった。王宮としてはむしろ景福宮より保存状態がよいことから、1997年に世界文化遺産に登録された。

　正門の敦化門（1607年再建）をくぐって右に曲がると1411年（太宗11）に造られたソウル最古の石橋である錦川橋があり、この橋を渡ると正殿の仁政殿がみえる。重層（2階建て）の入母屋造りで内部は吹き抜けとなっており、王権を象徴する玉座、日月五嶽が描かれた屏風、礼服などが保存されている。ここでは国王の即位儀礼、朝会儀礼など公式行事が催された。その裏手には国王が日常の政務をとった宣政殿、寝室の熙政堂、王妃の寝殿である大造殿があるが、これらは仁祖反正（1623年）の際に焼失し、その後再建されたものである。

　さらにその北裏には国王の文芸・学問のサロンであった禁苑が広がっており、朝鮮王朝時代には後苑とよばれた。約90,000坪の広大な敷地には科挙の試験場であった暎花堂のほか、蓮池（芙蓉池）を眺めながら宴が催された芙蓉亭、王室図書館の宙合楼（奎章閣）、第23代国王純祖が士大夫の生活を体験するために建設した演慶堂などが現存する。

　19世紀初めに作成された『東闕図』（高麗大学校博物館蔵）は昌徳宮とこれに隣接する昌慶宮が詳細に描かれ、国宝第249号に指定されている。絵画史的価値はもちろんのこと、建築史・造園史・科学史の分野でも貴重な史料である。

らに倭乱と胡乱以後に備辺司は議政府の機能まで吸収して文武高官の最高合議機関に発展し、1865年（高宗2）まで存続した。備辺司の改編と議政府の機能喪失は、高麗末の都評議使司の設立と同様に政治構造の変質であり、相対的に王権が弱体化して臣権が伸張したことを意味する。現存する写本の『備辺司謄録』には1617年（光海君9）以降の地方の軍事体制と社会経済状況に関する貴重な記録が収められている。

　軍事機構も倭乱後に改編された。すでに弛緩していた五衛制が壬辰倭乱によって崩壊したため、倭乱のさなかにあった1594年（宣祖27）に訓錬都監を創設して兵制の根幹とした。とくに17世紀前半に起きた李适の乱を契機として、政府は王都漢城と京畿の防衛を強化する必要に迫られた。その結果、総戒庁（京畿の警備）・守禦庁（南漢山城一帯の警備）・禦営庁（鉄砲兵と騎兵の精鋭部隊）・禁衛営（漢城の防備）を順次設置し、これら5つの軍営（五軍営制）が17世紀後半に整備されて兵制の中核となった。しかし、五衛制から五軍営制への改編は、かならずしも一貫した計画と方針にもとづくものではなかった。なかには各道の農民が交代で上京して兵役に就くものもあった。朝鮮王朝後期の社会身分体制の弛緩と収取体制の混乱は兵役の義務制を崩壊させ、募兵制に転換しつつあった。

2）頻繁な政権交代

　壬辰倭乱は朝鮮社会を疲弊させただけでなく、両班官僚の支配体制そのものにも影響をおよぼした。官僚の分裂と政争が王位継承問題や礼論（王室の服喪制）をめぐってさらに激化したのである。

　まず、倭乱後に政権を掌握した北人が宣祖代の末年に王位継承者をめぐって大北と小北にわかれ、宣祖の死後、第2庶子の光海君を推戴した大北が反対派の小北を政権から排除した。しかし、政権から遠ざかっていた西人が光海君の急進的改革を批判してクーデタを起こし、甥の仁祖を擁立して北人を追放した。西人も分裂を繰り返したが、次の孝宗代に宋時烈を中心にまとまった。ところが孝宗の死後、西人と南人のあいだに喪服の着用期間と宗廟にお

ける地位をめぐって儀礼上の論争が起きた。孝宗は兄の昭顕世子の死去により王位を継承したため、この論争は王位継承の正統性に関わる問題でもあった。このときは西人宋時烈の主張が通ったが、この問題は顕宗(ヒョンジョン)(在位1659～74年)代の末年に再燃し、こんどは南人が勝利して西人は敗れた。幼少の粛宗(スクチョン)(在位1674～1720年)が即位してからも南人は西人と暗闘を繰り返したが、1694年(粛宗20)に南人は西人に駆逐されて失脚した。この年の勢力交代を甲戌換局(こうじゅつかんきょく)という。

　その西人も1683年(粛宗9)に南人に対する強硬派の老論と穏健派の少論に分裂した。老論は宋時烈を中心として大義名分を尊重し、少論は尹拯(ユンジュン)(1629～1714年)を中心に富国強兵論を主張したが、英祖代になると老論が政権を独占した。官僚の勢力均衡は完全に崩れ、政権から疎外された地方の士族は社会的地位と基盤を維持するため、農荘を中心に書院を乱造した。宣祖代には李滉を奉祀する陶山書院(とうざんしょいん)(1574年創建。現、慶尚北道安東市)をはじめ、賜額書院だけでも100ヶ所を越えていたが、粛宗代までには300余の書院が新設され、18世紀になると全国で700ヶ所余まで激増した。その最大多数派を占めたのが多くの士林を擁する慶尚道である。

　このような礼論をめぐる官僚間の政権争奪と老論一党による長期間の専制支配は、政治力の変動と群小党派の没落を招いた。政治勢力の不均衡は王権を弱体化させ、儒者官僚による政治はしだいに破綻をきたしはじめた。

3）収取体制の改編

　収取体制の面では弊害の多かった貢納制が廃止され、1608年(光海君即位)に李元翼(イウォニク)(1547～1634年)らの主張によって大同法(だいどうほう)が実施された。従来、農民は田租のほかに地方の特産物を無償で納めなければならず、漢城への運搬それ自体も負担であったことから、これを代納(防納(ぼうのう)という)して農民から多額の手数料を受け取る業者があらわれるようになった。大同法はこうした中間搾取を排除すべく、現物徴収の形態を地税化して米(大同米という)・銭の現物貨幣で徴収する新税法である。試験的にまず京畿で実施したのち、

1708年（粛宗34）に黄海道に適用するまで、約100年の歳月をかけて平安・咸鏡道以外の全国で実施した。取り扱い官庁として設置されたのが宣恵庁であり、王室および中央諸官庁に必要な物資は政府指定業者の貢人（いわば御用商人）に代価を支払って納入させた。その結果、農民の負担は軽減され、国家財政も好転した。

　一方、成年男子に課された軍役は16世紀前半の中宗代より1人あたり年間2匹の軍布（布1匹は米6〜12斗に相当）を納める一種の人頭税と化していた。そのため、この義務を逃れようと戸籍（3年ごとに調査）をごまかして両班を自称したり（「冒称幼学」という）、郷校や書院に身を寄せる農民が続出するようになった。そのうえ守令の不正も加わって軍布未納者の分を隣家から徴収する隣徴、一族から徴収する族徴のほか、死者に賦課する白骨徴布、幼児に賦課する黄口簽丁まで行われる事態が起きていた。そこで政府は農村の疲弊を防ぐために、1750年（英祖26）に役を均等にするという意味から均役法を実施し、軍布の徴収額を1人あたり年間1匹に半減した。軍事財政の不足分は結作米・銭米などあらたな地税のほか、漁業税・塩税・船舶税を政府に帰属させることによって補った。しかし、農民にとっては半減された布のかわりに米を納めるだけのことであり、両班階層は依然として軍布納付の義務を負わないままであった。

4）統治規範の改編

　18世紀の英祖・正祖代になると政治はほぼ安定し、文化も振興した。英祖は老論・少論の双方に官職を配分する均衡策をとり（蕩平政策という）、正祖は南人の指導者を重用するなど政治的努力をはかることによって官僚間の対立を牽制した。

　英祖代には『経国大典』を増補・修正した『続大典』（1746年）の編纂をはじめ、『国朝五礼儀』の増補・修正版である『国朝続五礼儀』（1744年）、礼曹の制度的慣例を整理した『春官志』（同年）、軍事訓練法と布陣法を説いた『続兵将図説』（1749年）など、法典・礼書・兵書が再整備された。英祖は国

王室図書館の宙合楼（奎章閣）

土の状況を正確に把握すべく1765年（英祖41）に膨大な全国地理誌『輿地図書』を完成させ、1770年には朝鮮の文物・制度に関する歴史的変遷過程を整理した『東国文献備考』も編纂された（増補版は1908年の『増補文献備考』）。とくにこの時期には多種多様な儀軌が編纂され、天然色の図と説明で実際の王朝儀礼の様子をこんにちに伝える（2007年に世界記録遺産に指定）。

　正祖もまた好学の王であった。のち1814年（純祖14）に刊行された正祖の詩文集『弘斎全書』は184巻100冊におよぶ膨大な著述である。彼はまだ英祖の王世孫であった1760年（英祖36）からみずからの学問と言動を『日省録』として記録しはじめた。正祖は即位するや昌徳宮の後苑に奎章閣を設置して研究機関を兼ねた宮中図書館とし、政治の補佐と各種の編纂事業を命じた。法典をさらに増補した『大典通編』（1784年）をはじめ、刑曹の制度的慣例を整理した『秋官志』（1781年）、戸曹の慣例では『度支志』（1787年）、外交関係では『同文彙考』（1787〜1881年）、武技に関しては『武芸図譜通志』（1790年）など数百種の書籍が刊行された。大規模な編纂事業にともない、あらたに韓構字・整理字など美しい金属活字も鋳造された。これらの儒教的な統治規範の改編と再整備は、時代の要求でもあった。

5）両班官僚体制の破綻

　王が信任する人物に王権の代行を委任し、その人物が政権を独占する場合、これを勢道（または世道）政治という。その発端は、1762年（英祖38）に王位継承をめぐって王室内で起きたスキャンダルである。英祖は王位継承権者であった荘献（思悼）世子を廃して庶民に落とし、ついには死を命じた。こ

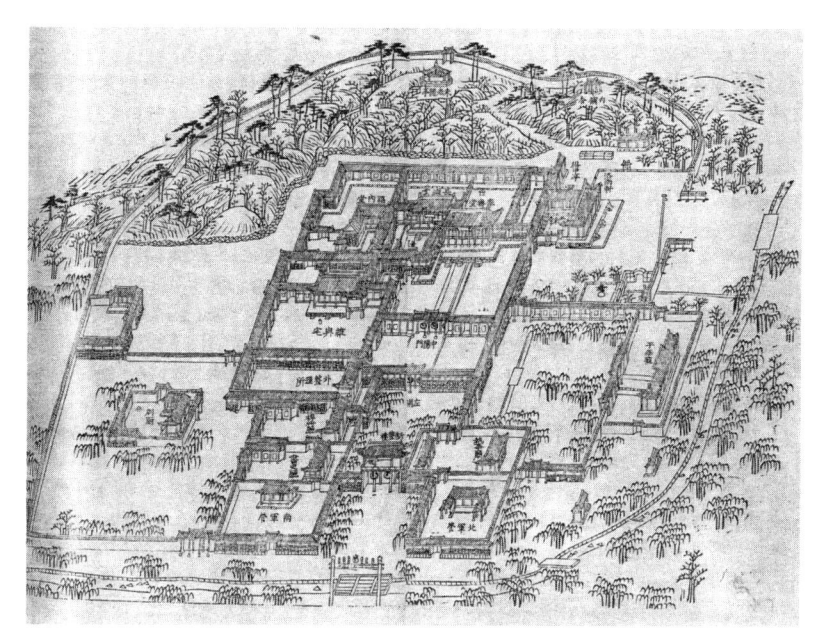

『華城城役儀軌』にみえる華城行宮（『奎章閣名品図録』ソウル大学校奎章閣韓国学研究院、2006年）

れにより王位を継承したのが孫の正祖であるが、この事件を契機に官僚層は世子に同情する時派と、世子の死を当然とする僻派にわかれて対立した。父の死後、正祖が王世孫の地位にあった頃に洪国栄（1748〜81年）は正祖を保護したことから信任をえて外戚となり、正祖が彼に政権を任せた時期がある。のちに正祖は父を弔うべく水原（現、京畿道水原市）に城郭都市華城を建設し（1796年）、墓参りのためにしばしば行幸した。

以来、純祖（在位1800〜1834年）以後の王はみな幼少であったため、しだいに王室の外戚が政治権力を握るようになった。純祖の即位後、政治を補佐していた金祖淳（1765〜1831年）は王妃の父親となり、老論派の安東金氏が政府の要職を独占した。憲宗（在位1834〜1849年）代には豊壌趙氏が政権を掌握したが、つづく哲宗（在位1849〜1863年）代には純祖妃の父親である金汶根（1801〜63年）が政治を後見したため、ふたたび安東金氏が政

朝鮮　201

界に返り咲いた。外戚による政権掌握は王朝末期の驪興閔氏までつづき、長期間の勢道政治により政権の基盤は血縁集団に萎縮し、政治紀綱は混乱した。王室の李氏は外戚によって左右され、王権は失墜するほかなかった。

19世紀になると、勢道政治のもとで科挙制度は賄賂の横行によって試験の公正さを期すことができず、中央の政治紀綱の乱れは地方の行政・財政も混乱させた。贈賄によって官職をえた守令は配下の下級官吏と結託し、地方官庁の税穀や税金を不法に搾取するなど彼らの不正は慣習化した。地方の行政視察と民情調査のために、中央からは国王の密命をうけて変装した暗行御史が各地に派遣されたが、さしたる効果はあがらなかった。

当時の国家の財政収入源は田政（地税）・軍政（軍布）・還穀であり、これを三政とよんだ。ところが、本来は農民を救済するための米穀貸与事業であった還穀が営利目的の高利貸し事業と化し、負担の増大に苦しんだ農民は故郷を捨てて流民・火賊（山賊）に転落した。そのため農村の人口は減少し、3つの収取体制はますます混乱した。このような政治紀綱の混乱と財政の破綻は両班官僚体制を根底から崩壊させた。

6）民衆の反乱と東学の創始

民心の離反は農民の反乱となって表面化した。これを民乱という。1811年（純祖10）には没落士族の洪景来（1780〜1812年）が兵を率い、平安道一帯で大規模な反乱を起こした。政府が平安道出身者を要職に登用しないことを理由としたこの反乱は、5ヵ月後に官軍によって鎮圧されたが、その余波により全国各地で民衆の反乱が発生した。地方官や郷吏の不正に加え、19世紀は飢饉と疫病の流行のため農民が困窮した時期でもあった。とくに1862年（哲宗13）には慶尚道の晋州で農民が立ちあがり、悪質な官吏を追放・殺害した（壬戌民乱）。結局は鎮圧されたが、三政の改革と地方官吏の追放を要求する民乱は慶尚・全羅・忠清道の三南地方一帯に広がり、社会の不安と動揺はいっそう増大した。

没落士族の後裔崔済愚（1824〜64年）が慶尚道慶州を拠点に西学（天主

Column

華城

　ソウル市内から地下鉄1号線に乗ればおよそ1時間で「まぼろしの都」水原に到着する。ここに1997年に世界文化遺産に登録された周囲約5.7kmの城郭都市、華城がある。

　第22代朝鮮国王の正祖は荘献世子の墓を水原に造り（顕隆園という。現、隆陵）、非業の死を遂げた父を弔った。さらに正祖は父の墓がみえるこの水原に遷都を計画し、ヨーロッパ式の科学的城郭技術を取り入れて2年4ヵ月後の1796年（正祖20）に完成させた。ところが正祖はまもなく病死し、結局遷都は実現しなかった。華城には城壁・城塞が残るのみで、宮殿がないのはそのためである。

　華城の楼閣はその大半が朝鮮戦争の際に破壊されたが、1975年から築城当時の史料にもとづいてほぼ完全に復元された。その史料が1801年に正祖の命によって編纂された『華城城役儀軌』10巻9冊（1796年）であり、総頁数は1,334頁にもおよぶ（ソウル大学校奎章閣蔵）。儀軌とは、五礼に代表される国家儀礼の施行項目や費用のほか、宮闕の造営事業を記録した報告書である。儀礼研究はもちろん、建築史研究においても重要な史料群であり、最近ではソウル大学校奎章閣や韓国精神文化研究院（現、韓国学中央研究院）蔵書閣が中心となって儀軌研究を進めている。活字本のこの儀軌には、日程・官員名簿・建築図のほか工事に関する物品費・人件費、技術者と労働者の名簿、物資・機械など、華城建設の全過程が詳細に整理されている。世界遺産の華城は、朝鮮時代の記録文化があってこそ復元工事が可能となったといっても過言ではない。

　西門の華西門が築城当時の姿で残り、正門の八達門、漢城からの入り口となった長安門のほか、水門を兼ねたアーチ型の華虹門は水の流れも美しく、往時をしのばせている。

教）に対抗して東学を創始したのもこの頃であった。「人乃天（人は乃ち天なり）」という平等観や「後天開闢」という地上天国の出現を説くこの新しい宗教は、1860年頃より社会的に圧迫をうける地方の農民に広く受け入れられた。政府は慶尚道各地に広まる東学を「邪教」とみなして弾圧を加え、1864年（高宗元）に崔済愚を大邱で処刑した。政治権力の根源と観念された「天」との結合を説く東学の出現は、王権にとって無視できない存在であった。1866年の天主教弾圧（丙寅教難）もその延長線上にあったといえる。しかし、大院君（高宗の父である興宣大院君。1820～98年）政権による書院の撤廃や天主教徒に対する迫害は東学の教勢をいっそう拡大させた。儒・仏・道教と民間の巫覡信仰を融合した東学はやがて外国勢力の脅威に抵抗する一種の社会運動に変化し、近代になると天道教へと発展していった。

6…朝鮮王朝の産業と社会

1）農業技術の発達

　朝鮮王朝時代の基礎産業は農業である。高麗時代の稲作法は、2年に1度だけ稲を栽培して1年は土地を休ませる休閑法が一般的であった。しかし、朝鮮時代になると忠清・全羅・慶尚道では活発な農地開墾と一年一作の連作農法が定着し、16世紀は「開発の時代」ともよばれるほど半島南部の農村経済は拡張した。その原動力となったのは、奴婢による農業経営を基盤とする在地士族の大土地所有である。壬辰・丁酉倭乱から丁卯・丙子胡乱をへて農村は労働力の不足を余儀なくされたが、17世紀後半に苗代で苗を育て水田に移して植える移秧法（田植え法）が全国的に普及すると、朝鮮農法は労働力（とくに草取り）を節約した集約農法へと発展した。稲の種を播いた土地でそのまま育てる従来の直播き法と比較した場合、生産力の増大はもちろん、約4割の労働力を節約できたという。移秧法の普及にともない、半島南部では稲と麦の一年二毛作に加え、粟・麦・豆の二年三毛作の輪作法も広まった。こ

うした農業技術の発達は富農層を生み出した反面、農村から離れる農民も増大し、農民層の分解をうながした。

また、国家の収取体制の変化は綿花の栽培も促進した。高麗末期に伝来した綿花栽培に関しては朝鮮最古の農書『農事直説』に記載されず、『世宗実録地理志』(1432年)によると、その栽培地域は全国335の邑のうち42の邑(約12％)にとどまっていた。ところが、16世紀に良人に対する軍役にかえて軍布が賦課されると綿花栽培の範囲が拡大する。19世紀前半に全国市場に出荷された商品を調査した徐有榘(ソユグ)(1764〜1845年)の『林園経済志』によれば、綿布を取引きする農村市場は258の邑(約77％)に分布している。当時、米を取引きする農村市場の分布が153の邑であったというから、綿布が米穀に匹敵する商品作物として成長したことになる。綿花のほかにはタバコ・人参・唐辛子などが商品作物として栽培され、とくに開城商人によって栽培法が開発された人参は海外からの需要が多く、18世紀以後の対清・対日貿易を活性化させた。

2）商業の発展

朝鮮王朝の国家財政は田税・貢物(貢納品)・賦役の3つを基盤としていたが、田租や貢物という税制の根幹にも楮貨(チョカ)(紙幣)は用いられなかった。政府は15世紀前半に楮貨や銅銭を発行したが普及せず、民間では現物貨幣の米・綿布を媒介に商取引きが行われていた。朝鮮産業界の中心である漢城では、15世紀後半には西大門(セイダイモン)と東大門を結ぶメインストリート鍾路(チョンノ)に取扱商品ごとの商人組合である市廛(シテン)が店舗を構えるようになり、官庁や官員はここから必要物資を購入した。政府公認の市廛はのち、6種類の大規模な市廛である六矣廛(ろくいてん)(立廛・綿布廛・綿紬廛・内魚物廛・青布廛・紙廛・苧布廛など。時期により入れ替わりがある)で代表される。一方、地方の住民は各地に点在した場市(じょうし)(露天市場)で必要物資を購入した。朝鮮前期の商業政策はおおよそ租税政策の枠内にあり、商業活動はその副次的・補完的存在でしかなかった。地方には人口1万を超える都市は少なく、貨幣経済も未発達であった。銅

銭が全国的に普及するのも17世紀後半の1678年（粛宗4）に常平通宝が発行されてからである。

　朝鮮社会における商品貨幣経済の発達は、17世紀に実施された大同法を重要な契機とする。この新税制の導入により、貢人という官庁指定の調達業者が創設された。大同法実施以前にも貢物を代納する専門業者が政府の厳禁にもかかわらず横行していたが、大同法実施後に政府は防納商人ではない特権商人のシステムを構築したことになる。御用商人的な官商である貢人は、市廛商人とならんで朝鮮後期の商工業において重要な役割を占める。ただし、貢人の構成員には下級官吏や地方の有力者も含まれており、「商人」のイメージとはやや距離がある。

　一方、私商の活動背景として考えるべきことは場市の存在である。17世紀後半に場市は拡散して5日ごとに開かれる定期市となり、朝鮮の国政全般にわたる制度とその変遷を整理した『東国文献備考』によれば、全国には1,000余の場市が存在していた。場市には褓負商とよばれる行商人が集まって地方の場市間を渡り歩いた。この褓負商を相手に宿泊業・仲介業・金融業などに従事する客主があらわれ、朝鮮最大の消費市場である漢城では漢江沿岸を舞台に京江商人が活動した。私商の彼らは漢城の商業権益をめぐって官商の市廛商人と争い、1791年（正祖15）には六矣廛が取り扱う物品を除いたあらゆる商品を自由に取引きする権利を獲得した（辛亥通共）。朝鮮初期以来、商業抑制策をとっていた王朝政府も17世紀頃には特権商人を積極的に保護する政策へ転換したが、辛亥通共の実施により従前の特権商人を大きく制限したことになる。こうした王朝国家の公権力と商業との関係に注目すると、18・19世紀の国内経済は王室や政府の利権を中心に動いていたといえよう。

3）手工業と工業

　朝鮮前期の手工業は、高麗時代と同じく官営の手工業が大きな比重を占めた。「工匠案」に登録された工匠（手工業者、職人）は漢城の各種官庁と地方の監営・兵営・水営に配属され、さまざまな製造に従事した。『経国大典』

によれば、王都では軍器監の工匠が武器を製造したほか、尚衣院（衣類）・司甕院（磁器）・造紙署（紙）など30の中央官庁が作業場を併設して工匠を動員していた。むろん、国防のための武器製造、王室の衣料製造、王宮の修繕、活字印刷など、国家と王室に関わる物品が中心となる。磁器の場合、15世紀後半頃には司甕院の磁器製造所としての分院が京畿道広州一帯に設置されたため、地方の陶磁器製造所は激減した。ただし、官匠とはいえ、賦役に動員される一定の期間を除けば私営手工業に従事していたため、やがて地方でも鍮器・笠・革靴など一般の生活必需品を生産する私匠も成長した。

　朝鮮後期になると、手工業製品の流通と需要の高まりがその原料生産をうながし、鉱工業も発達する。鉱業は本来、国家の賦役徴発による独占的な営業体制であったが、1651年（孝宗2）に国家が精錬所と付属施設を含む店舗を設置し、その経営を民間に委ねる設店収税制が実施された。官庁手工業の解体である。しかし、戸曹が収税を独占すると、収入源を失った監営・兵営が各種の雑税を賦課するなどの弊害を生み、店舗は激減した。そのため、1775年（英祖51）には守令が設店と収税を直接管轄する守令収税制を実施し、これにより鉱業は「民営化」されるに至る。多くの手工業者が貢人の注文をうけて物品を生産・提供することによってその代価を受け取ったように、商業資本家である商人は物主として施設と資金を投資し、鉱山開発に経験のある者を賃金労働者として雇用した。なかでも比較的に採取が簡単な砂金業が主に発展し、金の大部分は対清貿易の決済手段として活用された。

　造紙署と分院での官営手工業も18世紀半ばに「民営化」された。とはいえ、造紙署の紙匠は紙廛商人に支配され、また分院の匠人も商人物主に隷属した。造紙署と分院の作業場も国家が所有したため、鉱山の場合と同様、「民営化」とはいえ限界があった。独立資本で生産・販売した手工業部門としては、冶鉄業と鍮器業がある。鉄器や釜などの鋳物は全国的に流通し、銅銭の製造と貨幣の円滑な供給は各地の鍮器業を触発した。京畿道安城・平安道納清（現、平安北道定州郡内）などの鍮器業は募作輩とよばれる手工業者が組織し、商人物主と契約を結んで生産に従事した。その生産工程が分業的組織であった

ことから、鍮器業の発展はいわゆる「資本主義萌芽論」の象徴とみなされている。

7…朝鮮王朝後期の文化

1）西洋との出会い

　近世日本と中国が西洋人との交渉を通じて西洋の科学技術を受け入れたのに対して、朝鮮は伝統的な儒教思想と海禁政策のため、西洋人と直接接触する機会は稀であった。西洋人が航海途中に遭難して朝鮮に漂着しても、政府は彼らを追放または抑留した。たとえば、1653年（孝宗4）にオランダのヘンドリック・ハメル（Hendrik Hamel 1630～92年）の一行36人が台湾から長崎へ向かう途中、難破して済州島（チェジュド）に漂着したことがある。このとき政府は彼らを漢城に護送し監禁したが、彼らのうち8人は1666年（顕宗7）に脱出に成功した。ハメルがオランダ東インド会社に提出した報告書『ハメル漂流記』は朝鮮の地理・風俗などを本格的に西洋に紹介する文献となった。

　西洋に関する知識と文化は、宣祖末年頃から明へ赴いた使臣を通じて流入した。朝鮮が清に服属したのちは、冬至使をはじめとする各種使節が燕京（北京）に毎年派遣された。これを燕行使（えんこうし）といい、西洋の文物・学術書を受け入れる最大のルートとなった。燕行使は藩属国として臣下の礼をとるという儀礼的な性格もあるが、これにともなって公貿易が行われ、使臣とその随行員はマテオ・リッチ（Matteo Ricci 1552～1610年）の『坤輿万国全図』など西洋の地図をはじめ、天主教の教義や天文・科学に関する漢訳書を私的に購入して持ち帰ることもあった。漢城に居住する訳官や観象監（かんしょうかん）（書雲観の後身）の技術官はこの私貿易で資本を蓄積した。燕行使に随行した洪大容（ホンデヨン）（1731～83年）・朴趾源らは清の学者と交流して北学論を唱え、朝鮮実学の発展に寄与した。西洋科学の朝鮮への伝来と朝鮮知識人への伝播は、従来の東洋中心の世界観・宇宙観を変革させることになる。

17世紀以来、朝鮮国内では各地で私商の活動が活発化し、国内商業だけでなく、国際貿易も行って巨富を築いた。義州商人（湾商という）は鴨緑江に近い義州や中国領の柵門（現、中国遼寧省鳳城市辺門鎮）で清と私貿易を行い、東莱商人（莱商）は日本と私貿易を行った。のちに開城商人（松商）が加わり、朝鮮人参と銀を媒介に清と日本とのあいだで仲介貿易を展開した。

2）実学の発達

　老論派の専制は政治紀綱を混乱させたが、一部の官僚や学者のなかには観念的な朱子性理学を排撃して形式的な礼論を批判する、経験的で実証的な批判と精神にもとづく態度もあらわれた。実学思想の萌芽である。朱子学に対する批判は、王権に対する挑戦であると同時に王権を擁護する官僚層に対する挑戦でもあったため、宣祖代に伝播した陽明学とともに当初は排斥された。しかし、現実の社会問題を打開する実学は17世紀には西洋からの学問に啓発されて発達し、18世紀の英祖・正祖代に最盛期を迎えた。

　まず、土地制度や行政機構など制度上の改革を主張する経世致用学派があらわれた。たとえば、実学思想をはじめて学問的に体系化した柳馨遠（1622～73年）は全羅道扶安の農村に引きこもって『磻渓随録』（1670年）を著し、重農主義に立脚して土地制度の改革を主張した。その学風は博学多識な田制改革論者の李瀷（1681～1763年）に受け継がれ、百科事典的な彼の著書『星湖僿説』には制度全般に関する改革案が提示されている。1801年（純祖元）の天主教弾圧事件（辛酉邪獄）により全羅道康津で18年間の流刑生活を送った丁若鏞（1762～1836年）も、社会体制の全面的改革を主張した。彼の著作には『経世遺表』『牧民心書』『欽欽新書』の3部作があり、中央政治組織、地方行政、刑政に関する見解を示した。彼らはいずれも農村知識人の視点から政局を批判する京畿地方の学者であり、朱子学的社会規範からの脱却をはかった点で嶺南地方の学者とは対照的である。

　農村の発展を基盤に社会改革を主張するのではなく、商工業の発達と生産器具、一般技術面での革新をめざす利用厚生学派も成長した。1780年（純祖

4年)に乾隆帝の70歳の古稀を祝う燕行使に随行した朴趾源は旅行記『熱河日記』を著し、清の文物と活発な商業の様子を紹介しつつ、清の文物の導入を説いた。朴斉家(1750〜1805年)もまた燕京での見聞録『北学議』のなかで技術導入論を主張した。この書名から、清の文化の優秀性を認識して重商論・技術尊重論を唱えた彼らの一派は北学派ともよばれる。

　実学者のあいだでは朝鮮の歴史・地理・文化に対する関心も高まった。歴史では安鼎福(1712〜91年)が檀君朝鮮から高麗末期までの通史として『東史綱目』を著し、李肯翊(1736〜1806年)は朝鮮時代の野史を総整理して紀事本末体の『燃藜室記述』を編纂した。地理では李重煥(1690〜1756年)が各地の政治・経済・風俗などを『択里誌』(『八域志』ともいう)としてまとめ、金正浩(?〜1864年)はアトラス式の『青邱図』と分帖折りたたみ式の『大東輿地図』(1861年)を作成した。農業に関しては申洬(1600〜61年)

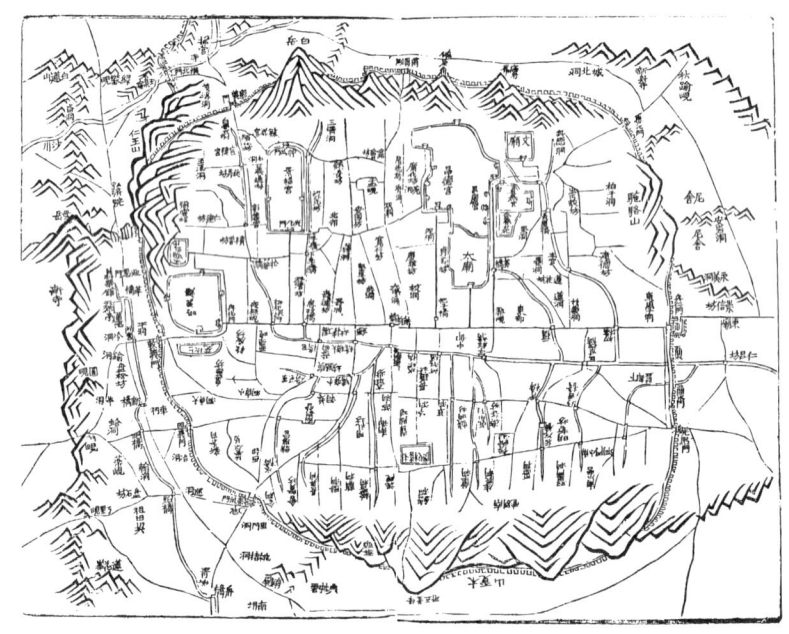

近世のソウル(金正浩校刊・吉田光男監修『大東輿地図』草風館、1994年復刻より)

の『農家集成』（1655年）が農書の嚆矢とされ、農業技術を中心に日常生活で会得すべき事項を著した洪万選(ホンマンソン)（1643〜1715年）の『山林経済』、農業技術に加えて経済問題まで広く叙述した徐有榘の『林園経済志』などがある。その他、新羅真興王巡狩碑の研究『金石過眼録』を著した金正喜(キムジョンヒ)(チヌンワン)（1786〜1856年）は朝鮮金石学の嚆矢として著名であり、文人画・書道の面でもすぐれた才能を発揮した。

3）庶民の文化

　文学作品の場合、従来は漢文学が主流であったが、朝鮮後期になるとハングルで書かれた作品が流行した。文臣の許筠(ホギュン)（1569〜1618年）が書いた『洪吉童伝』は道術家の洪吉童を主人公にして庶孽に対する当時の身分差別を痛烈に批判した社会小説であり、工曹・司憲府の長官を歴任した金万重(キムマンジュン)（1637〜92年）も『謝氏南征記』や『九雲夢』などのハングル小説を書いた。とりわけ18世紀に創作された恋愛小説の『春香伝』は当時の最高傑作とされ、歌唱劇であるパンソリの演目ともなって広く親しまれた。全羅道南原(ナムォン)に住む妓生の娘春香(チュニャン)と南原府使の息子李夢龍(イモンニョン)が身分の壁を乗りこえて結ばれるという物語であるが、当時の地方社会の様子や庶民の抵抗意識が描写されている。作家も読者層も士族から一般の庶民へと変化し、ハングル小説の登場によって庶民の生活や感情が豊かに伝えられるようになった。また、野外で歌い踊る演芸の仮面劇にも社会を批判・諷刺する場面があり、庶民に人気を博した。ただし、パンソリも仮面劇も担い手の多くは郷吏層であった。

『春香伝』の舞台南原の広寒楼

　絵画では英祖代に図画署(ずがしょ)の画員(宮廷絵師)となった鄭敾(チョンソン)(ていぜん)（号は謙斎。1676〜

1759年)が金剛山(クムガンサン)など韓国固有の自然や風景を独自の技法で描いた「真景山水」の大家として登場した。ついで正祖代には地方長官の経歴もある金弘道(キムホンド)(号は檀園。1745〜?)が儀軌・行列図など宮中風俗のほか、農村の庶民生活を滑稽な筆致で描き、申潤福(シンユンボク)(号は蕙園。1758〜?)は都市の生活と女性の風俗を諧謔的な筆致で描いた。これらは当時の庶民の暮らしを知るうえで貴重な作品となっている。

◎参考文献

長節子『中世国境海域の倭と朝鮮』吉川弘文館、2002年
北島万次『豊臣政権の対外認識と朝鮮侵略』校倉書房、1990年
末松保和『高麗朝史と朝鮮朝史(末松保和朝鮮史著作集5)』吉川弘文館、1996年
須川英徳『李朝商業政策史研究—18・19世紀における公権力と商業』東京大学出版会、1994年
中村栄孝『日鮮関係史の研究(上)(中)(下)』吉川弘文館、1965〜69年
朴忠錫・渡辺浩編『国家理念と対外認識』慶應義塾大学出版会、2001年
山内弘一『朝鮮からみた華夷思想』山川出版社、2003年
金東哲(吉田光男訳)『朝鮮近世の御用商人—貢人の研究』法政大学出版局、2001年
李泰鎮(六反田豊訳)『朝鮮王朝社会と儒教』法政大学出版局、2000年
河宇鳳(井上厚史訳)『朝鮮実学者の見た近世日本』ぺりかん社、2001年
平木實『韓国・朝鮮社会文化史と東アジア』学術出版会、2011年
吉田光男『近世ソウル都市社会研究—漢城の街と住民』草風館、2009年

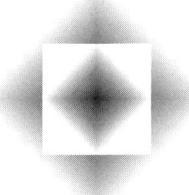

◆ 近代

◆ 河かおる

近代

概 観

　1860年に成立した大院君政権は、国内に社会矛盾を抱えながら、対外的には徹底した鎖国政策をとり、西欧列強を撃退した。その後成立した閔氏政権は、日本の武力による威嚇を前に、1876年、開国に踏み切った。以後日本は、宗属関係を足がかりに影響力を強めようとする清とともに朝鮮への軍事的・政治的介入を深めた。こうした危機に対し、1884年、急進的開化派が政権奪取をめざして甲申政変を起こしたが、三日天下に終わった。一方、民衆の闘争は甲午農民戦争(1894)で大きく展開したが、日清はこれに武力で介入し、日清戦争が勃発した。農民軍の要求を一定程度受け入れ、開化派政権のもとで、科挙制度や身分制度廃止などの近代的改革が実行された(甲午改革)。

　1897年、国号を大韓とし、国王高宗は皇帝に即位し、植民地化の危機を回避するためのさまざまな努力が続けられた。日本は、朝鮮の支配をめぐってロシアと対立して日露戦争を引き起こし(1904年)、1905年末、第二次日韓協約を強要して韓国を保護国化した。こうした国家存亡の危機に際して義兵闘争と愛国啓蒙運動による国権回復運動が起こった。しかし日本がそれらを武力で弾圧する中、1910年に韓国併合が断行され、朝鮮は日本の植民地となった。

　1910年代の植民地統治は武断政治と言われ、現役武官である朝鮮総督のもと、全国に張り巡らされた憲兵警察制度の監視下で、朝鮮人に対して言論・集会・結社の自由を与えなかった。義兵や愛国啓蒙運動家たちは満洲やシベリアに根拠地を設けて活動を展開した。1919年、武断政治への不満は三一運動で一気に爆発した。上海には亡命政権としての大韓民国臨時政府が設立された。三一運動により独立は達成できなかったものの、憲兵警察制度の廃止など「文化政治」への支配方針の転換をもたらし、制限つきにせよ、言論・集会・結社の「自由」を獲得した。その中で、1920年代以後は社会主義の影響も受けながら、さまざまな団体が結成され運動が展開した。さらに左右の対立を克服した新幹会(1927-31年)のように、協同戦線を組んだ運動が高揚した。

　1910年代の土地調査事業、1920年代の産米増殖計画により、多くの農民が故郷を離れて満洲や日本に移住を余儀なくされたが、こうして移住した朝鮮人を基盤として満洲では抗日パルチザン闘争などの独立運動が展開し、日本の朝鮮支配を脅かした。しかし矛盾の解決を外への侵攻に求めた日本は、満洲事変から日中戦争、太平洋戦争へと突入し、朝鮮の資源から人員までの総動員を図り、その実行のために皇民化政策をおしすすめた。

年表

年	事項	
1860	崔済愚、東学を創始	朝鮮王朝
1862	壬戌民乱	
1863	高宗即位（～1907年まで在位）、大院君政権成立	
1866	丙寅洋擾	
1868	日本の明治政府、対馬を介して朝鮮政府に王政復古を通知する書契をもたらす	
1871	辛未洋擾	
1873	大院君政権倒れ、閔氏政権の成立	
1875	江華島事件	
1876	日朝修好条規調印	
1882	壬午軍乱、済物浦条約・日朝修好条規続約調印	
1884	甲申政変、漢城条約調印	
1894	甲午農民戦争、甲午改革、日清戦争（～1895）	
1895	明成皇后殺害事件	
1896	義兵運動起こる、露館播遷、独立協会創立	
1897	国号を大韓帝国とし、高宗が皇帝に即位	大韓帝国
1904	日露戦争（～1905）	
1905	第二次日韓協約による韓国保護国化	
1906	韓国統監府設置、義兵・愛国啓蒙運動が起こる	
1907	ハーグ密使事件、高宗退位・純宗への譲位が強要	
1909	伊藤博文、ハルビンで安重根に射殺される	
1910	韓国併合、朝鮮総督府設置	日本による植民地支配
1919	高宗死去、三一運動起こる、上海に大韓民国臨時政府樹立	
1920	朝鮮語の民族紙『東亜日報』『朝鮮日報』創刊	
1923	関東大震災、朝鮮人虐殺事件が起こる	
1925	朝鮮共産党創立、治安維持法が朝鮮にも施行される	
1926	純宗死去、六一〇万歳運動起こる	
1927	新幹会創立	
1929	元山ゼネスト、光州学生運動起こる	
1930	間島五三〇蜂起	
1931	万宝山事件起こる	
1936	在満韓人祖国光復会創立	
1937	抗日パルチザンが咸鏡南道普天堡を襲撃、皇国臣民の誓詞制定	
1938	陸軍特別志願兵制度施行により、朝鮮人の兵力動員開始	
1939	朝鮮人労務動員開始（強制連行）	
1940	創氏改名実施、重慶の大韓民国臨時政府が韓国光復軍を創設	
1942	朝鮮への徴兵制導入決定	
1945	朝鮮解放・日本敗戦	

近代 215

1…開国と開化をめぐる葛藤

1）内外の危機と大院君政権

　19世紀前半期からの勢道政治下での治世の乱れや相次ぐ自然災害により、朝鮮の社会は矛盾を深め、民衆の不満は各地での大規模な反乱という形で表出していた。中でも、忠清道、全羅道、慶尚道のいわゆる三南地方が最も激しく、1862年に慶尚道晋州で始まった民衆蜂起は三南地方の各地に拡大していった（壬戌民乱）。

　こうした内政面での危機に加え、清と日本があいついで開国を余儀なくされた19世紀の半ばには、朝鮮の近海にも欧米列強の船（「異様船」）が頻繁に出没するようになった。欧米列強による外圧への危機感は、アヘン戦争で清が敗北し、1860年に英仏連合軍が北京を占領したという報が伝わると一挙に高まった。このような内外情勢の危機の中で、その打開を目指して登場したのが興宣大院君（李昰応、1820〜98年）であった。大院君とは、国王に直系の王位継承者がいない場合、王族内の他の系統から次王を選び、その王の実父を尊称するものであるが、一般に興宣大院君を指して用いる場合が多い。

　1863年、第25代国王の哲宗（1831〜63年、在位1849〜63年）が嗣子なくして死去すると、興宣君（後の大院君）の第二子李載晃（高宗、1852〜1919年、在位1863〜1907年）が第26代国王に即位した。高宗は12歳の幼若

興宣大院君（1885年）
（辛基秀編著『映像が語る「日韓併合」史』労働経済社、1987年）

Column

「近代」の始まり

　ここから「近代」の章が始まる。日本史ならば、明治維新があるため、「近代」の章をどこから書き始めるかについて、大きな意見の違いはないだろう。一方、朝鮮史においては明治維新に類するような、明確な「近代」の始点とすべきポイントはない。では何を基準に、どこからを「近代史」として記述するのか？

　1960年代ぐらいまでは、1876年の日朝修好条規からを「近代史」とするのが一般的であった。しかし、1960年代、解放後の南北朝鮮の歴史学界における学術論争の結果、1860年代を近代の始点とする見解に落ち着いた。日本でもこの流れを受け、朝鮮史研究会『朝鮮の歴史』（三省堂、1974年）や梶村秀樹『朝鮮史』（講談社、1977年）などでは、東学の創設（1860年）、壬戌民乱（1862年）、高宗の即位・大院君政権の成立（1863年）などを画期として1860年代から「近代」の章を始めている。本書も同様に1860年代からこの章を開始する。

　1876年を「近代」の始点と見なす歴史観は、日本という外国に対する開国を画期とし、外的要因による時代区分であるのに対し、1860年代を「近代」の始点と見なす歴史観は、朝鮮社会内部において「近代」に向かう不可逆な動きが1860年代に始まっていることに注目し、内的要因を重視した時代区分であると言うことができる。すなわち前者は、戦前からの他律性史観による時代区分であるのに対し、後者はそれを克服しようとする過程で見いだされた時代区分であるといえるのである。

であったので実権は大院君が握った。大院君は一貫して王朝中央権力の強化をはかり、そのために大規模な内政改革に着手した。まず、勢道政治を是正するため、安東金氏などの門閥を排除し、これまで不遇な扱いを受けていた南人や北人からも有能な人材を登用して自己の権力基盤を固めた。1865年には、安東金氏の拠点となっていた備辺司を議政府の一機関にあわせて廃止し、議政府を王朝の最高政策決定機関へと復した。さらに軍政機関として王朝初期の三軍府を復活させて国防を強化した。第二に、約600ケ所もの書院の撤廃を断行した。これは書院のもつ免税・免役などの特権が国家財政を悪化させ、党派対立の温床にもなっているとの判断によるもので、賜額書院47ケ所を残して全て撤廃した。第三に、国家財政の増収をはかるため、量田事業を実施し、量案（土地台帳）から欠落している田を登録させた。さらに両班からも軍布を取り立てる戸布や洞布を実施した。第四に、褓負商と呼ばれる朝鮮在来の行商人たちを組織して褓負庁という役所を設けて民間の情報を収集し、地方官や地方両班の非行を暴いたりして王権の強化につとめた。第五に、王権の誇示を狙い、景福宮を再建した。

　対外面では、大院君は鎖国政策で臨んだ。1866年、アメリカの武装商船ジェネラル・シャーマン号が、天津から交易を求めて平壌へとつながる大同江を遡り、官民の制止を聞かず、朝鮮軍人の拉致や発砲を行った。これに対し、平安道観察使・朴珪寿（パクキュス）（1807〜1877年）の指揮のもと、平壌住民が政府軍と協力して同船を焼き討ちし、乗組員全員を殺害した。朝鮮史上、西洋列強とのはじめての武力衝突である。大院君は、天主教徒は侵略の先兵であるとの認識にたち、同年には9名のフランス人神父と約8千人の朝鮮人天主教徒を処刑した（丙寅教獄）。このとき難をのがれた神父が救援を求めた結果、フランス極東艦隊が出動して江華島の江華府を占領して武器、書籍、食糧などを略奪、漢江河口を封鎖した。しかし朝鮮側との戦闘で多くの死傷者を出すと撤収した。

　大院君は1866年（丙寅の年）のこの二つの事件（丙寅洋擾）を契機に本土と江華島の間の水路にそって多くの大砲を配備し防備を固めた。その後1871

年にジェネラル・シャーマン号事件の確認のために派遣されたアメリカの軍艦も、交戦の末、江華島で撃退される（辛未洋擾）。こうしてフランスとアメリカの二つの艦隊を撃退したことで、大院君は鎖国政策に自信を持った。

洋擾に際し、大院君は「洋夷侵犯するに戦いを非とするは則ち和なり。和を主とするは売国なり」と書いた「斥和碑（斥洋碑）」を全国に立て、徹底抗戦の決意を示した。この大院君の斥和政策は、当時、李恒老（イハンノ）(1792～1868年) など在野の儒者の間で高揚した衛正斥邪思想の論理を受け入れたものであった。衛正斥邪とは「正」＝朱子学を衛り、「邪」＝西洋やその影響を受けた日本を斥けるという思想的立場で、幕末日本の「尊王攘夷」とは似て非なる思想だった。

大院君の王権強化策や、鎖国政策を貫徹するための軍備増強策は、農民からの収奪を強めたために反乱が相次ぎ、書院撤廃などに対する両班層の不満も高まった。財政不足のために、清からの銭の輸入、貨幣の改鋳などを行い、物価の上昇や経済の混乱を引き起こし、民衆の生活を悪化させ、ますます不満を高めることになった。

2） 閔氏政権による開国

丙寅・辛未の洋擾の間、1868年に日本では明治維新が起きた。維新政府の朝鮮外交に関する基本方針は、王政復古して将軍にかわり天皇が直接交際する以上、朝鮮は天皇に服属すべきであるというものであった。維新後も朝鮮外交の任にあたったのは、江戸時代より朝鮮との窓口であった対馬藩であった。対馬藩は維新政府の命を受け、朝鮮に対して王政復古を知らせる使節を派遣した。その使節が持参した書契（外交文書）は、従来とは異なる形式であり、とりわけ「皇室」「奉勅」など、朝鮮の宗主国である清皇帝のみが使用できるはずの「皇」「勅」の字が用いられていた。これを従来の対等な交隣関係に反すると見た大院君政権は、受取を拒否する（書契問題）。

幕末維新期の日本では、外圧による危機意識が周辺地域への領土拡張論へと結びつき、外征、中でも王政復古の理念に支えられた「征韓」思想が強

近代　219

まっており、進捗しない朝鮮外交に対する苛立ちが強まった。そうした中、1873年、岩倉使節団洋行中の留守政府において、西郷隆盛（1827～77年）を皇使として朝鮮へ派遣することが決定された。しかし、帰国した岩倉具視（1825～83年）らが内治優先を主張して「征韓論争」がおこり、最終的には「内治派」が論争に勝利して「征韓派」は下野した（明治六年政変）。

　同じ頃、朝鮮でも政変が起きた。大院君の鎖国政策を支えた衛正斥邪派の儒者たちは、内政面に関しては大院君に批判的であった。1873年、李恒老の弟子である儒者・崔益鉉（チェイッキョン）（1833～1906年）は大院君の施政をはげしく攻撃し、大院君はついに退陣に追い込まれた。そして成人した国王高宗の親政が開始、高宗の外戚である閔氏による新たな勢道政治がはじまった。新政権は、大院君の強烈な鎖国攘夷路線をあらため、旧来の交隣関係を修復する交渉相手として明治政府を認め、従来よりも日本に対して妥協的な姿勢を見せた。1874年の日本の台湾出兵の情報を知った朝鮮政府は、武力衝突を避けるため、さらに態度を軟化させた。

　この政権交替を好機とみた日本政府（「内治派」政権）は、朝鮮政府との間で再び交渉を開始した。しかし、朝鮮側が旧来の形式にこだわりつつも一定の譲歩を示したのに対し、日本側が妥協せずに交渉を打ち切り、暗礁に乗り上げた日朝関係を武力を背景に進展させようと、軍艦雲揚号を派遣した。1875年8月（日本は当時陽暦にしていたため、日本では9月）、雲揚号から出たボートが、朝鮮側の首都防衛の要衝である江華島に挑発的に接近すると、日本側の思惑通り砲台から攻撃を受けた。日本側は翌日、準備を整えて軍艦で報復攻撃を行い、永宗島に上陸し、砲台を破壊するなどの損害を与えた（江華島事件）。

　この事件を口実に日本は黒田清隆（1840～1900年）を特派大使として派遣して開国を強要し、1876年2月、日朝修好条規が締結された。崔益鉉ら衛正斥邪派は強硬に開国反対上疏を行ったが、閔氏政権はこれをおさえた。日本側のねらいは、旧来の交隣関係を条約に基づく国家間関係に改めることにあり、日朝修好条規の第一款には「朝鮮国は自主の邦にして日本と平等の権を

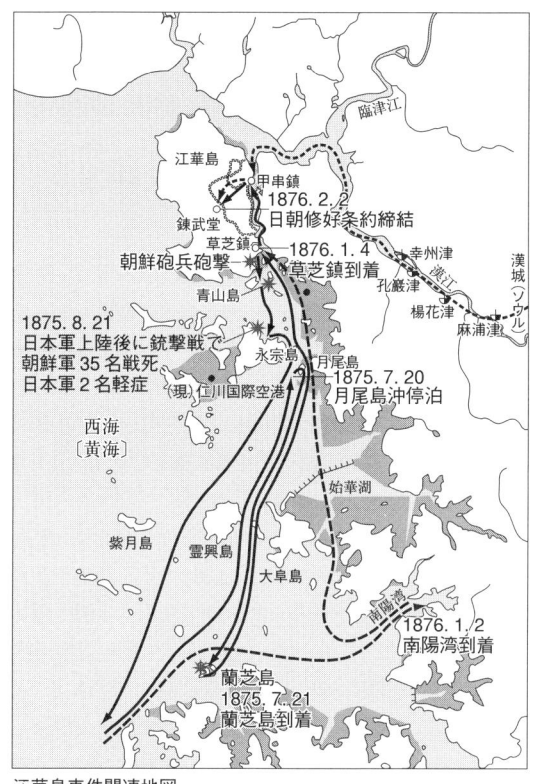

江華島事件関連地図

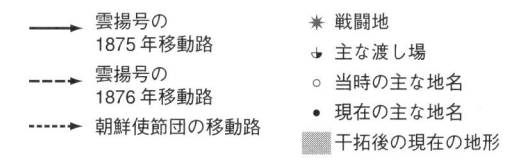

（韓国教員大学歴史教育科『韓国歴史地図』平凡社、2006年より作成）

保有せり」と定められた。日本側はこれを、朝鮮国を万国公法（国際法）上の主体として外交権を持つ独立国であると見なすことで、清の朝鮮に対する宗主権を否定しようとしたのに対し、朝鮮側は、従来の冊封体制下における朝貢国という立場と「自主」「平等」は矛盾するとは解さず、日朝修好条規によっても旧来の交隣関係を維持しているにすぎないと見なしていた。

Column

国旗「太極旗」の誕生過程

　どの国の前近代社会でもそうであるように、朝鮮王朝にも「国旗」はなかった。清の使節として朝鮮に滞在していた馬建忠(マジャンジョン)(1845〜1900年)と金弘集の筆談『清国問答』には、1882年4月、馬建忠が白地に太極の印を置き周囲に八卦を配することを提案したことが書かれている(図1)。その後7月に壬午軍乱が起こり、済物浦条約によって事後処理のために朴泳孝らが日本に派遣されることとなった。その際、乗船した明治丸(日本船籍)の船長であった英国人が、より簡素化した図案を提案した(図2)。これを神戸で朴泳孝一行の宿泊先で掲げたのが、太極旗が掲揚された最初であった。

　以後、三一運動でも振られ(図3)、上海の大韓民国臨時政府でも採用され、社会主義者による独立運動においても揚げられ、解放後の大韓民国の国旗となり、民族主義の象徴となる太極旗が、中国人の図案を基本とし、日本に「謝罪」に赴く船中で、英国人船長を産婆として誕生し、初めて掲げられたのが朝鮮ではなく日本であったことは朝鮮の近代の幕開けの困難な道のりを象徴している(韓洪九『韓洪九の韓国現代史』平凡社、2003年)。

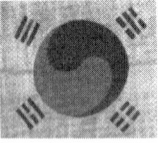

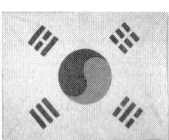

図1　馬建忠が提案した国旗の図案(概念図)。(韓洪九『韓洪九の韓国現代史』平凡社、2003年)

図2　1882年に朴泳孝の一行が日本で掲げた最初の太極旗。(全国歴史教師の会『躍動する韓国の歴史』明石書店、2004年)

図3　1919年、三一運動の際に使用された太極旗。(『独立記念館展示品要録』独立記念館、2000年)

図4　1948年に建国した大韓民国の国旗(現在に至る)。図1から図4に至るまで、中央の太極図や周囲の掛の数や配置が変化している。

続いて、日朝修好条規付録・日朝通商章程など、外交・通商事項を具体的にとり決める付属条約・文書が調印された。これらの付属条約・文書を含む総体としての日朝修好条規は、「平等の権」の文言とは逆に、日本側に有利な条約で、明らかな不平等条約であった。外国の治外法権を認める、自国の関税自主権がないなど、日本が欧米列強と条約を結ぶ際に強要された不平等な内容に加え、開港場における日本貨幣の使用など、さらに不平等な内容を朝鮮側に押しつけるものであった。

　こうして朝鮮は、日本との条約締結により近代的外交関係に引きずり込まれたが、清はこれを座視してはいなかった。1876年に続き、1880年、日朝修好条規に基づいて第二回目の修信使が日本へ派遣されると、駐日清国公使の何如璋（ホールージャン）（1838〜?年）は、参事官黄遵憲（ホァンジュンシャン）（1848〜1905年）が著した『朝鮮策略』を、修信使として来日した金弘集（キムホンジブ）（1842〜96年）に与えた。その内容は、「中国と親しみ、日本と結び、アメリカと連なり、以て自強を図る」ことを説いたもので、日本やロシアを牽制するために日本以外の国との間に条約の締結をはかるべきだというものだった。朝鮮政府としても勢力均衡政策により難局をのりきるほかなく、1882年には清の仲介により朝米修交通商条約が調印された。この条約では朝鮮は清の属邦であることが声明された。以後、イギリス、ドイツ、ロシア、イタリア、フランス、オランダと相次いで修好通商条約を調印し、いずれの場合も同様に清の属邦であることが声明された。

　このように、朝鮮の開国過程は、清との冊封体制と、日本を含む諸外国との万国公法体制の併存という二重体制の均衡をどのようにはかっていくのかが大きな課題であった。また日本や清の開国過程と異なり、隣国である日本と清が直接外圧として立ちはだかっていた点で、一層難しい舵取りを要求される困難な「近代」の幕開けとなった。

　開国後、閔氏政権は清の洋務運動や日本の明治維新を参照しつつ、近代的な軍備、技術、制度の導入をはかる漸進的な開化政策を推進した。まず1880年、大院君が復活させた三軍府を廃止し、機密を要する政治・軍事と一般政

治をすべて受け持つ統理機務衙門を清の制度にならって新設した。19世紀に入り有名無実化していた奎章閣の機能を復活させ、大量の西洋書籍も備えて改革のための学術機関とした。1881年には、朴定陽（パクチョンヤン）（1841～1905年）、洪英植（ホンヨンシク）（1855～84年）、魚允中（オユンジュン）（1848～96年）ほか随員を含めた計62名の紳士遊覧団が日本を視察した。随員の兪吉濬（ユギルチュン）（1856～1914年）、尹致昊（ユンチホ）（1865～1945年）は最初の日本留学生となった。軍制も改革するとともに、同年、新式軍隊として別技軍が設置され、日本人教官が傭聘された。また金允植（キムユンシク）（1841～1920年）が領選使となって38名の留学生を清の天津機器局に派遣し、新式兵器の製造技術を学ばせた。

こうした開化政策への転換に、衛正斥邪派は強く反発し、各地で集団的な上疏運動を展開した。また、別技軍が優遇される一方で旧式の軍隊が冷遇されると、兵士の不満が高まり、1882年、漢城で大規模な暴動が発生した（壬午軍乱）。兵士は閔氏政権の転覆を企てて日本公使館などを襲撃し、日本人の別技軍教官を殺害し、さらに一般民衆も加わって昌徳宮をも襲撃して閔氏政権要人を殺害した。閔氏政権は倒れ、大院君が政権復帰して統理機務衙門や別技軍を廃止、開化政策を否定した。またおさえられていた衛正斥邪派が再登場した。しかし、公使館襲撃などの責任を問うため日本が出兵、さらに清も藩属国保護の名目により出兵すると、清軍は大院君を捕らえ、大院君政権は1ヵ月で崩壊し、再び高宗の親政が復活した。

日本は、朝鮮政府に済物浦条約（済物浦は現在の仁川）と日朝修好条規続約を強要し、賠償金の支払いや公使館警備の名目での軍隊の駐屯を認めさせた。清も軍隊をそのまま駐留させ、朝鮮政府と商民水陸貿易章程を結び、その中で宗属関係が再確認された。伝統的な宗属関係を近代的な支配－被支配の関係に変質させる形で清の影響力が強まり、清による本格的な内政干渉がはじまる。

3）甲申政変と清の宗主権強化

　壬午軍乱後、清のあと押しで復活した閔氏政権のもとで、高宗は開国・開

化を国是とすることや、西洋の「器」（技術や制度）は学ぶべきとする「東道西器」論を示し、斥和碑を撤去するなど、従来の鎖国政策を否定し、開化路線をより一層明確化したが、同時に清への従属が強まった。

開国以来の開化政策の中で、欧米の近代的技術や制度を導入して内政改革をはかろうとする開化派が形成され、政権上層部に進出した。壬午軍乱後に清の干渉が強まる中、開化派は二つの潮流に分かれる。一つは金弘集、金允植、魚允中等の穏健開化派で、伝統的な清との宗属関係を維持し、清の洋務派と結んで改革を推進しようとし、日本の近代化には批判的であった。もう一方は金玉均（キムオクキュン）(1851～94年)、洪英植、朴泳孝（パクヨンヒョ）(1861～1939年)などの急進開化派で、清からの「独立」を主張し、そのために日本との関係を強めようとした。改革のモデルとして明治維新以後の日本の近代化に注目していた。

開化派人士。甲申政変の直前に撮影された記念写真。前列中央が朴泳孝。その横でアルバムを手にしているのが徐光範。（全国歴史教師の会編『躍動する韓国の歴史―民間版代案韓国歴史教科書』明石書店、2004年）

急進開化派は、日本への留学生派遣、近代的郵便制度の創設、漢城の近代的都市改造などを試みた。また1883年、井上角五郎（1860～1938年）を招いてはじめての近代的新聞『漢城旬報』（純漢文）を発刊した。しかし閔氏政権と清により政権中枢から遠ざけられ、急進開化派は閔氏一族と清の干渉を取り除かなくては改革が実行できないと考えるようになった。

おりしもベトナムをめぐって1884年に清仏戦争が起きると、清の朝鮮駐屯軍も半ば引きあげ、しかも清がフランスに連敗して威信が地に落ちるや、日本は急に朝鮮問題に積極的になる。そこで金玉均ら急進開化派は、竹添進一

郎（1842～1917年）公使にクーデターの計画をうちあけ、軍事的・財政的支援の約束をとりつけた上で、1884年、郵政局の開設式典の場でクーデターを挙行し、閔氏政権の要人等を殺害した（甲申政変）。翌日には開化派を中心にした新内閣を組織し、翌々日には、政府に権限を集中して租税・財政・軍事・警察制度の近代的な改革、身分制度の廃止、清との宗属関係の廃止などをめざす新政綱を発表した。しかし同日、袁世凱（ユアンシーカイ）（1859～1916年）の率いる清軍が出動すると、形勢の不利を察知した竹添公使は態度を一変させ、開化派との無関係をよそおって日本守備隊も撤兵した。こうして軍事的後ろ盾を失った政権は、文字通り三日天下で崩壊した。洪英植は清兵に殺害され、金玉均、朴泳孝は日本に脱出、徐載弼（ソジェピル）（1864～1951年）らは米国へ亡命した。日本での金玉均は、閔氏政権の刺客に命をねらわれながら、日本政府に招かざる客と見なされて小笠原諸島や北海道などに幽閉された後（1890年に解除）、1894年に上海に渡った際に刺客に射殺された。

甲申政変は、開化思想が十分浸透していない中での上からの改革運動であったことや、日本軍に対する過大評価と清軍に対する過小評価という情勢判断の誤りなどから失敗に終わったが、近代的改革を目指す動きとして画期をなした。

この甲申政変を挙行した急進開化派は、日本の独立保持のためには朝鮮の近代化が必要と考える福澤諭吉（1834～1901年）から物心両面の援助を与えられていた。しかしその福澤は、甲申政変が失敗に終わるや、『時事新報』に「亜細亜東方の悪友を謝絶」して「西洋文明国と進退を共に」しようという「脱亜論」を著わした。

甲申政変後も、出兵した日清の緊張関係が継続した。日本は、朝鮮との間に漢城条約を結んで賠償金の支払いを認めさせる一方、1885年、清との間に天津条約を結び、日清両国軍の朝鮮からの撤退で一時的妥協が成立した。急進開化派の失脚により朝鮮政府内に介入の足がかりを失った日本は、清と戦争するには兵力が絶対的に不足しているとの認識から、清との決定的な紛糾が生じるのを避けつつ軍備拡張をすすめた。こうして朝鮮においては清優位

の状態がしばらく継続する。

　1885年、こうした日清の対立に加え、朝鮮は英露対立の渦中にもあることが明らかとなる事件が起きた。すなわち、ロシア極東艦隊を牽制しようとしたイギリス艦隊が朝鮮南部の巨文島(コムンド)を占領したのである。巨文島事件は、清の李鴻章(リーホンジャン)（1823～1901年）の調停により英露両国とも朝鮮の領土を占領しないという妥協が成立し解決した。高宗と側近の間では、清を牽制するためにロシアへの接近をはかる動きもあったが、清は袁世凱を漢城に駐在させ、壬午軍乱後に幽閉した大院君を帰国させて牽制するなど、宗主権強化の動きをさらに強めた。

　甲申政変の失敗によって急進開化派勢力はほぼ壊滅したが、穏健開化派の一部も参画して再編された閔氏政権のもとで、限定的ではあったが内政面で一定の開化政策が行われた。外国人を招聘して植桑・養蚕施設、農務牧畜試験場、士官学校、英語学校、病院を設立したり、池錫永(チソギョン)（1855～1935年）によって種痘が導入された。1885年には、初めて公的刊行物でハングルを使用（漢字も混用）した新聞『漢城周報』を刊行した。しかし、これらの開化事業は1889年頃から資金難によって廃止されたり規模が縮小された。またこの時期、西洋人宣教師によって培材学堂などの新式学校が多く設立され、初の近代的女子教育機関である梨花学堂も設立された。

2…近代国家樹立の模索

１）甲午農民戦争と日清戦争

　先にも述べたとおり、19世紀以後の朝鮮は、内部においては大きな社会不安と体制危機が、外部においては西勢東漸の波が押し寄せ、混沌とした時代を迎えていた。

　農民の窮乏化と社会不安は、開港、甲申政変後の日清両国の経済的浸透により、深まるばかりであった。日本産の綿布や、清を経由したイギリス製綿

製品の輸入が、在来の朝鮮の綿織物業の発展を抑止した。朝鮮からの輸出も増大し、輸出額にしめる対日輸出の割合は9割以上にものぼった。対日輸出の大半は穀物で、阪神地区労働者の食料需要をまかなうのに必要とされた。穀物輸出の急増により伝統的な朝鮮の経済循環が破壊されつつあることを示す象徴的な事件が、防穀令事件である。防穀とは、穀物の域外搬出を禁止する伝統的な救荒策であるが、この時期しばしば発せられ、前貸しにより買い集めをしていた日本商人と、防穀令を発した地方官との間で紛争が起きていた。1889年と翌年には防穀令を発した咸鏡道観察使、黄海道観察使に対し、日本公使が日本商人の被った損害を賠償せよと要求する強硬姿勢を見せ、賠償金を獲得する事態も起きた。

　こうした状況に対して閔氏政権は有効な対策を打つ能力がなく、農村構造のひずみは深刻化し、民乱が多発した。このように内外に不安と脅威を抱えた朝鮮の国家的危機を背景に、1860年、没落両班である崔済愚(チェジェウ)（1824〜64年）によって創始された新興宗教の東学は、新しい時代の到来を願う民衆の心をとらえ、多くの信者を集めていった。

　東学という名称には西学＝天主教に対抗する民族的な自覚の高まりが背景にある。東学の教えは、やがて理想的な「後天開闢」の時代がやってくるので、真心を込めて呪文を唱え霊符をのめば、天と人は一体となり、現世において神仙となることができるというものであった。東学は人々の心を強く捉えたため大院君政権下で危険視されて弾圧を受け、1863年には崔済愚が「左道惑民」の罪で逮捕、翌年には処刑された。第2代教主となったのは常民出身の崔時亨(チェシヒョン)（1829〜98年）であった。

　民衆の支持を得ていくにつれ、東学の教理は教祖の意図を離れ、異端的・実践的に理解されていくようになる。朝鮮王朝中期以降に民間に流布した予言書『鄭鑑録』に仮託して易姓革命を起こそうとした1871年の李弼済(イビルジェ)（1824〜71年）の乱は、そのような異端派の先駆的な蜂起であった。一方、正統派は崔時亨のもとで指導体制を確立し、東学の教勢は拡大の一途をたどり、とりわけ1890年代には全羅道で急激に拡張する。1892年末、異端派に正統派が

突き動かされ、東学教徒は忠清道公州や全羅道全州府参礼で「教祖伸冤」(逆賊の汚名をはらして東学を合法化すること)を掲げた大規模な集会を開き、翌年には、漢城の景福宮前で国王への直訴である「伏閣上疏」を行った。その際、「斥和洋」を掲げた紙を各国公使館などに貼り付けた(掛書事件)。また、正統派が忠清道報恩郡で2万人規模の集会を開くと(北接)、異端派も全羅道金溝県で1万人規模の集会を開き(南接)、「斥和洋」と地方官の苛斂誅求是正を訴えた。

1894年、全羅道古阜郡でこの南接に属する全琫準(チョンボンジュン)(1855〜95年)を指導者として、役人の不正に抗議する農民が蜂起した。全琫準は農民軍を組織して「倭夷を駆逐し聖道を澄清せよ」「兵を駆りて京に入り権貴を尽滅せよ」などのスローガンを掲げて全州まで攻め上り、政府軍と戦闘した。朝鮮政府は農民軍の鎮圧のために清に派兵を要請、日本政府もこれを事前に察知して朝鮮への出兵方針を決定した。農民軍は、こうした日清の介入を防ぐ必要性を感じ、また農繁期に備えるためにも、弊政改革案の受理を条件に撤退を決意する。政府側としても日清の介入と衝突を回避する必要があったため、この要求をのみ、全州和約が成立した。

こうして、日清両国軍が到着した時には農民軍はすでに撤退しており、駐兵の理由が失われたので、朝鮮政府や各国公使が日清両国に即時撤兵を迫っ

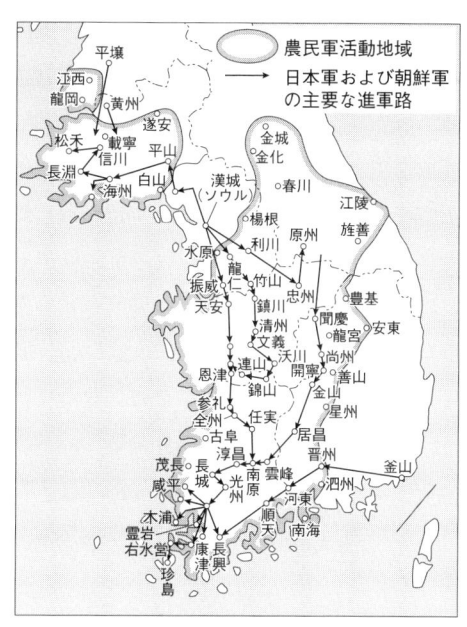

甲午農民戦争関連地図

再蜂起した農民軍の活動地域と日本軍・朝鮮軍の主要な進軍路。(趙景達『異端の民衆反乱——東学と甲午農民戦争』岩波書店、1998年より作成)

たが、両国は撤兵しなかった。日本は清に対して共同で朝鮮の内政改革にあたる案を提示するも、拒まれると、朝鮮政府に対して日本単独で改革案を突きつけた。しかしこれも拒否されると、大鳥圭介（1833～1911年）公使は、景福宮を占領する強硬手段に出て閔氏政権を打倒し、大院君を担ぎ出して金弘集を首班とする政権を樹立させた。それに先立ち、日本軍が清艦隊を先制攻撃し、日清戦争が開始した。日本は朝鮮政府に対し、日本軍の朝鮮国内における軍事行動を認めさせ、日本軍への便宜供与を朝鮮側に義務づけながら、清との戦争を遂行した。朝鮮民衆は、日本軍による食料や人馬の徴発に対して、日本軍に協力する官庁を襲撃したり、電信線を切断して抵抗した。

一方、全州和約を結んだ農民軍は、全羅道を中心に自治体制を敷き、弊政改革が急進的に進められた。しかし日本の侵略が露骨化し、開化派政権の親日姿勢が強まると、収穫が終わるのを待ち、日本と開化派政権駆逐を目指して農民軍が再蜂起した。農民軍は、日本軍・朝鮮政府軍により「掃討」されて多くの犠牲を出して敗退し、1895年、全琫準は処刑された。この再蜂起は、本質的に日本への義兵闘争であり、それゆえに、東学徒や農民軍への弾圧は、日本軍の指揮のもと、徹底的に行われた。近代日本が海外で最初に行った殺戮であり、本格的対外侵略戦争となった。

逮捕押送される全琫準
（辛基秀編著『映像が語る「日韓併合」史』労働経済社、1987年）

同年、日清戦争の講和条約（下関条約）が結ばれ、第一条に「清国は朝鮮の完全無欠なる独立自主の国たることを確認す」と明記されたことにより、清と朝鮮の宗属関係は最終的に破棄された。講和交渉の過程で、清は日本も朝鮮の独立を確認するよう求めたが、日本は拒否した。東アジアの伝統的な冊

封体制から朝鮮を「独立」させ「万国公法」体制に一元的に組み込むだけでなく、同時に日本の従属下に置こうとしたためである。

　甲申政変や、次に述べる甲午改革が上からの改革であったのに対し、甲午農民戦争は、みずからを変革主体として自覚した民衆による下からの変革運動であり、朝鮮史上画期的な意義を有している。また、ドイツ農民戦争（再洗礼派）、イギリスのワット・タイラーの反乱、フランスのジャックリーの反乱、中国の白蓮教の乱など、世界における異端の民衆運動と通底する論理を持っている運動であったと位置づけることができる。

2）甲午改革と明成皇后暗殺

　日本軍の景福宮占領後に成立した金弘集政権は、甲午農民戦争によって噴出した要求をある程度受入れつつ、重要な改革を実行していった（甲午改革）。

　まず1894年、第１次金弘集政権のもと、臨時特別機構として設置された軍国機務処による内政改革が行われた（第１次改革）。政治制度改革では、総理大臣のもとに議政府を置き、従来の六曹を改編して設置した八衙門に実権を集中し、また宮中の部署を宮内府のもとに統合し、王室を弱化させた。1000年近く続けられてきた科挙を廃止し、門閥や両班／常民の差別なく広く人材を登用するようにした。経済改革では、国家財政の一元化、銀本位制度と税の金納化を実施した。社会制度改革としては、奴婢制度廃止、賤民の解放、寡婦再婚の自由、早婚の禁止、罪人連座制の廃止など重要な改革がなされた。また清との宗属関係破棄を象徴することとして、清年号の使用にかえて開国紀年（朝鮮王朝建国の年1392年を元年とする）の使用を開始した。

　しかし、日清戦争における日本の勝利が確実となり、井上馨（1835〜1915年）が新任公使に就任すると、軍国機務処は解体され、日本から帰国した朴泳孝等を大臣として入閣させ、日本による直接的な内政干渉のもとで改革が推し進められた（第２次改革）。1895年、高宗は、改革の推進を誓約する洪範14条を宣布した。政治制度改革としては、議政府を内閣、衙門を部に改めた。また、裁判所を設置して司法機構を行政機構から分離した。地方制度に

ついては従来の8道を23府に改編し、各邑を一律に郡と改め、それまで複雑だった地方行政制度を標準化した。

　日清戦争での勝利により、日本は朝鮮での勢力浸透の足場を固めるが、三国（ロシア、フランス、ドイツ）干渉で後退を余儀なくされた。こうした中、高宗・閔氏勢力が日本を牽制するためにロシアに再接近した。この動きに危機感を抱いた新任公使三浦梧楼（1846～1926年）は、日本の勢力を挽回するために、親露派の中心と目された明成皇后（閔妃、1851～1895年）殺害を企てた。1895年10月、日本守備隊、公使館員、「大陸浪人」らを動員して景福宮を占拠し、明成皇后ほか数人を殺害するという事件を引き起こした（乙未事変）。この破廉恥なテロはアメリカ人軍事教官とロシア人技師に目撃され、日本は国際的非難をあびることになった。三浦公使等は召還されたが、形式的に裁判に付されただけで、全員無罪となった。

　皇后殺害後、日本の強要により親日色の強い内閣が組閣され、急進的改革を行った（第3次改革）。まず太陽暦を採用し、1896年より建陽年号を用いた。新年号開始直前に、断髪令が公布されると、断髪は「倭国」化を強要するものであると反発を招き、明成皇后殺害事件によって高まっていた反日感情は一気に爆発、義兵闘争へと発展した（初期義兵）。義兵「鎮圧」のために漢城の警備兵力が手薄になると、1896年2月、親露・親米派官僚らがロシア水兵の力をたのみ、高宗を景福宮からロシア公使館に移し（露館播遷）、ついに甲午改革を推進した政権は瓦解した。高宗はその後一年間、ロシア公使館で過ごし、その間に地方制度の面で23府制を廃して13道制にするなど、甲午改革に逆行する動きが進んだ。

　このように、甲午改革は、甲申政変の改革方針を受け継ぎ、甲午農民戦争の要求に一定程度応じたが、財政基盤が脆弱であり、日清戦争の進展とともに日本の干渉が強まる中で、次第に日本への従属が深まった。その一方で1895年に兪吉濬『西洋見聞』が刊行されるなど、開化思想が一層普及した。

3）大韓帝国の成立と独立協会

こうして日露の角逐が深まる中、1897年2月、一年ぶりに高宗がロシア公使館を出て、慶運宮（のちの徳寿宮）に移った。清が退き、ロシアと日本が拮抗するのを好機ととらえ、高宗は、王権弱化につながった甲午改革での政治制度改革をもとに戻し、王権を再強化した。1897年8月、まず年号を光武と改め、さらに10月、皇帝即位式を挙行し、国号を大韓帝国と改めた。「皇帝」を名乗り「大韓」を名乗ることは、従来の東アジアにおける冊封体制から完全に脱却し、朝鮮が欧米諸国や日本と同格の独立国であることを内外に確認する意味を持っていた。1899年8月に発布された、憲法に相当する大韓帝国国制は、「無限の君権を享有する」皇帝が「万世変わらざる専制政治」を行うことを確認しており、陸海軍の統帥権、立法権、行政権、管理任命権、条約締結権、使節任命権などあらゆる権限を皇帝に集中させた。

高宗は、儒教的な政治や制度を主としつつ、近代文明を取り入れる「旧本

伝統的礼服である紫赤龍袍を纏う高宗（手前）と純宗（1890年代）。（三橋広夫訳『韓国の中学校歴史教科書』明石書店、2005年）

大韓帝国国制宣布後の西欧式皇帝服姿の高宗（李元淳ほか著『若者に伝えたい韓国の歴史』明石書店、2004年）

新参」の理念に基づいて急速に改革を行った（光武改革）。軍備を増強し、また財源確保のために土地調査事業（量田）と地契発給事業を実施した。殖産興業にも力が注がれ、近代的な技術学校や各種官営工場を設立した。交通通信事業では、自力での鉄道建設（漢城―義州間）が計画され、漢城に電話を開設し、米国と共同で市街電車を敷設した（西大門－洪陵間。東アジアでは京都に次いで二番目）。こうして電灯・電話・映画などが登場する文明開化的状況が到来した。

　光武改革は、皇帝に権限を集中させて短期間に急速に近代化を推し進めたが、基本的に王朝延命策であり、政治制度の民主化には逆行していた。また、財政収入を確保するために、鉄道・鉱山・山林・漁場などの開発権を日本をはじめとする諸外国に譲渡した。

　こうした動きに対し、甲午改革の精神を受け継ぎ、独立の確保と内政改革の推進を主張して独立協会が結成された。まず大韓帝国成立に先立ち、1896年4月、甲申政変後に亡命していた米国から帰国した徐載弼が、政府の財政支援を受け、すべて純ハングル（国文）で書かれた初めての新聞である『独立新聞』を創刊した。7月、徐載弼を顧問に、政府内の親米親露派官僚が独立協会を結成した。独立協会は、募金運動を行って、清との宗属関係の象徴だった迎恩門にかえて独立門を建立（1897年11月完成）したり、迎恩門となりの慕華館（清からの勅使を送迎するための施設）を改造して独立館を建設し、そこで教育振興、産業開発、民権伸張、議会開設などを内容とする討論会を開き、政府の外交・内政に対する姿勢を批判した。この過程で高級官僚が脱落し、主導権が急進開化派の流れをくむ徐載弼、尹致昊、李商在（イサンジェ）（1850～1927年）等に移った。

　1898年3月に独立協会の主導でソウルで開催された大衆的政治集会である万民共同会では、政府の利権譲渡などにより拡大するロシア勢力の駆逐が特に問題視され、ロシア人軍事教官、財政顧問官の解雇を政府にせまり、実現させた。10月には、政府、独立協会、万民共同会の合同集会である官民共同会を開催し、国政改革案（献議六条）を提示した。その内容は、外国に依存

せず官民力を合わせて専制皇権を強固にすること、中枢院を改造して議会を設立することなどであった。高宗はこの献議を受け入れ、実行を約束したが、これに危機感を抱いた守旧派が朴定陽内閣を打倒し、独立協会は皇帝を廃位して共和制を目指していると皇帝に誣告し、弾圧を加えた。そしてついに12月末、政府は独立協会の解散を宣告し、軍隊を投じて解散させた。

　独立協会の活動は、農民層の抱える矛盾には改革構想を提示し得ず、東学や義兵を「匪徒」と言うなど強い愚民観にとらわれており、その議会構想も一般民衆の参政能力を認めないエリート主義的発想に基づくものであった。また文明開化を主張するあまり、弱肉強食の競争の結果としての列強への従属が肯定されてしまう矛盾も抱えていた。このような限界を抱えていたものの、開化思想、民権思想の広まりに一定の寄与をし、後の愛国啓蒙運動・独立運動を担う活動家を多く輩出した。

　ところで大韓帝国政府による光武改革は、財政難の中で改革を推進するために、増税や貨幣乱発を行い、農民への収奪の強化につながった。そのため、この時期は各地で土地の所有権紛争や小作料引き上げ・租税引き上げ反対闘争などが続発し、甲午農民戦争の延長線上に、多様な民衆抗争が展開した。

　1899年5月末に全羅道一帯で東学異端派残余勢力によって起こされた英学の反乱は、甲午農民戦争の理念を再度具現しようと漢城への進撃を試みるが鎮圧された。「英学」は東学に対する苛酷な弾圧を避けるためにキリスト教に仮託して偽称したものだった。また、1899年ごろから1904年ごろには、朝鮮半島中南部を中心に、土地から遊離して流民・盗賊となった者が活貧党という義賊の組織をつくり活躍した。活貧党の名称やスタイルは朝鮮王朝時代の小説『洪吉童伝』がモデルとなっており、両班や富豪の家をおそって財産を奪い、貧民に分け与えた。襲撃対象は日本人の鉱山主・鉄道施設関係者・商人にも及び、日露戦争後は義兵闘争に合流していった。その他、済州島でも1898年に房星七の乱、李在守の乱など徴税強化に反発して闘争が起きた。

3…植民地化の危機の中で

1）日露戦争と韓国保護国化

　日清戦争における清の敗北により、欧米列強が相次いで東アジアへ進出して相互に牽制しながら租借地や利権の獲得競争を行い、東アジアの国際情勢は流動化した。朝鮮半島に関しては、1896年の小村＝ウェーバー協定、山県＝ロバノフ協定、1898年の西＝ローゼン協定で日露が牽制しあっていた。大韓帝国政府は、こうした列国を相互に牽制させ勢力均衡を保ちつつ自国の独立を維持しようとした。1899年に清で義和団運動が起き、列国が共同出兵して緊張が増大すると、勢力均衡策をさらにおしすすめて、高宗は「中立化」を模索しはじめる。

　一方、日本は1902年にロシアの南下を警戒していたイギリスと日英同盟を結び、中国でのイギリスの利益と、中国・朝鮮半島での日本の利益を守ることを認め合ってロシアに対抗した。こうして日露間に開戦の危機が強まる中、大韓帝国政府は、1904年1月23日、戦時局外中立を宣言したが日露は承認しなかった。2月9日、ついに日露戦争が勃発すると、韓国の中立化宣言はひとたまりもなく蹂躙され、日露両国は朝鮮半島北部を戦場に戦闘を開始した。漢城を制圧した日本は、2月23日に軍事力を背景に日韓議定書を韓国政府に調印させ、日本が韓国に対して内政干渉する権利、日本軍の駐留権や土地収容権を確保した。これによって韓国は中立国としての不偏不党義務を放棄させられた。この調印に反対した親露派の大臣・李容翊（イヨンイク）（1854〜1907年）は日本軍に拉致され、「遊覧」の名目で日本に移送、1年近く軟禁された。

　ロシアと対戦する日本軍は、4月に韓国駐箚軍を編成し、その隷下の韓国駐箚憲兵隊とともに韓国の軍事支配にあたった。7月には漢城とその周辺の治安維持も担当すると韓国政府に通告し、日本への抵抗を押さえた。一方日本政府は、5月末、「対韓施政綱領」を閣議決定し、大韓帝国の内政・外交・経済などのすべての分野を掌握することを目標と定めた。この方針に従い、8

月22日には、第一次日韓協約が締結された。外交交渉における日本政府との事前協議義務を認めさせ、顧問を通じて内政に干渉する顧問政治が開始した。財政顧問に目賀田種太郎（1853～1926年）、外交顧問に日本の推薦で米国人D.W.スティーブンス（1853～1908年）など、大韓帝国政府のほぼ全てに顧問を派遣して政治の実権を日本が握った。

1905年4月、日本政府はさらに「韓国保護権確立の件」を閣議決定し、外交権をも全面的に奪い取り、国際法上の韓国の独立を否定し、保護国化する方針を定めた。その実行のためには諸外国の承認が必要であったので、7月の桂＝タフト協定、8月の第二次日英同盟で、それぞれ米国のフィリピン支配、イギリスのインド支配を承認することとひきかえに日本の朝鮮支配を承認させた。9月には、日露戦争の結果としてロシアとの間に日露講和条約（ポーツマス条約）が締結され、帝国主義列強に日本の大韓帝国に対する保護権確立の承認を取り付けた。その上で10月に「韓国保護権確立実行」を閣議決定し、11月、伊藤博文（1841～1909年）が特派大使として朝鮮に派遣された。同月17日、慶雲宮内が日本兵で満ちる中で、本来閣議に関与するはずのない伊藤博文が大臣一人一人に賛否を尋問し、沈黙した大臣を強引に賛成と数えて多数決で裁可させ、第二次日韓協約（乙巳保護条約）が締結された（18日午前1時半）。こうして韓国は独立国としての地位を奪われ、外交権は日本の外務省が掌握し、日本の保護国となった。

2）韓国統監府による保護政治

第二次日韓協約により、漢城に日本政府の代表者として統監を置くこととなった。1906年2月、韓国統監府が開設され、3月に初代統監として伊藤博文が赴任した。統監の地位と権限は内政外交全般にわたる強大なものであった。統監は天皇に直属しており、大韓帝国政府に雇用された日本人官吏の監督にあたり、韓国駐箚軍（日露戦争で進駐した日本軍）司令官への命令権を有し、統監府令という法律を発する権限を有していた。駐箚軍、駐箚憲兵隊は縮小されたが、警務顧問（日本人）の補佐機関としての顧問警察を増強し、

近代　237

相次ぐ反発を力で抑えた。1907年6月、伊藤博文は、議政府を内閣に改めて内閣総理大臣に李完用(イワニョン)（1858〜1926年）を就任させ、強大な権限を付与した。これには外国と連絡をとり何とか日本に対抗しようと画策する高宗を牽制するねらいがあった。

　保護国化以前から、日本は「対韓施政綱領」に従って、外交、交通、通信、拓殖の各方面で利権掌握を進めていたが、統監府はさらにこれを押し進めた。1906年には統監府鉄道管理局を設けて鉄道を配下に置き、また鉱業法を公布し鉱業における行政権を掌握した。農業では、土地家屋証明規則によりそれまでの日本人の実質的土地所有が合法化された。1908年12月には東洋拓殖株式会社（東拓）が設立されて土地を大量に買収し、日本人の朝鮮への移民事業を行った。また財政顧問・目賀田種太郎は、典圜局(てんえん)を閉鎖して韓国独自の貨幣発行を禁ずる一方、日本の第一銀行韓国支店に中央銀行の役割を担わせて新貨を発行し、さらに第一銀行券を無制限に通用させた。さらに在来貨幣である白銅貨や葉銭（常平通宝）の回収を短期間で行ったため貨幣収縮によって激しい恐慌が起こった。この貨幣整理事業により金融面での日本の支配が確立した。

　こうして日本によって韓国政府が傀儡化され、支配が強まるなか、1907年6月末、高宗は、オランダのハーグで開催される第二回万国平和会議に皇帝の全権委任状を持たせた3人の密使を派遣し、保護条約の不当性を国際世論に訴えようとした。しかし韓国には外交権が無いという理由で会議に参加することすら拒否された（ハーグ密使事件）。7月、日本はこの事件を口実に韓国政府の内政も含む全権を掌握する方針を閣議決定し、反対する高宗に退位を迫り、皇帝の座を純宗(スンジョン)（李坧(イチョク)。1874〜1926年、在位1907〜10年）へ譲位させた。譲位式は両名とも不在のまま虚構に行われた。さらに高宗退位に反対する示威運動を鎮圧する中で、7月24日、第三次日韓協約（丁未七条約）が調印された。これにより、各部次官や地方官庁の要職などに日本人を就け、権力の末端まで内部から支配することが可能となり（次官政治）、日本は朝鮮における内政権をも全面的に掌握することとなった。また、8月1

日には韓国軍をも解散させた。

3）国権回復運動の展開

　こうして国家の主権が侵奪されていくことに対し、激しい反発が巻き起こった。日露戦争中より、戦場となった朝鮮の各地では鉄道用地・軍用地の強制収用に対する反対や、電信線切断、鉄道建設妨害などの抵抗が多発し、民衆の反日感情が高まっていた。第二次日韓条約締結が伝えられると、元政府高官など多くの人々の自決が後を絶たず、義兵も蜂起した。条約に賛成した学部大臣李完用等五人の大臣は「乙巳五賊」と呼ばれ、売国奴として激しい非難の対象となった。植民地化の危機が進むなか、朝鮮人による国権回復運動が展開した。運動は大きく二つの潮流に分かれていた。すなわち愛国啓蒙運動と、義兵闘争である。

　愛国啓蒙運動は、開化派・独立協会運動を継承した都市部の知識人により行われ、言論、出版、教育、学会（啓蒙団体）などの活動を通じ、愛国心高揚、教育振興、産業振興を行って国権回復のための実力養成（自強）をはかることを目標とした。そのために、大韓自強会などの結社が組織された。学校も盛んに設立され、1910年までに私立学校は約2000校に達した。活版印刷術の発展もあいまって言論出版活動も行われ、ジャーナリズムが社会の中で果たす役割が増大した。中でも、『皇城新聞』は1898年5月に創刊され、独立協会解散後、その思想と精神を伝える役割を果たした。第二次日韓協約締結直後、皇城新聞社長の張志淵（1864～1921年）は条約締結を指弾する論説を掲げて逮捕され、新聞も翌年2月まで停刊となった。また『大韓毎日申報』は1904年7月に創刊された新聞で、イギリス人E.T.ベセル（1872～1909年）を社長とすることで統監府の弾圧をかわし、啓蒙言論活動を行い、募金を集めて日本からの借金返済を目指す国債報償運動の中心となった。文化面では、朝鮮語や朝鮮史などの「国学」研究が活発化し、申采浩（1880～1936年）や朴殷植（1859～1925年）らによる英雄伝や諸国興亡史が盛んに刊行された。こうした出版物は私立学校の教科書としても使用され、民衆の愛国心

を鼓吹する役割を果たした。

　こうした結社、教育、言論などの愛国啓蒙運動に対し、統監府は当初、統監政治の対外イメージを悪化させることをおそれたため、表だって弾圧はできなかった。そこで1906年、日本語新聞『京城日報』と英字新聞『The Seoul Press』を創刊して対抗しつつ、施政改善による沈静化をねらった。しかし第三次日韓協約締結後は、積極的な統制政策に転じ、保安法（1907年）や学会令（1908年）により集会結社を、新聞紙法（1907年）、出版法（1909年）により言論活動を、私立学校令（1908年）により教育活動を、それぞれ統制する法を整え、弾圧した。これにより、学会は解散させられ、言論活動はいずれも停刊・記事削除などの処分をたびたび受けた。

　こうして法による統制が強まる中、合法的運動には限界があるとして、1907年2月、秘密結社・新民会が安昌浩（アンチャンホ）（1878〜1938年）ら平安南北道・黄海道出身の商工業者や知識人によって組織された。会長は独立協会や大韓自強会の会長であった尹致昊で、独立思想を鼓吹するための教育振興や、商工業振興などにより独立を実現するための実力養成を目指した。新民会のメンバーは、韓国併合の後、一部は国外に亡命し中国・ロシア領で独立運動を続け、義兵闘争と合流した者もいた。

　愛国啓蒙運動は、愛国思想や開化思想を全国に拡散させるのに貢献した点で一定の意義が認められるが、西洋文明を理想視する態度により、帝国主義に対する批判が弱く、また開化・富強を達成した後に国権の回復をはかるという実力養成論・準備論の立場から、武力闘争を行う義兵に対して批判的な傾向があるなど、多くの限界もはらんでいた。

追いつめられて自首した全羅南道木浦の義兵（1909年11月）
（辛基秀編著『映像が語る「日韓併合」史』労働経済社、1987年）

　一方、抗日義兵闘争は、

日露戦争と保護条約を契機に再起した（後期義兵）。後期義兵展開の重要な転機は、韓国軍の武装解除と解散である。解散された軍人が義兵部隊に合流し、全国に拡大した。12月には李麟栄（イイニョン）（1867〜1909年）を総大将とする連合部隊・十三道倡義隊が大規模な漢城進攻を企て、各国領事館に自らを国際法上の交戦団体として承認するよう訴えた。しかし先発隊が漢城に入る前に察知した韓国駐箚軍（日本軍）の攻撃を受けて敗退し、不成功に終わった。義兵闘争は1908年に最高潮となり、とりわけ全羅道において活発であった。義兵の襲撃先は、日本人関連施設だけでなく、後述する親日団体の一進会もねらわれた。こうした義兵闘争に対し、1908年5月に二個連隊が増派され、韓国駐箚軍には二個師団相当の兵力が配備された。韓国駐箚軍憲兵隊も同様に増強された。この「南韓暴徒大討伐作戦」（1909年9〜10月）と称される徹底的な弾圧により、義兵の勢力は後退を余儀なくされ、満洲やロシア沿海州地方に移り、独立運動の根拠地建設を目指していった。結果、日本側の記録によれば、1907年8月〜1910年までに、2819回の交戦があり、のべ14万人以上の義兵が参加、義兵側の死者は17,688名（この数は日清戦争時の日本軍死亡者数約13,000名を上回る）、対する日本側の死者は133名で、まさに独立をかけた戦争であったと言える。

　後期義兵は、義兵闘争の指導者に両班や儒生のみならず、農民も登場するなどの面で初期義兵から性格の変化を見せていた。また、儒教的価値観の固守よりも、国家の独立を守ることが主たる目標として掲げられ、西洋科学技術の導入などは認める立場へと変化した。

　これら愛国啓蒙運動と義兵闘争の両方の流れを受け継ぐ人物として安重根（アンジュングン）（1879〜1910年）があげられる。安重根は1904年、国権回復をめざして愛国啓蒙運動などに参加し、1907年に中国を経てウラジオストックに亡命して義兵を組織した。1909年10月、伊藤博文が訪れたハルピン駅で、「東洋平和を乱す者」として伊藤を射殺し、その場で逮捕され、1910年3月、旅順監獄で処刑された。

4） 韓国併合へ

　伊藤博文がハルピンへ来た目的は朝鮮・満洲問題についてロシアと折衝するためであった。伊藤は既に1909年6月に統監を辞していた。第三次日韓協約後、伊藤は、韓国の独立保証という、保護国化の名目にそうように、韓国に治外法権を撤廃させて日本以外の外国が干渉しない状態をつくることを目指した。そのために、以下のような「自治育成」政策を行った。まず司法制度整備策として内閣の下に法典調査局を設置し、梅謙次郎（1860～1910年）を顧問として調査を開始する一方、1908年8月に大審院以下の裁判所、検事局を開庁し、日本人を要職に就任させた。また、1909年には従来の第一銀行にかえて中央銀行として韓国銀行を設置したが、これは日本に完全に従属した銀行であった。伊藤はまた、皇帝の象徴としての価値を利用することによって「民心の一新を期する」ため、1909年1月から純宗を伴って南北巡幸を行った。しかし義兵闘争をはじめとして抵抗は強まる一方であった。

　こうして伊藤は韓国の保護国経営の失敗を認め、在任中から韓国併合方針を是認するようになった。伊藤辞任後の1909年7月、日本政府は韓国併合を断行する方針を閣議で決定した。この「併合」という言葉は、対等な印象を与えず、かつあまり刺激的でない言葉としてつくられた政治的造語であった。閣議決定後も併合実行時機については義兵を完全に「鎮圧」する必要があったため確定していなかったが、10月の伊藤暗殺を契機として韓国併合の断行を求める世論が高まった。そのような状況の中、12月には韓国の一進会という団体が日韓合邦請願書を提出した。

　一進会とは、日本軍の通訳をしていた宋秉畯（ソンビョンジュン）（1858～1925年）が組織した維新会と、東学教徒の李容九（イヨング）（1868～1912年）が組織した進歩会が合同し、日露戦争中の1904年12月に結成された団体で、東学の宗教勢力を基盤とし、全国的規模を持つ韓国最大の政治結社となった。殖産興業や近代教育の普及など、愛国啓蒙運動にも通ずる主張を行ったが、日本が韓国の独立を保障するという条約上の名分に期待をかけ、日露戦争時には日本軍援助活動、韓国保護国化に際しては積極的に賛成するなどの活動を展開していた。そのため

一進会は、義兵の襲撃対象となっただけでなく、愛国啓蒙運動の新聞『大韓毎日申報』でも批判された。一進会が合邦請願を行った意図は、併合断行が目前に迫る中で、自発的に合邦を請願することにより、韓国皇室や韓国民衆を少しでも有利に導こうというもので、そこで主張された「合邦」の内容は、日本が意図する併合の内容形式とは大きく異なっていた。

　日本はロシアやイギリスから韓国併合の同意を得、1910年8月22日、ついに韓国併合が断行された。日本軍を漢城に集結させる厳戒態勢の中で、「韓国併合ニ関スル条約」を統監寺内正毅（1852～1919年）と総理大臣李完用とのあいだで調印し、29日に発表した。今日でも8月29日は「国恥日」とされ人々に記憶されている。また条約と同時に公布施行された勅令318号では「韓国の国号は之を改め爾今朝鮮と称す」とした。先の一進会も「韓国」の国号維持を求めており、条約に調印した李完用でさえも「国号ハ依然韓国ノ名ヲ存シ」と主張していたにもかかわらず、この勅令により、以後、大日本帝国の一地域としての「公式」名称は、「朝鮮」となった。

　この条約により、韓国は日本の植民地となった。韓国併合条約やそれ以前の日韓協約の合法性については疑問視する見解もあり、今日も議論が続いている。不法であるとの立場からは、植民地支配を「強制占領(強占)」と表現する場合もある。合法であるにせよ不法であるにせよ、不当であることには疑いの余地のない植民地支配が開始された。

4…武断政治と三一運動

1）朝鮮総督府による支配の開始

　こうして日本の植民地となった朝鮮には、韓国統監府にかわって朝鮮総督府を設置し、朝鮮総督府官制および朝鮮総督府地方官官制を発して支配機構の骨格を定めた。初代総督には、最後の統監だった寺内正毅が就任した。総督の地位は、天皇に直隷する親任官で、現役の陸海軍大将だけが任命された

歴代韓国統監・朝鮮総督一覧

		在任期間
韓国統監	伊藤博文	1905.12.21 ～ 1909. 6.14
	曽禰荒助	1909. 6.15 ～ 1910. 5.30
	寺内正毅	1910. 5.30 ～ 1910.10. 1
朝鮮総督	寺内正毅	1910.10. 1 ～ 1916.10.14
	長谷川好道	1916.10.14 ～ 1919. 8.12
	斎藤実	1919. 8.13 ～ 1927.12.10
	宇垣一成（代）	1927. 4.15 ～ 1927.10. 1
	山梨半造	1927.12.10 ～ 1929. 8.17
	斎藤実	1929. 8.17 ～ 1931. 6.17
	宇垣一成	1931. 6.17 ～ 1936. 8. 5
	南次郎	1936. 8. 5 ～ 1942. 5.29
	小磯国昭	1942. 5.29 ～ 1944. 7.22
	阿部信行	1944. 7.24 ～ 1945. 9.28

秦郁彦編『日本官僚制総合事典 1868～2000』
（東京大学出版会、2001年）より作成

（総督現役武官制）。朝鮮は大日本帝国憲法の施行対象外とされ、総督は憲法に束縛されず、朝鮮駐箚の陸海軍に対する統率権、本国の法律にかわる制令を発する権限、行政一般に対する政務統理権など、日本本国の首相でさえも及ばぬ強大な権限を持ち、「小天皇」とも呼ばれた。1945年まで朝鮮総督は全8人で、すべて軍人であった。

総督以外の総督府中央の要職も日本人が占めた。大韓帝国の皇室は、王族・公族として日本の皇族に準ずる処遇を受けることとなった。大韓帝国高官等74名には朝鮮貴族として爵位と恩賜金が与えられた。政務総監（日本人、総督に次ぐポスト）を議長とする中枢院が組織され、朝鮮貴族などが構成員となったが、諮問機関にすぎなかった。すなわち朝鮮統治に関わる意志決定から朝鮮人は排除された。

地方行政の単位は道、府・郡、面に体系化された。道の長官の半数、全道の内務部長、財務部長を日本人が占め、職員の大半を日本人が占めた。道の下位行政単位の府・郡の長は、府尹に日本人、郡守に朝鮮人が任命されたが、実務担当の書記には日本人が配置された。このような地方行政体系の構築は、従来の、姓氏集団の結集単位という性格をもつ郡県や、生活共同体的な性格を持つ洞里を無力化させ、面を行政機関として積極的に位置づけるものであった。

1914年には、後述する土地調査事業とも連動しながら、大幅な郡面洞里の統廃合を行った。同時に府制を施行し、府尹の諮問機関として府協議会を設置した。1917年には面制を施行し、日本人居住者の集中している指定面とそれ以外に分けたが、双方とも日本「内地」の町村制のような自治制度は導入

せず、末端行政単位としての機能を強化した。ところで面の下位単位である洞里は、もともと様々な名称のもとで存在しており、近世日本の村よりやや小規模な集合で、役を賦課する人間を把握する単位として機能し、日本の村のように土地をも区画する単位ではなかった。しかし洞里が土地を区画する単位でないことは、土地調査事業の遂行上、放置できない問題であったので、総督府は洞里の境界の決定を行うと同時に1914年の郡面廃合にあわせ、洞里数も大幅に減らした。しかしこの「新洞里」設定後も「旧洞里」の共同性は簡単には失われなかった。

　1910年代の朝鮮植民地支配は、軍事力をむき出しにした支配であったため、武断政治と称された。それを制度的に支えていたのが先に述べた総督現役武官制（およびそれによって担保される総督の陸海軍統率権）と憲兵警察制度であった。憲兵警察制度とは、本来は軍事警察だけを担当する憲兵に、普通警察事務を遂行する権限を与える制度で、朝鮮駐箚憲兵隊司令官が警務総監を、各道憲兵隊長が各道警務部長を兼任して、警察機構の指揮系統の中枢を憲兵が握った。この時期、朝鮮憲兵隊は日本の全憲兵隊人員の実に約八割を擁しており、その権限の上でも日本「内地」の憲兵とは全く異なる強大な力を持っていた。

　憲兵警察の業務は、抗日運動に対する情報収集、軍事・警察業務、犯罪即決処分（法的手続きを経ずに逮捕・処罰できる）、戸籍事務、副業奨励、農作物の作付強制（「サーベル農政」と言われ、日本への「移出」を主眼とした日本品種の普及が強制的に行われた）など、司法や一般行政に属する業務も兼任する広範なものであった。そのために地方行政機構よりも多くの機関、人員を擁し、植民地支配を末端まで浸透させるための最有力の機構であった。

　こうした物理的な力で制圧しながら「治安」を維持する傍ら、植民地経営のための経済的基盤作りが進められた。最初に着手されたのが、併合直前の1910年3月から1918年11月まで実施された土地調査事業であった。これにより、国有地と民有地を明確に区分し、土地所有権を確定することで、地税をもれなく徴収できると同時に、商品経済の論理に対応して土地の売買、土

在朝日本人社会の形成と展開

　明治以後敗戦まで、日本が朝鮮を支配していく過程で、多くの日本人が朝鮮に移り住んだことは、ハワイ移民・南米移民・満洲移民などに比べてあまり知られていない。しかし在朝日本人の数は、敗戦時には約70万人に達しており、日本人の移民先の中で大きな位置を占めていた。

　1876年、日朝修好条規以後、開港場には日本人居留地が形成され、朝鮮で一攫千金をねらう日本人が次々と海を渡った。初期には長崎県に属することとなった対馬島民が圧倒的多数を占めたが、次第にその出身地は西日本全域に広がった。日露戦争を境に在朝日本人人口は増加の一途をたどり、出身地も多様化した。韓国併合後は、膨大な数の朝鮮総督府職員を日本人を以て充当したこともあり、在朝日本人の職業構成は、日本の他の移民先と比べてもホワイトカラーが大半を占め、都市部に日本人町を形成して居住した。朝鮮人との接点は全般に少なく、多くは朝鮮人に対する優越意識を克服できずにいた。しかし朝鮮陶磁器の歴史を研究し、その美を発見した民芸研究家・浅川巧（1891～1931年）のように朝鮮に深い理解を示した在朝日本人も現れた。

植民地時代の京城の街並み（『別冊一億人の昭和史　日本植民地史⑴朝鮮』毎日新聞社、1978年）

地を担保に融資を受けることが法的に認められるようになった。事業の結果、地税は1911年から1919年の間に2倍に増加し、植民地経営の財政基盤を確立すると同時に、地主層(日本人・朝鮮人)形成の法的条件を整えた。そして開港以後拡大していた商品生産のための

併合前の書堂の様子(韓国統監府『韓國写真帖』1910年)

農業が展開し、米穀の対日移出高は1912年から1919年の間に10倍以上になった。

　1910年代には目立った商工業政策は実施されず、むしろ工業化を抑制していた。その象徴が会社令(1910年)で、朝鮮で会社を設立する場合は、総督の許可を要することとされた(日本「内地」の商法では届出制)。一方、インフラストラクチュア(社会資本)の整備は進められ、鉄道・道路・港湾などが建設された。これらは、朝鮮と日本、朝鮮と満洲の経済を結びつける役割を果たすと同時に、軍事的観点も強く反映された政策であった。金融面では、1911年に韓国銀行を継承して朝鮮銀行が設立され、朝鮮銀行券を発行した。

　教育面では、1911年8月、朝鮮教育令を公布し、「教育ニ関スル勅語ノ旨趣ニ基キ忠良ナル国民ヲ育成スルコト」(第二条)が目標とされた。「国語」(日本語)教育が重視され、すべての教科の教授用語も日本語となった。同年、私立学校規則が公布され、民族運動の一翼として重要な役割を果たしていた私立学校に対する統制が強化されて多くが廃校に追い込まれた結果、1910年に2225校あった私立学校が1918年には775校に激減した。次いで、1918年には書堂規則が公布され、平均して一面に四校の割合で存在して、朝鮮人の初等教育を担っていた伝統的教育機関である書堂にも統制が加えられた。

総督府が朝鮮人向けに用意した初等教育機関は、日本人の小学校と異なり入学年齢が高く(8歳) 修学年限が2年短い4年制の「普通学校」で、日本人とは別学であった。日本では1900年に義務教育制度が確立されたが、植民地ではされず、朝鮮人(および在朝日本人)が学校で教育を受けるためには授業料を納める必要があった。在朝日本人の就学率が一貫してほぼ100％近かったのに対し、特に1910年代の朝鮮人の普通学校への就学率は男子は5％前後、女子は1％以下と低迷を極めていた。

2）独立運動の展開

　こうして朝鮮人に対して同化を強要する一方で、朝鮮人の自主的な文化活動の芽は徹底してつみ取られた。すなわち朝鮮語の民間新聞・雑誌は発行禁止となり、唯一残されたのは総督府の御用新聞である『京城日報』(日本語)と『毎日申報』(朝鮮語)ぐらいであった。また一進会を含むすべての政治結社は解散させられ、集会取締令を公布し、集会・結社の自由など近代的な基本権も奪われた。

　このような状況のもとで、民族運動を展開するのは著しく困難となった。併合前より活動してきた秘密結社新民会は、1911年、寺内総督暗殺未遂とのでっち上げにより、尹致昊ら会員600余名が検挙され、うち最終的に105人に重刑が言い渡された(105人事件)。これにより新民会の国内組織は壊滅させられた。義兵闘争も併合前に大弾圧を受けて衰退を余儀なくされたが、1914年までは山間奥地を根拠地にして散発的な抵抗が続いた。1910年代前半まではこうした併合前の国権回復運動の流れをくむ運動が続いたが、弾圧を受け、次第に海外に舞台を移して展開した。

　土地調査事業による近代的土地所有権の確立は、地主への土地集中を促し、土地から離れざるを得ない農民層を数多く排出したが、そうした人口を吸収する産業の発達が見られず、人々は海外への流出を余儀なくされた。北方で川を隔てて隣接している間島地域(現在の延辺朝鮮族自治州)には、1910年代末には40万人近い朝鮮人が在住しており、その地域人口に占める割合も8

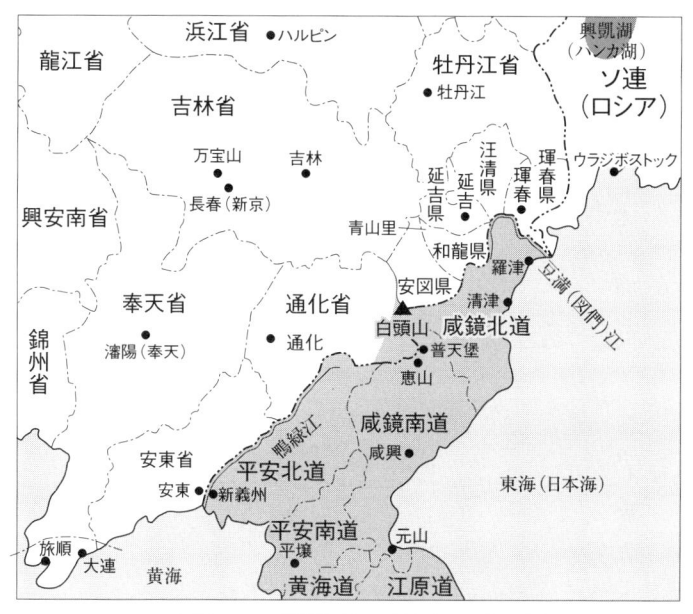

―・・― 国境　――― 「満州国」の省界（1940年現在）
間島付近地図

割近かった。日本へも、20世紀初頭には留学生等ではなく一般の朝鮮人が労働者として渡航し生活するようになった。第一次世界大戦による軍需景気もあり、朝鮮人労働者はすでに1910年代に次第に日本全国各地に見られるようになった。1910年の併合時には約3千人であった在日朝鮮人数は10年間で約10倍に上った。その他、ロシア沿海州、中国、アメリカなど各地にも朝鮮人が広がっていった。

　いち早く、朝鮮の北部国境地帯に接する間島に独立運動の根拠地をつくることを提起したのは義兵将・柳麟錫（ユインソク）（1842〜1915年）であった。また新民会も併合前から西間島（鴨緑江上流北岸部）に移住先を求め、1911年4月に耕学社という自治組織を発足した。その後扶民団へと発展させて中心地を通化県に移し、新興学校という武官学校を設立して独立軍の幹部養成にあたった。一方、北間島（豆満江北部地域）の四県（延吉、和竜、汪清、琿春）にも併

近代 249

合後移住者が続出し、民族教育機関や大甸学校のような軍事教育を行う学校が設立された。これらの根拠地づくりは、次章で述べる三一運動後の独立軍運動の母体となった。

3）三一運動

韓国併合以来の武断政治による矛盾は次第に深まり、ついに大規模な民族運動を引き起こした。1919年3月1日に起こった三一運動は、朝鮮近代史上最大の民族運動であるといえる（今日、大韓民国は3月1日を祝日と定めている）。

第一次世界大戦後、ロシア革命やウィルソンの民族自決主義の提唱を背景に、朝鮮でも民族自決を達成しようとする動きが一段と活発になり、米国や上海で活動していた安昌浩、呂運亨(ヨウンヒョン)（1885～1947年）等は、パリ講和会議に朝鮮人代表を派遣し、朝鮮独立の必要性を国際世論に訴えようとした。朝鮮内でも1919年1月に高宗が死去すると毒殺説が広まって日本の支配に対する批判的感情が高まった。

一方、三一運動の先導的役割をもっとも直接的に果たしたのは日本における朝鮮人留学生の決起であった。朝鮮人留学生は、1912年に東京朝鮮留学生学友会を組織し、機関誌『学之光』を出すなどの活動を行っていた。1918年末頃から学友会会長の崔八鏞(チェ パルヨン)（1891～1922年）を中心に準備をすすめ、1919

1919年3月、ソウルの光化門紀念碑閣前に集まった朝鮮人たち。紀念碑閣は1902年、高宗即位40周年を記念して建てられたもの。（辛基秀編著『映像が語る「日韓併合」史』労働経済社、1987年）

年2月8日、民族大会召集請願書、独立宣言書を各国大・公使館、日本政府、貴衆両院議員、朝鮮総督府、各新聞・雑誌社等に送付し、東京神田の朝鮮ＹＭＣＡ会館に約600名が参集、朝鮮青年独立団の名義で、朝鮮近代文学の嚆矢とされる李光洙(イグァンス)（1892～1950年）が起草した独立宣言書と決議文を朗読した。

こうした朝鮮内外のさまざまの動きが2月末に合流し、3月3日の高宗の国葬を前に、3月1日にソウルのパゴダ公園（現タプコル公園）で宣言書を発表し、日本政府やパリ講和会議などに独立請願書を送ることなどが決まった。崔南善(チェナムソン)（1890～1957年)が独立宣言書を起草し、これに東学の流れをくむ天道教の孫秉熙(ソンビョンヒ)（1861～1922年）、キリスト教の李昇薫(イスンフン)（1864～1930年）、仏教の韓竜雲(ハンヨンウン)（1879～1944年）など計33名の「民族代表」が署名し、ひそかに2万1千枚ものビラが印刷され、朝鮮全土に運ばれた。

3月1日、あくまで非暴力的示威運動を予定していた「民族代表」たちは、パゴダ公園でなく泰和館(テファグァン)で宣言書を朗読すると警察に自首して逮捕された。しかしパゴダ公園に集まった学生たちが独立宣言書の朗読を終え、太極旗をうちふり「独立万歳」を高唱しながら街頭に出ると、多くの民衆が参加する大規模なデモとなった。運動は地方へも広がり、以後各地で市のたつ日などに合わせて示威が行われた。例えば梨花学堂の女学生だった柳寛順(ユグァンスン)（1904～20年）は、忠清道天安に帰郷して示威運動を計画し、4月1日、定期市日に集まった群衆に太極旗を配って独立宣言文を朗読した。憲兵の発砲により30余人が殺され、柳寛順も逮捕され、1920年10月、拷問で併発した病気のため16歳で獄死した。

ほとんどの府郡でデモが起こり、開かれた集会の回数1,500回、参加人数200万人以上にのぼる大規模な運動を事前に察知することができなかった総督府側は、当初驚愕を隠せなかったが、すぐに弾圧に転じた。憲兵・警察のほかに正規軍をも投入した「鎮圧」作戦によって運動を徹底的に弾圧し、徒手空拳の民衆に対して発砲した。4月15日には水原郡の堤岩里教会で焼きうち虐殺事件が起き、西洋人宣教師や記者によって世界に知らされた。日本側

近代

が武力弾圧行動に出ると、平和的な示威運動は次第に暴力闘争へと変質する局面も見せた。襲撃を受けたのは、地域社会で支配の象徴と映っていた憲兵駐在所、面事務所、普通学校などであった。

　厳しい弾圧により、運動は5月以後散発的になったが、その後も約1年間にわたって日本、中国、ソ連沿海州、米国などにも波及して続けられた。朴殷植『独立運動之血史』（1920年）によれば、朝鮮人の犠牲者は死者約7,500人、負傷者約16,000人、逮捕者約47,000人にも及んだ。

　三一運動に対し、日本国内では吉野作造（1878～1933年）や柳宗悦（1889～1961年）のように朝鮮人の真の意向を知ろうと努力し、弾圧を批判した知識人も現れた。しかし圧倒的多数の日本人は三一運動を「不逞鮮人」による「万歳騒擾」としてしか認識できなかった。このような認識は、後に、関東大震災での朝鮮人虐殺を引き起こす遠因となっていった。

　三一運動の歴史的意義としては、まず朝鮮史の文脈では、それまでの農民戦争、義兵運動、愛国啓蒙運動の流れが一つに合流した初の全民族的な抗日運動であったことがあげられる。独立こそ達成されなかったものの支配政策における譲歩を引き出し、次章に述べる文化政治への転換へとつながった。さらに世界史的な文脈では、世界的な反帝国主義運動の一環としてとらえることができる。三一運動は、中国の五四運動、インドの第一次非暴力運動、エジプトの反英自主運動、トルコの民族運動などアジアの民族運動を触発する一つの契機となった。

5… 「文化政治」と民族運動の展開

1）「文化政治」への転換

　三一運動は日本の為政者に大きな衝撃を与えた。従来の「武断政治」の手法では、その強圧性のもとに、逆に民族的な結集が高まり、支配を維持できないと考えるようになった。そこで1919年8月に第三代朝鮮総督となった斎

Column

景福宮と朝鮮総督府庁舎

　景福宮は朝鮮王朝第一の王宮として受難の歴史を最も多く経験している。朝鮮王朝初期に建設された景福宮は、1592年、壬辰倭乱の時、日本軍により焼失させられた。再建はその後270年余りたった1868年になってからで、大院君の中央権力増強策の一環として行われた。

　1910年の韓国併合後、景福宮は朝鮮総督府の管理下に置かれるようになり、「景福宮整理作業」が開始された結果、多くの建物が破壊され、民間に払い下げられた。さらに1915年、始政五年記念朝鮮物産共進会のために、大院君が再建したうちの三分の一にも相当する殿閣が壊された。その後すぐ、その場所に朝鮮総督府庁舎の建設が着手された。建設のため、興礼門が壊され、さらに正門である光化門も取り壊しの危機に直面した。1922年、日本の民俗学者の柳宗悦が「失はれんとする一朝鮮建築のために」という文章を発表して光化門の取り壊しに反対し、反響を呼んだ。結局、光化門は取り壊しを免れ、解体して景福宮東門の建春門の北側に移転された。

　そして1926年、ルネッサンス式の石造建築の総督府庁舎が竣工した（写真中央）。外壁は花崗岩で内部は大理石で飾られた荘厳な趣の建物が、朝鮮王宮の敷地内に、立ちはだかったのである（鄭雲鉉／武井一訳『ソウルに刻まれた日本』桐書房、1999年）。

景福宮と朝鮮総督府庁舎
（『日本地理風俗大系』16巻、新光社、1930年）

藤実(とうまこと)(1858〜1936年)は、新しい施政方針を「文化」「文明」の言葉で飾り、「文化政治」を標榜して政策転換を図った。

　まず統治機構の面では、1919年8月、朝鮮総督府官制を改めて、総督武官制と憲兵警察制度を廃止した。すなわちそれまで総督は現役武官しか任用できなかったのを、文官も任用できるように変更し、総督の陸海軍統率権も削除して朝鮮における陸海軍の司令官に兵力使用を請求できる権限のみにした。しかしこの変更後、実際に文官が任用されたことは一度もなく、多分に「文化政治」を標榜するための形式的な側面が強かった。

　一方、武断政治の象徴であり、三一運動の際、朝鮮人による直接的な攻撃の標的にもなったし、軍とともに暴力的弾圧の中核を担った憲兵警察制度は、その「治安維持」機能の不備が露呈し、制度改編が一挙に現実化した。まず憲兵警察制度を普通警察制度へ改編した。すなわち一般行政機構から独立していた警務総監部・道警務部を廃止し、総督に直属する警務局を設置、道知事(1919年に道長官から名称変更)へ警察権を付与し、各道に警察部(設置当初の名称は第三部)を設置した。しかし警察力の減少をもたらさぬよう「一府郡一警察署」「一面一駐在所」を標準とする稠密な配置が実現された。また各警察官署には、日本「内地」とは異なり大量の銃器が配備され、軍隊式訓練がほどこされた。こうして急速に増員した後の警察官職員数は、朝鮮総督府及所属官署職員中の実に半数以上を占めていた。従って、普通警察制度への転換は、暴力装置による支配をゆるめたことを全く意味せず、むしろ民衆を日常的に監視する体制が強化されたと言える。また憲兵隊も廃止されたわけではなく、独自に朝鮮の独立運動の動静に目を光らせていた。

　全国展開した三一運動は、総督府による地方支配の限界をも赤裸々に示した。その解決を企図して総督府が行った地方制度の改編は、以下のようなものだった。まず面にも諮問機関を設置し、道、府の諮問機関の構成員の選任に公選制を導入した。有権者は納税額で制限され、議決権はなかったが、朝鮮人の上層階級を植民地支配の協力者として包摂する効果をもたらした。さらに、1910年代までは支配の網の目の外にあった洞里をも支配体制へ順応さ

地方制度変遷表

	道		府		郡		島		面			洞・里	
大韓帝国期	観察使	13	府尹	7 12	郡守	約330			執綱（異称多し） ｜ 面会		約4400	洞長（異称多し）（有給） ｜ 洞会	約63000
一九一〇年代	道長官	13	府尹 府協議会（諮） ＊道長官による任命制	12	郡守	317 218	島司	2	指定面 面長 ｜ 相談役（無給） ＊道長官による任命制	それ以外 面長	4351 2512	洞里長 区長（名誉職・無給）	68819 28238
一九二〇年代	道知事 道評議会（諮） ＊道知事による任命制		府尹 府協議会（諮） ＊選挙制						面長 面協議会（諮） ＊選挙制	面長 面協議会（諮） ＊郡守・島司による任命制	2507		28280
一九三〇・四〇年代	道知事 道会（議） ＊2/3が選挙制、1/3が道知事による任命制		府尹 府会（議） ＊選挙制	14 21					邑 邑長 邑会（議） ＊選挙制	49 114	面 面長 面協議会（諮） ＊選挙制	2397 2211	28356 28470

・宮田節子監修・岡本真希子解説「未公開資料朝鮮総督府関係者 録音記録（3）朝鮮総督府・組織と人」(『東洋文化研究』4、2002年）をもとに作成した。
・数字は道、府・郡・島、面、洞・里（府下の「町」を含む）等の数を示す。道、府・郡・島以外は厳密な数値は変動しているが煩雑になるので要所のみ示した。
・（諮）は、諮問機関であることを示す。
・（議）は、議決機関であることを示す。
・＊印は各諮問機関・議決機関の構成員の選任方法。なお、選挙制の場合でも、全て男子制限選挙制度である。
・各地方行政単位の「長」の選任方法はいずれも任命制である。
・大まかな流れを示すものであり、正確な法令の公布・施行年等は省略する。

せることを目指し、「模範部落」政策を展開した。

　文化面では、言論、集会、結社の取締を緩和し、朝鮮語新聞・雑誌の刊行を認めた。ただし、緩和したと言っても検閲はあり、一定の活動を認めつつ統制を加えるという手法に転換したにすぎない。

　教育面では、1922年、第二次朝鮮教育令を発し、「内鮮共学」を謳い、入学年齢、修業年限、教育内容を日本の学校とほぼ同一にした。しかし小学校と普通学校は「国語常用」か否かで区別され、実質上、民族別学は維持しつつ、朝鮮人に対しては日本語の時間を増やし、朝鮮語の時間を減らした。また総督府は1919年から三面一校計画を実施し、普通学校の拡充を図った結果、1923年を境に、書堂の就学者数を普通学校就学者数が上回り、普通学校へ就学志向が高まった。その結果、1920年代末には普通学校就学率は男子約27%、女子約6%程度までには達した。

　初等教育についてはこのように一定の就学率上昇が見られたが、初等教育以上の教育機会は依然極めて制限されていた。特に朝鮮内に高等教育機関が無かったため、1920年代初めから朝鮮人の知識人らが民立大学期成運動を展開したが、総督府は延禧専門学校（現延世大学校）や普成専門学校（現高麗大学校）などの大学昇格を認めないかわりに、京城帝国大学を設置した（9つある日本の帝国大学の中で、台北、大阪、名古屋よりも早く6番目に設置）。教職員の多数と学生の過半をつねに日本人が占めたが、少なからぬ朝鮮人エリートも輩出する装置が完成した。

　経済産業政策の面では、1920年代は特に農業に重点が置かれた。1918年の日本における米騒動で食糧問題が露呈すると、朝鮮を米の供給地にするため、産米増殖計画をたてて、土地・農事改良事業が実施された。約900万石の産米増収を目標に、1920年に開始されたこの計画は、1～2年後には早くも計画が破綻し、1926年に産米増殖更新計画として再出発した。その間、1922～32年の間に生産高は1.2倍になったが、輸移出量はそれを上回って2.5倍に増加したため、朝鮮人の年間米消費量は1912年の0.8石から1932年には0.4石へと半減した。特に1920年代後半は、生産高の4割が輸移出される「飢餓輸出」

Column

衣服の変化と「新女性」

　19世紀末以後、西欧の衣服文化が流入すると、身分によって複雑な様式を持っていた朝鮮の「옷(服)」は、再構成され、「洋服」に対応して「韓服」と呼ばれた（「着物」が「和服」になったように）。朝鮮での洋装化は、日本と同様に政治や外交などの公的領域を担っていた男性から始まった。

　日本による植民地統治のもとでは、全般に洋装化が後押しされたが、洋装化が男性より遅く進展した朝鮮人女性の間では韓服が多く着用された。しかし伝統的な様式そのままでなく、洋装にも影響されつつ、活動的に改良して身につけられた。すなわち、①チマ（スカート）の丈が短く、チョゴリ（上衣）の丈が長くなり、②胸で締め付ける巻きスカートではなく筒型で、肩つり式の胸当てがついたジャンパースカート型のチマに、③チマにプリーツが入り、④色合いも黒などのダークなものが使われた、などの変化だ。

　こうして登場した改良型チマ・チョゴリは、「伝統」の表象でもあり、「近代」の表象でもあった。女学校の制服として定着し、解放後には、在日朝鮮人の学校の制服としても採用され、今日に至っている（韓東賢『チマ・チョゴリ制服の民族誌』双風舎、2006年）。

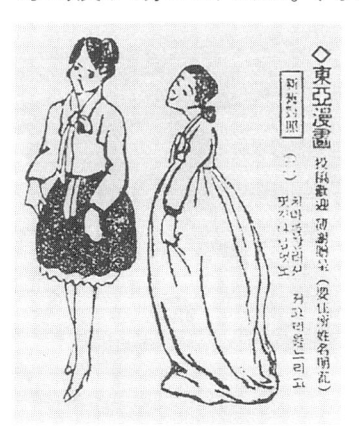

「東亜漫画　新旧対照」『東亜日報』（1924年6月15日付）（左の「新女性」は長い丈のチョゴリ、短いチマ、ハイヒール。右の「旧女性」は短い丈のチョゴリ、長いチマ。ヘアスタイルも異なる。）

近代　257

の状態に陥る一方で、朝鮮米は日本の米穀市場で15％前後の割合を占めるようになった。対日移出用の米穀モノカルチャー化、大地主への土地集積、自作農、自小作農の没落など、朝鮮社会の構造に大きな変化をもたらしたこの事業は、世界恐慌以降は停滞し、1934年には事実上中止された。

　その他の商工業政策の面では、1920年4月に会社令を撤廃し、日本資本が自由に朝鮮に進出できるようになり、小野田セメント工場（三井財閥系）や朝鮮窒素肥料工場（日窒財閥系）など、日本資本の大規模工場が朝鮮に設立された。朝鮮人の資本も軽工業ではある程度の発展が見られ、全羅北道の大地主であった金性洙（キムソンス）（1891～1955年）が1919年に創立した京城紡織などの民族資本が勃興した。

　1920年代には、新聞以外にも映画やラジオ（1927年開始）など新しいマスメディアが登場し、歌謡曲など従来見られなかった文化が誕生した。ソウルに鉄筋コンクリートの総督府庁舎や煉瓦づくりの京城駅など近代建築が現れ、茶房（喫茶店）が増えた。朝鮮最初のフェミニストとされる画家の羅惠錫（ナヘソク）（1896～1948年）のように、近代的教育を受け、短髪を象徴とする「新女性」と呼ばれる女性も社会で活躍するようになった。

2) 民族運動の展開

　1920年代はさまざまな運動がもっとも活発に行われた時期であった。三一運動が収束させられた後も、しばらくはゲリラ活動や爆弾テロ事件が頻発した。まず、斉藤総督が着任する際、京城駅に降り立ったところへ姜宇奎（カンウギュ）（1855～1920年）が爆弾の洗礼を浴びせ、逮捕・処刑された。また、金元鳳（キムウォンボン）（1898～1958年）を中心とする秘密結社義烈団は1920年代前半を通じてソウルだけでなく東京、上海などでも数々の爆弾テロを敢行した。

　このような暴力闘争の一方、1920年代前半の運動の主要な潮流の一つは、大韓帝国期の愛国啓蒙運動の流れを受けて、長期的展望にたって独立回復のための力量蓄積をめざす実力養成運動であった。文化政治のもと、制限つきながらも認められた言論、出版、集会、結社の「自由」のもと、『東亜日報』

『朝鮮日報』など現在まで続く民族紙のほか、多様な雑誌が創刊された。これらを通じた言論活動や、「我らの暮らしは我らの物で」をスローガンにした曺晩植（チョマンシク）(1882～1950年)等による物産奨励運動、先述の民立大学期成運動などが展開された。地方でも、三一運動で指導者として活躍した人が中心となって青年会を組織し、講演会、討論会、夜学などの活動を行った。

　一方、労働争議や小作争議などの労働者・農民の運動が活発化し、様々な組織が結成され、次第に統合されていった。1920年4月には、朝鮮労働共済会が結成され、1922年10月に朝鮮労働連盟会が結成されると合流した。1924年4月には、これらの諸団体が集まって朝鮮労農総同盟を創立した（1927年に日本の弾圧をかわすために朝鮮労働総同盟と朝鮮農民総同盟に分離した）。こうした労働者・農民の組織と並んで、最も大きな組織力をもつ大衆団体として、1924年4月に創立された朝鮮青年総同盟があり、労働・農民運動にも積極的に関与した。翌5月には、朝鮮青年総同盟のメンバーでもある許貞淑（ホジョンスク）(1908～91年)らが、女性の解放を掲げて最初の社会主義女性団体である朝鮮女性同友会を創立した。また1923年4月には、以上のような各種民衆運動の高まりや日本の水平社の結成にも促されて、被差別民白丁の解放を掲げる朝鮮衡平社が慶尚南道晋州で結成された。

　こうした動きの大きな背景として、さまざまな運動団体に社会主義思想の影響が強まっていったことがあげられる。朝鮮の社会主義運動はロシア革命後、シベリア在住の朝鮮人によって始められた。105人事件後に亡命した李東輝（ドンフィ）(1873～1935年)らが1918年にハバロフスクで組織した韓人社会党は、のちに上海に移って1921年に高麗共産党となった（上海派）。これとは別にソ連のボリシェビキ党員の金哲勲（キムチョルフン）(生没年未詳)らは1919年、ソ連沿海州イルクーツクで全露韓人共産党（翌年全露高麗共産党と改称）を結成した（イルクーツク派）。民族解放を第一の課題とする上海派と、社会主義革命を優先させるイルクーツク派との間に激しい対立が生まれ、シベリアでは両派の武力衝突も起きた（自由市事変）。これらの団体は、朝鮮内にも連絡員を派遣し、イルクーツク派系は火曜会、上海派系はソウル青年会、日本留学生系

近代

は北風会などの思想団体をそれぞれソウルで結成した。これらは相互に対立しながらも朝鮮内に社会主義思想を普及するのに重要な役割を果たした。

1925年4月、ソウルで火曜会の金在鳳(キムジェボン)(1890〜1944年)、朴憲永(パクホニョン)(1900〜55年)らが朝鮮共産党を結成し、翌年春コミンテルンに承認された。しかし承認以前に幹部の多くが検挙され、他のメンバーも国外に亡命した。朝鮮共産党は、1926年4月の純宗の死を契機に、天道教などに対する工作を進め、三一運動の再現を狙って6月10日の純宗国葬の当日にソウルで万歳の高唱やビラの散布など独立示威を敢行したが、直前に発覚し、三一運動の規模には至らなかった(六・一〇万歳運動)。その後も弾圧の度に再建を繰り返した朝鮮共産党は、1928年にコミンテルンに承認を取り消されるまで存続した。

こうして社会主義の影響力が強まる中、民族主義陣営にも変化が起きた。二八独立宣言起草後、上海に亡命し独立運動家として名声のあった李光洙が1921年5月に帰国し、1924年、自らが論説委員をつとめる『東亜日報』に「民族的経綸」を発表し、合法的範囲での活動を主張すると、「改良主義」だとして大きな反発をまねき、東亜日報不買運動にまで発展した。義烈団の依頼により1923年に申采浩が書いたとされる「朝鮮革命宣言」も、このような流れに対して「強盗日本」への妥協であると痛烈に批判した。これにより、民族主義陣営が、即時独立の道をあくまで追求する「非妥協派」と、合法活動で実力養成を図る「妥協派」とに二分する混乱が起きた。これは社会主義者との共同闘争の是非を巡る対立とも連動していたが、社会主義者の側でも、中国の国共合作の成立を背景に、「非妥協派」民族主義者との統一戦線を目指す動きが活発化し、1926年11月に正友会宣言を発して正式に共同戦線を提唱した。

そして1927年2月には民族共同戦線組織である新幹会が結成された(会長・李商在)。新幹会は日本、間島など朝鮮外へも広がり、支会149、会員数4万人を数えるまでに発展した。新幹会内部には女性部もあったが、新幹会とは別に女性だけの大衆運動を組織することを目的として、同年5月に、民族主義、社会主義双方の女性運動家たちによって朝鮮で最初の全国的な統一

女性団体である槿友会が設立された。

　新幹会は、労働争議の頂点ともいえる1929年1月の元山ゼネストを支援、つづいて11月に光州学生運動が起こると、この支援に最も力を注いだ。光州学生運動とは、全羅南道光州の通学列車の中で日本人中学校生徒が朝鮮人の女子高等普通学校生徒を侮辱した事件を端緒にして発生した運動で、警察は朝鮮人生徒のみを検挙したため朝鮮人側が憤激し、検挙者の釈放と植民地奴隷教育反対を掲げる同盟休校・示威運動に発展し、ソウルなど全国の都市へ波及したものである。しかし、警察が新幹会本部を襲撃して幹部を検挙し、新幹会の主導権が穏健派の手に移ると、これに社会主義者が反発して対立が深まり、新幹会は1931年5月には解消されてしまった。

　このように1920年代は、三一運動に引き続いて総督府を震撼させる運動が多発した。これに対処するために総督府がとった方策は、弾圧と懐柔だった。弾圧については、1925年5月に朝鮮にも日本と同時に施行された治安維持法が威力を発揮した。数次にわたる朝鮮共産党弾圧に適用されたのが同法であり、しかも第一次の朝鮮共産党検挙が同法適用第一号だった（日本「内地」よりも先に朝鮮で適用されたということ）。また、日本「内地」とは異なり、朝鮮では共産主義の色彩の無い団体までもが、独立運動＝「国体の変革」を目的としているとして厳しく治安維持法違反に問われた。実際、1928～38年の間に治安維持法違反で無期懲役を言渡された者は、日本「内地」では1名であるのに対し、朝鮮では39名に上った。

　懐柔策としては、運動側と積極的に接触し、それによって実力養成の論理を独立運動否定の論理へと誘導して体制内へ包摂しようとした。キリスト教勢力に対しては布教や宗教教育の面で一定程度の自由を保障し、両班などの伝統的な勢力に対しては儒道振興会を結成させて体制内化を図った。地主に対しては産米増殖計画を通じた優遇などを行い、植民地支配に協力する勢力・階層を創出しようとした。

　ところで、「内地」での「普通」選挙施行の動きを受けて朝鮮人の参政権問題がこの時期浮上した。閔元植（1886～1921年）率いる国民協会は、朝

鮮に衆議院議員選挙法を施行せよとの請願を1920年から帝国議会に出し続けたが、その親日的主張が独立を願う朝鮮人の反発を買い、閔元植は暗殺される。しかし治安維持法と抱き合わせで成立した「普通」選挙はもとより、制限選挙でさえも時期尚早の論理で朝鮮での施行は退けられ続けた。このような「内地」の議会への参政権要求とは別に、朝鮮内で議会を設立し、選挙の実施を求めるといったように、「自治」を当面の獲得課題とする朝鮮人の動きも存在した。総督府は、これらの参政権要求の実現の展望を示すことで、朝鮮人の一部を体制内に取り込めば、独立運動の力量を低下させることができるとの判断のもと、1920年代後半、参政権の付与のあり方を内部で検討したが実現せず、1930年12月に地方の諮問機関を議決機関に格上げするにとどまった（次章参照）。

3） 朝鮮人の海外流出と民族独立運動

　産米増殖計画の実施や干害などで、没落する農民は1920年代にはますます増え、土幕民と呼ばれる都市細民となったり、土地を失って焼畑耕作をする火田民へと転落したり、海外へ流出する人々がさらに増えた。

　1910年代末に既に40万人を越す朝鮮人が生活していた満洲、特に間島地方は、独立運動の最大の拠点であった。1920年代に入ると、独立運動は急激に武装闘争の傾向を強め、ゲリラ部隊は北部国境地帯の襲撃をくりかえして総督府に脅威を与えた。義兵の流れをくみ、独立軍と総称される武装独立運動団体が多数結成され、鴨緑江を越えて朝鮮北部へ進入し、朝鮮軍（朝鮮に駐屯する日本軍）や警察と衝突した。独立軍の根拠地覆滅の機会をねらっていた日本は、1920年9月、中国人馬賊を買収して琿春城を襲撃させ、襲撃は日本に怨恨をもつ「不逞鮮人団」の妄動であると宣伝し、日本人居留民の保護を名目に日本軍を出動した（間島出兵）。独立軍は金佐鎮（キムジャジン）（1889～1930年）、洪範図（ホンボムド）（1868～1943年）の指揮の下、日本軍を迎え撃ち、青山里戦闘（10月20日）で勝利し気勢をあげたが、この事件で約3000名の在満朝鮮人が日本軍により虐殺された（琿春事件）。その後、独立軍は一度シベリアに移動

した後、再び間島に活動拠点を戻し、統合をはかり、1929年3月には国民府を結成した。

一方、まだ三一運動が活発に展開されていた1919年4月、上海に独立運動家が結集し、大韓民国臨時政府が樹立された。ここで国号は「大韓民国」と可決され、「大韓民国は民主共和制とす」と第一条に定めた臨時憲章も採択された。三一運動以前の独立運動では、大韓帝国の復活を目指す復辟(退位した君主が再び位につく)主義や立憲君主制を目指す運動が大勢を占めていたが、次第に共和主義的志向が強まり、また高宗の死去によって求心点を失ったこともあり、臨時政府樹立に際しては、専制君主制や立憲君主制ではなく、共和制が採択されたのである。

続いて6月には臨時憲法を制定し、大統領に李承晩(イスンマン)(1875～1965年)を選出、国内との連絡組織をつくって独立資金の募集、機関誌『独立新聞』の発行、国際会議への使節派遣などの活動を展開した。しかし、外交活動を重視する勢力と、武装闘争を重視する勢力との対立や、臨時政府を解消して新政府を組織しようとする「創造派」と、臨時政府を改造して持続しようとする「改造派」の対立などが絶えず、1925年には李承晩大統領弾劾案が可決されるに至り、影響力を弱めた。

1920年代は日本への渡航も増大し、1920年には約3万人に過ぎなかった在日朝鮮人人口は10年間で10倍にものぼった。こうした朝鮮人の流入に対して、日本政府は渡航を制限する政策をとった。三一運動直後の1919年4月には「旅行証明制度」を実施して渡航をコントロールした。しかし、併合前から運行していた下関と釜山を結ぶ関釜連絡船に加え、1922年には大阪と済州島を結ぶ航路が開始され、さらに多くの朝鮮人が往来し、西日本を中心に大都市には朝鮮人労働者の多住地区(「朝鮮町」「朝鮮部落」と呼ばれた)が形成された。こうして1920年代後半以後、日本各地の土木工事現場には必ずと言っていいほど朝鮮人労働者の姿が見えるようになる。日本の資本主義発展の下支えの労働力となったのである。

1922年夏、信越水力発電の信濃川工事現場で、朝鮮人労働者数十名が酷使

近代

された上にセメント漬けにされて信濃川に投棄される事件が起きた。これをきっかけとして、朝鮮人労働者の団結と相互扶助のために同年末には東京朝鮮労働同盟会や大阪朝鮮労働同盟会が結成され、その他の各都市でも結成された。そして、1925年2月には、これらの団体を傘下に東京で在日本朝鮮労働総同盟が結成された。その後、朝鮮本国での朝鮮共産党や新幹会などの民族解放運動の動きとも密接に連携して活動を展開した。

　1923年9月1日、関東大震災が起きると、被災地域にもこうして渡日していた朝鮮人労働者や留学生が約2万人ほど居住していた。ところが震災直後から、「朝鮮人が井戸に毒を投げ込んでいる」などの事実無根の流言・デマが当局により広められた。官憲が、検問で朝鮮人が発音しにくい「十五円五十銭」を言わせるなど朝鮮人の識別方法を周知し、市民に武器を与え、朝鮮人とみれば無差別に捕らえ、警察や自警団により数千人が虐殺された（朝鮮人以外にも、約200人の中国人、十数人の日本人社会主義者等も殺害された）。震災4年前の三一運動を「不逞鮮人の騒擾」としか理解できず、朝鮮人を危険な存在であるとみなしていた日本社会には、朝鮮人を震災による社会不安のはけぐちとし、デマを信じて虐殺行為にまで至る素地が形成されていたのである。またこの時、朝鮮人アナーキストで1921年に黒濤会を組織して前述の信濃川朝鮮人虐殺事件の調査などの活動をしていた朴烈（パクリョル）（1902～1974年）が逮捕され、天皇暗殺を謀ったとして大逆罪にでっち上げられ、弁護士・布施辰治（1880～1953年）が無罪を主張したが死刑を宣告される事件に発展した（その後恩赦で無期懲役に）。

6… 「満洲事変」と朝鮮

1） 1930年代の統治政策と朝鮮社会

　1929年に始まった世界恐慌の波は、朝鮮の経済にも大きな打撃を与えた。まず日本国内で米価が下落したため、朝鮮から日本への米の移出量は増えて

も移出額が大きく減少した。さらに、恐慌で疲弊した日本農村を救うため、朝鮮米の移出は制限され、産米増殖計画も中止されたため、既に日本移出向けに米のモノカルチャー化が進んでいた朝鮮の農村の受けた打撃は大きかった。このように、日本の矛盾を転化された朝鮮では、さらに矛盾が激化し、小作争議などが頻発した。

　こうした社会の動揺を背景に、二度目に赴任した斎藤総督は、地方の諮問機関を議決機関とする形で朝鮮人に参政権を与える地方制度の大改正を行った。1930年12月の道制・邑面制の公布、府制の改正である。これにより、道、府、邑（「指定面」を昇格して新設）全てに議決機関が設置され、その構成員も納税額による制限付きではあったが選挙で選ばれるようになった。これにより、限定的ではあったにせよ、朝鮮人の政治参加の道が拡がった。

　次に総督に赴任した宇垣一成（1868〜1956年）は、農村の疲弊や小作争議の増加による支配体制の動揺をおさえるための施策をせまられた。まず1932年に小作調停令を公布し、小作争議に対処しようとしたが、争議は増える一方だった。そこで1934年には地主の恣意的な小作権移動などを制限する朝鮮農地令を公布した。このような法令は日本では議会を通じて地主層が反発するため実現しえないことであった。

　1930年代の総督府の農村政策の中核をなしたのが、1920年代の「模範部落」政策を継承し、1932年から実施された農村振興運動である。農村振興運動では、「春窮退治・借金退治・借金予防」がスローガンとして掲げられた。「春窮」とは、米の消費後、麦収穫までの端境期である春に食糧が底をつく状態のことで、1930年当時、朝鮮の農家の約半数が春窮に陥っていた。農村振興運動では、こうした状況の農家に対し、増産と節約、副業を奨励し収入を確保させようとした。計画表や会計簿をつけさせて点検したり、白い服は汚れが目立ち洗濯を頻繁にするため不経済だとして「色衣着用」奨励を行うなど、農民の私生活にまで権力機構が入りこんだ。しかし地主制に手をつけず、高額な小作料は放置したまま、農民の「自力更生」のみを奨励するというこの政策にはおのずと限界があった。1935年に拡充計画が樹立されて以後

は、「心田開発」という標語に端的にあらわれるような精神運動の性格を次第に強めつつ1939年まで継続し、次節で述べる総動員体制の前提基盤を作り上げた。

　教育政策も農村振興政策と連動して行われた。1929年より一面一校を目標とした普通学校設置と、1934年からは2年制の簡易学校計画により、初等教育の拡充をはかっていったが、高まる「就学熱」には追いつかなかった。拡充の内実は、上級学校への進学に結びつかない4年制の普通学校や簡易学校であり、日本語教育と、職業科の必修化による農業教育の充実により、支配政策に合致した人材を生み出そうとするものであった。

　朝鮮の工業化は、1920年代以後、軽工業を中心に持続的に発展を見せていたが、宇垣総督は、農村過剰人口吸収のためと、朝鮮を「大陸兵站基地」にするための工業化政策を新たに展開した。すなわち、日本「内地」とは異なり、朝鮮には重要産業統制法や工場法などを適用せず、日本の大資本の朝鮮進出を誘導し、結果、日本窒素などが進出した。戦力増強に直結する重化学工業中心の工業化は主に北部地域でなされたため、南部の農村過剰人口が、労働力として北部へ移動した。しかしこうしてつくられた工場は、日本の工業化を補完する役割を果たすものであり、朝鮮民衆の生活向上には直結しなかった。

　こうして農村振興運動や地方制度改革によって、総督府権力が朝鮮社会の隅々にまで張り巡らされ、議員や職員となってそれに参画する朝鮮人も増える中、1920年代に盛り上がった民族運動・社会運動を受け継いだ運動が、疲弊した朝鮮社会を舞台に展開された。社会主義者は、朝鮮共産党再建をかけ、それまでのインテリ中心の活動を農民と労働者に広げる方針をとり、農村で多発する小作争議を赤色農民組合運動へ、工業化の進展により増加した労働争議も赤色労働組合運動へと組織化した。一方民族主義者も、新聞社が中心となって農村啓蒙運動を行った。農村啓蒙運動の核は識字運動であったが、朝鮮語学会（1921年に発足した朝鮮語研究会が1931年に改称）は、そうした活動での基準となりうる「ハングル綴字法統一案」を制定したり、標準語の

左:「ヴ・ナロード」を呼びかける東亜日報社のポスター。「学ぼう！教えよう！　皆共に　ヴ・ナロード!!　第二回学生夏期ヴ・ナロード運動」と書いてある。
右:農村啓蒙運動の様子（1932年頃）（左右ともに『写真記録日本の侵略：中国・朝鮮』ほるぷ出版、1983年）

査定や朝鮮語辞典の編纂などの活動を展開した。また天道教系の朝鮮農民社（1925年発足）による雑誌発行・消費組合・夜学などの活動も行われた。しかし朝鮮内におけるこれらの運動は、いずれも1930年代半ばまでには総督府の弾圧により途絶えてしまった。

2）在外朝鮮人の増加と独立運動

　農村振興運動などの救済策が実効性を持たないまま、深まる社会矛盾にさらされた朝鮮社会では、農民の農村外への流出がさらに激化していった。
　朝鮮人の日本への渡航は、恐慌下で日本人労働者を圧迫するとして厳しく制限された。1929年には「一時帰鮮証明書」制度を導入して朝鮮人再渡航を厳しく制限したため、1930年代は、出稼ぎ的な形態から、家族を伴っての定住の形態へと変化する傾向が見られた。こうした状況に対して日本政府は、朝鮮人の移住問題や在日朝鮮人に関する基本方針として、1934年、「朝鮮人移

住対策の件」を閣議決定した。これは、朝鮮人の渡日を抑制し、満洲への移住を促進すること、現に存在する在日朝鮮人については、日本人化させるための協和事業を徹底することを内容としていた。植民地支配で深まる矛盾により朝鮮人が「内地」へ行こうとする流れを阻止し、逆にその矛盾のはけぐちとして満洲を位置づけたのである。

　いずれにせよ、在日朝鮮人労働者が増大する中で、1930年の朝鮮人女工による岸和田紡績争議などの争議も頻発した。在日朝鮮人の労働運動は、日本人と連帯して行われることも増えた。一方、定住化傾向が強まる中で、在日朝鮮人の国政・地方選挙への立候補などの現象もみられるようになった。1925年に施行された「普通」選挙により日本に在住する朝鮮人男性にも選挙権を行使する機会ができ、朝鮮語での投票も認められた。そして1932年には、朝鮮人で初めて朴春琴(パクチュングム)（1891〜1973年）が衆議院議員に当選した。

　この時期は、まだ日本よりも満洲への移住のほうが多く、満洲へ渡った朝鮮人は、中国人地主から土地を借りて農業に従事していた。日本はこうして居住していた在満朝鮮人をも足がかりにして、恐慌の打開策を満洲侵略に求めた。満洲には1931年で60万人以上の朝鮮人がおり、中国側には日本の手先と見なされていた。そのような反目の中で1931年7月、中国吉林省長春市郊外の万宝山で朝鮮移住民と中国農民の衝突事件が発生した（万宝山事件）。この事件は朝鮮にも波及し、平壌などで朝鮮人による華僑への報復が起きた。日本は、両民族の離間策の中に満洲侵略の機運を盛り上げ、9月、「満洲事変」を起こし、満洲侵略を開始、翌年には傀儡国家「満洲国」をつくりあげた。満洲は植民地朝鮮の矛盾のはけ口としても位置づけられた。朝鮮人の満洲移住は政策的に奨励され、在満朝鮮人の人口は増加の一途をたどった。

　満洲は、多数の朝鮮人移住民を基盤に、中国の抗日勢力とも連帯し、朝鮮独立運動の根拠地となった。朝鮮内同様、在満朝鮮人の独立運動も、大きく民族主義、共産主義の二系統に分かれていた。民族主義陣営は、国民府が創建した朝鮮革命軍を主軸として抗日戦争を続けた。一方、共産主義者は、コミンテルンの「一国一党」方針により、朝鮮人のパルチザン部隊は、中国共

近代朝鮮の人口と移動

　19世紀末～20世紀初頭にかけての国権回復運動の中で、「四千年の歴史、三千里彊土〔領土〕、二千万同胞」という表現がなされたが、その言葉のとおり、20世紀初頭の朝鮮の人口は概ね2000万人弱だと推定されている。この「二千万同胞」は、日本の植民地支配が終わる頃には「三千万同胞」にかわった。

　しばしば、朝鮮の人口が日本の植民地支配下で急増したのは日本の「善政」を示す証拠であると言われるが、これは韓国併合後初期の人口把握が不正確であったことにより、統計上の人口数値が低く現れるためで、実際には日本「内地」と同程度の人口増加率である1.5倍程度であった。

　近代以後の朝鮮の人口現象において特筆すべきは、朝鮮半島を離れて暮らす人口が急増したことである。日本による労務動員等で強制的に連れて行かれた者も含め、朝鮮外に居住する朝鮮人人口は、植民地支配末期には約400万人にも達し、実に朝鮮内人口の約16%に相当する数となった。世界最大の移民国であるインド・中国などでも国内人口に対する海外移民の比率は1～2%とされることを考えるならば、近代朝鮮における海外への人口流出の大きさがわかる。

年	朝鮮内	朝鮮以外の領域									朝鮮外合計
		大日本帝国外					朝鮮以外の大日本帝国外				
		満洲(除・関東州)	関東州	「中国本土」	ロシア	その他の外国	日本内地	台湾	樺太	南洋群島	
1910	13,128,780	158,433	20	0	54,076	0	2,600	2	0	0	215,131
1922	17,208,139	534,967	635	1,247	173,525	8,108	90,741	145	616	143	810,127
1931	19,710,168	629,235	1,747	2,580	194,249	7,464	427,257	999	5,880	224	1,269,635
1940	22,954,563	1,450,384	5,710	77,667	200,000	7,100	1,190,444	2,299	16,056	2,782	2,952,442
1943	24,389,719	1,634,000	7,414	86,654	200,000	7,100	1,946,047	2,662	25,765	7,899	3,917,541

典拠　外村大『在日朝鮮人社会の歴史学的研究』緑蔭書房、2004年

産党満洲省委員会指導下の東北人民革命軍(1934年以後、東北抗日連軍)に属した。こうして中国共産党に加入したばかりだった間島在住の朝鮮人共産主義者は、満洲省委員会の指示を忠実に実行し、1930年5月30日を期して大衆的抗日蜂起を行った(間島五三〇蜂起)。在外朝鮮人にも適用されることになった治安維持法では、中国共産党加入自体が同法違反とされ、大量の朝鮮人が同法違反で検挙された。

以後、朝鮮人の抗日パルチザン闘争は急速に活発化し、日本・「満洲国」を脅かした。日本はこれに対抗するため、1932年、朝鮮人に「民生団」を組織させ、中国共産党との離間をはかるなどの謀略工作を行った。これにより中国共産党満洲省委員会が朝鮮人党員を民生団員であるとして大量粛正する事態となった(民生団事件)。こうした謀略のみならず、日本軍による大規模な攻撃も行われたが、1936年、朝鮮人の抗日民族統一戦線として在満韓人祖国光復会が結成され、国内への工作を積極的に進め、1937年には普天堡(鴨緑江上流の朝鮮側にある国境の町)に攻め入って駐在所などを奇襲した。この戦闘を主導した金日成(キムイルソン)(1912～94年)の勇名は朝鮮中に轟き、日本の朝鮮統治を脅かした。

中国関内においては、1938年、武漢で金元鳳らが朝鮮義勇隊を組織し、中国国民党に所属して抗日戦に参加した。また上海の大韓民国臨時政府は、金九(キムグ)(1876～1949年)の指揮のもと、1932年、李奉昌(イボンチャン)(1900～32年)が東京の桜田門外で、尹奉吉(ユンボンギル)(1909～32年)が上海の虹口公園でそれぞれ爆弾テロを挙行し、その後拠点を各地に移して活動を継続した。

7…総力戦と朝鮮

1) 総動員される朝鮮

1937年7月の日中戦争開始を前後して、朝鮮は日本の戦争遂行のための物的・人的資源を供給する「大陸兵站基地」としての役割をますます強く求め

られていった。1936年8月に宇垣の後をうけて総督に赴任した南次郎(1874
〜1955年)は、スローガンを従来の「内鮮融和」から「内鮮一体」へと進め、
朝鮮の全てを日本の戦争に動員し、またそれを行うために「皇民化」政策を
推し進めた。

　「兵站基地」として重視された朝鮮では、軍需工業が急速に育成された。
1936年10月に朝鮮総督府が開催した朝鮮産業経済調査会は、工業化推進と産
業統制の方針を定めた。翌年には重要産業統制法、臨時資金調達法など軍需
産業を保護する法律が次々と施行され、朝鮮も戦時経済に組み込まれた。こ
のような施策の結果、工業生産額が急増し、1940年には農業生産額と匹敵す
るほどになった。工業人口も増えたが、資本集約型の工業が中心であったた
め、工業生産額の増加に比して低い伸び率となった。こうして、朝鮮の産業
構造が大きく変わったのは事実だが、戦時経済により短期間に急激にもたら
された変化は、社会との有機的連関を欠いており、日本の敗戦とともに断絶
した。鉱業の分野でも、1938年5月に朝鮮重要鉱物増産令が公布され、軍需
産業に必要な鉱物の採掘が強化された。農業では1940年に米穀管理規則が朝
鮮にも適用され、米の供出制が始まり、未曾有の干害と相まって農民の生活
を圧迫した。

　こうした軍需物資の増産にともない、それをになう労働力の不足が、日本
「内地」でも朝鮮においても深刻化すると、労働力の強制的動員がはかられた
(強制連行)。動員は、大きく三段階にわけて実施された。まず1939年10月
から各事業所が労働者を募集する形式で始められた。これには実質的には総
督府の地方官庁が関与し、割り当て動員数の達成に力が注がれた。次に、1942
年2月からは、総督府の外郭団体である朝鮮労務協会が動員計画に基づいて
各地域から労働者を集め、各会社に割り振るという官斡旋方式で動員された。
さらに1944年9月からは国民徴用令の適用によって動員された(官斡旋方式
も継続)。こうして日本に渡った朝鮮人の人数は1939〜1945年で約67万人に
達した(このほかに朝鮮内や、「樺太」など朝鮮以外の「外地」への動員も
ある)。そして炭坑、鉱山、建設現場などの危険で苛酷な労働現場に配置さ

れ、特に炭鉱労働者数に占める朝鮮人の割合は1939年の3％から1944年には33％にも達した。女性に対しても1944年から日本「内地」と同時に女子挺身隊勤労令が適用され、軍需工場などに動員された。

　こうして、強制連行された労働者を含む在日朝鮮人数は増え続け、敗戦時には在日朝鮮人の数は約230万人にも上った。大空襲におそわれた東京・大阪などの大都市、原爆が投下された広島・長崎は、いずれも朝鮮人が多数居住する都市であり、朝鮮人の戦災者は約24万人に達すると推定される。

　戦争の長期化により、朝鮮人は労働力としてばかりではなく兵力としても動員されることになった。まず、1938年2月に陸軍特別志願兵令が公布された（海軍は1943年7月海軍特別志願兵令）。朝鮮人の志願熱の高さが喧伝されたが、この背後には貧困のほか地方官庁ごとの志願者数競争もあった。こうした志願者のうち採用されなかった者は、「軍夫」「軍属」「工員」などとして日本軍の占領地域で働く要員へとまわされることが多く、そのためにも膨大な「志願」の表明が必要とされたのである。

　兵力としての動員は志願兵にとどまらず、1942年5月には朝鮮人の徴兵が閣議決定、翌年3月、兵役法改正で朝鮮人も徴兵対象となり、翌々年4月から実際に徴兵検査が開始した。徴兵後、朝鮮人兵士は分散配置され、前線に近いほど朝鮮人の比率は低く定められていた。朝鮮人に武器を持たせ軍隊に入れるにあたり、いつ銃口を逆に向けられるかわからないという、支配者の側の不信感の現れである。また軍隊では「内鮮一体」の建前さえ共有されずに朝鮮人が差別的な扱いを受けた。そのような中で、朝鮮人の側も、「皇軍」意識を日本人のようには持ち得ず、逃亡者が続出した。こうして陸海軍正規兵は12万人、補充兵・勤務兵、学徒兵、兵的に動員された軍属なども含めると40万人にのぼる人々が動員され、少なくとも2万人が犠牲になった。これらの犠牲者は、本人や遺族の意志にかかわらず、靖国神社に「英霊」として合祀されている。

　一方で徴兵という「血税」の代償として、ついに参政権の付与が図られ、選挙法が植民地にも施行されることになり、朝鮮・台湾から衆議院議員を選

出する道が開かれた。しかし議員数は人口に比して極端に少なく、また制限選挙であった。結局衆議院議員選挙は一度も実施されずに日本は敗戦し、貴族院では尹致昊等7人の朝鮮人議員が選任された。「血税」のもうひとつの代償として、1946年から朝鮮で義務教育を実施することが決定されていたが、これも実施前に敗戦した。

　動員は、労働者・兵士にとどまらなかった。中国戦線で強姦事件多発のために考え出された管理「売春」制度に「慰安婦」として数万人の朝鮮人女性が動員された。このような大量動員を可能にしたのは、すでに朝鮮が帝国日本の性管理システムに組み込まれていたからである。日清・日露戦争の過程で、日本の「売春」業が朝鮮にも上陸し、各地域ごとに管理や取締が行われていた。併合後の1916年、警務総監部は貸座敷娼妓取締規則を制定し、はじめて朝鮮全土で統一的に公娼制度を実施した。この制度のもと、朝鮮人の「娼妓」は朝鮮内だけでなく、台湾、満洲など帝国日本の支配下に押し出されて行った。日本が移植した公娼制度の下で、「売春」業へ女性を供給するメカニズムが形成され、その延長上に、朝鮮人「慰安婦」大量動員があるのである。

1944年9月、日本軍の拉孟守備隊が全滅したとき、中国雲南省拉孟で中国軍に発見された4人の朝鮮人「慰安婦」(アメリカ公文書館所蔵)。
(アクティブ・ミュージアム「女たちの戦争と平和博物館」『置き去りにされた朝鮮人「慰安婦」』(特別展示図録)より)

2)「皇民化」政策

　このように、戦争の泥沼化により、地下資源の採掘、供出、徴用、徴兵など物的・人的動員に対する要請は強まる一方であった。しかし朝鮮人にとっては、戦争の「大義」は自明のことがらではなかったので、戦争遂行に朝鮮

人を巻き込むために「皇民化」政策が狂信的に推し進められた。1938年3月、第三次朝鮮教育令が公布され、「内鮮教育の一元化」がはかられた。朝鮮人の学校名称、教科書、教育方針が日本「内地」と同一になり、「内地」に先だって「忠良ナル皇国臣民」の育成という教育目的が掲げられ、徹底した「皇民化」教育が行われた。この「改正」で朝鮮語が随意科目となり実質的に廃止された。さらに1941年3月には、初等教育機関の名称を日本「内地」と同様に国民学校とし、朝鮮語科目を完全に廃止した。就学率の向上も図られ、数次にわたる拡充の結果、普通学校（名称は1938年に尋常小学校）への就学率は、1942年にはようやく男子約67％、女子約29％に達した。就学率が低かったことや、社会には就学経験の無い朝鮮人が圧倒的多数であるという現実の前に、学校での「皇民化」教育は自ずと限界があった。そこで学校外のさまざまなチャネルで「皇民化」が行われた。

　当時マスコミは未発達であり、ラジオや新聞は民衆には無縁の存在であったことから、「皇民化」のプロパガンダは、各種講演会や座談会、紙芝居な

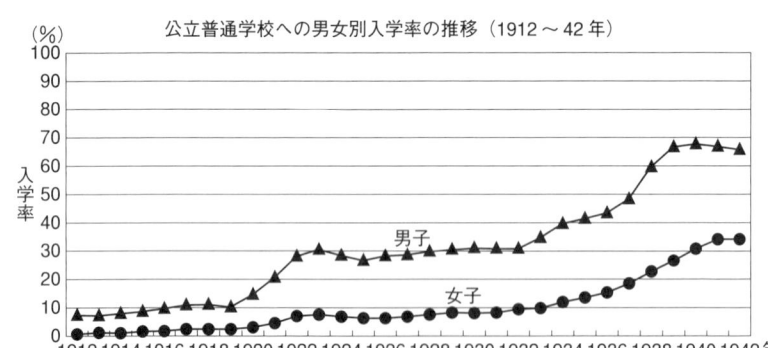

公立普通学校への男女別入学率の推移（1912～42年）

本文中で随時示してきた就学率は、推定学齢人口を分母に、就学者総数を分子にした値であるが、修業年限が時期によって異なっていたり、実際の就学者の年齢は「推定学齢」をはみ出しているケースも多いこと、中途退学者も多いことなどから、問題点も多い。このグラフは、そのような就学率よりもダイレクトに就学動向を反映する入学率（推定6歳人口を分母、入学者数を分子）の推移をあらわしている。
典拠　金富子『植民地期朝鮮の教育とジェンダー－就学・不就学をめぐる権力関係』世織書房、2005年

どを利用して行われた。「皇国臣民の誓詞」（1937年10月制定）の暗唱、「宮城」遙拝、「国旗」掲揚、「国語」（日本語）普及、神社参拝などが次々と強要された。1925年に京城府南山に創建された総鎮守・朝鮮神宮に加え、1940年には「施政30周年」と「皇紀2600年」を記念して、百済の古都扶余に扶余神宮を建立する計画が立てられ、造営のために多くの朝鮮人が動員された。

　これらの「皇民化」政策の実施を担ったのが1938年7月に組織された国民精神総動員朝鮮連盟（1940年には農村振興運動と統合されて国民総力朝鮮連盟となった）で、末端組織として十戸で一つの「愛国班」を通じて全人口を掌握した。農村振興運動により部落（自然村落、洞里）レベルまで浸透していた支配の網を、戸レベルにまで張り巡らせたことになる。このような総動員運動は、同時期に日本「内地」でも展開されたが、「愛国班」が「内地」の「隣組」の組織化に先だって運動の末端組織としての機能を担わされるなど、植民地において先に全体主義的な仕組が用意された側面もある。そしてもちろん日本語の強要などといった「内地」の総動員運動のあり様とは異なる植民地的特質をも有しながら、社会生活のすべての場において、朝鮮人を「皇民化」する網が張り巡らされていった。

　「皇民化」政策の象徴として悪名高い「創氏改名」は1940年2月11日の「紀元節」を期して実施された。「創氏」とは戸籍上の姓（父系血統をあらわす）を氏（一戸の家の呼称）に変えさせる政策で、単に日本式の名前を名乗らせるというよりも、家族制度の変更を意味していた。「創氏改名」のうち、

皇国臣民ノ誓詞	皇国臣民ノ誓ヒ（児童用）
一、我等ハ皇国臣民ナリ 　　忠誠以テ君国ニ報ゼン 一、我等皇国臣民ハ 　　互ニ倍愛協力シ 　　以テ団結ヲ固クセン 一、我等皇国臣民ハ 　　忍苦鍛錬力ヲ養ヒ 　　以テ皇道ヲ宣揚セン	一、私共ハ大日本帝国ノ臣民テアリマス 一、私共ハ心ヲ合セテ天皇陛下ニ忠義ヲ尽シマス 一、私共ハ忍苦鍛錬シテ立派ナ強イ国民ニナリマス

近代　275

戸主が「金本」と氏設定届けをした場合

戸主	金本〇〇
戸主の母	金本△△
戸主の妻	金本□□
戸主の子	金本◇◇

「創氏」前

戸主	金〇〇
戸主の母	朴△△
戸主の妻	李□□
戸主の子	金◇◇

（設定創氏）

（法定創氏）

戸主が氏設定届けをしなかった場合

戸主	金〇〇
戸主の母	金△△
戸主の妻	金□□
戸主の子	金◇◇

「創氏」のしくみ
宮田節子・金英達・梁泰昊『創氏改名』（明石書店、1992年）より作成

　「創氏」は、法令による強制で、「改名」は届け出による任意であった。日本的な氏を届け出ることは強制ではなかったが、総督府の強い奨励策により各末端行政機関が届け出率をめぐって競争したため、届け出率は8割に上った。しかし氏を届け出なかったとしても、「金」などそれまでの朝鮮の姓がそのまま氏として戸籍に記載され、例えばそれまでは父姓を名乗っていた妻も夫と同じ氏となった。

　「皇民化」政策は、在日朝鮮人に対しても向けられた。1936年、内務省の指示により、全国各地の警察署内に協和会が設けられた。もともと、日本に在留する朝鮮人の管理は、市町村役場ではなく全て警察が行っていたが、この協和事業も特別高等警察内鮮係が担当した。1939年にはこれらの中央組織として中央協和会（1944年中央興生会と改称）が設立され、増加する朝鮮人労働者の労務・治安管理の役割も担った。協和会では、朝鮮人を対象に、和服着用や日本料理、国語（日本語）などの講習を行ったり、集団で神社へ参拝に行ったりするほか、国防献金などの寄付の割り当て強要も行われた。

3）抵抗と「協力」

　こうした稠密な「皇民化」政策が繰り広げられる中、朝鮮人が抵抗する余地は限りなく狭められた。1936年、『東亜日報』が、ベルリン五輪のマラソ

ン競技で優勝した孫基禎〈ソンギジョン〉(1912〜2002年) 選手の写真を掲載する際に、胸の日章旗を抹消すると、停刊処分を受け (日章旗抹消事件)、1940年8月には『東亜日報』『朝鮮日報』が廃刊に追い込まれる。朝鮮思想犯保護観察令 (1936年)、朝鮮思想犯予防拘禁令 (1941年) により、朝鮮人の社会主義者・民族主義者に対する思想弾圧が強まり、1937年には、李光洙が率いる合法団体である修養同友会までが検挙され、多くの転向者を出した。1942年には、学術団体を仮装して独立運動を行ったとして、朝鮮語学会員が治安維持法違反で検挙された (朝鮮語学会事件)。

左: ベルリン五輪マラソンで金メダルの孫基禎と銅メダルの南昇龍が表彰台に立つ。(『民団新聞』2001年3月7日付)
右: 『東亜日報』1936年8月25日付に掲載された同じ表彰式の写真では、ユニフォームの胸の日の丸が消された。(『東亜日報』1936年8月25日付)

　民衆レベルでは、神社参拝拒否、労働者や兵力として動員された先での逃亡などの不服従がねばり強く続けられた。また、日本の敗北を願う気分が蔓延し、支配者側から見ると不穏な「流言蜚語」が口コミで広がっていった。金属製の器などの供出物資を巧みに隠匿し、戦争遂行への非協力を行う者や、創氏改名で「南太郎」(時の総督の名前は南次郎) と届け出をし、権力を嘲笑う者もいた。
　こうして朝鮮内では独立運動を展開する余地がほぼなくなったが、満洲、中国本土では、無謀な戦争を継続する日本の敗北を見据え、抗日運動が引き

続き行われた。満洲では、東北抗日連軍の活動が続いたが、関東軍・満洲国軍の攻撃を前に活動が困難となり、ソ連沿海州へ移動した。中国関内の延安では、朝鮮義勇隊（のち義勇軍）が中国共産党の八路軍とともに日本軍と戦い、日本軍から脱走した朝鮮人兵士を受け入れて勢力を増した。大韓民国臨時政府は中国国民党とともに重慶へ移って抵抗を続け、1940年9月には光復軍を組織、翌年日本の対米開戦ともに日本に宣戦布告、軍事訓練を行った。しかし臨時政府が亡命政権として国際的承認を受けるには至らなかった。

　このような朝鮮内外での抵抗や独立運動の一方、「内鮮一体」のスローガンに差別からの脱却を託して積極的に協力する朝鮮人も現れた。李光洙等朝鮮人転向者たちは、率先して創氏改名に応じたり、時局対応全鮮思想報国連盟等、戦争協力の御用団体を組織、志願兵に応じることなどを朝鮮人に対して遊説して歩いた。こうしたイデオローグ的な親日派とは別に、総督府職員や警察官などに就く朝鮮人も急増した。こうして植民地支配体制に包摂されてしまった朝鮮人を多数うみだしたことは、その後長きにわたって朝鮮社会に大きな禍根を残すこととなった。

　朝鮮を巻き込んだ日本の戦争は、1945年8月15日、ポツダム宣言受託によって終結した。日本軍と戦って民族解放を達成するという

解放を喜び、徳寿宮（慶雲宮）大漢門前の広場でひしめき合う人波（李元淳ほか著『若者に伝えたい韓国の歴史』明石書店、2004年）

悲願をもって準備を進めていた大韓民国臨時政府主席の金九のような立場の者は、解放がこのように他律的にやってきたことについて、朝鮮の建国にもたらす影響を危惧した。しかし、ともあれ35年に及ぶ植民地支配から解放された朝鮮は、歓喜の声に満ちていた。

◎**参考文献**

　海野福寿『韓国併合史の研究』岩波書店、2000年
　梶村秀樹『朝鮮史』講談社、1977年
　姜在彦『朝鮮近代史〈増補新訂〉』平凡社、1998年
　武田幸男編『朝鮮史』山川出版社、2000年
　朝鮮史研究会編『朝鮮の歴史【新版】』三省堂、1995年
　外村大『在日朝鮮人社会の歴史学的研究』緑蔭書房、2004年
　韓洪九『韓洪九の韓国現代史 ― 韓国とはどういう国か』平凡社、2003年
　水野直樹・藤永壯・駒込武編『日本の植民地支配 ― 肯定・賛美論を検証する』〈岩波ブックレットNo.552〉岩波書店、2001年
　宮田節子『朝鮮民衆と「皇民化」政策』未来社、1985年
　山田昭次・古庄正・樋口雄一『朝鮮人戦時労働動員』岩波書店、2005年
　吉田光男編著『朝鮮の歴史と社会』放送大学教育振興会、2000年
　吉野誠『東アジア史のなかの日本と朝鮮』明石書店、2004年

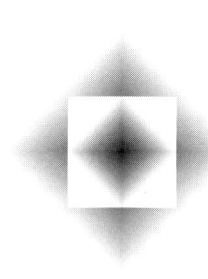

現代

太田 修

現代

概観

　朝鮮現代史（1945年〜）研究は、1980年代以降の韓国民主化の過程で大きく進展した。これまでの新しい研究成果をふまえてあらためて現代史を描く必要がある。

　ここでは現代史を考えるために三つの点に注目したい。最初は「解放」である。解放は日本の植民地支配の終焉を意味したが、同時に、植民地支配がその後の朝鮮半島の歴史に影響を及ぼしたことから、植民地期と現代の結び目でもあった。

　二つ目は分断である。解放後の朝鮮には、1948年に大韓民国（韓国）と朝鮮民主主義人民共和国（北朝鮮）という二つの国家が生まれた。韓国と北朝鮮は、互いに国家の正統性をめぐって対立し、やがて朝鮮戦争を引き起こした。休戦協定が結ばれた後も対立は続き、資本主義を志向した韓国と社会主義を志向した北朝鮮は、国家の威信をめぐる競争の中でしばしば対称的な動きをみせながらも、それぞれ別々の道を歩んだ。

　そして三つ目は産業化と民主化の展開である。韓国では、それが西欧や日本に比べて短期間で急激なものだったために「圧縮された近代化」と呼ばれる。特に権威主義体制の下で資本主義的なシステムや社会関係が浸透し、都市化が進み、大衆消費文化が社会をおおった。また、1960年の4月革命、1987年の6月民主抗争を通して民主化が進み、市民意識が広がった。一方北朝鮮では、1960年代から70年代にかけて党や個人へ権力が集中し、独特な社会体制が築かれた。90年代には体制維持のための核開発により国際社会からの孤立を深めた。北朝鮮の産業化と民主化は依然として不十分な状態にある。

　このように解放、分断、産業化・民主化という視角から朝鮮現代史を考えることは、今日の朝鮮半島をめぐる状況を理解するために必要なことである。

　21世紀に入って朝鮮半島には新しい波が押し寄せている。韓国では、「過去の清算」、女性・子どもの権利の伸長、移住民との共存など、近代化の過程で見落とされた問題を克服しようとする動きが広がっている。2000年6月には南北首脳が初めて握手を交わし、分断を乗り越え平和的共存を求める努力が本格化した。朝鮮半島の人々も平和な東北アジアを築いていくための模索を開始したのである。

年　表

1945年	8月15日	植民地からの「解放」。呂運亨、安在鴻ら朝鮮建国準備委員会を結成
	8月24日	ソ連軍、平壌に進駐、司令部を設置（25日）
	9月 6日	朝鮮建国準備委員会が朝鮮人民共和国の樹立を宣言
	9月 9日	米軍、ソウルに進駐。米軍政を布告（7日付け）
	10月13日	朝鮮共産党北部朝鮮分局が設置される
1946年	2月 8日	北朝鮮臨時人民委員会（委員長金日成）が発足
	10月 1日	大邱で10月人民抗争が始まる
1947年	2月17日	北朝鮮人民会議、北朝鮮人民委員会（委員長金日成）が設立される
1948年	4月 3日	済州島で南朝鮮だけでの総選挙実施に反対する武装蜂起が起こる
	8月15日	大韓民国が成立
	9月 9日	朝鮮民主主義人民共和国が成立
1950年	6月25日	朝鮮戦争が勃発
1953年	7月27日	国連、北朝鮮、中国の三者が板門店で休戦協定に調印
1960年	4月19日	ソウルで学生と市民が起ち上がり、4月革命が始まる
	8月23日	張勉民主党内閣が成立
1961年	5月16日	朴正熙ら軍人がクーデターを起こし、政権を掌握
1963年	10月15日	第5代大統領選挙で朴正熙が当選
1965年	6月22日	日韓条約が締結される
1972年	7月 4日	南北共同声明が発表される
	10月17日	非常戒厳令が発令され（維新クーデター）、維新憲法が公布される（12月27日）
	12月27日	北朝鮮で憲法が改定され、金日成が国家主席に就任
1973年	8月 8日	東京で金大中拉致事件が起こる
1979年	10月26日	朴正熙大統領が部下の金載圭に暗殺される
	12月12日	粛軍クーデターにより全斗煥が実権を掌握
1980年	5月18日	光州で学生・市民と軍が衝突し、光州民主抗争が起こる
	10月10日	労働党第6回大会で金正日が金日成の後継者としての地位を確立
1987年	6月10日	全国22都市で大規模デモ（平和大行進）、6月民主抗争が始まる
	6月29日	盧泰愚が民主化宣言を発表し、6月民主抗争が終息に向かう
1988年	9月17日	ソウル五輪が開催される
1991年	9月18日	国連に南北が同時加盟
1994年	7月 8日	金日成が死去
1998年	2月25日	金大中が第15代大統領に就任
	9月 5日	金正日が国防委員会委員長に就任、正式に権力を継承
	10月 8日	金大中大統領が訪日。日韓共同宣言が発表される
2000年	6月15日	南北首脳会談（金大中・金正日）後、南北共同宣言が発表される
2002年	9月17日	小泉純一郎首相が訪朝。日朝平壌宣言が発表される
2003年	2月25日	盧武鉉が第16代大統領に就任
	6月 7日	盧武鉉大統領が訪日。日韓共同宣言が発表される
2007年	10月 4日	南北首脳会議（盧武鉉・金正日）後、南北首脳宣言が発表される

1… 「解放」から分断へ

1）植民地からの「解放」

a)「解放」と38度線の確定

　1945年8月15日、日本の朝鮮植民地支配は終わった。朝鮮の都市や村では解放を喜ぶ人々であふれていた。しかし、朝鮮人による独立運動や抵抗にもかかわらず、解放は外からもたらされたものだったため、分断のきっかけをはらむものとなった。

　解放に先立ち、米国は8月6日に広島、9日に長崎に原爆を投下した。ソ連軍は9日に朝鮮北部に進攻し、羅津(ラジン)・雄基(ウンギ)を占領した。さらに米国は、10日から11日未明にかけて、国務・陸軍・海軍三省調整委員会（SWNCC）を開き、北緯38度線での米ソによる朝鮮半島分割占領を決定した。ソ連もそれを承認して、分断の基準線となる38度線が確定されたのである。

　38度線以南では、9月8日、沖縄に駐屯していた米陸軍第10軍第24軍団（司令官ホッジ中将）が仁川(インチョン)に上陸し、翌9日にソウルに入って朝鮮総督府から権力を引き継いだ。この間に朝鮮総督府は、「共産主義者」や「独立運動者」が権力の空白に乗じて主導権を握ろうとしているという情報を沖縄の米軍に送り続けた。

　日本のポツダム宣言受諾のタイミングが前後にずれていれば、朝鮮半島に38度線は引かれなかった可能性が高い。また、日本の植民地支配がなければ38度線は存在しえなかっただろう。日本も、38度線の線引きに直接は関与しなかったとはいえ、分断の歴史と無関係ではなかったのである。

b) 建国準備委員会、朝鮮人民共和国

　8月15日、左派民族主義者・呂運亨(ヨウニョン)（1885～1947年）は朝鮮総督府政務総監・遠藤柳作と会談し、治安維持など行政権移譲の要請を条件付で受け入れた。同日、呂運亨・安在鴻(アンジェホン)（1891～1965年）らは植民地期末に組織された

建国同盟を基盤に朝鮮建国準備委員会（建準）を結成した。建準は、治安維持をはかるとともに政府樹立までの過渡的準備機関としての役割を果たすことをめざした。しかし、総督府と日本軍は建準の活動を批判し、権力の維持を主張し続けた。

　米軍進駐の報に接した建準は、9月6日に全国人民代表者大会を召集して朝鮮人民共和国（人共）の樹立を宣言した。米軍と折衝する「政府」が必要だと判断し、中央組織を実質的な政府に、支部を人民委員会に改編したのである。

　その直後にソウルに進駐してきた米軍は、9日に日本軍との間に降伏調印式を行い、38度線以南の地域に、軍政の施行を宣布した。米軍政は、植民地期の官僚や警察、軍人を任用し、韓国民主党（9.16創立、韓民党）などの右派勢力を政治的に優遇する一方、人共を否認するとともに朝鮮共産党などの左派に対しては冷淡な態度をとった。

西大門刑務所から出所する独立運動闘士ら（1945年8月16日、上）と日の丸でつくった大極旗を掲げて解放を祝う全羅南道の民衆（下）。（『高等学校　近・現代史』金星出版社、2003年）

c) モスクワ三国外相会議決定をめぐる左右の対立

朝鮮の独立問題については、1943年11月に発表されたカイロ宣言で「やがて（in due course）朝鮮を自由かつ独立の国たらしめる」とされ、1945年のヤルタ会談では4カ国による一定期間の信託統治を実施することが合意されていた。

1945年12月、モスクワで米・英・ソ三国外相会議（モスクワ三相会議）が開かれ、朝鮮半島問題について議論された。その結果、民主主義的原則にもとづき独立国家を建設するための南北民主主義臨時政府を樹立する、臨時政府樹立を支援するための米ソ共同委員会をたちあげ民主的諸政党及び社会諸団体と協議する、米・英・ソ・中4カ国による最高5年間の信託統治を実施する、ことが決定された。

モスクワ三相会議決定の内容が伝えられると、南朝鮮では信託統治反対（反託）運動が激しく展開された。反託運動の中心となったのは、重慶臨時政府系の金九(キムグ)（1876〜1949年）や韓民党の金性洙(キムソンス)（1891〜1955年）、米国の援助を得て帰国していた李承晩(イスンマン)（1875〜1965年）ら右派勢力だった。1945年9月に再建された朝鮮共産党などの左派勢力は、当初は信託統治に反対していたが、のちにモスクワ三相会議決定に賛成の立場を表明して右派勢力との対立を深めた。

d) 米ソ共同委員会の決裂と左右合作運動

朝鮮の信託統治をめぐる左右の対立が深まる中で、米軍政は1946年2月、その諮問機関として南朝鮮代表民主議院（民主議院）を創設した。議長は李承晩、副議長は金九、金奎植(キムギュシク)（1881〜1950年）が就任し、おもに、建準・人共に対抗して反託運動を展開した右派勢力が参加した。しかし、民主議院はモスクワ三相会議決定に反対したため、その点が後の米ソ共同委員会で問題となった。

一方、建準・人共を継承した朝鮮共産党・朝鮮人民党・南朝鮮新民党などの左派勢力は、1946年2月、民主議院創設に対抗して朝鮮民主主義民族戦線

（民戦）を結成した。民戦には、朝鮮労働組合全国評議会（全評、1945.11）・全国農民組合総連盟（全農、1945.12）・朝鮮民主青年同盟（1945.12）などの大衆組織も参加し、モスクワ三相会議決定支持、米ソ共同委員会への参加と協力を表明した。

　1946年3月、モスクワ三相会議決定にもとづいて、民主主義臨時政府樹立の支援を目的とする米ソ共同委員会がソウルの徳寿宮（トクスグン）で開催された。しかし双方は、反託運動を行った政党・社会団体を「民主的諸政党および社会諸団体」に含めるかどうかをめぐって対立を繰り返した。米側は反託の立場をとる右派勢力も共同委員会の協議の対象となると主張し臨時政府の構成者として加えようとしたが、ソ連側はそうすることはモスクワ三相会議決定に反するとして折り合いがつかなかったのである。結局、共同委員会は5月に決裂し無期休会となった。

　この直後の6月、李承晩は朝鮮南部だけでの単独政府の樹立を示唆した、いわゆる「井邑発言（チョンウプ）」を行った。それに対して南北分断を危惧する呂運亨・金奎植らは米軍政の支持を後ろ盾に左右合作運動を展開し、臨時政府樹立に向けて各政治勢力の統合を訴えた。これに右派の金九は支持を表明したが、韓民党は応じなかった。左派の朝鮮共産党・南朝鮮新民党（後に朝鮮新民党）・朝鮮人民党は、1946年11月に合同して南朝鮮労働党（南労党）を結成したが、やはり左右合作には同調しなかった。

　左右合作運動は、左右両派の不参加、政治的基盤の弱さ、米ソの共同支援の欠如などの限界もあったが、「左右合作7原則」を発表して分断の危機を回避し、南北の左右政治勢力合作による民主主義臨時政府の樹立をめざしたという点で、建準・人共樹立運動の延長線上に位置づけられる運動だった。だが、1947年5月に再開された第2次米ソ共同委員会も行き詰まり、7月には呂運亨がテロで暗殺されたことによって、左右合作運動は挫折してしまった。

d）米軍政下の経済と社会

　米軍政下の南朝鮮社会は、植民地経済崩壊による生産の急激な減退、激し

いインフレ、食料不足などの経済的混乱に陥っていた。さらに、植民地期に中国東北地方や日本に移住していた人々が一斉に帰還して人口が急増し、社会の混乱に拍車がかかった。

こうした経済・社会的混乱にくわえて、政治勢力間の対立や信託統治をめぐる争いが激化していた。そのような中で米軍政は朝鮮共産党など左派勢力に対する弾圧を強めた。朝鮮共産党傘下の大衆組織である全評や全農はそれに反発し、生存権の擁護を掲げてストライキとデモで抵抗した。9月には釜山(サン)の鉄道労働者のストをきっかけに全国の鉄道・通信・電話・電気・海運部門でゼネストが起こり（9月ゼネスト）、10月には大邱(テグ)で、警察の横暴、米軍政による米穀の供出強要に抗議する人民抗争が起こった（10月人民抗争）。米軍政はこれを警察や右翼を動員して武力で鎮圧した。

その一方で米軍政は、民衆の反発を緩和し支持を得るために朝鮮人の政治参加の機会を広げようとした。1946年12月には臨時立法機関としての南朝鮮過渡立法議院が、翌47年2月には臨時中央政府としての南朝鮮過渡政府が設置された。しかし、米軍政に対する朝鮮民衆の支持は依然として弱いままだった。

2）大韓民国の成立

a）単独政府樹立への道

再開された第2次米ソ共同委員会が完全に行き詰まると、米国は1947年9月に国連に朝鮮問題を移管することを決断し、10月には米ソ共同委員会を打ち切った。11月に開かれた国連総会は、米国の提案を受けて、国連監視下での人口比例による南北朝鮮総選挙を48年3月までに実施し政府を樹立することを決定した。しかしソ連と北朝鮮は、米国が主導したこの決定に反対した。北朝鮮は、総選挙・政府樹立の監視を目的に設置された国連臨時朝鮮委員会（UNTCOK）の38度線以北への進入を拒否した。結局、朝鮮半島全域での総選挙の実施が不可能となったため、今度は国連中間委員会（小総会）が立ち入り可能な地域での選挙実施を決定し、南朝鮮だけでの選挙が行なわれることになった。

このような単独政府樹立の流れに対して、韓国独立党の金九と民族自主連盟の金奎植は、1948年2月、北朝鮮の金日成（1912〜94年）と金枓奉（1889〜1961年）に南北要人会談の開催を呼びかける連名の書簡を送り、南北協商運動を進めた。北朝鮮側は、朝鮮の統一民主主義政府樹立について討議する南北会議および南北政党・社会団体代表者連席会議を平壌で開催することを提案してそれに応じた。4月には南北朝鮮諸政党・社会団体代表者連席会議が平壌で開かれ、南朝鮮側からも政党・社会団体が参加した。だが、南北双方で分断国家樹立の動きが急速に進んだため、結局、南北協商運動は失敗した。

b) 大韓民国の成立

　1948年5月10日、国連臨時朝鮮委員会の監視の下で南朝鮮だけの単独総選挙が実施され、済州島を除く全域で198人の国会議員が選出された。この選挙は朝鮮史上最初の一人一票制の普通選挙であり、統一政府の樹立を望む人々の熱望と政治諸勢力の反対が交錯する中で行われた。金九・金奎植などの南北協商参加勢力と多くの中道勢力はこの選挙への参加を拒否し、李承晩と韓民党、一部の中道勢力のみが参加した。その結果、李承晩や韓民党などの右派勢力が議席の多数を占めた。

　任期2年の議員で構成された制憲国会での審議の末、三権分立と大統領中心制、国会議員の間接選挙による大統領選出などを内容とする憲法が、7月に制定、公布された。初代大統領には李承晩が選出された。

　こうして1948年8月15日、大韓民国（韓国）が成立した。韓国は朝鮮半島における唯一の

大韓民国政府樹立宣布式のようす（1948年8月15日）。（『高等学校　近・現代史』）

合法国家だと主張して、同様の主張を掲げた朝鮮民主主義人民共和国と対立した。分断国家が立ち上がり、分断の時代が始まったのである。

c）済州島4・3事件

　朝鮮南部における単独政府樹立の動きに対して、南労党などの左派勢力は単独政府樹立反対運動を展開した。1948年2月には全国各地で、国連朝鮮委員団の訪朝に反対する労働者・農民・学生によるデモやストライキが起こった（2月ゼネスト）。中でも最も激しい闘争が行われたのが済州島だった。1948年4月3日、単独選挙反対、米軍の即時撤収を主張する共産主義者と住民が武装蜂起し、官公署や警察支所を襲撃する事件が起こった（済州島4・3事件）。当初の蜂起は小規模だったが、11月以降の討伐作戦によって抗争は激化し、流血事態へ発展した。その後、鎮圧作戦は1954年9月頃まで続き、多くの無辜の島民が犠牲となった。2003年10月に韓国政府が発表した「済州4・3事件真相調査報告書」では、その数は2万5千人から3万人と推定されている。

　また、全羅南道麗水に駐屯していた韓国軍第14連隊は、済州島4・3事件鎮圧への派遣命令を拒否し、1948年10月19日、南北統一などを掲げて反乱を起こした。反乱軍約2500人は順天まで進出し、一時は麗水・順天一帯を支配下に置いた。韓国政府は戒厳令を布告し、米軍事顧問の協力を得て鎮圧作戦を展開したが、その過程で多くの民間人が犠牲になった（麗水・順天事件）。

1948年10月、全羅南道光陽、麗順事件で犠牲になった弟を前に慟哭する女性。（徐仲錫『写真と絵で見る韓国現代史』歴史批評社、2005年）

Column

竹島（独島）問題

　2005年2月、島根県議会が「竹島の日を定める条例」を可決したことが発端となって、竹島（韓国では、独島〈トクト〉）の領有をめぐる問題が日韓間の外交的懸案として再燃した。

　竹島をめぐって、日韓両政府はこれまで互いに異なる主張をしてきた。最初の論点は、朝鮮王朝時代に竹島がどのように認識されていたかという問題だ。韓国側が『世宗実録地理誌』（1432年）の記述や1696年（元禄9年）の安龍福〈アンヨンボク〉への審問記録（安龍福が鬱陵・竹島を経由して島根県の隠岐島に到着した際に藩の役人の審問に答えた記録）をあげて、竹島が朝鮮に属していたと主張しているのに対して、日本側は「明確な根拠が示されていない」としている。

　第二の論点は、明治政府が1877年（明治10年）に竹島は日本の領土ではないと認めたかどうかという問題だ。当時日本政府は、領土を確定していく中で「竹島（現在の鬱陵島〈ウルルンド〉）他一島（現在の竹島）」は日本と関係がないとしたのだが、現在日本政府は「他一島」は竹島ではないとしている。

　第三は、1905年の竹島の日本編入が正当だったかどうかという問題だ。大韓帝国は1900年に竹島と思われる「石島」を鬱陵郡に編入し、遅くとも1904年にはそれを「独島〈ソクト〉」と表記するようになった。ところが日本政府は1905年1月、日露戦争の戦略上の問題から内務省の公示により竹島を島根県に編入した。しかも、当時大韓帝国は第一次日韓協約下にあり、自主的な外交が制限されていた中でのことだった。それゆえ現在韓国側は、この「編入」を大韓帝国の領土を不当に奪取したものだと認識している。

　最後は、1951年のサンフランシスコ条約でどのように処理されたかという問題だ。条約の早期締結を望んだ米国の意向により、竹島

> は条文に入らなかった。当時の李承晩政権は、「李ライン」の設置を宣言して竹島の実効支配を開始し、竹島問題は日韓対立の火種となったが、65年の日韓条約でも言及されず棚上げとされた。日本政府は外交上の折衝事項に入るとしてきたが、歴代韓国政府は「解決済み」としてとりあわず、島の実効支配を続けてきた。
> 　このように日韓両政府は、竹島をめぐって異なる主張をしてきたが、日韓条約締結以降は比較的緩やかな対応を取ってきた。今後もそうした姿勢を維持しながらも、専門家による共同研究を進め、外交的に解決していくことが望まれている。
> 　偏狭なナショナリズムを煽るのではなく、周辺の住民、特に漁業者の安全と利害、東北アジアの共同体などの視点から、問題を冷静に考えることが必要だろう。

d）李承晩政権

　朝鮮半島に成立した最初の近代国民国家である韓国は、分断国家だったために政治・経済・社会的に非常に不安定だった。李承晩政権は国家をより強固にするために、軍隊や警察を整備し、反共法としての国家保安法（1948.12.1公布）を制定した。さらに、「北進統一論」を軸とする反共、国民の植民地体験の記憶を背景に日本の再起を警戒する「防日」を掲げ、権威主義的な性格を強めた。

　李承晩大統領は、韓国の国是として、韓民族が国土・精神・生活・政治・文化などあらゆる面で歴史的に単一民族であることを強調する「一民主義」を提唱した。経済面では、1948年9月の施政方針演説で自由主義経済の制限と重要産業の国有・国営化および貿易の統制を唱えたように、国家主導的な資本主義体制を志向した。

　そうした強力な国家を維持、運営していくために、李承晩政権は、行政府・軍・警察などの要職に植民地期の「親日派」（対日協力者）を登用した。

一方、国会の無所属議員の中には、李承晩や韓民党に批判的で改革志向の「少壮派」と呼ばれる人士も含まれていた。「少壮派」は1948年12月から翌49年6月までの間、駐韓米軍撤退、「親日派」の処罰、農地改革などを求めて李承晩政権に対抗した。

e）反民特委の挫折、農地改革

　国会は、植民地支配に協力した「親日派」を処罰すべきだという世論を背景に、1948年9月、反民族行為者処罰法を制定し、10月には反民族行為特別調査委員会（反民特委）を設置した。反民特委による調査活動は49年1月から本格的に開始され、政府関係者や警察幹部が処罰の対象となることが明らかになると、李承晩政権は大きく揺らいだ。

　危機に直面した李承晩政権は、左翼勢力と「少壮派」などに対する大々的な弾圧をしかけた。1949年6月、ソウル市警が反民特委を襲撃する事件が起こり、翌7月には反民特委は解体された。このため対日協力者の処罰は中途で挫折し、植民地支配の「遺産」は残されることになった。また同じ6月には、南北協商運動を展開した金九が暗殺される事件、「少壮派」議員13人が南労党工作員だとして検挙された「国会フラクション事件」などが相次いで起こり、「少壮派」の活動は萎縮していった。

　「親日派」処罰、統一国家樹立とともに、解放直後の朝鮮社会がかかえていた課題として土地改革の問題があった。制憲第一回国会議員選挙の立候補者のほとんどが農地改革を公約に挙げたのは、農民の土地分配への強い要求が背景にあったからである。李承晩政権も農村経済安定を望み、農地改革の必要性を認めていた。1949年6月に農地改革法が、翌50年3月には改正法（農地所有の上限を三町歩とし、農民は生産額の150％を5年間で償還し、地主は平年作の150％の補償を受ける）が公布され、朝鮮戦争勃発直前の4〜6月に農地改革が実施された。これにより韓国の地主制は解体され、農村での李承晩政権の支持基盤が築かれることになった。

3）朝鮮民主主義人民共和国の成立

a）ソ連軍の進駐

　38度線以北では、1945年8月24日にソ連軍第一極東方面軍所属第25軍（チスチャコフ大将、のちに占領軍司令官）が咸興(ハムン)に進駐したが、ソ連軍が朝鮮占領の準備をしていたという証拠は見られない。さいわいにもソ連軍は、占領地域の共産主義者が強いことを見いだし、そこでの行政を朝鮮人にまかせることにした。その後9月20日になってようやくスターリンの名で北朝鮮占領方針の基本指令が出され、親ソ的政府の樹立がめざされた。

　ソ連占領軍の北朝鮮統治を指揮していたのは沿海州軍管区軍事会議委員・シトゥイコフ（北朝鮮建国後にソ連大使）であり、その指揮下に平壌に民政部が置かれ、長官にロマネンコ少将（第25軍副司令官）が指名された。ロマネンコはスターリンの基本指令の内容を実行に移し始めたが、北朝鮮だけの政府を樹立するためには、各地の人民委員会的な組織を認めて、それらの連合体制を作ることが必要となった。それでまず10月8日に「北朝鮮5道人民委員会連合会議」（10.8〜10）が招集され、「北朝鮮行政10局」の設置が決定された。ソ連占領軍民政部に対応して行政局の局長が任命され、民政部の委任を受けて北朝鮮の行政的統合が進められることになったのである。

b）朝鮮共産党北部朝鮮分局の成立

　解放後の北朝鮮の政局を主導したのは共産主義者たちだった。彼らは、植民地下の朝鮮で地下活動を行い解放後にソウルで朝鮮共産党を再建した朴憲永(パクホニョン)（1900〜55年）らの国内系、国外から最初にやってきたソ連国籍・党籍をもつソ連系、そして中国東北地方で抗日遊撃闘争を行った金日成ら満洲派に分けられる。植民地末期にソ連領内にいた金日成は、ソ連軍の支援を受けて9月19日に元山(ウォンサン)に到着していた。

　10月には、ソ連占領軍当局の要請を受けて、国内系をはじめとしてソ連系、満洲派が平壌に集まり、「西北五道党責任者及び熱誠者大会」（10.10〜13）が開かれた。この大会では共産党の再建問題が討議され、北朝鮮に朝鮮共産党

北部朝鮮分局を組織することを主張する金日成ら満州派と、ソウルの朝鮮共産党中央を支持する呉淇燮(オギソプ)(1903〜?)ら国内系が対立した。結局、朝鮮共産党中央の許可を受けるという形で妥協が成立し、朝鮮共産党北部朝鮮分局が設置された。この時は国内系の金鎔範(キムヨンボム)(1902〜47年)が第一書記になり、金日成は役職にはつかなかった。

12月には、中国華北地方で朝鮮独立同盟を結成していた金枓奉ら延安系の共産主義者が帰国して、北朝鮮の体制づくりに加わった。

同月、朝鮮共産党北部朝鮮分局第三次拡大執行委員会が開かれ、金鎔範が第二書記に下がり、金日成が責任秘書に就任した。満洲派の金日成の権力をソ連系と延安系が支えるという体制が整い、ソウル中央からの独立が始まったのである。

c）さまざまな改革

1946年2月には北朝鮮臨時人民委員会が組織された。この委員会は、中央行政機関と各政党の代表が参加する統一戦線組織という両面を兼ねていた。委員長に金日成、副委員長に金枓奉が就任した。

北朝鮮臨時人民委員会が最初に行ったのは土地改革だった。それは約98万町歩の土地を地主から無償で没収し、約72万戸の小作農に無償で分配するという急激なもので、ソ連占領軍の原案をもとに改革案が作成され、1946年3月に金日成の指導下で実施された。この土地改革は、金日成と共産党の権威を著しく高める契機となった。

また、3月から8月にかけてさまざまな改革が行われた。土地改革と同じ時期に裁判所と検察所の構成に関する原則が公布され、司法制度の整備が始められた。続いて「親日派」・民族反逆者規定が発表され、労働法令（8時間労働などを規定）、男女平等権法、産業国有化令が公布された。金日成大学もこの時期に開設された。こうしたさまざまな改革が金日成の名の下に推進されたのである。

d）統一戦線体・労働党・軍の創設

1946年7月、政党・社会団体の統一戦線体である北朝鮮民主主義民族戦線が結成された。北朝鮮共産党、朝鮮民主党、朝鮮新民党、天道教青友党などの政党と、職業同盟、農民同盟、女性同盟、民青同盟などの社会団体が参加した。

8月には、北朝鮮共産党と朝鮮新民党の合同大会で、北朝鮮労働党（北労党）が結成された。新民党の金枓奉が委員長、金日成が副委員長だったが、実質的には金日成が最高指導者だった。北労党の結成は、北朝鮮での競争政党体制に終止符を打ち、ソウル中央・平壌分局という朝鮮共産党の関係を南北朝鮮労働党間の対等な関係に変えただけでなく、平壌を中央とする労働党への統合に踏み出すことを意味した。北朝鮮に民主主義根拠地を建設し南朝鮮を解放するという、いわゆる「民主基地論」が確立されたのもこの時期だった。

さらに党とは別に軍がつくられた。1946年8月に保安幹部訓練大隊部が設立され、これが47年頃には人民軍と呼ばれるようになり、48年2月に朝鮮人民軍の創設が正式に宣言された。

こうして最高指導者が金日成、党はソ連系・延安系・国内系、軍は満洲派を中心に延安系が担当し、統一戦線・党・軍における北朝鮮の主導権が確立されていった。

e）朝鮮民主主義人民共和国の成立

1946年11月に道・市・郡人民委員会の選挙が行われ、翌47年2月にはそれらの代表が道・市・郡人民委員会大会に集まり、立法機関としての北朝鮮人民会議が開かれた。続いて人民会議で行政府としての北朝鮮人民委員会の設置が承認され、北朝鮮に事実上の政府が成立した。

1947年7月に米ソ共同委員会が行き詰まり、米国が朝鮮問題を国連に持ち出すと、1948年2月北朝鮮側は、朝鮮民主主義人民共和国憲法案を発表した。さらに、朝鮮民主主義人民共和国の憲法を7月に施行することが北朝鮮人民

会議で決定され、8月にはその憲法に基づき朝鮮最高人民会議の選挙が行われた。そして、38度線以南での大韓民国樹立に対抗して、9月9日、朝鮮民主主義人民共和国（北朝鮮）の樹立が宣言された。最初の首相には金日成、副首相には朴憲永・金策（1903～51年）・洪命熹（1888～1968年）が就任した。

朝鮮民主主義人民共和国樹立の前日1948年9月8日に開かれた最高人民会議第1回会議で北朝鮮人民委員会委員長だった金日成が初代首相に選出された。左から金策、朴憲永、金日成。（金聖甫ほか編『写真と絵で見る北韓現代史』歴史批評社、2004年）

こうして成立した北朝鮮は、自らが朝鮮半島の統一政府であることを宣言し、韓国を傀儡政権とみなして否定した。植民地支配、米ソ冷戦、左右政治勢力の対立を背景として生まれた北朝鮮と韓国は、互いに相いれない存在となっていたのである。

4）朝鮮戦争

a）戦争の起源、原因

1950年6月25日に勃発した朝鮮戦争を歴史として理解するためには、その起源（遠因）と直接の原因について考える必要がある。戦争の起源として最初にあげられるのは、日本の植民地支配である。植民地支配がなければ38度線は引かれなかっただろうし、植民地下の資本主義、社会主義勢力どうしの対立が激化して戦争が引き起こされることもなかっただろう。

二つ目の起源は、冷戦の朝鮮半島への波及にある。資本主義陣営の米国と社会主義陣営のソ連による南北の分割占領は、その後の分断と戦争の大きな要因となった。また、1949年に中国共産党が内戦に勝利し中華人民共和国を建国したことは、北朝鮮側を開戦に向かわせる決定的な出来事だった。金日

成は朝鮮でも革命が可能だと判断したのである。

　三つ目の起源は、分断の進行とともに激化した南北対立にある。すでに解放直後から、38度線をはさんで左右両勢力による政治・社会的対立が始まっていた。分断国家樹立後は、李承晩が「北伐統一」案を、金日成が「国土完整」案を掲げて挑発しあった。実際に、38度線以南では智異山(チリサン)にこもった左派ゲリラがパルチザン闘争をくりひろげていたし、38度線付近でも正規軍による中小規模の軍事的衝突が頻発するなど、1949年には「宣戦布告なき戦争状態」が出現していた。

　このような起源を背景として1950年初め、金日成はソ連のスターリンと中国の毛沢東の承認を得て開戦の決断をし、戦争の準備を始めた。5月に実施された韓国総選挙で李承晩勢力が大敗したことも、北朝鮮当局に武力統一を楽観視させることになった。この北朝鮮当局の開戦の意思と行為が戦争の直接的原因となったことは否定できない。

　こうして解放直後から続いていた南北間のさまざまな対立と衝突は、大規模な戦争へと突き進んでいったのである。

b) 米中戦争から「東北アジアの戦争」へ

　6月25日未明、北朝鮮の人民軍が甕津(オンジン)半島で38度線を越え、戦争が始まった。人民軍は3日後の28日にソウルを占領し、南に進撃した。占領地域では、人民委員会の復活、土地改革など北朝鮮の秩序が拡大されていった。一方、27日にソウルを脱出した李承晩と韓国軍は、釜山に遷都して抗戦を続けた。

　米国は国連安全保障理事会を動かして、25日に北朝鮮の侵略行為を非難する決議、27日に国連加盟国が韓国を援助するように求める決議を採択させ、30日にはマッカーサーに地上軍の派遣を許可する決定を下した。国連では国連軍統一司令部を設置することが決定され、国連軍が参戦することになった。しかし北朝鮮軍の南下は続き、米韓軍は洛東江(ナットンガン)辺に追い込まれた。

　9月15日、国連軍が仁川上陸作戦を敢行すると、戦争は次の局面に移っていった。この作戦で人民軍は致命的な打撃を受け、総退却することになった。

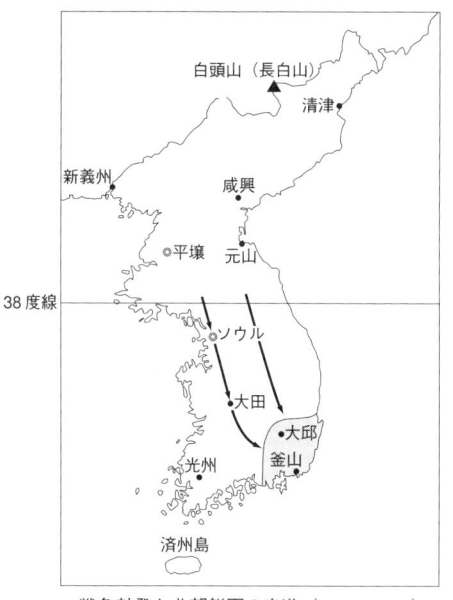

戦争勃発と北朝鮮軍の南進（1950.6～9）

国連軍・韓国軍の反撃と北進（1950.9～11）

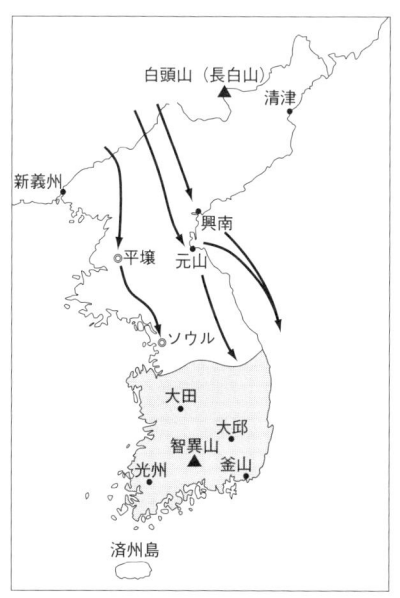

中国軍の参戦（1950.10）と国連軍・韓国軍の防御（1950.11～1951.1）

戦線の膠着と休戦（1951.1～1953.7）

そして今度は国連軍がソウルを奪回し、全朝鮮を統一して「民主政府」を樹立するという目標を掲げて北進した。10月には38度線を越えて平壌を占領し、一部は中国国境付近にまで進んだ。

窮地に追い込まれた北朝鮮側はスターリンと毛沢東に支援を要請し、10月19日、中国人民志願軍12個師団（18万の兵力）が鴨緑江(アムノッカン)を越えて参戦した。朝鮮の内戦として始まった戦争は、ここで米中戦争に転化した。

中国の参戦で戦況は逆転し、12月には中・朝軍によって平壌が奪い返され、翌1951年1月にはソウルが再占領された。これに国連軍は反撃し、3月にはソウルが再奪還され、戦線は膠着した。また中国の参戦後、米国側で原爆の使用も検討されたが、第三次世界大戦勃発を恐れる英国などの反対で取り下げられた。

結局、朝鮮戦争は、韓国、北朝鮮、米国、中国、ソ連が参戦し、日本や台湾が関与する「東北アジアの戦争」となった。

c）休戦協定、被害

国連軍のソウル再奪還以降、38度線前後で激しい陣地戦が展開され、空からは米軍の北朝鮮爆撃が続いた。こうした中、ソ連側の提案を受けて1951年7月、開城(ケソン)で国連軍と中朝軍の間に停戦会談が始まった。会談は軍事境界線設定問題や捕虜問題で行き詰ったが、「北進統一」を主張する韓国を除いて、53年7月27日に国連軍と朝鮮人民軍、翌日には中国人民志願軍が停戦協定に調印した。この協定をもって戦闘は中止され、軍事境界線

戦争により孤児となった少女と幼子。（金聖甫ほか編『写真と絵で見る北韓現代史』）

の南北に非武装地帯（DMZ）が設定された。ただし、この協定は戦争の一時的停止を規定したものであり、戦争終結と平和を保障する条約ではなかった。

1954年4月、朝鮮問題の平和的解決のためにジュネーブ国際会議が開かれた。この会議には南北朝鮮、米国、中国など参戦国が参加して平和的解決への道がさぐられたが、決裂して平和協定は結ばれなかった。

朝鮮戦争の被害・損害は今日まで正確にわかっていない。人的被害は軍民合わせて、北朝鮮側が250万人以上、韓国側が100万人以上、中国人民志願軍が11万人以上、米軍が5万人以上と推定され、南北朝鮮の死者は総人口の一割を越えたとされる。特に、韓国軍による住民虐殺（「保導連盟事件」、「居昌事件」）、米軍による避難民虐殺（「老斤里事件」）や北朝鮮空爆による大量虐殺、北朝鮮人民軍による捕虜や住民の虐殺などにより、多くの民間人が犠牲になった。物的被害も大きく、南北の国土は荒廃した。

d) 戦争が遺したもの

朝鮮戦争によって、韓国と北朝鮮は国家の正統性をめぐって分裂と対立をいっそう深めた。親子兄弟は引き裂かれ、およそ1000万人もの離散家族が発生した。南北の分断は固定化され、社会の異質化が進んだ。朝鮮の北部の社会からはキリスト教が消え、南部の社会からは共産主義運動がなくなった。そして戦争後、戦争でも平和でもない停戦という特別な緊張状態が朝鮮半島を長い間おおうことになった。

この戦争は、米国のその後の対外政策、国家安全保障政策、軍事政策、国内政治に大きな影響を及ぼし、冷戦下における超軍事国家を誕生させた。しかし、朝鮮戦争は米国にとって勝利できなかった最初の戦争でもあった。

同様にソ連も冷戦の中で軍事大国化し、二つの軍事国家は核兵器開発競争などの終わりのない軍拡競争への道を進んでいくことになった。

誕生したばかりの中華人民共和国は、この戦争で多くの犠牲を出したものの、米国と戦うことによって国際的地位を確固なものとした。

日本は台湾とともに、この戦争によって大きな「利益」を得た。憲法九条

と軽武装、日米安全保障条約の体制が確立し、朝鮮特需によってその後の非軍事的経済成長の基礎が固められた。

2...南北の国家建設

1）韓国－戦後復興
a）李承晩と議会の対立
　韓国建国後、大統領中心制を主張する李承晩大統領は、それまで手を結んできた韓民党と対立を深めていた。議院内閣制の導入を重視していた韓民党は、1949年2月に民主国民党（民国党）を結成し、50年1月、議院内閣制導入のための憲法改正案を国会に提出した。この改憲案は否決されたが、民国党の李承晩に対する攻勢は続いた。
　ところが、1950年5月に行われた第2回国会議員選挙では、李承晩政権与党として再建された大韓国民党と、野党民国党は惨敗した。意外にも当選者全体の60％の議席を占めたのは中間派などの無所属議員で、その多くが李承晩に批判的だったため、李承晩大統領の政権基盤は弱化した。
　朝鮮戦争の勃発により中断していた権力闘争は、臨時首都となった釜山を舞台に再燃した。李承晩政権は1951年11月に大統領直接選挙制を骨子とする憲法改正案を提案するとともに、12月に李範奭（イ ボムソク）（1900～72年）の朝鮮民族青年団を基盤に自由党（俗称「院外自由党」）を結成して、巻き返しを図った。
　一方、民国党と無所属議員は1952年1月、李承晩政権の改憲案を大差で否決した。2月には逆に民国党が内閣責任制改憲案を提出し、国会内で野党は優勢になっていた。

b）釜山政治波動と四捨五入改憲
　李承晩大統領と与党自由党は、地方議員と民間団体を動員して国会解散を

要求する官製デモを組織した。1952年5月には釜山一帯に戒厳令を宣布し、国際共産党の資金受領の嫌疑で国会議員50名余りを逮捕した。

翌6月、張澤相(チャンテクサン)（1893〜1969年）内閣は、与野党の改憲案を折衷した、いわゆる「抜粋改憲案」を国会に提出した。それは折衷案といっても、李承晩が望む大統領直接選挙制と二院制を骨子とするものだった。翌7月、政治的自由が奪われた中で、国会はその改憲案を可決した（釜山政治波動）。

朝鮮戦争中の釜山の政府臨時庁舎（1952年6月24日）。ドラクロアの「民衆を導く自由の女神」を模倣した絵がかけられている。（徐仲錫『写真と絵で見る韓国現代史』）

1952年8月に最初の大統領直接選挙が行われ、李承晩が第2代大統領に当選した(得票率74％)。李承晩は自由党から朝鮮民族青年団系(李範奭・安浩相(アンホサン)ら）の勢力を排除し、永久執権への改憲に必要な3分の2以上の議席獲得をめざした。しかし、1954年5月の第3回国会議員選挙での自由党の議席数はそれに及ばなかった（203議席中133議席、後に入党工作で135議席）。そこで政府・自由党は、203議席の3分の2は四捨五入して135議席だとして改憲案を可決した（四捨五入改憲）。

「釜山政治波動」と「四捨五入改憲」によって永久執権への道を開いた李承晩政権に対して、1955年9月に「反共と自由民主主義」を掲げた民主党（申翼熙(シンイキ)代表）が発足した。12月にはそれに加わらなかった革新勢力が進歩党推進委員会（曺奉岩(チョボンアム)委員長、56年11月に進歩党結成）を結成した。

c) 1956年大統領選挙と進歩党事件

政府・自由党は、1956年5月の第3代大統領選挙で、大統領候補に李承晩

を指名した。それに対して野党の民主党は申翼熙（1894〜1956年）を、進歩党推進委員会は曺奉岩（1899〜1959年）を、それぞれ大統領候補としたが、投票直前に申翼熙が病死するという波乱があった。

進歩党事件公判のようす。右端が曺奉岩。（『竹山　曺奉岩全集6』世明書館、1999年）

選挙の結果、苦戦しながらも李承晩が第3代大統領に当選した（504万票）。進歩党の曺奉岩は善戦し（216万票）、副大統領には民主党の張勉〔チャンミョン〕（1899〜1966年）が当選した。

　この選挙結果に危機感を抱いた李承晩政権は、革新系の活動を封じ込め、反共体制を強化する方向に進んだ。特に曺奉岩の進歩党に厳しい弾圧が加えられた。朝鮮共産党の創立メンバーだった曺奉岩は、解放後に共産党を除名され、韓国樹立後は農林部長官や国会副議長を務めた。その後、第2代、第3代大統領選挙に立候補し、李承晩の最大の政敵となっていた。曺奉岩の進歩党は李承晩の「北進統一」を批判し、「平和統一」と「被害大衆の擁護」を内容とする「革新政治の実現」をめざしていたのである。

　李承晩政権は1958年1月、曺奉岩ら進歩党幹部を国家保安法違反で逮捕し、進歩党を非合法化した。進歩党が掲げた「平和統一論」が北朝鮮の主張する中立国監視下の南北統一選挙論と同じであり、幹部が北朝鮮のスパイと接触したからだとされた。59年7月、曺奉岩の有罪が確定して死刑が執行された。

d）言論弾圧と1960年大統領選挙

　1958年5月の第4回国会議員選挙でも与党自由党が勝利した（自由党126議席、民主党79議席）。自由党は選挙後の国会で、言論・結社の自由を制限する国家保安法改正案と市・邑・面長任命制を骨子とする地方自治法改正案を単独で強行採決した。

　これに世論の批判が高まったにもかかわらず、政府はカトリック財団が経

営する野党系の『京郷新聞』を廃刊にするという強硬措置にでた。さらに政治集会を許可制とするなど反政府的な言論・集会を弾圧した。

1960年3月に第4代大統領選挙が行われることになり、与党は大統領候補に李承晩を選出した。野党民主党の大統領候補・趙炳玉(チョビョンオク)（1894～1960）が急死したため、李承晩の当選は確実な情勢だった。選挙運動中は、地方自治法改正によって地方公務員が動員されるなど不正選挙が横行した。選挙の結果、李承晩が4選を果たしたが、「3・15不正選挙」は国民の大きな批判を呼び起こすことになる。

e）李承晩政権と米国・日本

朝鮮戦争後の李承晩政権は、軍事・経済的に米国に依存する傾向を強めた。1953年10月には米韓相互防衛条約が締結され、米軍が韓国に駐留することになった。また、米国の大規模な援助によって経済復興が進められた。

朝鮮戦争後の米国は、日本を中心に非共産主義国を政治・経済・軍事的に統合する東アジア政策を推進しようとした。特に50年代後半、軍事援助を減らし経済開発を促す政策をとった。これに対して李承晩政権は、当初はこうした米国の政策に強く反発したが、後にそれを受け入れざるをえなくなった。

朝鮮戦争下の1952年2月、李承晩政権は日本政府との間に、基本関係、財産請求権、漁業、在日韓国人の法的地位問題などを議題とする国交正常化交渉（～1965年、日韓会談）を開始した。韓国側は、当初は冷戦の立場から日韓「防共協調」を呼びかけもしたが、過去の清算の意思を持たない日本側の姿勢が明らかになると、日本側を厳しく批判し始めた。韓国側の批判は、植民地支配が朝鮮の近代化に寄与したとする「久保田発言」をめぐる議論において最も激しいものとなった。

交渉決裂後の李承晩政権は、日本の「平和線（李ライン）侵犯」、ソ連・中国など社会主義圏への接近、在日朝鮮人の「北送」に反対するなど、国家主義的な様相を帯びた対日政策を掲げて日本側と衝突した。

韓国現代史を描いた映画

　今、韓国映画がおもしろい。1990年代の半ば頃から優れた映画が次々に制作されニューウェーブとも呼ばれる状況が現れた。その背景として、1987年の6月民主抗争の結果、表現の自由が広く保障されるようになったこと、民主化運動を担った人々が映画界にも進出し、それまでタブーとされていた歴史事件や人物が取り上げられ様々な観点から描かれるようになったことなどがあげられる。

　ニューウェーブのなかでも韓国現代史を題材にした映画がひときわ目立っている。1998年に話題を呼んだ李光模(イグァンモ)監督の＜아름다운 시절(アルムダウンシジョル)(美しい時代)＞では、朝鮮戦争下の苦難と絶望の中でも希望を見失わなかった人々の日常が描かれた。2000年にヒットした朴贊郁(パクチャヌク)監督の＜JSA＞では、分断の壁を越えた兵士達の心の内面が活写された。そして2004年に多くの観客を動員した姜帝圭(カンジェギュ)監督の＜태극기를 휘날리며(テグッキルルフィナルリミョ)(大極旗を翻して、邦題「ブラザーフッド」)＞では、朝鮮戦争が初めて本格的に取りあげられた。

　朝鮮戦争以外にもさまざまな映画が撮られた。李滄東(イチャンドン)監督の＜박하사탕(パッカサタン)(邦題「ペパーミントキャンディー」)、1999＞では、1980年の光州民主抗争など政治・社会の大状況や時間が個人を翻弄したさまと人生のアイロニーが描かれた。キム・ジフン監督の＜화려한 휴가(ファリョハンヒュガ)(華麗なる休暇)、2007＞は、光州民主抗争を初めて正面から取りあげたとして話題になった。康祐碩(カンウソク)監督の＜실미도(シルミド)、2003＞では、1971年のシルミド事件で犠牲になった特殊部隊の兵士達の視点から国家権力の非情と人間の不条理が描かれた。

　このほかにも、80年代後半の労働運動と労働者の日常を描いた＜파업전야(パオブジョニャ)(罷業前夜)、張允炫(チャンユニョン)監督、1990＞、韓国労働運動の象徴的存在となった全泰壱を描いた＜아름다운 청년 전태일(アルムダウンチョンニョンチョンテイル)(美しい青年

チョン・テイル)、朴光洙監督、1995＞、70年代から90年代の激動
の韓国社会を背景に4人の友情と葛藤を描いた＜친구(友、邦題「友
へ、チング」)、郭暻澤監督、2001＞などがある。

　これらの映画は、現代韓国社会に特有な事象や人物を題材として
描き、その特殊性を強調する傾向がある。そして、その特殊性をよ
り深く突き詰めることによって、普遍的なものや人間の本質に迫ろ
うとしているようである。韓国現代史を描いた映画が注目されるの
はそのためではないだろうか。

「美しい時代」のポスター　　　　「JSA」のポスター

f) 1950年代の絶望と希望

　朝鮮戦争下での生産活動の停滞と通貨濫発により韓国経済は激しいインフ
レに陥っていた。韓国政府は1950年に経済安定政策を発表し、朝鮮銀行を韓
国銀行と改称して中央銀行としての機能を強化した。53年2月には通貨単位
を圓から圜に変更し、100圓を1圜とする貨幣改革を断行した。

　韓国の経済復興は援助に大きく依存し、1945年から1961年までの援助総額

は約31億ドルに達した。朝鮮戦争以前の援助は、ガリオア（GARIOA）、経済協力局（ECA）など、物資難を解消するためのものが中心だったが、朝鮮戦争後は、国際協力局（ICA）、国連韓国再建団（UNKRA）、公法480号（PL480）などの軍事関係援助が急増した。

　援助物資は国家と癒着した企業に特恵的に配分された。特に、原綿・小麦・原糖を加工する綿工業・製粉工業・精糖工業は「三白工業」と呼ばれ、これらの産業をもとに三星、三護、大韓などの特恵企業グループが形成された。だがそれらは消費財中心の輸入代替産業であり、全体的に1950年代の産業化は米国の援助に依存した形で進められた。

　農業部門では、農地改革により地主制は解体されて自作農体制が確立されたが、朝鮮戦争の被害、米国の余剰農産物の大量導入にともなう農産物価格の暴落などにより農家経済は萎縮した。その結果、多くの農民が都市へ流出することになり、農村は1960年代以降の産業化過程における低賃金労働力の供給源となった。

　1950年代は、進歩党事件に象徴されるように政敵はしばしば暴力によって弾圧され、政治・思想的な自由が抑圧されていた。戦争での北朝鮮との対峙、軍事・経済的な動員によって、この時に最も社会的な地位が高まった軍隊や急増した学校で反共イデオロギーや愛国心が強調され、韓国民という国民意識が確固なものとなった。

　その一方で、上から作り出される「民族」・「国民」に人々が不信を抱いていたことも事実である。ソウルや釜山などの都市には、知識人や新聞、雑誌が存在し、時として権威主義国家を批判した。国家に見捨てられた戦争被害者らは、一方では国家が作り出す国民意識を受け入れながらも、もう一方では自我を押し出して「伝統的」な家族・親族関係を頼りに生きていた。

　また1950年代は、米国の「自由民主主義」制度と価値観が本格的に流入した時期でもあった。学術研究や米国留学への支援がおこなわれるなど、米国の社会的・文化的影響は拡大する一方だった。

2）韓国 - 民主化への熱望

a）4月革命

 1960年初め、第4代大統領選挙の過程で不正選挙に対する抗議示威が起こった。示威は2月28日に大邱から始まり、3月15日の選挙当日には馬山(マサン)で最初の流血事態が発生した。この時に死亡した高校生・金周烈(キムジュヨル)の死体が4月になって発見され、馬山市民の怒りが爆発し第二次馬山抗争が起こった。これが4月革命の直接の引き金となった。

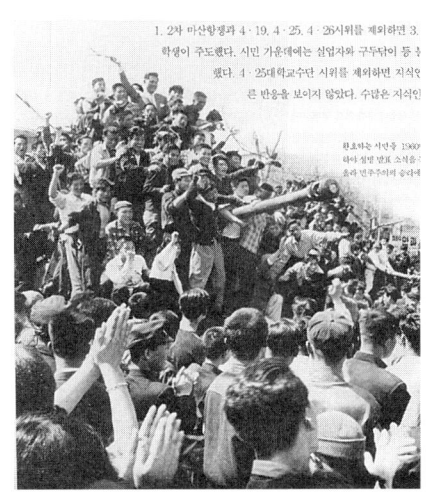

1960年4月26日、李承晩の下野発表の知らせを聞き、戒厳軍のタンクの上で歓喜する市民。（徐仲錫『写真と絵で見る韓国現代史』）

 その後、抗議行動は全国に波及し、4月19日にはソウルの学生・市民が起ち上がり大統領官邸・景武台(キョンムデ)を包囲した。政府は非常戒厳令を宣布して市民に発砲を開始し「血の火曜日」が始まった。連日、学生・市民による示威は続き、知識人・言論による李承晩下野の要求が行われ、米国や軍部も政府支持を撤回する方向へ動いた。そして26日、パゴダ公園（現在タップコル公園）にあった李承晩の銅像が倒され、その直後に李承晩大統領は市民代表と面談し退陣を表明した。国会では、李承晩の即時下野、正・副大統領選挙のやり直し、議員内閣制改憲などが決議された。翌27日、国会で大統領辞任書が受理され、12年間続いた李承晩政権は崩壊した。一連の過程で184人が死亡し、約6000人が負傷した。

 この4月革命は、主導した学生に加えて、知識人や一般市民、下層労働者、失業者も多数参加し、自由と民主主義の実現が志向された。

b）張勉政権の成立

 李承晩政権の崩壊後、外務部長官だった許政(ホジョン)（1896～1988年）が、反共政

策の推進、不正選挙・不正蓄財者の処罰範囲の限定、などを掲げて過渡政府を組織した。国会は6月に議員内閣制と二院制（民議院と参議院）を骨子とする憲法改正案を可決し、第2共和国が成立した。新憲法では大統領の権限が大幅に縮小され、国務総理が国家の実質的な指導者として政務を担当するとされた。

7月には第5回民議院選挙と参議院選挙が実施され、両院とも民主党が圧勝し過半数の議席を獲得した。新しい国会では大統領に民主党旧派の尹潽善（ユンボソン）(1897～1990年)、国務総理に新派の張勉が選出され、張勉は8月に新派中心の内閣を組織した。

張勉政権の政策決定は国務院の合議制によってなされ、国会では活発な議論が行われた。地方自治体選挙が実施され、言論・集会の自由が保障され、革新勢力、学生、労働組合などが活動して民主化が進められた。経済面では張勉政権は「経済第一主義」を掲げ、社会間接資本の整備を重視し、中小企業の育成に力を入れた。1961年4月には「経済開発5ヵ年計画」も策定した。

またこの時期、社会大衆党などの革新勢力や大学生、知識人は、統一問題に関する議論を展開した。1961年5月には民族統一学生連盟が南北学生会談の開催を予定していた。

反面、李承晩政権下で抑えこまれていた不満や、表面化することのなかった不正疑惑が噴出し、社会は混乱した。国会は憲法改正に続いて反民主行為者公民権制限法案を可決し、特別裁判所と特別検察部を設置して李承晩政権での不正行為を処罰しようとしたが、不十分に終わった。

民主化と社会的混乱の中で、張勉政権に対して最も強く不満をつのらせていたのが、軍部、特に改革を掲げる若手将校たちだった。

c) 5・16軍事クーデターと朴正熙政権の成立

1961年5月16日、朴正熙（パクチョンヒ）(1917～79年)少将らは軍事クーデターを起こした（5・16軍事クーデター）。全国に非常戒厳令を宣布し、軍事革命委員会が実権を掌握した。張勉政権は崩壊し、米国は三日後にクーデターを支持した。

軍事革命委員会は国家再建最高会議に改称され、7月には張都暎(チャンドヨン)(1923～)に代わって朴正熙が議長に就任した。権力を掌握した朴正熙は、尹潽善大統領が辞任した後に大統領権限をも代行した。

最高会議の発足後は、すべての政党・社会団体が解散させられ、メディアへの統制も強化された。国家再建非常措置法が制定され、最高会議が立法権、行政権、司法権を握った。同年6月には、最高会議の直属機関として韓国中央情報部（KCIA）が新設され、初代部長に金鍾泌(キムジョンピル)（1926～）が就任した。中央情報部は諜報活動や政治工作を行って反政府活動を弾圧した。

クーデター成功直後、ソウル市庁前広場で陸軍士官学校生徒たちのクーデター支持デモを見守っている朴正熙少将。（徐仲錫『写真と絵で見る韓国現代史』）

朴正熙軍事政権は、1961年7月に革命裁判所と革命検察部を設置して李承晩政権での不正行為を裁き、また反共法としての国家保安法を強化して革新政党や学生団体、労働組合などの関係者を検挙した。

経済面では、1961年7月に経済企画院を新設して「5ヵ年総合経済計画案」を策定した。62年6月には通貨回収と資金の市場への還流を目的とした貨幣改革（圜貨を10対1の比率でウォン貨に交換）を行ったが、成果は上がらなかった。経済開発戦略として、当初「内包的工業化」を内容とする「自立経済建設」を掲げたが、それが挫折すると、日米の冷戦認識に妥協し国際分業体制に適応して経済発展をめざす「輸出指向型工業化戦略」に転換した。

こうした力による改革を断行していく一方で、朴正熙最高会議議長は1961年8月に民政移管に関する声明を発表し、翌62年12月には大統領への権力集中、一院制などを骨子とする新憲法を公布した。これにより63年1月から政党活動が解禁となり、クーデターに参加した軍人たちは民主共和党を結成して朴正熙を大統領候補に選出し、民政移行を図った。野党側は民政党を結成

し、尹潽善を大統領候補に選んで対抗した。結局、10月の第5代大統領選挙で朴正熙が僅差で当選し、11月の第6回国会議員選挙では民主共和党が圧勝した。こうして12月には新憲法が発効し、朴正熙が大統領に就任して第三共和国が始まった。

d) 日韓国交正常化

1952年2月に始まった日韓国交正常化交渉は、植民地支配に対する歴史認識の問題、漁業問題などをめぐって対立して難航したが、朴正熙政権下で妥結することになった。

朴正熙政権が成立すると、東北アジアの地域統合を望む米国、輸出市場の確保を狙う日本、「輸出指向型工業化戦略」を進める韓国の利害が一致し、日韓交渉妥結の環境が整えられた。1962年11月の金鍾泌中央情報部長と大平正芳外相の会談（大平・金合意）で、日本有価証券、日本系通貨、戦時下朝鮮

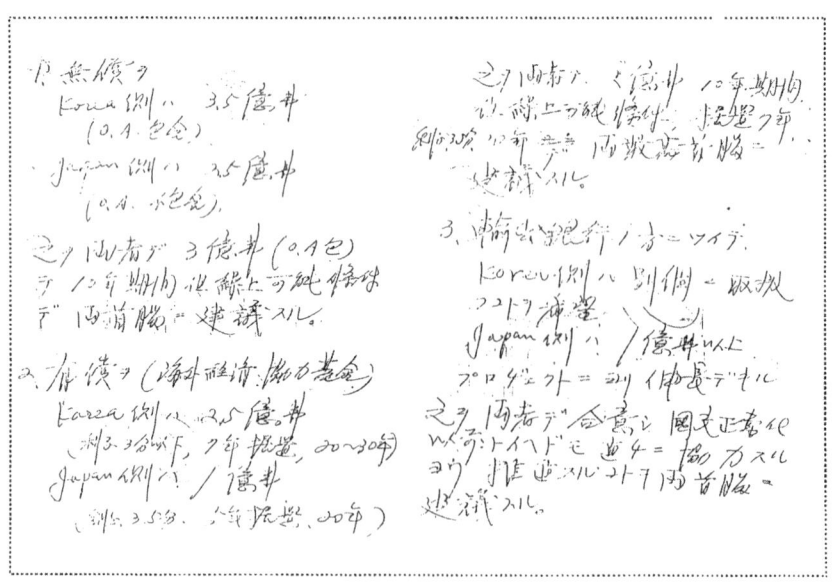

1992年6月22日付けの『東亜日報』で初めて公開された「大平・金合意」

1965年6月22日、日本の首相官邸で日韓条約調印式が行われた。（徐仲錫『写真と絵で見る韓国現代史』）

人未払い賃金などの財産請求権問題が経済協力によって処理されることになり、交渉は急進展した。

　朴正熙政権の対日政策に対して韓国の学生、知識人、野党、言論は、1964年と65年に大規模な反対運動を展開した。反対運動は、朴正熙政権が進める日韓交渉が植民地支配を清算するものではないという点、日韓経済協力によって韓国経済が日本経済に従属する危険性がある点を指摘した。しかし朴正熙政権は非常戒厳令を発してそれを暴力で抑えこみ、交渉を妥結に持ち込んだ。

　1965年6月、日韓条約（基本条約・財産請求権経済協力協定・漁業協定・在日韓国人法的地位協定・文化財協定）が締結され、12月に日本との国交が正常化された。ところが基本条約では、「韓国併合条約」以前の諸条約が無効であることが確認されただけで、当初から無効であったとする韓国と、大韓民国樹立後に無効となったとする日本側の解釈の違いは放置された。

　財産請求権経済協力協定では、無償供与3億ドル、政府借款2億ドル、民間商業借款3億ドル以上の提供が約束され、財産請求権問題が「完全かつ最終的に解決されたこととなること」が確認された。

　ところが日韓条約には植民地支配・戦争の真相究明や謝罪、補償については明記されず、強制動員被害者・日本軍「慰安婦」・韓国人BC級戦犯・在韓被爆者・在日韓国人軍人軍属などの「過去の清算」問題は未解決のままとなった。

Column

「미안해요(ごめんなさい)! ベトナム」

　かつて韓国で、韓国軍のベトナム戦争参戦を初めて本格的に取り上げた書として注目されたのは、李泳禧の『ベトナム戦争』(トゥレ、1985年)だった。黄晢暎の小説『武器の影』(創作と批評社、89年、邦訳：高崎宗司ほか『武器の影』上下、岩波書店、89年)、映画＜白い戦争＞(92年製作、邦題「ホワイト・バッジ」)でもベトナム戦争参戦問題が描かれて話題となったが、ベトナムの人々の被害の実態が究明され、謝罪と補償がなされたわけではなかった。

　こうした状況に変化が起こったのは1999年9月、雑誌『ハンギョレ21』が、韓国軍がベトナム民衆を虐殺した事実を詳細に伝えてからだった。その報道は韓国社会に大きな波紋を起こし、翌2000年1月から「ベトナム民間人虐殺真実究明委員会」、「ベトナム平和医療連帯」、「ベトナムを考える若い作家たちの集まり」などが、被害者支援募金運動、謝罪のための街頭キャンペーン、韓国政府に対する真実究明とベトナムの人々への謝罪を求める運動を始め、市民に訴えたのである。

　やがてそうした報道と運動が韓国政府を動かした。2001年8月、金大中大統領がベトナムのチャン・ドク・ルオン大統領に「韓国のベトナム戦争参戦に関連して、不幸な戦争に参加し、本意ではなかったが、ベトナムの人々に苦痛を与えたことを申し訳なく思う」と述べ、謝罪がなされた。

　「ベトナム民間人虐殺真実糾明委員会」はこれまで、真相究明と謝罪の要求、国内犠牲者(枯葉剤など)の人権回復、国民的謝罪運動と現地での平和歴史館建設、ベトナム戦争真相究明作業、犠牲者救援募金運動、ベトナムとの文化交流などを進めてきた。今後も、真相究明作業とともに、世界の平和運動団体との交流・連帯を進めて

いくという。

2000年7月にソウルで開催された平和文化祭「サイゴン、その日の歌」を記録したCDの解説には次のように記されている。

「ベトナム戦争当時、韓国軍がベトナム民衆を虐殺した事実が韓国で初めて公に論じられるようになったのは1999年だった。その時から韓国の多くの市民が歴史の真実に向かい合い、ベトナムへの謝罪をしなければならないと考え始めた。／…私たちは、許しをこう気持ちで、このCDを恐ろしい苦痛を受けたベトナムの人々にささげる。／ごめんなさい、ベトナム！」（CD「미안해요（ごめんなさい）、ベトナム」歌詞カードの解説より）

e）ベトナム派兵と特需

韓国軍のベトナム派兵が政治経済的な観点から韓国に利益をもたらすと考えたのは、1954年の李承晩政権だった。61年にも朴正煕軍事政権が米国ケネディ政権に派兵を提案したが、いずれも実現しなかった。ところが64年、今度はベトナム戦争に直接介入したジョンソン政権が派兵を要請し、朴正煕政権がそれを受け入れた。

64年9月、朴正煕政権は1個中隊移動外科病院（医療施設）将兵130人とテコンドー教官団10人をベトナムに派遣した。翌10月に南ベトナム政府との間に韓国軍のベトナム派遣に関する協定に調印し、65年2月には工兵隊「鳩」部隊2000人を派兵した。続

1965年9月25日、ベトナムに到着した韓国軍人に花輪をかけているベトナム女性。（『高等学校 近・現代史』）

いて5月に戦闘部隊の派兵を決定し、8月の国会でのベトナム派兵同意案の与党単独採決を経て、9月から海兵隊「青竜」部隊、陸軍「猛虎」部隊など戦闘部隊の派兵を開始した。

結局、朴正熙政権は、1973年1月までに米国に次ぐ延べ31万人以上の兵力をベトナムに派遣した。米国は派兵の見返りとして、対韓軍事・経済援助の増額、軍需品の一部調達などを約束した。その結果、韓国は、兵士・技術者・労働者の本国への送金、軍事物資の調達など派兵に伴う特需により高度経済成長の基盤を築くことができた。

しかし、帰還韓国兵の中には枯葉剤の後遺症や精神障害に悩まされるものも少なくなかった。何よりも、多くのベトナムの人々が犠牲となり、その後のベトナムとの関係に傷跡を残すことになった。

f) 反共体制の強化

1967年5月に第6代大統領選挙が行われ、朴正熙が尹潽善に勝利して再選された。翌6月には第7回国会議員選挙が行われ、与党民主共和党が圧勝して改憲に必要な議席数を獲得した。学生らは選挙が不正に行われたとしてそれに抗議する示威を開始し、野党新民党も国会審議を拒否した。こうした中で中央情報部は7月、音楽家・尹伊桑（ユンイサン）（1917～95年）や画家・李応魯（イウンノ）（1904～89年）を含むドイツ留学生スパイ事件を発表した（東ベルリン間諜団事件）。

翌1968年は、朝鮮戦争以降、南北関係が最も緊張した年だった。1月、北朝鮮の朝鮮人民軍特殊部隊31名が休戦ラインを越えて青瓦台（韓国大統領官邸）付近まで侵入した（青瓦台襲撃事件）。その2日後には、米海軍情報収集艦プエブロ号が、北朝鮮の哨戒艇に拿捕されるという事件が起こった（プエブロ号事件）。こうした事態をうけて朴正熙政権は、郷土予備軍の設置、住民登録証の発行、学校での軍事教練の実施などにより反共体制をいっそう強化した。

その後、朴正熙政権は3選改憲に向けて準備を進めた。1969年には改憲に

反対する示威が全国で行われたが、9月の国会で改憲案が可決され、10月の国民投票でそれが確定した。

3）北朝鮮 – 戦後復興から独特な社会体制へ
a）金日成への権力集中
　1949年6月に北朝鮮労働党は、大韓民国樹立により活動が困難になった南朝鮮労働党を実質的に吸収して朝鮮労働党となった。朝鮮労働党は、金日成らの満洲派、朴憲永らの国内系、金枓奉らの延安系、許ガイ（1908～53年）らのソ連系などのグループからなっていた。

　翌年6月に朝鮮戦争が始まると、金日成は軍事委員会委員長に就任して戦時下の権力を握り、植民地期に独立同盟朝鮮義勇軍総司令官を務めた経歴を持つ延安系の武亭（ムジョン）（1905～51年）、ソ連系の代表的人物で党の組織担当者だった許ガイを解任した。1953年3月には、国内共産主義運動の最高指導者だった朴憲永副首相らを米国のスパイだったとして逮捕し、粛清した。朝鮮戦争は金日成への政治権力の集中を強めたのである。

　ところが、朝鮮戦争後の国際社会で冷戦が緩和され、ソ連でスターリン批判が起こると、北朝鮮もその影響を受けることになった。1950年代半ばは、戦後復興建設問題、社会主義化問題、個人崇拝批判などをめぐって議論が展開され、相対的に多様な政治的選択が存在する時代となった。

b）戦後復興
　1953年8月に党中央委員会第6次全員会議が開かれた。そこで経済復旧発展3ヵ年計画の基本方針が決定され、金日成の報告に基づいて重工業重視路線が打ち出された。さらに金日成ら主流派は、農業集団化をも推進する方向に動いた。

　しかし、スターリン死後のソ連で軽工業・農業・重工業の均衡発展論が唱えられたことで、主流派の重工業優先論も修正をせまられることになった。1954年3月の中央委員会全員会議では経済閣僚が一新された。国家計画委員

会委員長・朴昌玉(パクチャンオク)（生没年不詳）と軽工業相・朴義琓(パクウィワン)（生没年不詳）はソ連系、財政相・崔昌益(チェチャンイク)（1896～1957?）と商業相・尹公欽(ユンゴンフム)（生没年不詳）は延安系で、いずれも軽工業優先派だった。4月に経済復旧発展3ヵ年計画（1954～56年）が発表された時には、軽工業優先論が優勢となっていた。

　ところが1954年後半、重工業優先・急進的農業集団化を主張する主流派が巻き返し、崔昌益財政相と朴義琓軽工業相が解任された。さらに金日成が55年4月の中央委員会全員会議で社会主義革命と農業集団化の本格的な推進を宣言したことにより、戦後復興建設の基本方針をめぐる論争は終息に向かい、結局、戦後復興の基本方針として重工業優先・急進的農業集団化路線が採択された。そして、この路線にもとづく人民経済発展第1次5ヵ年計画（1957～61年）が開始され、本格的な社会主義経済の建設が始まったのである。

c）政治闘争

　1950年代後半は朝鮮労働党内で最も激しい権力闘争が行われた時期だった。56年2月のソ連共産党第20回大会でのスターリン批判をきっかけに、北朝鮮でも延安系とソ連系の人々が、金日成と満州派への権力集中を個人崇拝だと批判し始めた。

　4月に開かれた朝鮮労働党第3回大会は、その最初の対抗の舞台となった。金日成が朴憲永粛清の意義を説明したのに対して、延安系の金枓奉は「指導の集団性」が原則であることを強調し、ソ連系の朴義琓は金日成個人崇拝を暗に批判した。金日成がソ連・東欧を外遊した6月には、個人崇拝を批判し彼の更迭をめざす、延安系の崔昌益・尹公欽、ソ連系の金承化(キムスンファ)（生没年不詳）、国内系の李弼珪(イビルギュ)（1909～?）らのグループも結成された。

　そして、8月の党中央全員委員会全員会議の攻防、いわゆる「8月宗派事件」において、政治闘争は頂点に達した。議題は金日成のソ連・東欧旅行報告だったが、尹公欽、崔昌益、李弼奎、徐輝(ソフィ)（1916～93年）、朴昌玉らが金日成個人崇拝批判を展開した。しかし、彼らはまったく孤立し、批判は挫折してしまった。

この間に、個人崇拝批判だけでなく、北朝鮮の国家建設のための現状分析と方向性をめぐる議論も行われた。党内民主主義、社会主義革命への過渡期、平和共存と平和統一、朝鮮共産主義運動史および朝鮮労働党史に関する歴史解釈などの諸問題についての討論がなされた。北朝鮮社会の将来についての様々な可能性が模索できる、相対的に開かれた空間が存在していた。

　しかしながら最終的には、金日成ら主流派が延安系とソ連系を粛清し、満州派と甲山系が党の権力を掌握していく結果となった。様々な可能性は押しつぶされ、進む道はしだいに狭められていった。

d）国家社会主義体制の成立

　1958年から61年にかけて、金道満・黄長燁・朴容国らソ連留学帰りの新エリートたちの手によって、残ったソ連系と延安系に対する粛清が行われ、金日成・満州派への権力集中がいっそう進められた。

　経済面では、1957年から人民経済発展第1次5ヵ年計画が実施に移され、土地、設備など生産手段の国有化、共同化が進められた。工業部門では、すでに46年に国有化されていた大企業や鉱山、銀行、運輸、通信などの社会間接資本に加えて、58年には中小企業の共同化の完了が発表された。農業部門では、土地を共有化し協同組合を設立するなどの農業共同化作業が朝鮮戦争後に進められ、58年8月には共同化の完了が発表された。協同組合は64年に共同農場と改称され、その後の北朝鮮農業の基礎的組織となった。また56年12月には、生産と労働を奨励し、急速に社会主義建設を推し進めるために「千里馬運動」が開始された。

　こうして第1次5ヵ年計画は、予定より早く1960年には完了した。そして60年代初め頃、農業における「青山里方式」や工業における「大安体系」など朝鮮労働党の指導による生産管理体制が確立された。

　1961年9月、朝鮮労働党第4回大会が開かれた。この大会は、中央委員の顔ぶれに大きな変化が見られた。中央委員の延安系は第3回大会の19人から3人に、ソ連系も10人から1人に減り、これに対して満州派は8人が30人に

激増し、甲山系も3人から6人に増えた。党と政府を支えてきた延安系とソ連系がほぼ完全に追放され、軍人集団としての性格が強い満州派と甲山系が、党、政府、軍を統一的に運営する独占体制ができあがった。他の社会主義国にもみられる主流派による一元的政治支配が確立され、国家社会主義の体制が姿を現した。

e) 独特な社会体制へ

1960年代初めの北朝鮮をとりまく国際情勢は、米ソ緊張緩和が進み、社会主義国どうしのソ連と中国の対立が表面化するという複雑な様相をみせた。こうした中で北朝鮮は、中ソそれぞれと友好協力相互援助条約を締結した。しかし、62年頃から親中国路線を強めてソ連と対立し、66年頃には逆に文化大革命を起こした中国と対立してソ連に接近した。競争相手の韓国では、朴正熙政権が米国の支援の下で日本との国交正常化を果たし、ベトナムに派兵し、破竹の勢いで経済開発を推進していた。

経済面では、北朝鮮経済の急速な社会主義化が進められ、1961年に人民経済発展第1次7ヵ年計画が実施された。ところが、農業不振、資源不足、外資欠如、軍事費急増などにより、目標だった本格的工業化を軌道に乗せることは難しくなり、66年には計画の3年間の延長が決定された。

新たな国際的緊張と経済的困難の中で、1960年代後半には国家社会主義体制の上にさらに独特な二次的社会構造が作られた。この独特な社会体制は「首領制」、「唯一体制」、「社会主義的コーポラティズム」、「遊撃隊国家」などと呼ばれている。

1967年5月に開かれた朝鮮労働党中央委員会第4期第15次全員会議で、「唯一思想体系」の樹立が提案され、朴金喆、李孝淳(パククムチョル)(イヒョスン)(1907～?)、金道満、朴容国ら甲山系とソ連留学帰りのエリートの一部が批判され、粛清された。この会議で「唯一思想体系」が提案されたことが、独特な社会体制の成立の契機となったとされている。

その後、首領が絶対的に強調され始め、全国民に抗日遊撃隊員に見習うこ

とが呼びかけられるようになった。この過程で、民族が自主的であるためには、優れた指導者、首領が必要だとするテーゼを骨子とする「主体思想」が提起された。金日成を唯一の指導者とする一元的指導体制を確立する方向へ向かって動き出したのである。北朝鮮特殊部隊がソウルの大統領官邸を襲撃し、北朝鮮海軍が米国海軍のプエブロ号を拿捕する事件を起こしたのは、ちょうどこの時期だった。

3…民主化、混迷、和解

1）韓国 - 民主化への道

a)「維新体制」の成立

1971年4月、第7代大統領選挙が行われ、現職の朴正煕が3選を果たした。しかし、強権政治批判、内需優先の経済論、南北和解を掲げた野党新民党候補の金大中（1925～）も朴正煕に肉薄する票を得た。5月の第8回国会議員選挙でも野党の新民党が議席を倍増させ、朴正煕の長期執権に対する不満が高まっていた。

労働現場では1970年11月、ソウルの平和市場で青年労働者・全泰壱（1948～70年）が「勤労基準法の遵守」を叫び抗議の焼身自殺をするという事件が起こった（全泰壱焼身自殺事件）。全泰壱の抗議は、朴正煕政権が進める輸出指向型の産業化政策の陰で労働者が犠牲を強いられていたこと、劣悪な労働条件の改善を労働者が求めていたことを象徴的に示す出来事だった。

民主化を熱望する人々の間で朴正煕政権に対する批判が高まると、朴政権は1971年12月に「国家保衛に関する特別措置法」を公布し、それを抑えこもうとした。翌72年10月には非常戒厳令を布告し、国会の解散、政党・政治活動の禁止、大学の閉鎖を断行し（「維新クーデター」）、11月には、大統領の直接選挙制を廃止し、統一主体国民会議による間接選挙をおこなう「維新憲法」を制定した。こうして12月、統一主体国民会議で朴正煕が第8代大

統領に選ばれ、永久執権への道を開く「維新体制」が成立した。

その一方で朴政権は、1970年の「8・15宣言」で南北対話の用意があることを表明し、72年に入るとそれを具体化させた。5月、李厚洛(イ フラク)(1924〜)韓国中央情報部部長と朴成哲(パクソンチョル)(1913〜)北朝鮮第二副首相が秘密裏に相互訪問し、両首脳と会談した。これを受けて南北政府は7月4日、ソウルと平壌で、自主的解決・平和的実現・民族的大団結の統一3原則を盛り込んだ南北共同声明を発表し(7・4南北共同声明)、分断後初めて平和統一の実現に合意した。しかしその後、南北関係は冷却し、平和統一論議は困難になった。

b) 民主化運動の胎動

強権的な維新体制に対して、1973年から「維新」反対運動が始まった。8月には朴正熙の政敵である元大統領候補・金大中が韓国中央情報部によって東京で拉致される事件が起こり(金大中拉致事件)、その真相糾明を求める運動がひろがった。それとともに全泰壱焼身自殺事件などをきっかけに労働者・農民運動、維新憲法撤廃を求める学生・知識人・宗教家の運動が勢いづいた。

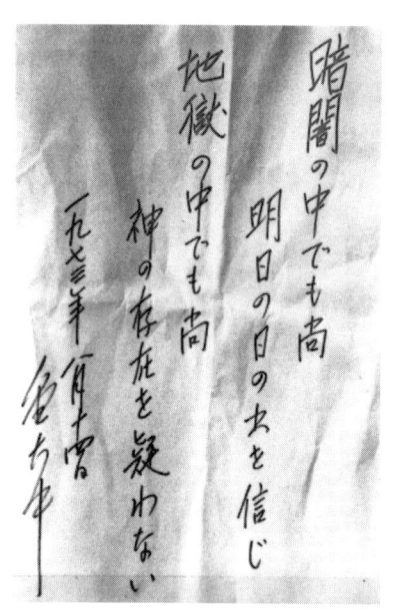

金大中氏のメモ(毎日新聞社提供)

これに対して朴政権は、超法規的な治安令である緊急措置令を公布して反政府運動を弾圧した。緊急措置令第1・2号で憲法改正論議が禁止され、第4号で「全国民主青年学生総連盟(民青学連)」への関与が禁止された。特に第4号が発令された1974年4月政府は、人民革命党・朝鮮総連・日本共産党など共産主義勢力の指導の下に結成された民青学連が政府転覆・労農政権

樹立を企図したと発表し、250余人を逮捕した（民青学連事件）。8月には「光復節」記念式典で朴大統領が狙撃され、陸英修（ユクヨンス）（1925〜74年）夫人が死亡する事件が起こった。韓国治安当局は、狙撃犯の文世光（ムンセグァン）（1951〜74年）が朝鮮総連の指令を受けていたと発表し、反日・反総連示威を組織し、日本政府に総連の活動取締りを求めた（文世光事件）。

　こうした弾圧と混乱の中、1974年12月に野党・宗教界・学界・言論界・法曹界など在野の代表が集まり民主回復国民会議を結成した。76年3月には尹潽善・金大中・咸錫憲（ハムソクホン）（1901〜89年）・文益煥（ムンイクァン）（1918〜94年）らが維新体制に抗議して民主救国宣言を発表した。

　文化面では、1950〜60年代に体制に批判的だった雑誌『思想界』が朴正熙政権の弾圧で廃刊となったが、『創作と批評』（1966〜）・『文学と知性』（1970〜80年）などの雑誌が新しく登場し、反体制知識人の表現の場を提供した。金芝河（キムジハ）（1941〜）の長詩「五賊」・「蜚語」が読まれ、金敏基（キムミンギ）（1951〜）の「朝露」が歌われるなど、民主化をめざす文学・歌・演劇運動も始まった。また、東京に亡命していた池明観（チミョングァン）（1924〜）は、日本の月刊誌『世界』にT・K生というペンネームで「韓国からの通信」（1973.5-88.3）を書き、民主化運動の実情を地下通信という形で海外に伝えた。

　1970年代の民主化運動は、当初、学生・在野勢力が中心だったが、70年代末には労働者も積極的に参加するようになる。

c）朴大統領暗殺

　1978年12月、第10回国会議員選挙が行われ、野党新民党が与党民主共和党を得票率では上回ったが、変則的な維新憲法により議席数は与党が多数を占めた。同月、すでに維新憲法の規定に基づき再選されていた朴正熙が第9代大統領に就任した。

　1979年8月、かつら輸出会社YH貿易の女性労働者が生存権を求めて新民党本部に籠城し、機動隊と衝突して一人の女性労働者が死亡するという事件が起こった（YH貿易事件）。第二次石油ショックによる不況下で労働争議が

頻発し、YH貿易事件をきっかけに民主化運動は結束し、政権退陣要求運動にまで発展した。特に10月には、釜山と馬山で学生・市民らが、「維新体制」撤廃・独裁打倒のスローガンを掲げて激しい示威を行った（釜山・馬山闘争）。

朴政権への批判が激化する中で、1979年10月26日、中央情報部長の金載圭（キムジェギュ）（1926〜80年）が朴正熙と車智澈（チ ジチョル）（1934〜79年）大統領警護室長を射殺する事件が起こった（朴正熙大統領暗殺事件）。事件後、金載圭は逮捕され、崔圭夏（チェギュハ）（1919〜）首相が大統領代行となり、済州島を除く全土に非常戒厳令が布告された。

d）「漢江の奇跡」

朴正熙政権は1960年代から70年代にかけて、輸出指向型工業化に重点をおく国家主導の経済成長政策を推進した。その間、62年の第1次経済開発5ヵ年計画を皮切りに4度の計画が実施され、年平均9.3％というかつてない高い成長率を記録した。特に72年から始まった第3次経済開発5ヵ年計画では、機械・電子・鉄鋼・石油化学・造船などの重化学工業部門の発展が重視され、現代（ヒョンデ）・三星（サムソン）・金星（クムソン）（現ＬＧ）などの財閥が輸出拡大と重化学工業化の担い手として台頭した。京釜（キョンブ）高速道路（70年開通）、浦項（ポハン）総合製鉄所（73年開所）、現代自動車の国産車ポニー（75年生産開始）などは、高度経済成長の象徴となった。こうして韓国は、「漢江の奇跡」と呼ばれる高度経済成長を達成し、新興工業国（NICs）の一員として世界から注目されるようになった。

しかし、高度経済成長には深刻な副作用がともなった。財閥中心の経済構造の強化、財閥と政治家癒着による腐敗、工業と農業の不均衡発展、都市と農村の格差拡大、地域発展の偏り、下層労働者・都市貧困層の形成、環境破壊、公害などの問題が生じたのである。急激な産業化にともなう不均衡と不平等、社会矛盾は、後の大規模な労働・社会運動の背景となった。

朴正熙政権は1970年代の初め、農村の近代化をはかるためにセマウル（新しい村）運動を全国で展開した。セマウル運動は、「勤勉・自助・協同」のスローガンのもとで、農民の所得増大、生活態度の刷新、農村の環境改善が

めざされ、都市や工場にも拡大された。この運動によって農村に活力がもたらされたが、農業基盤の弱化や農民の離農は食い止められなかった。また、農民を維新体制に動員するイデオロギーとして機能したという面も見落とすことができない。

e)「ソウルの春」と光州民主抗争

　朴正熙の暗殺後、1979年12月に崔圭夏大統領代行が大統領に選ばれると、緊急措置令第9号が解除され、尹潽善・金大中・金泳三（キム ヨン サム）（1927～）らの公民権が回復されるなど政治的宥和期が訪れた。このとき、学生デモ・労働争議が全国に拡大する様相をみせ、維新体制下で抑えられていた民主化要求の声が一気に高まった。5月には戒厳令解除を求めるデモが起こり、全国約10万人の学生が参加した（「ソウルの春」）。

　一方、1979年12月には全斗煥（チョンドゥファン）（1931～）保安司令官ら新軍部が軍の実権を掌握した（12・12事件）。新軍部は80年5月に非常戒厳令を全国に拡大して「ソウルの春」を押さえ込み、金大中・文益煥・金鍾泌らを連行した（5・17クーデター）。さらに、金大中の地盤で民主化運動の拠点だった全羅南道光州（クァンジュ）に、駐韓米軍の許可を得て戒厳軍を投入し、デモを武力で弾圧した。学生・市民は、戒厳軍の暴挙に抗議して起ち上がり、光州市を「解放区」として一時的に自治を行ったが、ほどなく戒厳軍の一斉攻撃によって鎮圧された（5.18-27、光州民主抗争）。しかしこの光州での武力鎮圧は、後に国内外で大きな批判を呼び起こすことになる。

ホン・ソンダム「大同世界」（京大朝鮮語自主講座編訳『韓国の民族・民衆美術』ウリ文化研究所、1986年）

12・12事件と5・17クーデターで権力を握った全斗煥は、1981年3月に第12代大統領に就任し、大統領間接選挙制などを骨子とする憲法改訂を行い、第5共和国を発足させた。全斗煥政権は、国家安全企画部（1981年1月、中央情報部を改編）や保安司令部を通じて民主化運動や労働運動を弾圧するなど強権的な統治を行った。対外的には、米国のレーガン政権と日本の中曽根政権との結びつきを強め、特に日本との間には「日韓新時代」の幕開けを宣言した。

　経済面では、国際経済の三低現象（低油価、低金利、低レート）にも助けられて70年代に引き続き高度成長を遂げ、東アジア新興工業地域（NIEs）として再び注目された。

　日本では、1980年春に金大中氏が内乱陰謀等事件で軍法会議にかけられ死刑が宣告されようとしたことに対して「金大中氏を殺すな」の声があがり、日韓連帯救援運動が全国にひろがった。また1982年には、韓国と中国で日本の歴史教科書記述を批判する声があがり、過去の植民地支配・侵略に対する日本の歴史認識が問われた。

f) 民主化運動の再生

　1983年末から翌年にかけて全斗煥政権が、学園自律化、除籍学生の復学、政治活動規制の解禁などの宥和措置を発表したことにより、民主化運動は活発化した。総学生会などの学生自治組織が復活し、84年11月には全国学生総連盟（翌年4月、全国学生総連合）が結成された。東一紡績・清渓被服など労組の活動も再開され、85年6月、ソウル九老工業団地労働者の同盟ストライキが闘われ、86年5月には学生・労働者が仁川市内を占拠するという事件も起こった。教育・文化・言論の分野でも、83年12月に解職教授協議会、84年4月に民衆文化運動協議会、6月に解職言論人協議会、12月には自由実践文人協議会などが結成され、民主化運動の組織化が進んだ。

　1980年代の民主化運動は、光州民主抗争を経て70年代の運動とは異なる様相をみせていた。一つには、光州民主抗争への弾圧を米国が容認したとして

米国批判を強めたことである。米国が韓国の独裁政権を支え続け民主化・民族統一を阻んできたとの認識は、北朝鮮の「南朝鮮革命論」とも結びつき、反米自主化、民族統一というスローガンに集約された。こうした考え方は、特に学生運動において「民族解放民衆民主主義論」として定式化され、その勢力はNL派（＝主思(チュサ)派）と呼ばれた。

　もう一つは、民主化運動が急進的な階級闘争による変革を求めたことである。下層労働者や都市貧困層との連帯を模索しただけでなく、学生が「偽装労働者」として労働現場に入り労働運動を指導し組織化することもあった。労働者階級を重視するこうした古典的な変革論は「民衆民主主義論」として概念化され、その勢力はPD派と呼ばれた。

　再生した民主化運動は、そのような二つの考え方をめぐる論争、対立をものみこみながら、1987年6月へ向けて進んでいった。

2) 韓国 – 民主化の進展

a) 6月民主抗争

　1987年に入ると、民主化と大統領直接選挙への憲法改正を求める声がいっそう強まった。しかし全斗煥政権は、「4・15護憲措置」を発表し、改憲を受け入れないことを明らかにした。さらに、ソウル大生・朴鍾哲(パクチョンチョル)を拷問して死なせる事件が起こった。この事件をきっかけに、5月から6月にかけて拡大した民主化要求デモには、学生・政治家・知識人・会社員・主婦・露天商など多様な階層の人々

1987年7月9日、ソウル市庁前広場で行われた故李韓烈の追悼式に集まった群集（民主化運動記念事業会）

が参加するようになった。

　5月には民主憲法争取国民運動本部が結成され、これが抗争を主導するようになった。6月9日、延世大生・李韓烈(イ ハンニョル)が催涙弾で瀕死の重傷を負う事件が起こり、10日から26日まで連日のように大規模なデモが続いた。26日の民主憲法争取国民平和大行進では、全国各地で100万人以上の人が「独裁打倒」「大統領直接選挙制改憲」のスローガンを叫んでデモ行進した。

　こうした中で6月29日、与党民主正義党の代表であり全斗煥の後継者に指名された盧泰愚(ノ テウ)（1932～）が、与野合意による大統領直接選挙制改憲、人権侵害の是正、金大中ら政治犯の赦免・復権、地方自治の実施、大学自律化と教育自治の実施など8項目にわたる「6・29民主化宣言」を発表した。この宣言は民主化運動に大幅に譲歩したもので、全斗煥政権はそれを受け入れざるを得なかった。

　6月民主抗争が流血の事態とならなかったのは、政権に影響力のあった米国が今度は武力使用を認めなかったからだけでなく、全斗煥政権が再び武力で押さえることは不可能だと判断したからだった。87年6月の非暴力の民主抗争は、80年5月の光州民主抗争を経たからこそ可能だったといえる。

　6月民主抗争は、市民が独裁政権・維新体制を終息させ、政治的民主主義を勝ち取った民主化運動の一つの到達点である。その後の韓国民主化運動は、社会経済的民主主義の実現を求める第二の局面へと進んでいくことになる。

b）高揚する労働運動と統一運動

　6月民主抗争後の7月から9月にかけて、大宇(テウ)造船所や現代重工業など大企業の労働者を中心に大規模な争議が起こった。労働者は、賃上げや諸手当の引上げなどの生存権の保障、労働条件の改善、民主労組の結成などを要求した。高度経済成長下で犠牲を強いられてきた労働者の不満が民主化と好景気を背景に一気に噴出したのが、この年の大争議だった。労働争議は1988、89年にも頻発し、長期化することになる。

　1990年1月、従来の労使協調路線を批判するブルーカラー主体の労働組合

移住労働者

　近年、韓国でも、外国人労働者のかわりに移住労働者という呼称が使われつつある。国家・国籍・民族を強調するのではなく、同じ住人、人間として労働者の権利を擁護すべきだという考え方から、「外国人」ではなく「移住」という言葉が使われるようになった。

　韓国の移住労働者は、高度経済成長と経済の世界化を背景に1990年代から急増し始めた。87年には約6000人だったが、97年には約14万5000人、2002年には約40万9000人となり、今や移住労働者は韓国経済にとって不可欠な存在となっている。

　しかしその一方で、移住労働者は日本と同様に3D（危険・汚い・きつい）産業で就労する場合が多く、「不法」就労の増加、賃金未払い、労働災害、劣悪な労働条件（低賃金・長時間労働）、人権侵害（強制労働、拘禁、暴力、セクハラ…）などの問題が生じている。

　1991年10月、盧泰愚政権は「外国人産業技術研修査証発給などに関する業務指針」を出して産業研修生制度を認め「不法」就労の増加を防ごうとしたが、成果はあがらなかった。03年7月には、盧武鉉政権が「外国人勤労者の雇用等に関する法律」を制定し、制限付だが移住労働者の雇用を認め権益もある程度保障したが、根本的な問題解決にはいたっていない。民間では95年に「外国人労働者対策協議会」が設立されるなど、非政府組織（NGO）を中心に移住労働者を支援する動きがひろがっている。例えば、01年に発足した京畿道高陽市のNGO「아시아의 친구들（アジアの友だち）」は、労働・生活相談（賃金未払い・労働災害・出入国関連）、人権保護（研修制度撤廃・差別撤廃）、医療（無料診療、健康診断）、教育（韓国語、コンピューター）、文化・福祉（バザー、若者との交流、料理）、実態調査などの支援活動を行い、移住労働者との共存をめざしている。

は、全国労働組合協議会（全労協）を結成した。全労協は95年11月、ホワイトカラー主体の全国業種別労働組合会議、財閥グループ系列企業労組とともに、全国民主労働組合総連合（民主労総）を設立した。民主労総は、全国労働組合総連盟（労総）とならぶ第二のナショナルセンターとして、その後の労働運動を主導することになる。

　労働運動が活発化する中で、劣悪な労働条件の現場は深刻な労働力不足に陥っていた。90年代以降、中国の延辺朝鮮族自治州や東南アジア諸国からそうした現場へ多くの移住労働者が流入するようになり、移住労働者の低賃金・長時間労働・労働災害・人権侵害などが社会問題となっている。

　1988年7月、韓国政府は「民族自尊と統一繁栄のための大統領特別宣言（7・7宣言）」を発表して、南北対決外交を終結し日米と北朝鮮との関係改善に協力するとしたが、民間ではそうした政府の立場を飛び越えて南北交流や統一運動が展開された。89年3月、文益煥牧師が北朝鮮を訪問し、6月には女子大学生・林秀卿（イムスギョン）が全国大学生代表者協議会（全大協、1987.8）の代表として平壌世界青年学生祝典に参加し、人々を驚かせた。国家保安法撤廃運動や南北韓青年学生会談推進運動なども活発に行われた。この年に絶頂に達した統一運動は、半世紀も続いた分断体制への挑戦と南北交流への希望のあらわれだった。

c）拡大する民主主義

　1987年10月、大統領直接選挙制、言論・出版の検閲禁止、集会・結社の許可禁止、労働三権の保障などを骨子とする新憲法が承認され、第6共和国が発足した。12月の大統領選では、与党民主正義党の盧泰愚が、統一民主党の金泳三、平和民主党の金大中など野党の分裂に乗じて当選し、翌年2月、第13代大統領に就任した。しかし、4月に行われた第13回国会議員選挙では、与党が議会史上初めて過半数を割り、野党が多数を占める「與小野大」の国会が出現し、民主化が促進される政治的基盤がつくられた。

　その後、さまざまな分野で民主化の動きがひろがった。1988年の国会では、

光州民主抗争聴聞会をはじめ、全斗煥政権下で発生した暴力・人権侵害の真相究明を行う聴聞会が開かれた。言論界では、88年5月、軍事政権期に解雇された言論人を中心に「国民株主」を募るという形で『ハンギョレ新聞』が創刊された。12月には、音楽・演劇・美術・映画などの文化芸術運動をもとに民族芸術人総連合（民芸総）が結成され、翌年5月には教育の民主化を掲げて全国教職員労働組合（全教組）が組織された。女性団体連合、女性ホットラインなどの女性運動や公害追放運動連合（93年4月、環境運動連合に改編）、経済正義実践市民連合などの市民運動が活性化したのもこの時期であった。

このような民主主義の拡大により守勢に立たされた盧泰愚政権は、1990年1月、民主正義党と金泳三らの統一民主党、金鍾泌らの民主共和党を合同して民主自由党（民自党）を立ち上げ、政局の転換を図った。

盧泰愚政権は、88年のソウル・オリンピック開催を機に、社会主義諸国と外交関係を結ぶ「北方外交」を展開し、90年9月にソ連、92年8月には中国と国交を樹立した。

こうした中で1990年9月、南北政府は初の南北首相会談を開き、汎民族音楽会、統一サッカー大会を開催し、翌年9月には国連同時加盟を実現させた。12月には、体制の相互承認、武力の不使用、軍縮の実現、離散家族の自由な通信などを内容とする「南北間の和解と不可侵及び交流協力に関する合意書」（南北基本合意書）を交わした。この南北基本合意は、72年の7・4南北共同声明の延長上になされたもので、南北交流の平和的進展を促した。

d）文民政権の誕生

1992年12月の大統領選挙で、与党民自党候補の金泳三が野党平和民主党候補の金大中を破って当選し、翌93年2月、第14代大統領に就任した。文民政権の誕生は32年ぶりのことだった。

金泳三政権は、野党政治家、知識人、在野運動家ら文民の登用や金融実名制、省庁統合などを行って「新韓国創造」の必要を説き、民主化に続く改革

<政党変遷図>

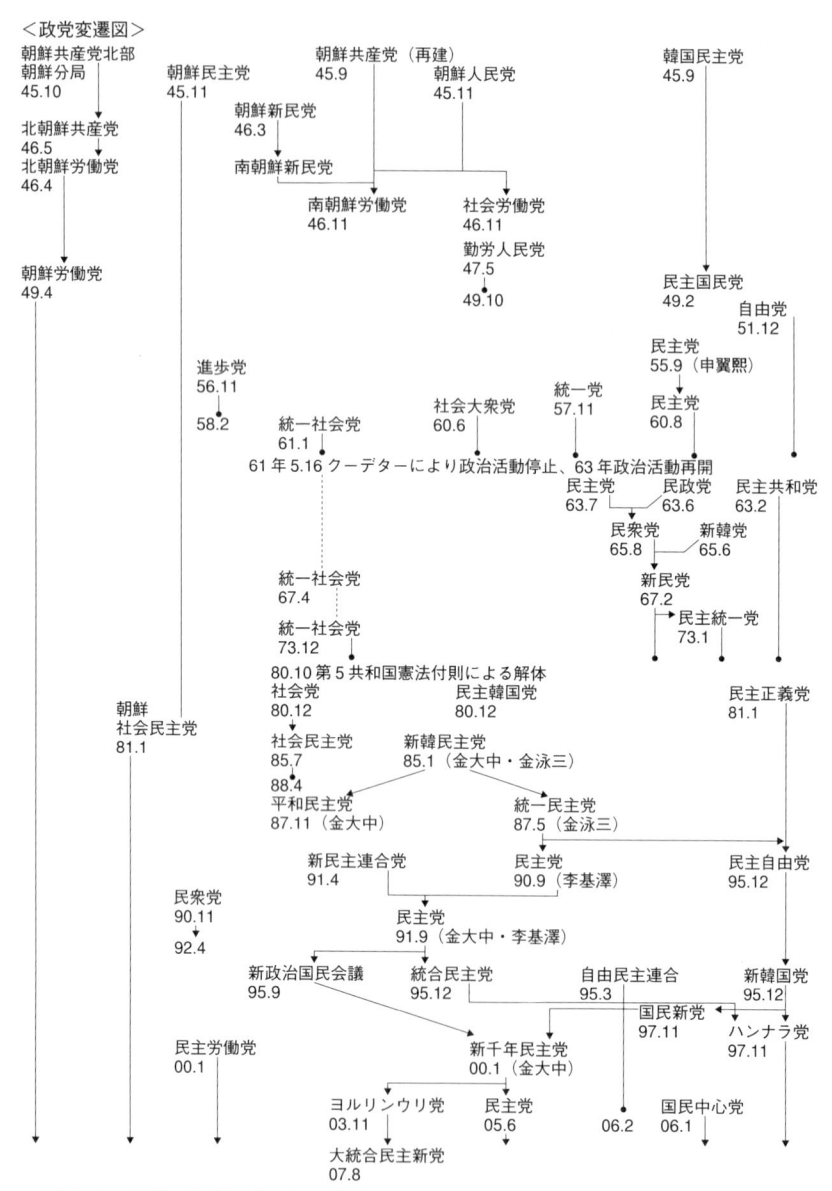

- 朝鮮共産党北部朝鮮分局 45.10
  - 北朝鮮共産党 46.5
  - 北朝鮮労働党 46.4
    - 朝鮮労働党 49.4

- 朝鮮民主党 45.11

- 朝鮮共産党（再建）45.9
  - 朝鮮新民党 46.3
    - 南朝鮮新民党
  - 朝鮮人民党 45.11
    - 南朝鮮労働党 46.11
    - 社会労働党 46.11
      - 勤労人民党 47.5
        - 49.10

- 韓国民主党 45.9
  - 民主国民党 49.2
    - 自由党 51.12
    - 民主党 55.9（申翼熙）
      - 民主党 60.8
        - 民主党 63.7
        - 民政党 63.6
          - 民衆党 65.8
          - 新韓党 65.6
            - 新民党 67.2
              - 民主統一党 73.1
    - 民主共和党 63.2

- 進歩党 56.11
  - 58.2

- 統一社会党 61.1

61年5.16クーデターにより政治活動停止、63年政治活動再開

- 社会大衆党 60.6
- 統一党 57.11

- 統一社会党 67.4
- 統一社会党 73.12

80.10 第5共和国憲法付則による解体

- 社会党 80.12
- 民主韓国党 80.12
- 民主正義党 81.1

- 朝鮮社会民主党 81.1

- 社会民主党 85.7
  - 88.4
- 新韓民主党 85.1（金大中・金泳三）
  - 平和民主党 87.11（金大中）
  - 統一民主党 87.5（金泳三）
    - 民主自由党 95.12

- 新民主連合党 91.4
- 民主党 90.9（李基澤）
  - 民主党 91.9（金大中・李基澤）

- 民衆党 90.11
  - 92.4

- 新政治国民会議 95.9
- 統合民主党 95.12
- 自由民主連合 95.3
  - 国民新党 97.11
- 新韓国党 95.12
  - ハンナラ党 97.11

- 民主労働党 00.1

- 新千年民主党 00.1（金大中）
  - ヨルリンウリ党 03.11
  - 民主党 05.6
  - 06.2
  - 国民中心党 06.1

- 大統合民主新党 07.8

和田春樹・石坂浩一編『岩波小辞典　現代韓国・朝鮮』（岩波書店、2002年）を参考に作成

を進める姿勢を示した。また、日本から植民地支配に対する謝罪発言を引き出し、旧総督府庁舎を解体した。95年には、盧泰愚を収賄容疑で逮捕し、全斗煥とともに12・12事件から光州民主抗争までの事態に関連する責任を裁くなど、歴史の見直しを進めた。

　一方、金泳三政権は、市場の開放、競争力の強化、産業の合理化などを内容とする「世界化」戦略を国家目標として掲げた。1993年12月、ウルグアイ・ラウンド交渉が妥結して外国への市場開放が進められた。95年には国民所得が1万ドルを越え、翌96年12月には「先進国クラブ」といわれる経済協力開発機構（OECD）に加盟し、「世界化」戦略は成功したかにみえた。

　しかし、農産物の市場開放や労働者のリストラに対する農民や労働者の抵抗は続き、聖水大橋の崩落、三豊百貨店の崩壊などの大事故や公務員の不正が続発した。さらに1997年夏には、鉄鋼・自動車などの財閥が相次いで倒産し、韓国経済は極度の不況に陥った。体外債務不履行の恐れがあったため海外からの資金調達が急減し、ウォンの下落が始まり、年末には通貨危機に直面する事態となった。金泳三政権は国際通貨基金（IMF）に緊急融資支援を要請して破綻を免れたが、韓国経済はIMFの管理下に置かれることになった（IMF経済危機）。

　金泳三政権期には、高度経済成長の陰に隠されていた矛盾が一気に露呈し、それまでの経済発展のあり方が問われることになった。

e）金大中政権の改革

　1997年12月の大統領選挙で、野党新千年民主党候補の金大中が、与党ハンナラ党候補の李会昌（イフェチャン）（1935～）を破って当選し、翌年2月に第15代大統領に就任した。韓国史上初の与野党間の政権交代が実現した。

　金大中政権は、公安・軍事部門の責任者を入れ替え、市民運動家、知識人、1980年代の民主化運動を担ったいわゆる「386世代」を積極的に登用し、女性部を新設する（01年1月設立、05年3月に女性家族部に改編）など、大々的な政治改革を行った。民主化はもはや動かしえない流れとなっていた。

Column

男女平等社会に向けて

　韓国の女性家族部は、日本にはない中央省庁（行政）の一つである。その前身は、1988年2月に大統領直属の国務総理の下に設置された政務長官（第2）室にあり、韓国政府はその頃から全般的な女性政策の統括・調整に取り組み始めた。

　1998年2月、金大中政権下において、女性特別委員会が立ち上げられ、政務長官（第2）室にかわって女性政策の総合的な企画・調整に関する事務を管掌するようになった。2001年1月、それまで各部處（省庁）に分散していた女性問題関連業務を一括して管理・執行する女性部が新設された。さらに05年3月盧武鉉政権下で、女性部が家族政策を樹立・調整する機能を遂行できるよう女性家族部に改編された。女性・家族政策を企画・統括し、女性の地位と権益の向上、男女平等社会の実現をめざす国家機構が誕生した。

　韓国社会での男女平等社会をめざすもう一つの動きとして、「戸主制」廃止の決定が注目される。韓国の男性中心の家族制度を支えてきた「戸主制」の廃止を柱とする民法改正案が、2005年3月に国会で可決され、08年から廃止される。

　1958年に制定された韓国民法は「一家の系統を継承した者」として戸主を規定した。父親が家父長として大きな権威を持つと同時に、戸主継承は父親から息子へと男系が優先され、女性は男性の下に位置付けられた。女性団体が70年代から「戸主制」廃止を訴えてきたが、保守派の反対で維持されてきた。盧武鉉政権になってようやく廃止の流れが強まった。

　戸主制廃止により「家父長」の概念がなくなり、女性の権利が拡張する。従来、子どもは父親の姓を名乗るとされていたが、改正により結婚時の同意があれば妻の姓を継ぐこともできる。離婚後6ヵ

> 月間、女性の再婚を禁じてきた規定も廃止されたほか、姓が同じで
> その発祥地も同じである同姓同本の男女の結婚禁止規定もなくなる。
> 　韓国社会は、男女平等社会に向けて変わり続けている。

　金大中政権の最大の課題は、97年の経済危機を克服するための改革を断行することだった。財閥の系列会社の縮小やビックディール（大規模企業交換）などの財閥改革、金融機関の整理統合、不良債権の処理などの金融改革、さらには政府・企業・労働者の代表からなる労使政委員会を発足させて労働改革に着手するなど、大規模な構造改革を進めた。99年には一連の改革の効果も現れて投資も徐々に増加し、景気も回復に向い、経済は安定し始めた。

　しかしその一方で、大量の解雇者や失業者が出て労働者側から激しい反発を受けただけでなく、一連の新自由主義的な構造改革から貧富の格差や地域間格差が広がるなど、新たな社会問題が発生した。

　南北関係において金大中政権は、「太陽政策（包容政策）」と呼ばれる協調政策を掲げた。2000年3月、金大中大統領が南北の和解、協力、そのための対話を呼びかけ（ベルリン宣言）、6月には分断以後初めて、平壌で金大中大統領と金正日国防委員会委員長との首脳会談が実現した（6.13－15、南北首脳会談）。

　首脳会談の結果、双方は、①統一問題の自主的解決、②南北統一方案の共通性に基づく統一志向、③離散家族相互訪問の実現など人道的問題の解決、④民族経済の均衡発展および交流の活性化、⑤南北当局者間の会談の開催など5項目からなる南北共同宣言を発表し、以後、南北閣僚会談、国防相会談、経済協力と緊張緩和に向けた実務協議を行った。また、金剛山(クムガンサン)観光や朝鮮半島を縦断する鉄道京義(キョンウィ)線連結事業、開城(ケソン)工業団地の造成、現代など企業グループによる経済協力が進められ、離散家族の再会も頻繁に行われるようになっ

現代 335

た。

　南北共同宣言は、7・4南北共同声明、南北基本合意書の延長上に位置づけられるもので、朝鮮半島の冷戦構造を解体し、平和統一を実現させるための大きな一歩となった。

　f）日韓共同宣言

　1998年10月、金大中大統領は小渕首相とともに「日韓共同宣言」を発表した。小渕首相は、過去の植民地支配により「多大の損害と苦痛を与えた」ことに対して、「痛切な反省と心からのお詫び」を述べた。金大中大統領はこれを評価し、「和解と善隣友好協力に基づいた未来志向的な関係を発展させる」努力をすると表明した。両国の首脳が公式文書に歴史認識を盛り込みそれに合意したのは初めてで、この宣言の内容は65年の日韓条約からの変化を示すものだった。ただし、過去の植民地支配・戦争に対する真実の究明と補償問題の明確化はなされないまま未解決の問題として残された。

　また宣言には、「21世紀に向けた新たなパートナーシップ」を共通の目標として構築、発展させていき、政治、安全保障、経済、文化など諸分野での交流を促進していくことが明記された。それらを具体的に実施するために、両政府は「21世紀に向けた日韓行動計画」を作成し、「両国の対話チャンネルの拡充」、「国際社会の平和と安全のための協力」（安全保障、経済、社会保障など）、「地球規模問題に関する協力」（環境、スポーツ、学術、文化など）についての計画を打ち出した。

　その後、2002年のサッカー・ワールドカップの日韓共同開催、03年からの韓流ブーム、さまざまな分野での厚い交流の定着など、日韓関係は基本的に良好な関係を維持している。しかしながら、歴史教科書、首相の靖国神社参拝、独島（竹島）問題などをめぐる摩擦・対立も依然として続いている。

　g）盧武鉉政権へ

　民主化以降に進んだインターネットを中心とする情報革命は、「386世代」

過去の清算

　韓国では、1987年の6月民主抗争以降、20世紀の歴史に関わる問題について、真相糾明、被害者への補償、和解、歴史の記憶という作業が行われてきた。それらは「過去の清算」と呼ばれている。

　20世紀の前半の歴史については、日本の植民地支配下の戦時強制動員被害に関する特別法（「日帝強占下強制動員被害真相糾明等に関する特別法」2004）と、日本に協力した朝鮮人の反民族行為に関する特別法（「日帝強占下反民族行為真相糾明に関する特別法」2005）が成立し、政府レベルで調査することが定められた。

　解放後の歴史については、1980年5月、韓国軍の暴力に抗議して起こされた光州民主抗争（「5・18民主化運動等に関する特別法」1995）、済州島4・3事件（「済州4・3事件真相糾明及び犠牲者名誉回復に関する特別法」2000）に関わる真相究明、犠牲者への補償、慰霊と和解が進められてきた。

　さらに2005年5月には、「抗日独立運動、反民主的または反人権的行為による人権蹂躙と暴力・虐殺・疑問死事件」などの真相を究明し「過去との和解を通じて未来へ進む」ことを定めた「真実・和解のための過去事整理基本法」（2005）が制定された。

　「過去の清算」で注目すべきことは、その過程が、歴史事実の究明（真相究明、歴史の見直し）作業から始まって、被害者とその遺族への補償・名誉回復、歴史を記憶するための事業（慰霊塔・平和公園・資料館などの建設）という形で進められていることである。

　このような一連の「過去の清算」作業は、20世紀前半の日本の植民地支配と戦争、冷戦と南北分断がもたらした歴史を明らかにし、そこで生じた対立と葛藤に「和解」をもたらし、未来へ進んでいこうとするものである。政治的立場の違いからくる対立・摩擦もあり、

「和解」することは容易ではないようだが、そうした状況をも克服して新しい時代を切り開いていこうという試みである。

これまでに制定された主な過去清算関連法（2021年4月現在）

法律名	制定日
光州民主化運動関連者補償等に関する法律	1990.8.6
5・18民主化運動に関する特別法	1995.12.21
居昌事件等関連者の名誉回復に関する特別措置法	1996.1.5
済州4・3事件真相糾明および犠牲者名誉回復に関する特別法	2000.1.12
民主化運動関連者名誉回復および補償等に関する法律	2000.1.12
疑問死真相糾明に関する特別法	2000.1.15
国家人権委員会法	2001.5.24
民主化運動記念事業会法	2001.7.24
三清教育被害者の名誉回復および補償に関する法律	2004.1.29
特殊任務遂行者補償に関する法律	2004.1.29
特殊任務遂行者支援に関する法律	2004.1.29
日帝強占下強制動員被害真相糾明等に関する特別法	2004.3.5
老斤里事件犠牲者審査および名誉回復に関する特別法	2004.3.5
東学農民革命参与者等の名誉回復に関する特別法	2004.3.5
日帝強占下親日反民族行為真相糾明に関する特別法	2004.3.22
日帝強占下反民族行為真相糾明に関する特別法	2005.1.27
真実・和解のための過去事整理基本法	2005.5.31
親日反民族行為者財産の国家帰属に関する特別法	2005.12.29
太平洋戦争前後の国外強制動員犠牲者等の支援に関する法律	2007.12.10
対日抗争期強制動員被害調査および国外強制動員犠牲者等の支援に関する特別法	2010.3.22
済州4・3事件真相糾明および犠牲者名誉回復に関する特別法（改正）	2021.3.23（改正）

※藤永壮「韓国の「過去清算」とは何か」（『情況』2005年10/11月）をもとに作成

の社会進出とともに、市民社会と政治の活性化をもたらした。例えば、2000年に行われた第16代国会議員選挙での市民運動団体による落薦・落選運動にそれが現れた。落選運動を主導したのは「2000年総選市民連帯」であり、そこには「参与民主社会と人権のための市民連帯」（参与連帯、1994.9）など多

くの市民運動団体が参加した。

　続く2002年12月の大統領選挙もインターネットと市民運動の影響を強く受けた。与党民主党の盧武鉉（ノムヒョン）(1946～)が野党ハンナラ党の李会昌を破って当選し、03年2月に第16代大統領に就任した。ダークホースの一人に過ぎなかった盧武鉉が民主党の予備選と大統領選に勝てたのは、「ノサモ」（盧武鉉を愛する人々の集い）を中心とするインターネットを通じた支持勢力の拡大に成功したからだと言われている。

　盧武鉉大統領は、就任演説で「東北アジア平和共同体構想」を打ち出し、金大中政権が掲げた「太陽政策」の継承をうたった。2003年6月には「日韓首脳共同声明‐平和と繁栄の北東アジア時代に向けた日韓協力基盤の構築」を発表し、やはり金大中政権の対日政策を継承する姿勢をみせた。

　また、1948年の済州島4・3事件、日本の植民地下での強制動員、「反民族行為」、45年以降の虐殺・人権侵害などの真相究明作業を進め、歴史の見直し作業を推進した。

　しかし経済面では、盧武鉉政権も新自由主義的な政策を推し進めたため、金大中政権からの課題とされた所得格差、地域間格差、企業間格差は、解消されるどころかますます広がる傾向を見せ、政権の支持率は低迷した。

　南北関係においては2007年10月、盧武鉉大統領が国家元首として初めて軍事境界線を越えて平壌に入り、北朝鮮の金正日国防委員長と会談をもった（10.2-4、07年南北首脳会談）。双方は10月4日、2000年6月の「6・15南北共同宣言」にもとづき、①朝鮮戦争の停戦状態の終息と恒久的な平和体制の構築という共通認識のもと、関係国首脳が終戦宣言する問題を推進するために協力する、②南北経済協力を持続的に拡大、発展させ、投資奨励と基盤施設拡充、資源開発を推進する、などを骨子とする「南北関係発展と平和繁栄のための宣言」（07南北首脳宣言文）を発表した。それは金大中政権の平和的統一路線を一歩進めたものと評価された。

　2007年12月の大統領選挙では、保守系で最大野党ハンナラ党の李明博（イミョンバク）(1941～)が、盧武鉉大統領の流れをくむ大統合民主新党の鄭東泳（チョンドンヨン）(1953～)

らを破って当選し、08年2月に第17代大統領に就任した。

3）北朝鮮－混迷
a）新憲法の制定と金正日の台頭

1972年12月、韓国の維新体制発足と同時期に北朝鮮でも新憲法「朝鮮民主主義人民共和国社会主義憲法」が制定され、48年制定の「朝鮮民主主義人民共和国憲法」に取って替わることになった。

新憲法の最も重要な点は、北朝鮮の体制が社会主義であることを宣言し（第1条）、「マルクス・レーニン主義をわが国の現実に創造的に適用した朝鮮労働党の主体思想」をその活動指針とする（第4条）と規定したことである。マルクス・レーニン主義と並ぶ形で主体思想が明文化されたことが大きな特徴であり、新憲法は60年代後半に確立した金日成中心の「唯一思想体系」を憲法として表現したものだと言える。

国家機関については、1948年憲法では最高人民会議（立法）を最高主権機関とするソ連型の組織だったが、新憲法では最高人民会議の上に「共和国主席」（国家主席）と中央人民委員会が新設された。国家主席は「国家の首班」であり、「国家主権の最高指導機関」である中央人民委員会を代表し、中央人民委員会を通じて行政権や司法権を指導し立法権を監督するものとされた。

新設された国家主席に金日成が就任し、党・国家・軍の権力を掌握した。彼の子息・金正日（キムジョンイル）（1942～）は、この時期に後継者としての地位を固めた。金正日は1972年10月、新憲法を議論した党の全員会議で中央委員に選ばれ、73年9月の朝鮮労働党中央委員会第5期第7次全員会議で党組織および宣伝煽動工作担当秘書に選出された。それ以降、金正日が中心となって思想・技術・文化の「三大革命」を推進し、この運動を通じて主体思想が「金日成主義」として前面に出されるようになった。

1974年2月の第8次全員会議では、金正日が党の中央委員会政治委員会委員に選ばれて「党中央」と呼ばれるようになり、金日成の「後継者」として公認された。

b）金正日後継体制の確立

1970年代を通して、金日成個人崇拝の徹底と後継者の資格を血統に求める考え方が広められた。金正日の資質が強調され、権力世襲が正当化される事業も推進された。こうして80年10月には、朝鮮労働党第6回大会が開かれ、金正日は金日成の後継者として初めて公式の場に姿を現し、党中央委員（序列は第4位）に選出された。その直後に開かれた党中央委員会第6期第1次全員会議において、党の政治局常務委員会委員、秘書局秘書、軍事委員会委員に選ばれた。この党の三大機構のすべてに選ばれたのは、金日成のほかに金正日だけで、この大会で金正日後継体制が確立されたとされる。

1980年頃から「親である首領」「母なる党」という家族国家論、86年には「首領・党・大衆の三位一体」が説かれ首領金日成のもとに国民が結束することを求める「社会的政治的生命体」論、93年には「一心団結」「忠孝一心」の伝統的国家論などが打ち出された。このように、70年代からは金正日が中心となって金日成の神話化を進め、80年代以降はその上に新しい説明が加えられていった。

1980年代末から東欧諸国・ソ連・中国が韓国と国交を結び、それらの国のほとんどで国家社会主義体制が崩壊すると、北朝鮮では朝鮮式社会主義が強調される一方、対外経済開放が模索された。そうした模索は、国際社会からの孤立と体制崩壊を回避するためにとられた措置だと考えられている。

c）金日成の死、核危機、食糧危機

1994年7月、金日成主席が死去した。当然、金正日は政権を継承することになったが、父を永遠の主席、永遠の首領とし、自らは人民軍最高司令官として、国家を指導統制する形を考え出した。経済危機の中で動揺する党機構に代わって人民軍を国家の柱とし、自らと周囲の軍人集団を国家統治の中心とした。この体制は、後に「先軍政治」と呼ばれるようになる。

1989年、米国の偵察衛星の写真で、平安北道寧辺（ヨンビョン）に大型原子炉およびプルトニウム再処理工場と思われる施設が建設されていることが判明し、核兵器

Column

北朝鮮への人道支援と民間交流

　1994年と95年に大規模な水害が発生し、北朝鮮が深刻な食糧危機に陥ったため、国連人道問題局や国連世界食糧計画（WFP）は各国に緊急援助を要請した。それを受けて当時の日本政府も「人道的観点」からコメなどの食糧支援を行った。

　日本の民間団体は早い段階から「北朝鮮人道支援NGO連絡会議」を設置し、情報・意見交換を開始した。1999年2月にはこの連絡会議と韓国のNGOが協力して「北朝鮮人道支援日韓NGOフォーラム」（東京）を開き、続いて「DPRK（北朝鮮）人道支援国際NGO会議」を北京（99年）、東京（2000年）、ソウル（01年）で開催した。

　1996年6月には、日本国際ボランティアセンター・ピースボート・ＪＡ全国農協青年組織協議会・日本青年団協議会・日本リサイクル運動市民の会が「NORTH　KOREA水害支援キャンペーン」を設立し、8月に日本のコメ61トンを北朝鮮に運んだ。

　1997年7月に結成された「KOREAこどもキャンペーン」（07年現在の構成団体は、日本国際ボランティアセンター、アーユス仏教国際協力ネットワーク、地球の木）は、97年から国連世界食糧計画経由での北朝鮮支援を行い、2000年より日本の船で直接食糧などを輸送した。01年と02年には「しあわせ宅配便」プロジェクト（小学生からの文房具寄付を受付）を実施し、04年4月に北朝鮮平安北道龍川郡龍川駅付近で起こった列車爆発事故の際は、「KOREAこどもキャンペーン」と医療NGO「日本医療救援機構（MeRU）」が医薬品・医療備品などを緊急支援した。

　「KOREAこどもキャンペーン」はその他にも、平壌の小学校、黄海北道銀波郡の幼稚園などと絵画の交換を行ったり、現地の子ども施設などを訪問したりして、北朝鮮の人々との関係を維持している。

> 01年からは、毎年「南北コリアと日本のともだち展」を東京、ソウル、平壌などで開き、韓国・北朝鮮・日本・在日コリアンの子どもたちの絵の展示を通して民間交流を進めている。「「南北コリアと日本のともだち展」は、わたしたちの住む北東アジア地域の平和をねがう催しです。…絵でお互いを紹介しあい、わたしたちの間にある壁を乗り越える第一歩にします」（実行委員会HPより）

「南北コリアと日本のともだち展」チラシ

開発疑惑が浮上した。核関連施設への査察の受け入れをめぐって米朝間に対立が生じ、北朝鮮側は寧辺付近の特別査察に反発して93年3月に核不拡散条約（NPT）を脱退し、94年6月には国際原子力機関（IAEA）の脱退を宣言した。これにより朝鮮半島での戦争危機が高まったが、ジミー・カーター米元大統領が訪朝して危機は回避された。その結果、10月に北朝鮮の核開発凍結と米国の軽水炉建設支援を骨子とする「米朝枠組み合意」が成立した。

1994年夏以降、北朝鮮では連続して大規模な水害が起こり、極度の食糧危機・エネルギー不足に陥った。そのため北朝鮮を脱出して中国に身を潜めたり、韓国に亡命したりする「脱北者」が増加した。こうした事態に対して北

朝鮮当局は、96年正月の『労働新聞』など三紙共同社説において「苦難の行軍」（植民地下での金日成の抗日遊撃活動に由来）の精神で奮闘することを国民に呼びかけた。その後、国連食糧農業機関（FAO）、国連世界食糧計画（WFP）などの国連機関、各国政府、NGOによる支援もあって、食糧危機・エネルギー不足はしだいに緩和されていった。

d）動揺から共存へ

　1998年9月、二度目の憲法改正が行われ、国家主席と中央人民委員会が廃止され、金正日が国防委員会委員長に就任した。この国防委員会委員長は「国の政治、軍事、経済の力量の総体を統率指揮」する「国家の最高職責」だと説明され、金正日が最高権力者であることが公式に示された。

　北朝鮮当局は、憲法改正と同時に、政権の目標として「強盛大国」を打ち出した。1998年9月には、「政治思想的威力」「軍事的威力」ではすでに「強盛大国」に達しているので、今後は「経済」と「科学技術」の発展をめざすことを表明した。これは「苦難の行軍」に一応の終止符を打ち、中国の開放経済をモデルとした経済改革を進めていく路線だとされている。

　また北朝鮮当局は1999年6月、「わが党の先軍政治は必勝不敗だ」として公式に「先軍政治」を打ち出した。「先軍政治」は「軍隊はすなわち人民であり、国家であり、党である」という「軍重視思想」を内容とし、「強盛大国」建設の「指導指針」として位置づけられた。つまり「先軍政治」によりながら改革解放をめざすことが政権の方針となったと考えられる。

　実際に金正日政権は、2000年6月の南北首脳会談を機に、国際社会に食糧支援・経済支援を求め、金剛山観光の開始、京義線の開通、韓国企業の誘致など南北経済協力を推進して部分的に開放路線を進めた。10月には、米国のクリントン政権と「米朝共同コミュニケ」に合意し、朝鮮戦争の休戦協定を平和保障体制に転換し、新たな関係を作る一歩手前まで進んでいた。

　ところが2001年1月、ブッシュ政権が成立してから状況は一変した。特に翌02年1月、ブッシュ大統領が一般教書演説の中で、イラク・イランととも

に「悪の枢軸」と決めつけてから米朝関係が悪化した。米国は11月、朝鮮半島エネルギー開発機構（KEDO）を通じた重油供給を中止することを表明し、KEDOも軽水炉事業の中止を決定した。北朝鮮側は12月、重油供給が中断されたので電力生産に必要な核施設を再稼動させると表明し、翌03年1月にNPTから脱退した。再び核危機が顕在化し、米朝の緊張が高まった。

2003年8月、米朝の緊張を緩和するために、米朝中に韓日露の3カ国を加えた6者協議が開始された。しかし北朝鮮側は、金融制裁の断行など強まる米国の圧迫に対して態度を硬化させ、06年7月のミサイル実験に引き続いて、10月には核実験を強行した。国連安保理は全会一致で制裁決議を採択したが、12月に6者協議が北京で再開され、米国は柔軟姿勢に転換した。

2007年1月のベルリンでの米朝会談を経て、2月に再開した6者協議でついに、朝鮮半島非核化の目標を確認し段階的に措置を実行していくことなどを明記した「初期段階措置」が発表された。続いて9月の6者協議の結果、10月には寧辺など3つの核施設の年内無能力化など「次の段階」の措置の具体的な内容を定めた合意文書が発表された。

6者協議は北朝鮮の核問題を解決するための協議体としてだけでなく、朝鮮半島を含む東北アジアの新たな安全保障体制の基盤となることが期待されている。

e）日朝交渉と日朝平壌宣言

世界冷戦が終息し東北アジアでも冷戦状況が緩和され始める中、1990年9月に朝鮮労働党と日本の自民党・社会党が、国交樹立の実現と諸懸案を解決するための日朝交渉の開催を両政府に働きかける「三党共同宣言」に調印した。この宣言を受けて90年11月に日朝予備交渉、91年2月に第一回交渉が始まった。北朝鮮側が日本の植民地支配に対する謝罪と補償を要求したのに対して、日本側は北朝鮮の核開発とミサイル実験の中止、日本人拉致疑惑の解消などを要求して対立した。その後、92年8月の第8回交渉で決裂し、2000年4月に第9回交渉として再開されたが、3回の交渉のあと再び中断した。

その後、2002年9月に小泉純一郎首相が平壌を訪れて金正日国防委員会委員長と首脳会談を持ち、日朝平壌宣言が交わされた。首脳会談では、金正日委員長が初めて13人の日本人を拉致したことを認めて謝罪した。
　日朝平壌宣言では、1998年の日韓共同宣言と同様に日本側が植民地支配に対して「お詫び」を表明し、65年の日韓条約と同様に「経済協力」を実施するとした。また、東北アジア地域の平和と安定を維持し互いに協力していくことを確認し、安全保障上の諸問題に関しては、関係諸国間の対話を促進し、問題解決を図ることに合意した。両首脳が日朝間に横たわる「過去の清算」、拉致、核・ミサイル問題などの諸懸案を、日朝交渉を通じて解決していくことに合意した点で、宣言は歴史的なものだった。しかし、「過去の清算」において真実究明と補償問題を明確にしなかったという点では、日韓共同宣言と同様に未解決の問題が残されたといえる。

4）在日朝鮮人の法的地位と権利

a）解放直後の在日朝鮮人

　在日朝鮮人（「韓国籍」または「朝鮮籍」のまま日本に住み続けてきた人々）の解放時の人口は、植民地期に日本に移住してきた人、戦時強制動員による渡日者を含めて約200万人と推計されている。その9割が南部朝鮮の出身者である。解放直後、これらの人々の多くは朝鮮に帰ったが、帰還後の生活の目途がたたないこと、私有財産の持ち出し制限が設けられたこと、日本に生活の基盤があることなどの理由から、約50〜60万人が日本に留まることになった。
　この頃、「祖国」への帰還援助、相互扶助、民族教育などを目的とした組織が日本各地で自然発生的に作られた。1945年10月、それらの組織を結集して在日本朝鮮人連盟（朝連）が結成され、まもなく日本共産党の指導方針のもとに左翼的な色彩を帯びるようになった。一方、46年10月には反朝連の立場の人々が在日本朝鮮居留民団（民団）を結成し、同胞の民生安定などの活動を行って朝連に対抗した。

1948年に南北に分断国家が樹立されると、民団（1948年10月、在日大韓民国居留民団と改称）は韓国を、朝連は北朝鮮を支持してそれぞれの運動を展開した。

　こうした状況の中で在日朝鮮人は、朝鮮の言葉や文化・歴史を学ぶ民族学校を各地につくるなど民族教育の権利を守り、差別に反対する運動に取り組んだ。しかし1948年1月、日本政府はGHQの方針を受けて、朝鮮人子弟であっても日本の教育を受ける必要があるとの通達を出し、民族学校を閉鎖しようとした。これに対して在日朝鮮人側は、民族学校の存続を求める運動を展開した。特に大阪や神戸における運動は大規模なものとなり（阪神教育闘争）、その弾圧の過程で16歳の少年が射殺される事件が起こった。その後、多くの学校が閉鎖・廃校に追い込まれたが、民族教育を守る闘いは続けられ、民族学校は再建された。

b）朝鮮総連と民団

　日本政府は1949年9月、GHQの指令のもとに団体等規制令を適用して朝連を強制解散させ、その財産を接収した。翌50年6月に朝鮮戦争が始まると、旧朝連系の在日朝鮮人団体は、51年1月に在日朝鮮統一民主戦線（民戦）を組織し、祖国の統一独立と民族・生活権益擁護のための運動を展開した。民戦結成に先だって非公然に祖国防衛全国委員会とその傘下に行動隊としての祖国防衛隊が結成された。祖国防衛隊は、朝鮮戦争の後方基地となった日本国内で反戦闘争を行い、多くの検挙者を出した（吹田・枚方事件）。

　1955年5月、武装闘争路線の失敗を認めた日本共産党が朝鮮人党員を離党させたことをきっかけに、在日本朝鮮人総連合会（朝鮮総連）が結成された。朝鮮総連は、日本共産党の指導から離れ、北朝鮮の「在外公民」としての立場、日本への内政不干渉などの方針を打ち出し、祖国の平和的統一、在日朝鮮人の民主的・民族的権益擁護などの綱領（以後、95年9月、04年5月と2回改正）を採択した。その後、朝鮮総連は、59年から始まった在日朝鮮人の「帰国運動」を推進し、65年の日韓条約締結には反対の立場を表明した。日

韓条約締結後は、韓国国籍取得者の増加にともない朝鮮総連への加入者数は減少したが、民族教育など地域での生活に根ざす活動に力を入れた。

一方、民団は朝鮮戦争時には韓国に義勇兵を送り、北朝鮮への「帰国運動」に反対した。朴正熙政権期には、民団中央が日韓条約や維新体制を支持したのに対して、反対派は73年8月に韓国民主回復統一促進国民会議日本本部（韓民統）を結成して中央と対立した。また民団は、「協定永住」権申請運動や総連系同胞に対する母国（韓国）訪問団事業などを行い、組織を拡大した。70年代後半からは、在日朝鮮人の定住志向が強まるにつれ、法的地位の安定、社会保障制度の適用などの権益擁護運動や指紋押捺拒否運動に本格的に取り組んだ。94年4月には、日本への定住を意識して「居留」をはずし大韓民国民団に改称した。

民団と朝鮮総連は成立当初から対立関係にあったが、近年、特に2000年「南北共同宣言」以後は和解を進め、活発な交流を行うようになった。

c）解放直後の法的地位

日本政府は1945年の敗戦の時点で、在日朝鮮人は日本国籍を保持すると解釈したが、1947年5月に外国人登録令を公布・施行し、これを在日朝鮮人にも適用した。その結果、在日朝鮮人の登録上の国籍は出身地を示す地域名としての「朝鮮」とされた。このように在日朝鮮人は外国人登録令では「外国人」とみなされたが、自ら作った民族学校が閉鎖され日本人と同じ教育が強要されるなど、GHQと日本政府の思惑によって、ある時は外国人、ある時は日本人という不安定な立場におかれた。

日本政府は、サンフランシスコ平和条約の発効直前の1952年4月19日に法務府民事局長通達を出し、在日朝鮮人を含む旧植民地出身者の「日本国籍喪失」を一方的に通告した。サンフランシスコ平和条約発効と同時に施行された「ポツダム宣言の受諾に伴い発する命令に関する件に基づく外務省関係諸法令の措置に関する法律（法一二六号）」により、「日本国籍を離脱する者」は、別の法律で「在留資格及び在留期間が決定されるまでの間、引き続き在

留資格を有することなく本邦に在留することができる」とされた。しかし、出入国管理令および外国人登録法が全面的に適用されることになり、在日朝鮮人は不安定な在留条件の下での生活を余儀なくされた。

1950年代以降は在日朝鮮人の韓国籍への書き換えが認められるようになったが、韓国籍を取得しない者は「朝鮮」籍であり続けた。

d) 法的地位協定から特例法へ

1965年6月、日韓間に「在日韓国人法的地位協定」が結ばれ、「韓国国民」は66年からの5年間は日本政府に申請すれば「協定永住」が許可されることになった。しかし、「協定永住」の範囲はそれを申請した者とその子までに限られ、その後生れてくる世代については、協定発効日から「25年を経過するまでは協議を行う」と定められた。

この「協定永住」は同じ歴史的背景を持つ「朝鮮」籍の人々には適用されず、在日朝鮮人は「協定永住」と前述の「法一二六」の該当者、その他の永住者に分断された在留資格を持つことになり、在日朝鮮人社会の南北対立を激化させることになった。

また「在日韓国人法的地位協定」の発効以降も、内乱・外患・国交に関する罪で禁錮刑以上、および麻薬取締法で3年以上の懲役・禁錮または3回以上の累犯、その他法令に違反して7年以上の懲役・禁錮刑に処せられたものは、強制退去の対象とされることになった。

「在日韓国人法的地位協定」の発効から25年後の1991年1月、日韓両政府は「日韓法的地位協定に基づく協議に関する覚書」を調印した。91年5月には、日本政府はその「覚書」を受けて「日本国と平和条約に基づき日本の国籍を離脱した者等の出入国管理に関する特例法（入管特例法）」を制定した。これによって「法一二六」「法一二六の子」「協定永住」などの在留権が日本の法制度で初めて一本化され、その子孫にまで「特別永住」が認められるようになった。

とはいえ「特別永住」には、退去強制の余地があること、再入国許可の年

限が5年以内の限定つきであること、外国人登録法による管理制度（外国人登録証の常時携帯や義務、外国人登録法違反による罰則）が適用されること、などの問題が残された。

e）市民として生きるために

解放後の在日朝鮮人は、就職、住宅、年金・児童手当、戦後補償において差別を受けてきた。おもに民族団体がこれへの反対運動に取り組んだが、1970年代に入ると個人で差別に立ち向かう動きが出てきた。70年、韓国国籍を理由に採用内定を取り消された在日2世の青年が、企業を相手取って就職差別の撤回を求める裁判を起こした。日本各地に支援運動が広がり、74年に全面勝訴した（日立就職差別裁判）。その他にも、公営住宅への入居、国民年金の適用、公務員就職などの国籍条項をめぐって闘いが続けられた。特に、司法試験に合格した在日2世の金敬得（キムギョンドゥク）（1949～2005年）さんが弁護士資格について事実上の国籍条項撤廃を勝ち取り初めて弁護士となったことは、多くの在日朝鮮人に希望をあたえた。

こうした運動や国際社会の圧力、要請などにより日本政府は、1979年に国際人権規約、1981年に難民条約を批准することになった。それにより社会保障関連の法律から国籍による差別がなくなり、在日朝鮮人も国民年金に加入でき、児童手当などが受け取れるようになった。

1980年代には、在日朝鮮人を中心とする在日外国人が、外国人にだけ義務づけられていた外国人登録証への指紋押捺の撤廃を求める運動を起こした。その結果、2000年には指紋押捺制度は全廃された（指紋押捺撤廃運動）。特に、この指紋押捺撤廃運動には、日本の差別的な制度や意識を変えていこうとする多くの日本人も参加し、在日朝鮮人との連帯運動が繰り広げられた。

f）在日朝鮮人の現在

在日朝鮮人が日本に定住して生きていくための権利は、在日朝鮮人やそれを支援する内外の市民運動によって、少しずつ改善されていることは事実で

外国人の地方参政権

すべての外国人に地方参政権（選挙権と被選挙権）を認めている国	アイルランド、スウェーデン、ノルウェー、デンマーク、フィンランド、アイスランド、オランダ、ベルギー、ルクセンブルク（被選挙権は特定国出身の外国人にのみ）、ロシア、イスラエル
すべての外国人に地方参政権（選挙権のみ）を認めている国	ニュージーランド、韓国
特定国の外国人に地方参政権（選挙権と被選挙権）を認めている国	フランス、ドイツ、ギリシア、イタリア、スペイン、ポルトガル、イギリス
特定の地域がすべての外国人に地方参政権（選挙権と被選挙権）を認めている国	オーストリア、スイス、アメリカ
特定の地域が特定国の外国人に地方参政権（選挙権と被選挙権）を認めている国	カナダ

近藤敦「第7章永住市民権と地域的な市民権」田中宏・金敬得共編『日・韓「共生社会」の展望』（2006年、76～77頁）より作成

ある。しかし、国籍の選択、「特別永住」の権利、外国人登録、地方自治への参加、戦後補償、公務員の管理職受験資格、年金（在日朝鮮人高齢者と障害者の「無年金」）などにおいて今もなお差別が存在し、課題が残されている。

　2002年に「在日韓国朝鮮人をはじめ外国籍住民の地方参政権を求める連絡会」が作成した「在日NGO提言」では、在日朝鮮人など旧植民地出身者とその子孫に対して、国籍選択権、無条件の永住権、民族的マイノリティの権利、および完全な生存権を保障する「在日基本法」の制定が呼びかけられた。また04年には、法曹関係者をはじめ研究者・市民団体・民族団体・労組・教会関係者により、国際人権条約にもとづく「外国人・民族的マイノリティの人権基本法」の制定を進める運動が始められた。

　このように国家と国家のはざまで生きる道を模索してきた在日朝鮮人の人権運動は、近年、在日外国人・民族的マイノリティの人権運動へと広がり、国家の枠組みを超えた多国籍の市民が共生する社会をめざして展開されている。

◎参考文献

李景珉『増補　朝鮮現代史の岐路』平凡社、2003年
石坂浩一編『北朝鮮を知るための51章』明石書店、2006年
小此木政夫編著『北朝鮮ハンドブック』講談社、1997年
姜尚中『日朝関係の克服』集英社、2003年
木宮正史『韓国』筑摩書房、2003年
徐仲錫編・歴史問題研究所企画『写真と絵で見る韓国現代史』ウンジン知識ハウス、2005年、ソウル
徐東晩『北朝鮮社会主義体制成立史1945～1961』先人、2005年、ソウル
武田幸男編『朝鮮史』山川出版社、2000年
朝鮮史研究会編『朝鮮の歴史【新版】』三省堂、1995年
日中韓3国共通歴史教材委員会編『日本・中国．韓国＝共同編集　未来をひらく歴史－東アジア3国の近現代史』高文研、2005年
朴一『韓国NIES化の苦悩－経済開発と民主化のジレンマ（増補2版）』同文館出版、2002年
ブルース・カミングス（横田安司・小林知子訳）『現代朝鮮の歴史』明石書店、2003年
文京洙『韓国現代史』岩波書店、2005年
吉田光男編著『朝鮮の歴史と社会』放送大学教育振興会、2000年
和田春樹『北朝鮮‐遊撃隊国家の現在』岩波書店、1998年
和田春樹『朝鮮戦争全史』岩波書店、2002年

索　引

＊本文のルビ表記に基づいて作成。
ただし、ハングル語読み、日本語読みの両方のルビを表記しているものは、
それぞれの場所で採った。

● あ ●

IMF経済危機 ……………………………………333
愛国啓蒙運動 ……214, 235, 239〜243, 252, 258
愛国班 ………………………………………………275
始良丹沢火山灰 ………………………………9〜11
アカホヤ火山灰 ……………………………………16
「朝露」 ……………………………………………323
アシューリアン型 ……………………………………7
網漁業 ………………………………………………20
岩寺洞遺跡 ………………………………20, 21, 24
鴨緑江 ………13, 17, 28, 53, 60, 62, 72, 115, 129, 158,
　159, 193, 209, 249, 262, 270, 300
安羅 ……………………………66, 74, 80, 89, 91〜93
アリクブケ …………………………………………150
アワ …………………………………………2, 23, 30
安珦 …………………………………………161, 181
暗行御史 ……………………………………………201
安在鴻 ………………………………………………284
按察使 ………………………………………………137
安山金 ………………………………………………138
安重根 ………………………………………………241
安鼎福 ………………………………………………210
安城 …………………………………………………207
安昌浩 ………………………………………240, 250
安東都護府 …………………………………………103
慰安婦 ………………………………………272, 273, 313
礼成江 ………………………………………………142
李玨 …………………………………………182, 194
李仁任 ………………………………………159, 183
李麟栄 ………………………………………………241
李仁老 ………………………………………………160
李仁復 ………………………………………………161
李義方 ………………………………………145, 148
李義旼 ………………………………………145, 147

李元翼 ………………………………………………198
李応魯 ………………………………………………316
睿宗（高麗） ………………………………138, 140
睿宗（朝鮮） ………………………………………180
移秧法 ………………………………………………204
李奎報 ………………………………………………161
李光洙 ……………………………251, 260, 277, 278
梨琴洞遺跡 …………………………………………33
李适 …………………………………………193, 197
李肯翊 ………………………………………………210
異形青銅器 …………………………………………37
李高 …………………………………………………145
李穀 …………………………………………………161
李商在 ………………………………………234, 260
李施愛 ………………………………………………177
李在守の乱 …………………………………………235
李載晃 ………………………………………………216
石鎌 …………………………………………………40
石皿 ……………………………………………21, 40
李資義 ………………………………………139, 140
李資謙 ………………………………………………140
李子淵 ………………………………………138, 140
李斉賢 ………………………………………………161
李重煥 ………………………………………………210
李従茂 ………………………………………………184
李澄玉 ………………………………………………177
彝震 …………………………………………………117
維新クーデター ……………………………………321
維新体制 ……………………………………………322
李舜臣 ………………………………………………191
李承休 ……………………………………………48, 161
李昇薫 ………………………………………………251
李承晩 …………………263, 286, 287, 289, 292, 293
李穡 …………………………………………161, 163
李成桂 ……………………………120, 159, 160, 166, 168
一然 ………………………………………………48, 161

索　引　353

李参平	192
李垢	238
一利川の戦い	123
乙巳士禍	180
一進会	241, 242, 243, 248
李東輝	259
稲作農耕	2, 26, 30, 32
井上馨	231
井上角五郎	225
李昰応	216
李芳遠	160, 170
李韓烈	328
李恒老	220
李孝淳	320
李弼珪	318
李弼済	228
梨花洞遺跡	41
李滉	181, 182, 192, 198
李会昌	333
李厚洛	322
李範奭	303
李奉昌	270
林惟茂	147, 151
林衍	147, 151
李容翊	236
李容九	242
李ライン	292, 305
岩倉具視	220
李完用	238, 239, 243
尹瓘九城の役	138
蔭叙	133, 172
仁祖	172, 192～194, 196, 197
蔭叙制	172
仁宗（高麗）	139, 140, 154
仁宗（朝鮮）	180
仁秀	116, 117
仁川上陸作戦	298
義慈王	97, 100, 102
義州	191, 209
毅宗（高麗）	145
毅宗（明）	194
威化島	159, 166
衛満	50～52
ヴュルム氷期	12
月坪遺跡	8, 10
元山ゼネスト	261
元宗	150～152

宇垣一成	265
右議政	172
ウスチカレンカ遺跡	15
蔚珍	25, 149
于勒	90
禑王	159
熊津都督府	102
英学の反乱	235
衛正斥邪思想	219
駅吏	178
NL派（＝主思派）	327
燕	26, 37, 41, 67
延安系	295, 296, 317, 319, 320
燕京	194, 208, 210
燕行使	208, 210
猿人	4, 11
袁世凱	226, 227
遠藤柳作	284
烏耳島貝塚	20
鴨緑江	13, 17, 28, 53, 60, 62, 72, 115, 129, 158, 159, 193, 209, 249, 262, 270, 300
大鳥圭介	230
大平・金合意	312
呉淇變	295
オゴデイ＝カーン	149
鰲山里遺跡	17, 21, 24
梧津里遺跡	24, 26
五洞	28
魚允中	224, 225
オンドル	33

● か ●

海印寺	160
開化派	214, 225～227, 230, 234, 239
階級社会	35
開国紀年	231
外国人登録法	348, 349
会社令	247, 258
解職言論人協議会	326
海進現象	13
蓋蘇文	96, 98, 102
開地遺跡	8, 9
貝塚	2, 13, 17, 19～23, 25, 26, 32
回転式離頭銛	21
回答兼刷還使	192
海東孔子	141

塔伯	100
戒融	115
カイロ宣言	286
科挙	128, 133, 134, 141, 163, 170, 172, 175, 178, 179, 196, 202, 214, 231
囲石式	35, 39
嘉悉王	90
化石人骨	11, 12
学会令	240
甲子士禍	180
桂=タフト協定	237
科田法	159, 177
火田民	262
仮途入明	190
貨幣改革	307
貨幣整理事業	238
甕棺墓	34, 36
可楽洞式	30
ガリオア（GARIOA）	308
葛洞遺跡	40
花郎	87
関羽	194
姜宇奎	258
官階	123, 128, 133
姜邯賛	129
完顔部	138
咸興平野	138
韓構字	200
環濠集落	33
還穀	202
韓国からの通信	323
韓国銀行	242, 247, 307
韓国式銅剣	37
韓国中央情報部（KCIA）	311
韓国駐剳軍	236, 237, 241
韓国統監府	237, 243
韓国民主回復統一促進国民会議日本本部（韓民統）	348
韓国民主党（韓民党）	285
監察司	154
観察使	172, 174, 218, 228
監司	172
観象監	208
漢城周報	227
漢城旬報	225
漢城条約	226
漢城府	172
間島五・三〇蜂起	270
間島出兵	262
関東大震災（朝鮮人虐殺事件）	252, 264
江東城	149
姜沆	192
江華島	39, 150, 151, 173, 193, 218〜221
江華島事件	221
官民共同会	234
監務	140
己亥東征	184
癸亥約条	186
儀軌	200, 203, 212
義禁府	172
箕子	48
癸巳の乱	145, 148
奇子敖	157
議政府	170, 172, 176, 177, 195, 197, 218, 231, 238
北朝鮮共産党	296
北朝鮮行政10局	294
北朝鮮5道人民委員会連合会議	294
北朝鮮人民委員会	296
北朝鮮民主主義民族戦線	296
北朝鮮臨時人民委員会	295
北朝鮮労働党（北労党）	295
奇轍	157
亀甲船	191
契丹	72, 100, 113, 115, 120, 129, 136, 141, 142, 149
義兵	191, 214, 230, 232, 235, 239〜243, 248, 249, 252, 262
畿湖	182
己卯士禍	180
金駉孫	180
金日成	270, 294〜298, 317〜319, 321, 340, 341, 344
金日成大学	295
金元鳳	258, 270
金殷傅	138
金玉均	225, 226
金奎植	286, 287, 289
金敬得	350
金九	286
金寛毅	142
金九容	163
金覲	141
金沙弥	148
金載圭	324

索引 355

金時習	177, 189	郷薬救急方	163
金芝河	323	郷吏	134, 174, 178, 179, 202, 211
金佐鎮	262	協和会	276
金在鳳	260	禦営庁	197
金祖淳	201	御史台	132, 154
金周烈	308	許筬	190
金正日	335, 339〜341, 344, 346	校洞遺跡	24
金宗直	180, 181	甄萱	111, 122, 123
金宗瑞	176	敬順王	111
金正喜	211	景徳王	107
金正浩	210	京釜高速道路	324
金承化	318	吉再	180
金誠一	190	金	139, 149
金性洙	286	金殷傅	138
金哲勲	259	禁衛営	197
金大中	314, 321〜323, 325, 326, 328, 330, 331, 333〜336, 339	金泳三	330, 331, 333
		均役法	199
金大中拉致事件	322	金官	66, 74, 80, 86, 88〜92, 106
金料奉	289	緊急措置令	322, 325
金道満	319	金鏡録	161
金通精	152	金覲	141
金孝元	181	金躬孫	180
金富佾	141	金富佾	141
金富軾	140, 142	金富軾	140, 142
金甫当	148	金甫当	148
金弘集	222, 223, 225, 230, 231	欽茂	114〜116
金弘道	212	金庾信	86, 87, 96, 99, 100
金万重	211	広開土王（好太王）	66, 67, 69, 71, 75, 83, 89, 91
金敏基	323	光州学生運動	261
金允植	224, 225	光州民主抗争	306, 325, 326, 328, 331, 333, 337
金泳三	325	光宗	126, 128, 130, 131, 133
金鎔範	295	槐山	194
弓裔	111, 122	槐亭洞遺跡	36
休閑法	204	禑王	159
旧人	6, 11, 12	権近	168
己酉約条	192	権尚夏	194
許筠	211	権溥	161
興王寺	158	9月ゼネスト	288
姜邯賛	129	櫛目文土器時代	2, 12, 13, 15, 16, 18, 22〜26
京郷新聞	305	亀州	129
郷職	133	管玉	25, 35, 36
強盛大国	344	苦難の行軍	343
強制連行	271, 272	クビライ	150, 152, 154
教祖伸冤	229	久保田発言	305
郷庁	174	錦江	13, 35, 36
教定都監	146, 147	クムグル遺跡	3, 8, 24, 26
郷約	181	金谷洞粟里遺跡	24

356

金星（現ＬＧ）	324
金灘里遺跡	20
琴川里遺跡	32
金坡里遺跡	6
屈浦里遺跡	4, 6
黒田清隆	220
光海君	171, 189, 192, 193, 196〜198
弓裔	111, 122
軍器監	207
軍国機務処	231
弓山遺跡	19, 20
軍布	198, 199, 202, 205, 218
訓錬都監	191, 197
慶運宮	233
経筵	176, 177
慶源李氏	138, 140
経国大典	166, 177
経済開発5ヵ年計画	310
経済企画院	311
経済協力局（ECA）	308
経済第一主義	310
経済復旧発展3ヵ年計画	318
奎章閣	173, 196, 200, 203, 224
京城帝国大学	256
京城日報	240, 248
京城紡織	258
景轍玄蘇	190
景福宮	126, 168, 169, 187, 196, 218, 229〜232, 253
鶏林公煕	140
ケシク（親衛隊兼家政組織）	152, 154
蓋蘇文	96, 98, 102
結合式釣り針	21〜23
結作米	199
塔伯	100
鶏林公煕	140
甄萱	111, 122, 123
原三国時代	2
原人	6, 11
現生人類	8
玄菟郡	53, 54, 63〜65
憲兵警察制度	214, 245, 254
賢良科	180
5・16軍事クーデター	310
コインドル	39
庚寅の乱	145, 147, 148
公害追放運動連合（環境運動連合）	331

江華島	39, 150, 151, 173, 193, 218〜221
江華島事件	221
洪吉童伝	189, 211, 235
恒居倭人	186
紅巾軍	157〜159, 166
黄口簽丁	199
甲午改革	214, 231〜234
皇国臣民の誓詞	275
甲午農民戦争	214, 227, 231, 232, 235
甲山系	319
甲戊換局	198
皇城新聞	239
孝心	148
貢人	199, 206, 207, 212
甲申政変	214, 224, 226, 227, 231, 232, 234
皇都	128
江都	150
興徳寺	163
広評省	131
光武改革	234, 235
光復軍	278
弘文館	172, 179, 180
公法480号（PL480）	308
皇民化政策	214
高麗青磁	120, 143, 144
高麗大蔵経	141, 150, 160
後梁	128
交隣関係	182, 184, 219〜221
孔列文土器	28
五衛制	174, 195, 197
五衛都総府	174
後漢	51, 54, 56, 64, 128
国王丞相	154
国際協力局（ICA）	308
国際社会の平和と安全のための協力	336
国子監	141, 158
黒水靺鞨	113
後百済	111, 122, 123
国土完整	298
国内系	294
国民精神総動員朝鮮連盟	275
国民総力朝鮮連盟	275
国民府	263, 268
刻目突帯文土器	28
黒曜石	4, 8, 9, 19, 23, 26
国連韓国再建団（UNKRA）	307
国連臨時朝鮮委員会（UNTCOK）	288

索　引　357

五軍営制	197
小作調停令	265
呉三桂	193
後三国時代	122
高山里遺跡	2, 15, 16
腰岳	22, 26
後周	128
高宗	214, 216, 217, 220, 224, 227, 231〜233, 235, 236, 238, 250, 251, 263
後晋	128
五賊	323
五代十国	128
居昌事件	301
国家安全企画部	326
国会フラクション事件	293
国家再建最高会議	311
国家保安法	292
国家保安法改正案	304
骨品制	86
5・17クーデター	325
5・16軍事クーデター	310
後唐	118, 128
古南里貝塚	20, 32
之字文土器	17
碁盤式	35, 39
コマ形土器	30
検丹里遺跡	33
小村＝ウェーバー協定	236
巨文島事件	227
コムンモル遺跡	6
忽赤	154
古礼里遺跡	8〜11
公貴里型土器	28
琿春事件	262
渾天儀	189
権溥	161
恭愍王	157〜159, 163
恭譲王	159, 168

●さ●

崔怡	145, 146, 150
崔瑩	159
済物浦条約	222, 224
崔竩	145, 147
歳遣船	186
崔沆	145

西郷隆盛	220
採集漁法	20
済州島	15, 39, 77, 144, 152, 208, 235, 263, 289, 290, 324, 339
済州島4・3事件	290, 337, 339
宰臣	132
宰枢	132
細石刃	8, 9
再造藩邦	194
斎藤実	252
在日NGO提言	351
在日韓国人法の地位協定	349
在日朝鮮人	249, 263, 346〜350
在日朝鮮統一民主戦線（民戦）	347
在日本朝鮮労働総同盟	264
在日本大韓民国居留民団	346
在日本朝鮮居留民団（民団）	346
在日本朝鮮人総連合会（朝鮮総連）	347
在日本朝鮮人連盟（朝連）	346
在満韓人祖国光復会	270
彩文土器	29, 30
佐賀貝塚	23
左議政	172, 190
雑所	134, 140, 144
冊封	69, 90, 128, 129, 139, 142, 150, 152, 159, 182, 184, 195, 221, 223, 230, 233
泗沘	76, 80〜82, 100
三田渡	193
三星	308, 324
三護	308
左右合作運動	286, 287
左右合作7原則	287
サルタク＝コルチ	150
斯盧国	60, 82, 105
三一運動	214, 222, 243, 250, 252, 254, 258〜261, 263, 264
3・15不正選挙	305
雙冀	128
三跪九叩頭	193
三軍都総制府	160
三軍府	218, 223
三国遺事	48, 50, 81, 161
三国史記	142, 161
三司	81, 132, 172
上詩岩陰遺跡	12
38度線	284, 285, 288, 294, 297〜300
三政	202, 331

山川神	142, 144
上村里Ａ遺跡	20, 25
三党共同宣言	345
上老大島貝塚	21, 22, 26
三白工業	307
サンフランシスコ平和条約	348
三別抄	146, 147, 150〜152
三浦	185, 186
産米増殖計画	214, 256, 261, 262, 265
上舞龍里下層遺跡	6
参与民主社会と人権のための市民連帯（参与連帯）	338
GHQ	347
司甕院	207
私学十二徒	141
4月革命	309
直播き法	204
司諫院	172, 180
磁器所	143, 144
自撃漏	189
司憲府	172, 180, 211
四色党派	182
四捨五入改憲	302, 303
四書集註	163
事審官	137
支石墓	2, 23, 26, 34, 35, 37, 39
七支刀	75
市廛	205, 206
刺突（具）漁業	20
新岩里遺跡	24, 37
泗沘	76, 80〜82, 100
沈義謙	181
下関条約	230
指紋押捺撤廃運動	350
社会大衆党	310
司訳院	172
社稷檀	168, 175
ジャムチ	158
集会取締令	248
10月人民抗争	288
集賢殿	174, 176, 177, 180, 187
自由実践文人協議会	326
収租権	159, 177
自由党	302〜304
重房	133, 145
朱熹	161
朱元璋（洪武帝）	159

朱子学（性理学）	142, 158, 159, 161〜163, 191, 209, 210, 219
出入国管理令	348
出版法	240
朱塗り土器	17, 19
ジュネーブ国際会議	300
主邑	77, 134, 136, 140
周礼	168
首領・党・大衆の三位一体	341
守令	134, 136, 137, 172, 174, 175, 177, 199, 202, 207
守令収税制	207
順帝トゴンテムル	156
書院	179, 181
尚衣院	207
上京龍泉府	114, 115
城隍神	142
蕭恒徳	129
相国寺	192
尚氏	186
場市	205, 206
紹修書院	181
丞相	154
承政院	172
蕭遜寧	129
昌徳宮	194, 196, 200, 224
聖福寺	190
承文院	172
常平通宝	206, 238
常民	178, 179, 228, 231
掌隷院	191
書雲観	189, 208
書筵	176
初期鉄器時代	26, 30, 41
守禦庁	197
職業同盟	296
職田法	177
署経	132
書契	185, 219
庶孼	178, 189, 211
女真人	120, 123, 126, 133, 138, 144, 186
女性家族部	333, 334
女性団体連合	331
女性同盟	296
女性部	260, 333, 334
女性ホットライン	331
書堂規則	247

書房	146
胥吏職	133
私立学校規則	247
私立学校令	240
史略	161
斯盧国	60, 82, 105
申翼熙	303, 304
沈惟敬	191
辛亥通共	206
新幹会	214, 260, 261, 264
神義軍	146
ジングヌル遺跡	8, 10
辰国	51
壬午軍乱	222, 224, 225, 227
壬戌民乱	202, 216, 217
新人	2, 6, 12
壬辰・丁酉倭乱	166, 186, 191, 192, 195, 204
壬申約条	186
申叔舟	177, 186
新石器時代	4, 12, 14, 15, 26, 30, 32, 40
申洬	210
信託統治反対（反託）	286
申采浩	239, 260
心田開発	266
辛旽	158, 159
親日派	278, 292, 293, 295
辛未洋擾	219
新聞紙法	240
進歩党	303, 304, 308
進歩党推進委員会	303, 304
新民会	240, 248, 249
人民革命党	322
人民経済発展第1次5ヵ年計画	319
神文王	106
辛酉邪獄	209
申潤福	212
水営	174, 206
水軍節度使	174
水原	166, 201, 203, 251
崇禎甲申	194
崇禎帝	194
枢密	132
枢密院	132, 154
粛宗（高麗）	138, 140
粛宗（朝鮮）	182, 194, 198, 199, 205, 206
水佳里貝塚	20
スターリン	294

D.W.スティーブンス	237
垂陽介遺跡	8, 10, 11
首陽大君	176
すりいし	21, 23, 40
純祖	192, 196, 200〜202, 209
順宗	138
純宗	166, 238, 242, 260
承化侯温	152
勝利山遺跡	11
勝利山人	12
崇璘	116
西夏	120
清海鎮	110
征韓論争	220
成均館	158, 163, 172, 175
靖康の変	139
姓氏	134, 137, 140, 244
聖宗	129
征東行省	154, 156, 157
勢道（世道）政治	200, 202, 216, 218, 220
政房	146, 147
西北五道党責任者及び熱誠者大会	294
征明嚮導	190
政務総監	244, 284
井邑発言	287
西洋見聞	232
整理字	200
石英製石器	2, 6, 8
赤色磨研土器	28, 30, 35
石刃技法	2, 6〜10
石製鋳型	40
斥和碑	219, 225
細竹里遺跡	17, 21, 41
世祖（モンゴル）	150, 154
世祖（朝鮮）	174, 176, 177, 179, 180, 195
世宗	166, 174, 176, 177, 184〜189
石棺墓	34, 35, 37, 41
設店収税制	207
セマウル運動	324
07南北首脳宣言文	339
僉議府	154
先軍政治	341, 344
宣恵庁	199
全国学生総連盟	326
全国大学生代表者協議会（全大協）	330
全国農民組合総連盟（全農）	287
全国民主青年学生総連盟（民青学連）	322

全国民主労働組合総連合（民主労総）	330	村主	106, 122
全国労働組合協議会（全労協）	330	星州	136, 173, 192
全国労働組合総連盟（労総）	330	松竹里遺跡	24
全州和約	229, 230	宣祖	181, 183, 189～193, 197, 198
尖頭器	7～11	宋時烈	194, 197, 198
宣武祠	194	宣宗	138, 140
銭米	199	成宗（高麗）	129, 131, 133, 134
銓郎職	181	成宗（朝鮮）	166, 170, 177, 179, 180, 188, 189
漕運	158	松島貝塚	21
僧科	141	善徳王	99
僧階	141	徐熙	129
象嵌	144	宋希璟	184
雙冀	128	成俔	189
宗系弁誣問題	183	宋秉畯	242
『創作と批評』	323	ソンヒョン洞	22
宗氏	185, 186, 190	孫秉熙	251
創氏改名	275～278	成渾	182
造紙署	207		
総戎庁	197	●た●	
雙城総管府	150, 158, 159	第一銀行	238, 242
曺植	182	大加耶	80, 84, 86, 88～90, 93
宗廟	102, 166, 168, 171, 183, 197, 231	台諌	132, 172
宗義智	190	大韓自強会	239, 240
ソウルの春	325	大韓毎日申報	239, 243
The Seoul Press	240	大韓民国	166, 214, 222, 250, 263, 270, 278, 279, 282, 288, 289, 297, 313, 317
続蔵経	142	大韓民国臨時政府	214, 222, 263, 270, 278, 279
石壮里遺跡	4, 8, 10	太極旗	222, 251
族徽	199	大蔵経	184, 187
石泉里遺跡	36	大祚栄	112, 116
属邑	134, 140	大同法	198, 206
祖国防衛委員会・祖国防衛隊	347	大統領直接選挙制	302, 303, 328, 330
徐居正	189	帯方郡	55～57, 64, 65, 74, 81, 98
徐載弼	226, 234	大報壇	194, 195
素素里遺跡	41	太陽政策（包容政策）	335
石窟庵	107	大陸兵站基地	266, 270
昭顕世子	193, 198	卓子式	35, 39
西浦項遺跡	20, 21, 24	竹添進一郎	225
蟾津江	4, 77	多鈕細文鏡	37, 41
徐有榘	211	多鈕粗文鏡	37
ソ連系	294	脱亜論	226
村	82, 106, 134	竪穴住居	2, 24, 32～34
松嶽	122	茶戸里遺跡	41
聖王	80, 81, 86, 93	耽羅	77, 144
孫基禎	277	ダルガチ	150
松菊里型住居	33	檀君	46, 48～50, 161, 188, 210
松菊里型土器	28		
成三問	177		

堂山貝塚	17	中書門下	132, 154
短斜線文土器	16, 28	中枢院	132, 235, 244
端宗	176, 177	鋳造鉄斧	41
断髪令	232	竹同	148
治安維持法	261, 262, 270, 277	周世鵬	181
崔怡	145, 146, 150	主体思想	321, 340
崔竩	145, 147	竹山里遺跡	10
崔圭夏	324, 325	忠州	87, 106, 173, 192
崔済愚	202, 228	中宗	180, 181, 183, 186, 195, 199
崔時亨	228	忠宣王	158
崔滋	161	竹林里	39
済州島 15, 39, 77, 144, 152, 208, 235, 263, 289, 290, 324, 339		竹内里遺跡	6〜8
		趙位寵	148
済州島4・3事件	290, 337, 339	趙暉	150
崔坦	151	朝貢 52, 66, 83, 115, 128, 129, 138, 139, 183, 186, 187, 193, 221	
崔昌益	318		
崔冲	141	鳥銃	191
崔忠献	145, 149	朝鮮革命軍	268
崔南善	251	朝鮮義勇隊	270, 278
崔八鏞	250	朝鮮教育令	247, 256, 274
崔沆	145	朝鮮共産党 260, 261, 264, 266, 285〜288, 294〜296, 304	
済物浦条約	222, 224		
崔濡	158	朝鮮銀行	247, 307
崔允儀	163	朝鮮建国準備委員会（建準）	285
崔瑩	159	朝鮮衡平社	259
載寧江	20	朝鮮語学会	266, 277
地境里遺跡	20, 24	朝鮮策略	223
チスチャコフ大将	294	朝鮮思想犯保護観察令	277
池錫永	227	朝鮮思想犯予防拘禁令	277
知訥	160	朝鮮人民共和国（人共）	284, 285
真興王	86, 211	朝鮮人民軍	296, 300, 316
地方自治法改正案	304	朝鮮新民党	286, 287, 296
池明観	323	朝鮮人民党	286, 287
車智澈	324	朝鮮青年総同盟	259
慈悲嶺	151	朝鮮戦争 169, 203, 282, 293, 297, 300〜302, 305〜308, 316, 317, 319, 339, 344, 347, 348	
張志淵	239		
長寿王	69, 71	朝鮮総督府 243, 246, 251, 253, 254, 271, 284	
長川里遺跡	33		
張澤相	303	朝鮮総連	322, 323, 347, 348
張都暎	311	朝鮮特需	302
長興里遺跡	10	朝鮮日報	259, 277
張保皐	109〜111	朝鮮農地令	265
荘献世子	200, 203	朝鮮農民社	267
張勉	309, 310	朝鮮半島エネルギー開発機構（KEDO）	345
昌王	159	朝鮮民主主義人民共和国 250, 282, 290, 294, 296, 297, 340	
中京顕徳府	114		
中国人民志願軍	300, 301	朝鮮民主主義民族戦線（民戦）	286, 296
		朝鮮民主党	296

朝鮮民族青年団	302, 303	全斗煥	325〜328, 331, 333
朝鮮労働共済会	259	鄭道伝	159, 168, 170
朝鮮労働組合全国評議会	287	張都暎	311
朝鮮労働党第3回大会	318	鍾路	205
朝鮮労働党第4回大会	319	全琫準	229, 230
朝鮮労働党第6回大会	341	鄭夢周	160, 163
朝鮮労農総同盟	259	丁若鏞	210
朝鮮労務協会	271	智塔里遺跡	20, 23, 24, 55, 56
重祚	157	鎮	137, 174
雕板	160	チンギス=カン	149
徴兵	272, 273	鎮使	137
張保皐	109〜111	晋州	20, 30, 33, 149, 162, 216, 259
長吏	134	鎮将	137
直指心体要節	163	沈線文土器	16
趙光祖	180	珍島	152
曹植	182	通信使	184, 190, 192
趙浚	159, 168	対馬	23, 129, 184〜186, 190, 219, 246
草島遺跡	28, 37	積石木棺墓	34, 36
趙炳玉	305	釣り漁業	20, 21
趙暉	150	大雅里遺跡	35
草浦里遺跡	36	大安体系	319
曺奉岩	303, 304	T・K生	323
曺晚植	259	帝王韻記	48
チョムマル洞窟	12	鄭鑑録	228
朝陽洞遺跡	41	丁巳約条	186
哲宗	173, 201, 202, 216	停戦協定	300
千里馬運動	319	大院君	196, 204, 214, 216〜220, 223, 224, 227, 228, 230, 253
倩	150		
青瓦台襲撃事件	316	大邱	30, 43, 155, 204, 288, 309
鄭麟趾	177	大谷里遺跡	36
井邑発言	287	太祖（高麗）	122, 123, 128, 129, 133
鄭可臣	161	太祖（朝鮮）	160, 166, 168, 170, 171, 183
全谷里遺跡	2, 6, 7	太宗（唐）	98〜100
青山里戦闘	262	太宗（モンゴル）	149
青山里方式	319	太宗（朝鮮）	160, 169, 170, 174, 177, 182, 184, 193, 196
川上里遺跡	33		
定州	17, 138, 207	大薪里	39
正祖	166, 195, 199, 200, 201, 203, 206, 209, 212	大酢栄	112, 116
靖宗	138	鉄器文化	2, 26, 40, 41, 43
定宗（高麗）	123, 128	鉄鑿	41
定宗（朝鮮）	171, 174	大同江	4, 13, 17, 20, 28, 39, 41, 55, 72, 103, 218
泉田里遺跡	33	大韓	214
鄭敾	211	大峴洞遺跡	11
鄭仲夫	145, 148	大坪里遺跡	30, 33
清川江	17, 41, 72, 129	大也里遺跡	36
全泰壱	321, 322	寺内正毅	243
全泰壱焼身自殺事件	321, 322	倩	150

索　引　363

典圜局	238	都評議使司	132, 168, 170, 197
田柴科	133, 159	都兵馬使	132
天主教	202, 204, 208, 209, 218, 228	都房	145, 147
天津条約	226	土幕民	262
田税	138, 205	潼関鎮遺跡	4
田制改革	159, 209	東三洞貝塚	2, 19〜21
天道教	204, 251, 260, 267, 296	東西里遺跡	36
天道教青友党	296	東川洞遺跡	30, 33
田民弁正都監	158	東莱商人	209
東亜日報	258, 260, 276, 277	東湖洞遺跡	30
統一主体国民会議	321		
統一民主党	330, 331	●な●	
東界	137		
東学	202, 204, 217, 228〜230, 235, 242, 251, 338	内議省	131
洞窟遺跡	6, 9, 11, 12	内史門下	132
東京龍原府	114, 115	内奉省	131
東国李相国集	163	洛東江	4, 9, 13, 88, 90, 298
陶山書院	198	名護屋城	190
東道西器	225	7・4南北共同声明	322
東寧府	151	納清	207
蕩平	199	南漢江	4, 8
東北アジアの戦争	298, 300	南漢山城	193, 197
東北抗日連軍	270, 278	南陽里遺跡	41
豆満江	13, 20, 28, 249	南江	13
東洋拓殖株式会社	238	南京遺跡	2, 20, 22, 32
統理機務衙門	224	南城里遺跡	36
禿魯花（質子）	152	南孝温	177
トゥルボン遺跡	6	南人	182, 197〜199, 218
都監	146, 147, 158, 191, 197	南賊	148
土器棺墓	25	南北間の和解と不可侵及び交流協力に関する合意書（南北基本合意書）	331
徳興君	158	南北基本合意書	331, 336
徳寿宮	233, 287	南北協商運動	289, 293
卓淳	74, 89, 90, 91, 92	南北首脳会談	335, 339, 344
徳宗	138	南北首脳宣言文	339
徳川人	12	2月ゼネスト	290
徳川里1号支石墓	35	握斧	2, 7
独立運動之血史	252	二重口縁短斜線文土器	28
独立協会	233〜235, 239, 240	二重口縁土器	16, 19
独立軍	249, 250, 262	西＝ローゼン協定	236
独立新聞	234, 263	2000年総選市民連帯	338
独立門	234	日英同盟	236, 237
土壙墓	25, 34, 36, 63	日露講和条約（ポーツマス条約）	237
図書	185	日露戦争	214, 235〜237, 239, 241, 242, 246, 273, 291
都節制使	177	日韓議定書	236
嶋潭里クムグル遺跡	24	日韓共同宣言	336, 346
土地改革	293, 295, 298		
土地調査事業	214, 234, 244, 245, 248		

日韓協約	214, 237〜240, 242, 243, 291
日韓国交正常化交渉	312
日韓首脳共同声明	339
日韓条約	239, 292, 313, 336, 346, 348
日韓新時代	326
日韓法的地位協定に基づく協議に関する覚書	349
日暈	189
日章旗抹消事件	277
日清戦争	214, 227, 230〜232, 236, 241
日朝修好条規	217, 220, 221, 223, 224, 246
日朝平壌宣言	345, 346
日本国と平和条約に基づき日本の国籍を離脱した者等の出入国管理に関する特例法（入管特例法）	349
勒島遺跡	33
奴婢	128, 148, 156, 158, 170, 179, 181, 191, 204, 231
乃而浦（薺浦）	185
熱ルミネッセンス年代測定法	16
粘土帯土器	28〜30
農桑輯要	163
納粟	192
農村振興運動	265〜267, 275
農地改革	293, 308
農地改革法	293
農民同盟	296
老斤里事件	301, 338
盧泰愚	328〜331, 333
盧武鉉	329, 334, 336, 339
ノレ島貝塚	22

●は●

ハーグ密使事件	238
浿江	107
培材学堂	227
裴仲孫	152
河緯地	177
馬韓	60, 74, 77, 88, 102
破閑集	161
白頤正	161
朴寅亮	141
朴宜中	163
朴義浣	318
朴殷植	239, 252

朴珪寿	218
朴金喆	320
朴尚衷	162, 163
白村江	102
朴述熙	123
貊族	62
朴成哲	322
朴趾源	178, 208, 210
朴斉家	210
朴春琴	268
朴昌玉	318
朴鍾哲	327
朴正熙	308, 310〜316, 320〜325, 348
朴定陽	224, 235
白丁	179, 259
剥片尖頭器	8〜11
朴憲永	260, 294, 297, 317, 318
朴容国	320
朴泳孝	222, 225, 226, 231
莫離支	98
朴烈	264
白鹿洞書院	181
馬建忠	222
パゴダ公園	251, 309
八万大蔵経	160
白骨徴布	199
抜粋改憲案	303
漢陽	166, 168
合松里遺跡	41
咸錫憲	323
漢江	13, 17, 20, 30
漢江の奇跡	324
盤橋里遺跡	36
ハンギョレ新聞	331
半月形石包丁	32, 40
万戸府	154
閑山島	191
阪神教育闘争	347
漢城	69〜71, 73, 75〜77, 80, 86, 126, 166, 168, 169, 172, 175, 178, 181, 187, 191〜194, 197, 198, 203, 205, 206, 208, 224〜227, 229, 232, 234〜237, 241, 243
房星七の乱	235
漢灘江	4, 7
万東廟	194
万民共同会	234
反民族行為者処罰法	293

反民族行為特別調査委員会（反民特委）	293
韓竜雲	251
万暦帝	191, 194
斃震	117
PD派	327
東ベルリン間諜団事件	316
蛮語	323
日立就職差別裁判	350
必闍赤	154
備辺司	195, 197, 218
飛鳳里遺跡	21
105人事件	248, 259
白蓮社	160
休岩里式	30
孝心	148
孝宗	193, 194, 197, 207, 208
碧瀾渡	142
顕宗（高麗）	129, 134, 136, 138, 141
顕宗（朝鮮）	193, 197, 208
現代	324, 328, 335
琵琶形銅剣	28, 35, 37, 51
閔漬	161
華城	166, 201, 203
活貧党	235
黄長燁	319
皇甫仁	176
黄允吉	190
風水・図讖思想	140
福沢諭吉	226
富近里	39
巫覡	179, 204
武散階	133
釜山政治波動	303
富山（釜山）浦	185
釜山・馬山闘争	324
武臣執権期	120, 145, 151, 160
布施辰治	264
蓋石式	35, 39
武断政治	214, 243, 245, 252, 254
普通警察制度	254
物産奨励運動	259
物主	207
欣岩里式	30
駙馬（娘婿）	152, 154
駙馬高麗国王	154
厚浦里遺跡	25
仏国寺	107, 108

文引	185
分院	207
文永・弘安の役	152
『文学と知性』	323
豊基	181
文憲公徒	141
文散階	128, 133
文治主義	120, 133, 145
文治政治	138, 191
豊璋	102
興宣大院君	204, 216
琿春事件	262
欽茂	114〜116
豊壌	201
丙寅教獄	218
丙寅教難	204
丙寅洋擾	218
兵営	174, 206, 207
米・英・ソ三国外相会議（モスクワ三相会議）	286
米韓相互防衛条約	305
米ソ共同委員会	286〜288, 296
米中戦争	298, 300
米朝枠組み合意	343
兵馬使	132, 137, 148, 150, 151
兵馬節度使	174
平和線（李ライン）	305
平和民主党	330, 331
浿江	107, 117
白頤正	161
白丁	179, 259
恵勤	160
恵恭王	108
裵仲孫	152
恵宗	123, 128
E. T. ベセル	239
別技軍	224
ベトナム派兵	315, 316
ベルリン宣言	335
ベンケイガイ	26
幸州	191
編年通録	142
黄遵憲	223
保安法	240
普愚	160
防禦使	137
防穀令事件	228

豊璋 102
冒称幼学 199
防納 198, 205
ポーツマス条約 237
何如璋 223
許ガイ 317
補閑集 161
許筠 211
北元 159
朴述煕 123
北人 182, 197, 218
北進統一論 292
北宋 128, 139
北伐論 194
虎谷遺跡 19, 28
戊午士禍 180
募作輩 207
許浚 189
許政 309
許貞淑 259
蒲鮮万奴 149
許筬 190
北界 137
渤海郡王 112
ポツダム宣言 278, 284
ポツダム宣言の受諾に伴い発する命令に関する件に基づく外務省関係諸法令の措置に関する法律（法一二六号） 348
法興王 85, 86
保導連盟事件 301
浦項総合製鉄所 324
裸負商 206, 218
凡方貝塚 26
ホモ・サピエンス・サピエンス 6, 8, 12
本貫 134, 137, 140, 166
洪景来 202
洪吉童伝 189, 211, 235
洪国栄 200
鳳渓里遺跡 21, 24
憲宗 171, 201
献宗 140
本朝編年綱目 161
洪大容 208
鳳林大君 193
洪福源 150
洪範図 262
洪万選 211

●ま●

毎日申報 248
勾玉 35
馬山里7号住居跡 23
馬建忠 222
麻田里遺跡 32
摩震 111, 122
磨製石鏃 19, 23
マッカーサー 298
亡伊 148
満洲派 294～296, 317
万積 148
亡所伊 148
晩達人 2, 12
晩達里遺跡 12
万宝山事件 268
三浦梧楼 232
渼沙里遺跡 21, 24, 33
美松里遺跡 22
美松里型土器 28
貢物 138, 149, 205
密直司 154
南次郎 271, 277
南朝鮮新民党 286, 287
南朝鮮代表民主議院（民主議院） 286
南朝鮮労働党（南労党） 287
妙清 140
鳴梧里遺跡 6
溟州 106, 148
明成皇后 231, 232
密城 149
閔元植 261, 262
閔漬 161
民衆文化運動協議会 326
民主回復国民会議 323
民主基地論 296
民主救国宣言 323
民主共和党 331
民主憲法争取国民運動本部 328
民主憲法争取国民平和大行進 328
民主国民党（民国党） 302
民主自由党（民自党） 331
民主正義党 330, 331
民主党 303～305, 310, 339
民青学連事件 323

民生団事件	270	邑吏	134, 137, 148
民政党	311	柳璈	147
民青同盟	296	兪吉濬	224, 232
民族芸術人総連合（民芸総）	331	柳寛順	251
民族自尊と統一繁栄のための大統領特別宣言（7・7宣言）	330	陸英修	323
		輸出指向型工業化戦略	311, 312
民族統一学生連盟	310	柳成龍	190
民団	346〜348	輸入代替産業	308
閔妃	232	柳馨遠	209
民乱	202, 216, 217, 228	栗谷	182
民立大学期成運動	256, 259	尹伊桑	316
武芸	112〜114	尹瓘九城の役	138
無涯亮倪	184	尹公欽	318
無去洞玉峴遺跡	32	尹拯	198
武亭	317	尹到昊	224, 234, 240, 248, 273
黙谷里遺跡	33	尹潽善	310〜312, 316, 323, 325
文岩里遺跡	21, 23	尹奉吉	270
武寧王	77〜80	呂運亨	250, 284, 287
無文土器時代	2, 26〜30, 32〜35, 37, 40	鷹坊	154
文益煥	323, 325, 330	楊柳観音図	163
文益漸	163	呂運亨	250, 284, 287
文宗	131, 138, 142, 176	駅三洞式	30
文世光	323	沃沮	48, 53, 54, 64, 67
文世光事件	323	欲知島貝塚	21, 25, 26
文武王	102, 103, 106	力浦人	11
鳴鶴所	148	吉野作造	252
目賀田種太郎	237, 238	麗水・順天事件	290
毛沢東	298, 300	了世	160
毛文龍	193	与党民主党	339
モンケ＝カーン	150	蓮花里遺跡	36
モンゴル帝国	120, 147, 149, 154	驪興閔氏	202

●や●

役分田	133	塩浦	185
柳宗悦	252, 253	龍谷洞窟遺跡	6
夜別抄	146	龍谷1号洞窟	12
山県＝ロバノフ協定	236	栄山江	4, 77, 144
耶律阿保機	118, 129	燕山君	180, 187
両班	133, 168, 172, 178, 179, 181, 182, 195, 197〜200, 202, 218, 219, 228, 231, 235, 241, 261	英祖	166, 195, 198, 199, 200, 207, 209, 211
		煙台島貝塚	21, 25, 26
唯一思想体系	320, 340	嶺南地方	180, 209
柳麟錫	249	龍湖洞遺跡	6, 7, 10
邑	70, 77, 82, 85, 106, 134, 136, 137, 140, 148, 172, 175, 181, 204, 205, 232, 265, 304	洪英植	224, 225, 226
		龍淵洞遺跡	41
邑司	134, 137		
湧別技法	9		

●ら●

雷文土器	17
楽浪郡	41, 46, 53〜56, 64, 65

368

梨花学堂	227, 251
李适	193, 197
李義旼	145, 147
六曹	170, 172, 174, 176, 195, 231
六部	82, 84〜86, 105, 132
李滉	181, 182, 192, 198
李珥	182, 194
李自成	193
李如松	191
李穡	161, 163
理問所（司法局）	157
隆起文土器	16, 19
留郷所	174, 177
柳馨	147
柳馨遠	209
遼	129, 139
量案	218
領議政	172
量田	218, 234
遼寧式銅剣	37
両府	132
遼陽	54, 63, 103, 159
李ライン	292, 305
臨済禅	160

隣徴	199
ルヴァロア技法	6, 8
麗水・順天事件	290
櫟翁稗説	161
郎舎	132
労働新聞	344
露館播遷	232
六・一〇万歳運動	260
六矣廛	206
6月民主抗争	282, 306, 327, 328, 337
6者協議	345
6・29民主化宣言	328
禄俸	134, 177, 179
ロマネンコ少将	294

◦わ◦

YH貿易事件	323, 324
滅族	53
倭館	185, 186
倭寇	120, 158, 159, 166, 184
王規	123
王建	104, 111, 122
王式廉	122, 123

索 引 369

◆執筆者紹介（執筆順）

田中俊明（たなか としあき）──【はじめに】【古朝鮮から楽浪へ】【三国の興亡と加耶】【新羅の三国統一と渤海】

1952年生まれ
京都大学大学院文学研究科博士課程認定修了
現在、滋賀県立大学名誉教授
・著書
『大加耶連盟の興亡と「任那」』（吉川弘文館、1992年）
『古代の日本と加耶』（山川出版社、2009年）
『韓国の古代遺跡』1・2（共著。中央公論社、1988年・1989年）
『高句麗の歴史と遺跡』（共著。中央公論社、1995年）

平郡達哉（ひらごおり たつや）──【先史】

1976年生まれ
釜山大学校大学院考古学科博士課程修了　博士（文学）
現在、島根大学法文学部准教授
・著書
『墳墓資料からみた青銅器時代社会』（書景文化社、2013年）
『青銅器時代の考古学4─墳墓と儀礼─』（共著。書景文化社、2017年）
・論文
「韓半島南部地域青銅器時代の埋葬姿勢に関する覚書」『花園大学考古学論叢Ⅲ』、2019年
「日本列島出土磨製石剣再考─縄文時代晩期〜弥生時代前期の資料を中心に─」『島根考古学会誌』34、2017年

森平雅彦（もりひら まさひこ）──【高麗】

1972年生まれ
東京大学大学院人文社会系研究科博士課程単位取得退学　博士（文学）
現在、九州大学大学院人文科学研究院教授
・著書
『モンゴル帝国の覇権と朝鮮半島』（山川出版社、2011年）
『東アジア世界の交流と変容』（共著、九州大学出版会、2011年）
『東アジア海域に漕ぎ出す1　海から見た歴史』（共著、東京大学出版会、2013年）
『中近世の朝鮮半島と海域交流』（編著、汲古書院、2013年）
『モンゴル覇権下の高麗─帝国秩序と王国の対応─』（名古屋大学出版会、2013年）

桑野栄治（くわの えいじ）──【朝鮮】
　1964年生まれ
　九州大学大学院文学研究科博士課程中途退学
　現在、久留米大学文学部教授
　・著書
　　『李成桂─天翔る海東の龍』山川出版社、2015年
　・論文
　　「正朝・冬至の宮中儀礼を通してみた15世紀朝鮮の儒教と国家─朝鮮燕山君代の対明遥拝儀礼を中心に─」『朝鮮史研究会論文集』43、2005年
　　「朝鮮小中華意識の形成と展開─大報壇祭祀の整備過程を中心に─」朴忠錫・渡辺浩編『国家理念と対外認識（日韓共同研究叢書3）』（慶應義塾大学出版会、2001年）
　　「朝鮮版『正徳大明会典』の成立とその現存─朝鮮前期対明外交交渉との関連から─」『朝鮮文化研究』5、1998年

河かおる（かわ かおる）──【近代】
　1971年生まれ
　東京大学大学院総合文化研究科博士後期課程満期退学
　現在、滋賀県立大学人間文化学部准教授
　・論文
　　「朝鮮金融組合婦人会について」『姜徳相教授退職記念　日韓・日朝関係史論文集』（明石書店、2003年）
　　「総力戦下の朝鮮女性」『歴史評論』612、2001年
　　「植民地期朝鮮における同友会 ─ 植民地下ナショナリズムについての一考察」『朝鮮史研究会論文集』36、1998年

太田　修（おおた おさむ）──【現代】
　1963年生まれ
　高麗大学校大学院史学科博士課程修了
　現在、同志社大学グローバル・スタディーズ研究科教授
　・著書
　　『［新装新版］日韓交渉─請求権問題の研究』（クレイン、2015年）
　　『朝鮮近現代史を歩く─京都からソウルへ』（思文閣出版、2009年）
　・編著
　　『植民地主義、冷戦から考える日韓関係』（同志社コリア研究センター、2021年）
　・共著
　　石坂浩一編『北朝鮮を知るための55章【第2版】』（明石書店、2019年）

朝鮮の歴史 – 先史から現代

2008年 4月30日　初版第1刷発行
2025年 2月25日　初版第8刷発行

編　者………………田中俊明
発行者………………杉田啓三
発行所………………株式会社昭和堂
　　　　　　〒607-8494 京都市山科区日ノ岡堤谷町3-1
　　　　　　TEL075-502-7500　FAX075-502-7501

©田中俊明ほか　2008
印刷　中村印刷
ISBN978-4-8122-0814-4
落丁・乱丁本はお取り替えいたします。
Printed in Japan

本書のコピー、スキャン、デジタル化等の無断複製は著作権法上での例外を除き禁じられています。本書を代行業者等の第三者に依頼してスキャンやデジタル化することは、たとえ個人や家庭内での利用でも著作権法違反です。